La autoridad del derecho

Ensayos sobre derecho y moral

DERECHO
& SOCIEDAD

COLECCIÓN DIRIGIDA POR

Oscar Correas

52

La autoridad del derecho

Ensayos sobre derecho y moral

Joseph Raz

Traducción

Rolando Tamayo y Salmorán

ediciones Coyoacán

Título original: *The Authority of Law. Essays on Law and Morality*
Primera edición: 1982, Universidad Nacional Autónoma de México
Primera edición: 2011, Ediciones Coyoacán, S. A. de C. V.

Av. Hidalgo No. 47-b, Colonia Del Carmen
Deleg. Coyoacán, 04100, México, D.F.
Tels. 5659-7117 y 5659-7978 Fax 5658-4282
Email: contacto@fontamara.com.mx
www.fontamara.com.mx

ISBN 978-607-9014-25-4

Impreso y hecho en México
Printed and made in Mexico

PREFACIO A LA EDICIÓN ESPAÑOLA

El derecho es un hecho social y un orden normativo. La explicación de esta doble naturaleza del derecho ha constituido la principal cuestión de la filosofía jurídica. Los iusnaturalistas reconcilian los dos aspectos del derecho considerando el hecho social en que consiste el derecho como provisto necesariamente de fuerza moral. Los positivistas explican el hecho de que el orden jurídico sea un orden normativo como cualquier otro hecho social. Este libro explica y defiende una versión de la respuesta positivista. También critica algunos excesos positivistas y trata de demostrar que los iusnaturalistas deben aceptar las principales tesis positivistas. El derecho natural y el positivismo no son incompatibles.

La tesis positivista de este libro considera al derecho como un sistema que pretende autoridad. Esto deja abierta la cuestión de si los ciudadanos tienen que reconocer o no la autoridad del derecho. Esta cuestión es abordada en la última parte de libro donde los temas: "La obligación de obedecer el derecho" y "El respeto por el derecho" son explicados y, con ellos, el complejo problema del derecho a disentir, ya sea mediante desobediencia civil o a través de la objeción de conciencia.

Toda la explicación se encuentra influida por la filosofía anglosajona. Sin embargo, los problemas discutidos trascienden las fronteras de esta cultura. Por tanto, espero que cualquiera que se encuentre interesado en los problemas perennes de la actitud del hombre ante su derecho, encontrará de interés estas reflexiones.

Me da mucho gusto que el libro aparezca en español y particularmente agradezco a mi querido amigo el doctor Rolando Tamayo y Salmorán, cuya iniciativa hizo posible esta publicación, quien tomó inmenso cuidado para hacer esta traducción tan perfecta como es posible. Quiero, igualmente, expresar mi agradecimiento a la Universidad Nacional Autónoma de México, en especial, al Instituto de Investigaciones Jurídicas, bajo cuyos auspicios esta obra aparece.

J. Raz
Balliol College, Oxford
Agosto 1981.

PREFACIO A LA EDICIÓN INGLESA

El derecho reclama nuestra sumisión y obediencia. Todos los sistemas jurídicos[a] pretenden autoridad. Pero ¿qué autoridad tiene el derecho sobre nosotros? ¿Qué autoridad debemos reconocer como debida al derecho? Ésta es la cuestión fundamental que este libro intenta resolver.

¿Qué tipo de respuesta puede proporcionar la filosofía? Expectativas irreales, al principio, conducen necesariamente a una injustificada decepción. La cuestión es de gran importancia práctica[b] en muchos aspectos de la vida diaria. Su importancia crece a medida que el derecho penetra más y más en cada resquicio de la actividad social e individual. Pero, mientras más profunda es la penetración del derecho en varios aspectos de la vida, más complejo se vuelve el problema de la autoridad del derecho y más desespera uno por la posibilidad de dar una respuesta filosófica general al problema.

Considérese a cualquier hombre en cualesquiera del gran número de situaciones, más bien comunes. Piénsese, por ejemplo, en un director de escuela que objeta el proyecto de construir un camino cerca de su escuela. ¿Cómo debe actuar? ¿Debe limitarse a presentar su caso a la autoridad local competente o debe tratar de abandonar el procedimiento en virtud de que éste, jurídicamente, se encuentra inclinado en contra de su causa? ¿Debe organizar un paro o escoger otro tipo de acción?

Como muchas consideraciones tienen que ser tomadas en cuenta su combinación bien puede hacer de éste un caso único. La naturaleza del daño que la ejecución del plan propuesto causará; los

[a] La expresión 'sistemas jurídicos' es la traducción literal de *'legal systems'* que en la tradición jurídica del *Common Law* es el término canónico que corresponde a la expresión: 'orden jurídico', más propia de nuestra tradición jurídica. Hemos conservado la expresión 'sistema jurídico' porque se relaciona más con la teoría de J. Raz sobre los sistemas jurídicos. (*Cfr.* Raz, J. *The Concept of a Legal Systems. An Introduction to the Theory of Legal Systems,* 2a. ed., Oxford, Oxford University Press, 1980). Para una exposición detallada de su teoría véase Tamayo y Salmorán. "La teoría de J. Raz sobre los sistemas jurídicos", en *Boletín Mexicano de Derecho Comparado,* Año XIV, núm. 42, pp. 1147-1195. N.T.

[b] Por *práctico* se entiende las cuestiones que tratan sobre lo que *se debe hacer.* N.T.

beneficios que acarreará; las probabilidades de haberlo cambiado por los varios cursos de acción abiertos al director; el peligro de que el plan sea sustituido por uno peor; el costo que la acción del director representará para su escuela en términos de reputación, afectando, por ejemplo, la posibilidad de obtener dinero de antiguos miembros; el impacto del plan en su reputación a los ojos de sus alumnos; las consecuencias en su vida personal y familiar. ¿Examinan realmente los filósofos o necesitan examinar todas estas consideraciones?

La respuesta tiene que ser tanto afirmativa como negativa. La dificultad de cada caso individual surge en razón de la forma particular en que en él se combinan las consideraciones generales. La deliberación filosófica ayuda a determinar qué consideraciones generales son relevantes para las decisiones *prácticas* e incrementa nuestro entendimiento sobre su valor e importancia. Este entendimiento es de lo más valioso para tomar decisiones bien informadas en casos concretos, pero no es suficiente. La decisión real tiene que basarse en complejos juicios sobre la manera en que esas consideraciones se manifiestan, por sí mismas, en el caso a mano y sobre la forma correcta de resolver conflictos entre ellas. La filosofía puede proporcionar una guía, pero es incapaz de evitarnos nada de la agonía de la decisión real.

La filosofía jurídica proporciona sólo una parte de la respuesta filosófica a las cuestiones *prácticas*. Por supuesto, cada problema concreto comprende, también, muchos otros aspectos. En cuanto a la filosofía del derecho, ella se preocupa sólo del aspecto jurídico de todos los problemas *prácticos*, es decir, de la forma en que debe afectar la deliberación *práctica*, en general, y las consideraciones morales, en particular, el hecho de que cierta acción tenga alguna consecuencia jurídica. Esta es la cuestión de la autoridad del derecho.

El libro se divide en cuatro partes. La segunda y tercera primordialmente critican varios intentos para establecer una relación conceptual entre derecho y moral que asegure una inevitable autoridad moral al derecho. La cuarta y última parte proporciona un argumento constructivo que establece la naturaleza de la autoridad moral del derecho y contribuye, aunque sólo muy poco, a la perenne cuestión de las condiciones que el derecho tiene que satisfacer para merecer respeto moral.

La primera parte constituye una introducción al argumento del libro; suministra un análisis filosófico del concepto de autoridad legítima. Este análisis es presupuesto en la última parte, en la parte constructiva, especialmente en los capítulos XII: *La obligación de obedecer el derecho* y XIII: *El respeto por el derecho*. A este análisis le siguen varios capítulos que refutan, de manera directa o por implicación, una variedad de argumentos tradicionales del derecho natural. Algunos de esos argumentos tratan de mostrar que nuestros criterios para identificar qué es y qué no es derecho aseguran al derecho contenido moral.

En el capítulo III: *Positivismo jurídico y las fuentes del derecho*, se explican las razones para rechazar cualquier teoría del derecho que asuma que la determinación de la validez jurídica de cualquier pauta de conducta implica un argumento moral. El capítulo IV: *Razones jurídicas, fuentes del derecho y lagunas*, explora algunas de las consecuencias del enfoque alternativo, generalmente conocido como 'positivismo jurídico', el cual considera al derecho como creación de fuentes sociales; de forma que la existencia y contenido de los sistemas jurídicos pueden ser determinados en base a hechos sociales sin recurrir a argumentos morales. Este ensayo defiende la concepción del derecho como creación de fuentes de las acusaciones de incoherencia. Asimismo, explica por qué y en qué sentido todos los sistemas jurídicos tienen lagunas que reclaman de los tribunales el ejercicio de la discrecionalidad y la fundamentación de sus decisiones en consideraciones extra-jurídicas, en ciertos casos.

La concepción del derecho como creación de fuentes es descrito con mayor detalle en los capítulos V: *La identidad de los sistemas jurídicos*, y VI: *La naturaleza institucional del derecho*. Como el objetivo primordial del libro consiste en el examen de argumentos en favor de la autoridad moral de las disposiciones jurídicas,[c] la discusión de la imagen del derecho que surge en la pesquisa del positivismo no es llevada demasiado lejos. Para una explicación

[c] Hemos traducido *'a law'* por 'disposición jurídica'. Dicha expresión inglesa es usada para designar la unidad fundamental en que se divide el sistema jurídico. Ciertamente dentro de nuestra tradición jurídica estamos habituados a denominar tales unidades: 'normas'. Sin embargo, conservamos 'disposición jurídica' porque J. Raz usa 'norma' para designar una *disposición jurídica* (*a law*) que regula el comportamiento humano imponiendo deberes o confiriendo facultades. (*Cfr. The Concept of a Legal Systems, cit.*, p. 75.) Norma es pues una especie de disposición jurídica. N.T.

completamente articulada y más fundamentada el lector puede ver los dos últimos capítulos de mi *Practical Reasons and Norms.*[1]

Uno de los principales escollos que enfrentan los iuspositivistas ha sido el uso del lenguaje normativo en el discurso jurídico, *id est* la misma terminología que es usada en el discurso moral. La circunstancia de que el derecho sea descrito en términos de deberes, obligaciones, de lo justo e injusto,[d] ha sido desde hace tiempo, considerada, por muchos, como apoyando la pretensión del iusnaturalismo de que el derecho es ineludiblemente moral. La mejor explicación sobre el uso del lenguaje normativo en el derecho fue sugerida por Kelsen y es discutida en el capítulo VII: *La teoría de Kelsen de la norma fundamental.* En el capítulo VIII: *La validez jurídica,* se ofrecen los lineamientos de una explicación del discurso jurídico ampliamente derivada de Kelsen, pero liberada, espero, de muchas de sus obscuridades y de otras doctrinas kelsenianas que no están relacionadas de forma esencial.

La segunda parte del libro no avanza mucho en cuanto a mostrar que el derecho posee autoridad moral. En ella se rechaza un tipo de argumentación para tal efecto y, al mismo tiempo, se defiende una concepción sobre la naturaleza del derecho y del discurso jurídico. La tercera parte es similar a la anterior, aunque menos unificada alrededor de un tema central; se ocupa de la refutación de tres conocidos argumentos. Primero, de que el entendimiento del derecho inevitablemente supone un entendimiento de sus funciones y de que éstas no pueden ser descritas sino de forma marcadamente moral. De ahí se siguen, se alegan, frecuentemente, varias consecuencias sobre la moralidad del derecho. El capítulo IX: *Las funciones del derecho,* ofrece una refutación indirecta al mostrar cómo pueden ser analizadas las funciones jurídicas en términos valorativamente neutros. El segundo argumento es el de que como la decisión judicial[e] invoca y debe invocar argumentos morales, el

[1] Londres, Hutchinson, 1975, pp. 107-177.

[d] En el original aparece *'rights'* y *'wrongs'* términos que en inglés aparecen regularmente en el discurso moral como *'duty'* (deber) o bien *'obligation'* (obligación). La circunstancia de que el derecho sea descrito en términos de *rights* y *wrongs* parece respaldar la pretensión de que el derecho es necesariamente moral. N.T.

[e] En el original dice *'legal adjudication'*. En derecho inglés como en el derecho de Estados Unidos por *'adjudication'* se entiende el acto de decidir o resolver una controversia judicialmente. (*Cfr.*, Walker, D. M., *Oxford Companion to Law*, Oxford, Oxford University Press, 1980, p. 24). "The judgement or decision of a court" (Jowitt, E., *The Dictionary of English Law*, Londres Sweet and Maxwell, ltd., 1154, T. I, p. 57). Hemos evitado usar el término 'adjudicación' porque

derecho no puede ser separado de la moral. Este argumento es refutado desde el capítulo IV: *Razones jurídicas, fuentes del derecho y lagunas*, en el que se establece la posibilidad de separar conceptualmente el derecho y los valores en la decisión. El capítulo X: *Derecho y valor en la decisión judicial*, examina más de cerca el proceso y explora el tema de la separación y relación del derecho y la moral en el tribunal. Por último, el tercer argumento, íntimamente relacionado con Lon Fuller, de que hay ciertos valores procesales inseparables del derecho, los cuales constituyen su moral interna, es examinado en el capítulo VI: *La norma jurídica y su virtud*, donde consideramos que ésta no se encuentra destinada a garantizar ningún valor moral inherente al derecho.

La segunda y tercera partes del libro son consagradas a la refutación de algunos argumentos iusnaturalistas. Corresponde a la última parte desarrollar una concepción de la autoridad del derecho consistente con el positivismo jurídico. Aunque algunos argumentos iusnaturalistas son consistentes con el positivismo jurídico, he tratado de explicar en el capítulo XII: *La obligación de obedecer el derecho*, que aun estos argumentos no logran fundamentar la autoridad moral del derecho. El resultado es que no se puede explicar por qué el derecho tiene autoridad moral. Puede no tener ninguna. Si un cierto sistema jurídico tiene autoridad moral, ésta, justamente, no es resultado de su *status* de derecho o de caracterís-

éste significa dentro de nuestra tradición jurídica: "La apropiación ó aplicación que en herencias y participaciones públicas o subastas suele hacerse de una cosa mueble ó inmueble, de viva voz ó por escrito, a favor de alguno, con autoridad del juez" (Escriche, J. *Diccionario Razonado de Legislación y Jurisprudencia*, 2a. ed. París, Librería de Garnier Hermanos, 1876, p. 89). Por 'adjudicar' se entiende "declarar el juez a uno de viva voz o por escrito la pertenencia de alguna cosa" (Escriche, J. *op. ul. cit.*, p. 90). Esto es, la adjudicación es una decisión *autoritativa* (dotada de un carácter de autoridad) generalmente judicial (o notarial) con efecto traslativo de dominio. Desde Roma se entiende por adjudicación (*'adiudicatio'*) "La parte de la fórmula por la cual el juez estaba autorizado a adjudicar (*adiudicare*) el objeto a las partes de un proceso de las llamadas acciones divisorias (*actio communi dividundo, actio familiae erciscundae*). Además de las controversias referidas a la división de la propiedad común, la *adiudicatio* del juez aparece también cuando adjudica la propiedad de alguien a otro o al fisco" (Berger, A., *Encyclopedic Dictionary of Roman Law*, Nueva York, The American Philosophical Society, 1968, p. 349). La versión francesa de *The Concept of Law* de H.L.A. Hart traduce *'adjudication'* por *'decisión'* (*judiciare*) y *'rules of adjudication'* por *'reglas de decisión'* (*Cfr. Le concept de droit*, Bruselas, Facultés Universitaires Saint-Louis, 1976, p. 122). La versión española usa la expresión 'adjudicación'. *Cfr. El Concepto de derecho*, trad. de Genaro Carrió, Buenos Aires, Abeledo-Perrot, 1963 (esta obra fue reimpresa: México, Editora Nacional, 1978), p. 120. N.T.

ticas implicadas por su aspecto jurídico. El sistema jurídico tiene que basar su pretensión en las características sustantivas que posee, de las cuales, sin embargo, un sistema jurídico puede carecer. De esta forma el verdadero problema es: ¿Cómo debe ser un sistema jurídico para que su pretensión de autoridad sea justificada? Esto se parece mucho a la cuestión: ¿cómo es un sistema jurídico bueno?, la cual, obviamente, no puede ser discutida aquí. En su lugar son examinadas las implicaciones y presuposiciones de varias posturas morales sobre el derecho; esto en los capítulos XIL: *La obligación de obedecer el derecho* y XIII: *El respeto por el derecho*. Asimismo, señaló, de forma más bien dogmática, en los dos últimos capítulos: *¿Derecho a disentir? Resistencia cívica* y *¿Derecho a disentir? Objeciones de conciencia*, algunas características morales que un derecho tiene que poseer, para que su autoridad sea consistente con la autonomía individual.

Una palabra sobre la estructura del libro. Éste se compone de ensayos independientes por dos razones. El problema central del libro: la autoridad del derecho y, más ampliamente, el problema del derecho y su relación con la moral, roza casi todos los aspectos de nuestro entendimiento del derecho. Quería estar libre para explorar algunas cuestiones incidentales (tales como la naturaleza de la autoridad o de las lagunas del derecho) con mayor extensión que la que hubiera sido apropiada en un más entretejido libro sobre derecho y moral. Aún más, los diferentes aspectos del tema central me obligaron a extenderme ampliamente sobre distintas cuestiones. Los capítulos I, XI, XII, XIII, XIV y XV pertenecen básicamente a la filosofía política; los capítulos II, III, IV, V, VI, VII, VIII, IX y X a la filosofía jurídica analítica. Igualmente, el tema me obligó a emplear varios estilos de argumentación. Los capítulos I y IV son muy técnicos y muchos lectores pueden preferir saltarlos. De ahí que pensara aconsejable optar por una estructura más flexible, en la cual cada capítulo fuera un ensayo completamente independiente, de forma que los lectores pudieran leer cualquier número de ellos en cualquier orden.

La forma de ensayo me permitió, también, incorporar al libro cuatro estudios que no habían sido específicamente escritos para el libro (los ensayos que constituyen los capítulos V, VI, VII y IX), los cuales, sin embargo, parece que proporcionan elementos adicionales al argumento general. Todos los otros ensayos fueron escritos teniendo en mente este libro, aunque algunos de ellos fueron publicados anticipadamente. Los ensayos que constituyen los capítulos IV, V, VII, IX y X, han sido revisados. Por lo demás, he introducido cambios mínimos en todos ellos.

Quisiera agradecer a las siguientes entidades el permiso para reproducir los estudios que a continuación se indican:

A los organizadores del *World Congress of Legal Social Philosophy, 1977*: *Legal Reasons, Sources and Gaps*, a los editores de *"California Law Review"*: *The Identity of Legal Systems*; al editor de *"Modern Law Review": The Institutional Nature of Law*; al editor de *"The American Journal of Jurisprudence": Kelsen's Theory of the Basic Norm*; al editor de *"Archiv fur Rechts und Sozial philosophie": Legal Validity*; al profesor A. W. B. Simson y a *Oxford University Press*: *The Functions of Law*; al *The Liberty Fund* y al editor de *"Law Quarterly Review"*: *The Rule of Law and its Virtue.*

PRIMERA PARTE

DERECHO Y AUTORIDAD

CAPÍTULO I

LA AUTORIDAD LEGÍTIMA*

1. *Las paradojas*

No causa sorpresa que la noción de autoridad sea uno de los conceptos más controvertidos que se encuentran en el arsenal de la filosofía jurídica y política. Su papel central en cualquier discusión sobre formas legítimas de organización social y formas legítimas de acción política hace inevitable que esta controversia continúe indefinidamente. La inmediata relevancia del problema de la autoridad en cuestiones controvertidas de actualidad hace muy difícil un estudio desapasionado del tema. Pero, más allá de estas dificultades extrínsecas, el estudio del concepto de autoridad tiene que confrontar dos grandes problemas de tipo intelectual: el problema metodológico de cómo evitar confundir los diversos y completamente distintos problemas que supone la noción de autoridad y el problema de las paradojas de la autoridad.

Las paradojas de la autoridad pueden adoptar diferentes formas, pero todas ellas se refieren a la alegada incompatibilidad de la autoridad con la razón y la autonomía (moral). Estar sometido a la autoridad, se argumenta, es incompatible con la razón, puesto que ésta exige que siempre se actúe en base a la balanza de razones de las que uno está consciente.[1] Es de la naturaleza de la autoridad requerir sumisión aun cuando se piense que lo que nos es requerido es contrario a la razón; por lo tanto, el sometimiento a la autoridad es irracional. Similarmente el principio de autonomía

* Este capítulo fue publicado como ensayo en Bronaugh, R. (Ed.) *Philosophical Law: Authority, Equality, Adjudication, Privacy,* Westport, Connecticut, Greenwood, 1978, pp. 6-31. (Contributions in Legal Studies No. 2.) Agradezco a J. E. J. Altham, K. Antley, L. J. Cohen, Philippa Foot y a P. H. Nowell-Smith sus comentarios críticos a la versión previa de este trabajo.

1 Para una versión de este principio de razón, véase el principio de continencia de Davidson: *How Is Weakness of the Will Possible,* en Feinberg, J. Ed. *Moral Concepts,* Oxford, Oxford University Press, 1969, pp. 93-113. (Oxford Readings in Philosophy).

implica que se actúe en base al propio juicio en todas las cuestiones morales. Como la autoridad algunas veces requiere que se actúe en contra del propio juicio, exige, así, el abandono de la autonomía moral. Como todas las cuestiones prácticas pueden implicar consideraciones morales, toda autoridad práctica niega la autonomía moral y es, consecuentemente, inmoral.[2]

Los argumentos en este sentido no contradicen la coherencia de la noción de autoridad ni niegan que cierta gente sea considerada como teniendo autoridad o que, efectivamente, tenga autoridad *de facto*. Estos argumentos niegan la posibilidad de la autoridad legítima, de la autoridad justificada, de la autoridad *de jure*. La naturaleza paradójica de estos argumentos se deriva no de negar la autoridad legítima sino del hecho de que, se alega, dicha negación se sigue de la verdadera naturaleza de la moralidad o de los principios fundamentales de la racionalidad. Más aún, los argumentos niegan la legitimidad no sólo de la autoridad política sino de toda autoridad sobre personas racionales.[3] Si la verdadera naturaleza de la autoridad es incompatible con la idea de moralidad y racionalidad, entonces aquellos que creen en la autoridad legítima no están meramente errados o equivocados en una de sus creencias morales, sino que están entregados a una creencia irracional o son culpables de una incomprensión fundamental del concepto de moralidad o del concepto de autoridad.

Esto otorga a dichos argumentos mayor fuerza. Son, por ejemplo, inmunes a los argumentos más escépticos; puesto que si no hay forma de distinguir entre creencias morales substantivamente correctas de las incorrectas, al menos podemos clarificar los conceptos morales y establecer relaciones de implicación e incompatibilidad entre ellas. Ahora bien, si los verdaderos conceptos de moralidad y racionalidad son incompatibles con el de autoridad, entonces aun el escéptico podrá saber que toda autoridad es inmoral y, la sumisión a ella, irracional.

Paradójicamente la verdadera fuerza de estos argumentos constituye su debilidad. Muchos que pueden estar dispuestos a aceptar

2 Este argumento no se aplica a la autoridad teórica. No hay nada inmoral en tener autoridades sobre cómo cocinar, programar una computadora, reducir la oferta de dinero, etcétera, siempre que se les considere sólo como autoridades teóricas. La sumisión a la autoridad teórica puede, sin embargo, ser irracional; los argumentos sobre el conflicto entre autoridad y razón no se limitan a la autoridad práctica.

3 Puede ser compatible con la autoridad sobre niños pequeños y algunos enfermos mentales.

menores contradicciones en la autoridad legítima, estarán renuentes a aceptar ésta, del todo ilimitada, negación. Muchos que pueden estar prestos a aceptar que muchas autoridades no son legítimas, incluso, que ninguna autoridad es legítima, estarán lejos de pensar que ninguna autoridad puede jamás ser legítima. Muchos que pueden estar dispuestos a conceder que los que creen en la posibilidad de la autoridad legítima están equivocados, se abstendrán de pensar que éstos son irracionales o que no tienen la menor idea de lo que es la moralidad.

No es mi propósito examinar las formas en que la autoridad puede ser defendida o atacada. Sin embargo, como los argumentos en los cuales se basan las paradojas, se dice, derivan toda su fuerza del análisis de los conceptos de autoridad, moralidad y racionalidad, su examen es relevante en cualquier intento por clarificar la noción de autoridad. Estoy interesado aquí en la naturaleza de la autoridad. Trataré de mostrar por qué el concepto de autoridad origina las aparentes paradojas y por qué éstas son meramente aparentes. No soy el primero que trata de resolver las paradojas y no es parte de mi alegato sostener que todos los intentos previos por lograrlo hayan fracasado. Pienso, sin embargo, que el análisis que sigue, aun cuando prueba una conocida verdad, lo hace en forma novedosa y muestra ventajosamente tanto la tentación como las falacias de las paradojas.

2. *Un rodeo metodológico*

Algunos de los autores clásicos buscaron explicar la naturaleza de la autoridad describiendo la forma por la cual la gente llega a aceptar la autoridad de individuos o grupos. Las discusiones sobre el concepto de autoridad se encontraban entremezcladas con descripciones sobre la evolución de la sociedad, de las conquistas o de los contratos sociales. Los autores modernos han evitado esta confusión, pero el examen del tema está aun envuelto por muchas confusiones metodológicas. Describiré sucintamente cuatro de los modelos comunes de explicación y trataré de señalar las lecciones que deben obtenerse de sus conclusiones.

i. El primer tipo de explicación consiste en especificar las condiciones que, de hecho, son ya sea necesarias o suficientes para tener autoridad efectiva (*de facto*). Sin embargo, tales explicaciones de ninguna manera, logran dilucidar la naturaleza de la autoridad. Ciertamente, es parte importante de la teoría social explicar bajo qué condiciones las personas pueden alcanzar o mantener autoridad, bajo qué circunstancias es posible que una comunidad acepte la autoridad de determinadas personas. Pero tales explicaciones no logran aclarar, en absoluto, para qué son esas condiciones, qué es tener o ser autoridad.

ii. El segundo tipo de explicación intenta dilucidar la naturaleza de la autoridad describiendo las condiciones necesarias o suficientes para tener autoridad legítima (*de jure*).

Este segundo patrón de explicación parece más prometedor. De acuerdo con él, el concepto de autoridad debe ser explicado describiendo cómo pueden ser justificadas las pretensiones de autoridad. La fuerza de tales explicaciones es manifiesta; no presuponen que las pretensiones de autoridad puedan, de hecho, ser siempre justificadas, sino, meramente, señalan cómo pueden ser justificadas. En base a la suposición razonable de que las pretensiones de autoridad son una forma de justificar la acción, parece casi inevitable que éstas difieran de otras justificaciones de la acción por el tipo de argumentos justificativos que suponen. En realidad esta conclusión está lejos de ser inevitable. Pretensiones justificativas pueden diferir no sólo en la naturaleza del argumento justificativo invocado sino, también, en la naturaleza del acto justificado.

Existe considerable plausibilidad en la idea de que la autoridad debe ser explicada con referencia a cierto tipo de acto al cual justifica, por ejemplo: una pretensión. Ciertamente necesitamos autoridad para realizar ciertas acciones, pero no otras, y parece, al menos *prima facie*, que decir que uno tiene autoridad debe indicar que uno podría estar justificado o ser capaz de realizar ciertas acciones sin comprometerse en cualquier forma en cuanto a la naturaleza de la justificación.

Aquí reside el gran problema de los análisis justificativos de la autoridad. Nadie, hasta ahora, ha logrado delinear el tipo de argumento cuya invocación equivalga a una pretensión de autoridad. El hecho de que haya muchos tipos diferentes de autoridad virtualmente relacionados con cada esfera de la actividad humana hace a uno inclinarse por abandonar la esperanza de que tal delineación sea posible. Podemos ejemplificar esta dificultad considerando un intento interesante, hecho recientemente, para suministrar un análisis justificativo de la autoridad. Richard Tuck ha sugerido que las declaraciones de la autoridad política son enunciados destinados a anular la crítica de una acción política, pero no son justificaciones auténticas. Se basan en la pretensión de que 1) la acción propuesta o realizada es correcta si alguien la realiza; 2) no es correcto ni incorrecto que la persona para quien la autoridad es reclamada deba ser ese alguien, y 3) que la persona, realmente, realice la acción o se lo proponga.

Muchos compartirán la creencia de Tuck de que nadie tiene un derecho a una posición de autoridad (política) y que la única manera de justificar la autoridad política es mediante el uso de argumentos del tipo que él señala. Sin embargo, todos sabemos que varios autores han pensado que algunos hombres son, por naturaleza, esclavos y que aquellos que son, por naturaleza, libres, tienen autoridad sobre los primeros. Otros han creído en el derecho divino de los reyes y hubieron y siguen habiendo teorías que afirman que ciertos hombres tienen, por naturaleza o por la razón, el derecho y el deber, a gobernar. Tales autores, permítasenos asumir, están equivocados. Pero ¿son también culpables de un uso impropio del lenguaje como la tesis de Tuck sugiere?[4] ¿Es un error de teoría moral y política o es, también, un error sobre el significado de las palabras en relación al concepto de autoridad?

Todas las otras explicaciones justificativas tienen que superar la misma dificultad. No es suficiente establecer que sólo argumentos de un cierto tipo pueden justificar la autoridad. Se tiene que mostrar que la pretensión de autoridad, en base a cualquier otro fundamento, constituye un uso impropio del lenguaje.

La crítica de los dos primeros modelos de explicación señala una clara lección: el análisis de la autoridad no puede consistir exclusivamente en la elucidación de las condiciones bajo las cuales uno tenga autoridad legítima o bien autoridad efectiva. Tiene que explicar qué se tiene cuando se tiene autoridad. Esto fuertemente sugiere que la autoridad es una habilidad para realizar ciertos tipos de acción.[5] El análisis que me he propuesto aquí tiene la intención de reivindicar esta sugerencia.

[4] *Cfr.* Tuck, R., *Why Is Authority Such a Problem?*, en Laslett, R., Runciman, W. G. y Skinner, Q. (Eds.) *Philosophy, Politics and Society* (4th Series), Basil Blackwell, 1972.

[5] Mi distinción entre explicación en términos de tipos de justificación y explicaciones en términos de tipos de acciones justificadas es en sí misma problemática. Caracterizar tener autoridad como aptitud para realizar acciones justificadas mediante

iii. Una muy conocida teoría que considera la autoridad como habilidad para realizar ciertos tipos de acción, identifica a la autoridad efectiva (*de facto*) con el poder sobre los hombres. Más tarde habré de sugerir que tener autoridad sobre los hombres es tener poder normativo. Pero aquí se trata de una diferente noción de poder. De acuerdo con ella tener poder es tener influencia, poder influir en la acción y el destino de los hombres. Una persona tiene autoridad efectiva si es poderoso, si puede influir la suerte de las gentes y sus preferencias u opciones.[6] La autoridad legítima puede, entonces, ser definida como autoridad efectiva justificada.[7] Es la autoridad efectiva la que debe ser preservada u obedecida (sujeta a varias condiciones y calificaciones).

Por varias razones, sin embargo, parece que tales teorías ponen al carro antes de los bueyes. En realidad, la noción de autoridad legítima es la noción primaria; por una cosa: no toda autoridad legítima es efectiva. Además, como afirmaré en breve, la noción de autoridad efectiva no puede ser explicada más que con referencia a la autoridad legítima. Varias consideraciones deben ser tenidas en cuenta.

Aunque nuestro interés es más bien sobre la autoridad práctica que sobre la teórica, un análisis que maximice las similitudes entre la autoridad para actuar y la autoridad para creer es (manteniendo otras cosas iguales) preferible. Parece claro que un genio científico puede no ser reconocido y que, así, un hombre que es, en realidad, la más grande autoridad en un cierto campo puede tener muy poca influencia en las investigaciones de los demás o sobre sus creencias en cuestiones que caen dentro de su competencia.

Los padres tienen autoridad sobre sus hijos con independencia de si sus hijos efectivamente reconocen su autoridad. La autoridad paterna admitida es usualmente reconocida por otros adultos, pero éste es un equivocado tipo de reconocimiento desde el punto de vista de una teoría del reconocimiento, la cual sostiene que es el

argumentos de cierto tipo es una explicación justificativa, no explicación en cuanto aptitud para realizar actos de cierto tipo.

6 Una estimulante discusión sobre la noción de poder como influencia puede encontrarse en Lukes, S. *Power: A. Radical View*, Londres, Humanities 1974. (Studies in Sociology.)

7 En ocasiones es definida como autoridad efectiva aceptada por aquéllos a ella sometidos o basada en el consentimiento de éstos.

reconocimiento de los sometidos el que importa. La autoridad paterna no depende del reconocimiento.

Si la autoridad teórica no implica reconocimiento o ejecución, entonces debe haber al menos algunos casos de autoridad práctica que tampoco impliquen reconocimiento o ejecución. Existen autoridades prácticas cuya autoridad se basa enteramente en ser autoridad teórica: un experimentado médico es autoridad no sólo sobre las causas de la enfermedad sino, también, sobre sus curas. Hay expertos en el mercado de valores y expertos en navegación y muchos otros que son autoridades para actuar en su campo aunque su autoridad pueda no ser reconocida ni aplicada.

Comparto la creencia de que una autoridad política legítima es, necesariamente, efectiva, al menos, en cierto grado. Pero esto es resultado de principios políticos sustantivos (*e. g.* que una de las principales justificaciones para tener autoridad política es su utilidad para asegurar la coordinación social y de que el conocimiento y experiencia no otorga a uno derecho para gobernar y juega únicamente un papel subordinado en la justificación de la autoridad política). Ésta no se deriva de un análisis conceptual de la noción de autoridad, ni siquiera del de autoridad política.

El análisis de autoridad legítima no es por sí mismo suficiente para explicar nuestra noción de autoridad. Una completa descripción debe incluir, también, un análisis de la autoridad efectiva. Habiendo sostenido que la noción de autoridad legítima no presupone la de la autoridad efectiva,[8] cabe señalar que lo contrario no es verdadero. La noción de autoridad legítima es presupuesta por la de autoridad efectiva. Una persona necesita más que poder (como influencia) para tener autoridad *de facto*. Necesita o bien sostener que él tiene autoridad legítima o que los otros lo consideran la .autoridad legítima. Existe una importante diferencia, por ejemplo, entre el uso de la fuerza bruta para salirse con la suya y hacer lo mismo con un pretendido fundamento jurídico. Sólo este último caso puede calificarse como autoridad efectiva o *de facto*.. Pero este es un problema que no puede ser explorado aquí.

iv. Algunos sostienen que la autoridad debe ser definida con

[8] Esto no debe confundir la autoridad con el derecho a tener autoridad. Una persona puede estar facultada (*entitled*) a tener autoridad y, sin embargo, no tenerla. Puedè estar facultado a ella y facultado a tenerla sólo cuando le sea conferida por el Parlamento y, sin embargo, no tenerla sino hasta que ésta le sea conferida por el Parlamento.

referencia a normas: que una persona tenga autoridad significa que existe un sistema de normas el cual le confiere autoridad. Este modo de explicación es, de hecho, una variante del primero y del segundo modelos de explicación y está expuesto a las mismas objeciones fundamentales. Sustituye pretensión de cuando la gente tiene autoridad por una explicación propia de lo que es tener autoridad. Afirma que las personas tienen autoridad sólo cuando ésta se confiere a ellos por ciertas normas. Sin embargo, esta explicación no proporciona ningún medio para decidir qué normas confieren autoridad y cuáles no. Algunas normas, es cierto, conferirán autoridad de manera muy explícita. Éstas poseen formulaciones (normas legisladas) obligatorias y *autoritativas* especificando que confieren autoridad a ciertas personas. Pero la definición propuesta no hace nada por aclarar su significado y efecto.

La afirmación de que toda autoridad es conferida por normas es, desde luego, discutible. Es muy difícil sostener que cuando un miembro del público asume autoridad en caso de emergencia (*e.g.* durante un incendio en un teatro, su autoridad derive de alguna norma. No es, sin embargo, mi propósito discutir aquí las formas por las cuales la autoridad puede ser adquirida o defendida. Existen otras objeciones a las definiciones de este tipo, las cuales, salvo que sean propiamente calificadas, implican contradicciones. Si existen dos sistemas de normas en que, de acuerdo con el primero de ellos, cierta persona tiene autoridad, mientras que, de acuerdo con el segundo, no la tiene, entonces éste tiene y no tiene autoridad. Para evitar tal contradicción la definición propuesta tiene que ser relativizada. No puede ser considerada como una definición de tener autoridad, sino como una noción relativizada de tener autoridad de acuerdo con *s*, donde *s* es algún sistema de normas. La noción relativizada de autoridad, sin embargo, rompe la conexión entre autoridad y razón práctica.

La autoridad es un concepto práctico. Esto significa que las cuestiones de quién tiene autoridad sobre quién, son cuestiones prácticas; tratan de lo que uno debe hacer. En otras palabras, los enunciados de que algunas personas tienen autoridad pueden servir como premisas en inferencias prácticas. Una explicación de la utoridad tiene que explicar, precisamente, la relevancia práctica del concepto. Tiene que explicar, justamente, cómo es susceptible de figurar en inferencias prácticas.

Lo que uno debe hacer depende de quién tiene autoridad en un sentido no relativizado. Que una persona tenga autoridad de conformidad con cierto sistema de normas no tiene, de por sí, ninguna relevancia práctica. Así como no se pueden derivar conclusiones de lo que uno debe hacer del hecho de que, de conformidad con cierta persona, el Parlamento está investido de autoridad; igualmente, no podemos inferir tales conclusiones, del mero hecho de que, de acuerdo con ciertas normas, el Parlamento está investido de autoridad. Ulteriores supuestos pueden implicar que, si de acuerdo con alguien, el Parlamento tiene autoridad, entonces, el Parlamento tiene, realmente, autoridad. Similarmente ulteriores supuestos pueden permitir pasar de un enunciado de autoridad de conformidad con ciertas normas a un no-relativizado enunciado de autoridad. Sería un error, sin embargo, convertir estas ulteriores condiciones en una definición de 'autoridad de acuerdo con ciertas normas' de forma a hacer siempre posible el paso hacia un no-relativizado enunciado de autoridad.

Todo el propósito de hablar de autoridad relativizada es bloquear la posibilidad de tal paso, a menos que ulteriores supuestos estén disponibles. Necesitamos de tal dispositivo para poder hablar de las opiniones de otras personas sobre la autoridad, de la situación conforme con las reglas aceptadas en ciertas sociedades o propuestas por cierta gente. Para hacer esto tenemos en la forma relativizada de hablar de la autoridad un medio para referirnos a lo que esas gentes o esas sociedades aceptan o proponen como autoridad legítima sin respaldar esas opiniones. Nosotros simplemente establecemos lo que es tener autoridad y por quiénes desde un cierto punto de vista.[9] En algunas circunstancias el hecho de que cierta gente sostenga ciertas opiniones o respalde ciertas normas es suficiente para investir de autoridad a una persona. En otras circunstancias no. El paso de un enunciado relativizado de autoridad a uno no-relativizado nunca es automático y no siempre posible.

Estas consideraciones sugieren que la noción no-relativizada es la noción primaria. La noción relativizada es útil porque revela las opiniones que la gente o las sociedades tienen de la autoridad no-relativizada. Su explicación presupone la noción nor-relativizada, la cual no presupone aquélla. Nuestra tarea consiste entonces en expli-

9 El uso de expresiones tales como 'de conformidad al derecho' es justamente una forma de indicar que el enunciado es hecho desde un punto de vista solamente. Frecuentemente el contexto de las expresiones es suficiente para indicarlo.

car la noción de autoridad legítima no-relativizada en forma que muestre su relevancia para el razonamiento práctico.

3. *La explicación simple*

Algunos autores han analizado la autoridad siguiendo los lineamientos que acabo de sugerir. En general existe un gran acuerdo entre ellos, pero difieren bastante en detalles importantes. Robert Paul Wolff, para tomar un muy conocido ejemplo, dice que 'autoridad es el derecho de mandar y, correlativamente, el derecho de ser obedecido'.[10] La definición de Wolff es esencialmente correcta, pero es inexacta y no es clara. Es inexacta porque autoridad es un derecho para hacer también otras cosas. Puede ser un derecho para legislar, para otorgar permisiones, para dar consejo *autoritativo,* para adjudicar, etcétera. Es erróneo considerar todas estas cosas como mandar. La definición de Wolff no es clara porque la noción de derecho es, incluso, más compleja y problemática que la de autoridad.

Para que el análisis sea útil tiene que ser hecho en términos de conceptos relativamente simples. Desde este punto de vista pienso que la mejor explicación que existe de autoridad es la que da John Lucas: "un hombre, o conjunto de hombres, *tiene autoridad* si de su dicho 'que ocurra *X*' se sigue que *X* debe ocurrir".[11] Esta definición es tanto clara como general; se aplica a todo tipo de autoridad práctica sobre personas y no meramente a la autoridad política. Esta definición clarifica que uno puede ejercer autoridad no sólo mandando sino, también, en otras formas.[12]

Lucas explica la autoridad como una aptitud (*ability*) para realizar una acción y considera la acción relevante como aquella que cambia la situación normativa. Voy a asumir que si *X* debe ϕ-*r*, entonces tiene una razón para ϕ-*r* y que si tiene una razón para ϕ-*r*, entonces debe ϕ-*r*. En este supuesto la definición de Lucas implica

[10] Wolff, R. P., *In Defense of Anarchism,* Nueva York, Harper and Row, 1970, p. 4.

[11] Lucas, J., *The Principles of Politics*, Oxford, Oxford University Press, 1966, p. 16.

[12] Su definición restringe el ejercicio de la autoridad al uso de optativas. Parece que la autoridad puede también ser ejercida a través de comportamiento y comunicación no-verbal. Sin embargo, no me preocupa aquí el examen de las diferentes maneras por las cuales la autoridad puede ser ejercida.

que una persona tiene autoridad si su dicho 'que suceda *X*' es una razón para que *X* suceda. Esto suena un poco incongruente. La razón es que la definición de Lucas no aclara que la autoridad que está definiendo es autoridad sobre personas. Para aclarar este supuesto tenemos que adicionar su definición y decir que *X* tiene autoridad sobre *Y* si su dicho 'que *Y* ϕ' es una razón para que *Y* ϕ permítasenos llamar a ésta la explicación simple.

Dos comentarios cabe hacer aquí. Primero, no afirmo que la autoridad pueda ser explicada sólo en términos de razones. La preferencia por una explicación en términos de razones es motivada por la creencia de que las razones proporcionan la base última para explicar todos los conceptos prácticos, es decir, de que todos los conceptos prácticos tienen que ser explicados mostrando su relevancia en las inferencias prácticas. La preferencia por explicaciones de la autoridad basadas en razones es porque tales explicaciones tratan de mostrar el papel de los enunciados de autoridad dentro del razonamiento práctico de forma directa, más que a través de la mediación de otros conceptos (como el de derechos).

El segundo comentario es que gran variedad de cosas son llamadas razones. Que llueva, por ejemplo, es una razón para llevar paraguas. Igualmente lo es el hecho de que uno quiera salir y no mojarse. Pero, en un sentido perfectamente inmediato, ambos hechos son sólo parte de una razón. Podemos distinguir entre razones parciales y razones completas de las cuales aquéllas son parte. Nuestro intento por analizar la autoridad será hecho en términos de razones completas.[13] Voy a señalar más adelante que la explicación simple no logra distinguir adecuadamente entre el ejercicio intencional de autoridad y el ejercicio no intencional de autoridad y que no presta atención a la distinción entre ser autoridad y tener autoridad. La explicación simple también pasa por alto el hecho de que uno necesita autoridad para otorgar permisiones y conferir facultades. Pero, primero, voy a examinar algunas objeciones de mayor relevancia.

[13] Una razón completa al respecto no es necesariamente aquella cuya justificación sea autoevidente. El que yo prometa realizar una acción es, creo, una razón completa para realizarla. Pero, por supuesto, bien puede uno ser exigido a justificar tales creencias y tiene que estar listo a justificarlas. En otras palabras uno tiene que defender la creencia de que las promesas son razones para actuar. Para una más completa explicación de los supuestos que subyacen en mi uso de 'razones' véase: Raz, J., *Practical Reason and Norms*, Londres, Hutchinson & Co. Ltd., 1975, pp. 15-49.

4. *Primera objeción a la explicación simple*

¿Las expresiones de una autoridad son razones absolutas o razones *prima facie* para hacer lo que ella demanda? Si asumimos que es una razón absoluta, parece muy improbable que haya autoridades legítimas y parece que habría muy pocas autoridades *de facto*. Creo, por ejemplo, que estoy justificado en tomar el consejo, los mandatos o las reglas emitidas por ciertas personas como razones para actuar. Pero no puedo ver que siempre sea correcto tomar la palabra de alguien como una razón absoluta para ser seguida en toda circunstancia. Me parece que ésta es una opinión ampliamente compartida y que la mayoría de la gente sostiene que bajo ciertas circunstancias las instrucciones de la autoridad no necesitan ser seguidas. Por tanto, si la autoridad es explicada en términos de aptitud para emitir instrucciones absolutamente obligatorias, entonces parece que hay muy pocas autoridades reconocidas en el mundo y ninguna que sea legítima.

Pero ¿acaso las expresiones *autoritativas* son razones *prima facie*? Compárese una orden con una petición y ambas con un consejo. Los tres se identifican por las actitudes, creencias e intenciones de su fuente, no por la forma en que son recibidos por sus destinatarios. El hecho de que a uno le sea ordenado, pedido o aconsejado realizar una acción puede ser una razón para realizarla y puede ser considerada así por el destinatario. En otras cicunstancias el hecho de que tales expresiones sean emitidas no es razón para actuar ni tampoco es considerada así. Desde el punto de vista del destinatario no existe ninguna diferencia necesaria entre que se le ordene, pida o aconseje, salvo que se infieran o se impliquen diferentes intenciones, creencias o actitudes en la persona que ordena, pide o aconseja.

Una diferencia es que la principal intención en aconsejar es trasmitir información sobre lo que es moralmente bueno o malo, lícito o ilícito, en su interés, etcétera, o trasmitir bastante información sobre meros hechos. Si existe la intención de influir en el destinatario (y no necesita haberla) se influye en él haciéndolo consciente de la situación (por ejemplo: que debe ϕ-*r*, o que ϕ-*r* le garantizará el mayor ingreso posible en las circunstancias).

Sucintamente, quien aconseja tiene que intentar que el consejo dado sea tomado como una razón para creer que lo que él dice es verdadero, correcto o justificado. Pero no necesariamente intenta que el consejo sea considerado como una razón para actuar, aun cuando pueda ser el caso de que éste sea, para el destinatario, una razón válida para actuar.[14]

Pedir y ordenar, por otro lado, implican la intención de que el acto de pedir u ordenar sea considerado como una razón para realizar el acto ordenado o pedido. ¿Cuál es pues la diferencia entre ellos? Tal diferencia es relevante para nuestro propósito. Supóngase que un individuo hace una petición y se le dice, en respuesta, que su petición fue considerada, pero en la balanza de razones se encontró que las razones en contra de la acción pedida superaban aquéllas en su favor, incluyendo la propia petición. Sin duda se decepcionará, pero no sentirá que su petición no fue considerada. Él no tiene nada que lamentar sobre el particular. Tiene que conceder que cualesquiera que hayan sido sus esperanzas, no tenía más intención que la acción fuera tomada en base a la balanza de razones, siendo la petición una de ellas.[15] Esto no es así si diera una orden. Un hombre que ordena a otro no considera su orden meramente como otra razón que agregar a la balanza de razones en base a la cual el destinatario decidirá qué hacer. Tiene la intención de que el destinatario considere su orden como una razón para actuar con independencia de cualquier otra razón en contra que pudiera existir (usualmente en una emergencia o en una circunstancia extrema).[16]

14 Estas consideraciones se aplican con mayor naturalidad a 'aconsejo que *p*'. Pero ¿son verdaderas para 'aconsejo ϕ-*r*? Este es un punto discutible, pero me parece que 'aconsejo solicites matrícula en Balliol', cuando es usado para aconsejar, se usa para hacer la misma afirmación que frecuentemente es hecha en 'Balliol es tu Bailliol es preferible a las alternativas'. 'Aconsejo ϕ-*r* es reductible a 'aconsejo que Bailliol es preferible a las alternativas'. 'Aconsejo ϕ-*r* es reductbile a 'aconsejo que *p*'. Pero, no voy discutir esto aquí.

15 Algunas peticiones, tales como alegatos o ruegos, intentan, también, inducir nuevos deseos espontáneos a acceder a ellas. Una 'pura petición' apela a las simpatías existentes y a la razón como suficiente para convertirlas en una razón para el destinatario de actuar. Es un error, sin embargo, pensar en las peticiones como intentando meramente 'activar' una razón que el destinatario tiene (su simpatía o reconocimiento del deber), informándole de la necesidad o del deseo por el objeto de la petición. La información de la necesidad de alguien, aun sea trasmitida con la intención de mover al destinatario a la acción al activar razones existentes, no equivale a una petición. Se pide solamente cuando el propio acto de comunicación es entendido como constituyendo una razón. En casos especiales uno tiene el derecho a que sus peticiones sean concedidas. Ahí la división entre peticiones y mandatos es muy pequeña en verdad y hace, en ocasiones, que se reduzca al mínimo la opción del lenguaje.

16 Esta afirmación tiene que ser modificada si tiene que ser aplicada a órdenes.

Puede parecer que la explicación de esa diferencia es que el hombre que emite una orden intenta siempre que ésta sea una muy pesada razón y que éste no es siempre el caso cuando la gente pide. Aparte del hecho de que algunas peticiones son hechas con tal intención, esta explicación parece insatisfactoria porque se basa en una discutible diferencia de grado. Si la diferencia indicada es la diferencia crucial para distinguir entre órdenes y peticiones, entonces es improbable que se trate de una mera diferencia de grado.

El punto clave de esta objeción es que uno requiere autoridad para estar autorizado a mandar, sin embargo uno no necesita autoridad para ser autorizado a pedir. Mi argumento no es que todo mundo esté autorizado a pedir. Si este es el caso es una cuestión moral y no una cuestión conceptual. No hay nada en el concepto de petición que implique que todo el mundo esté autorizado a pedir. Mi argumento es que el hecho de que uno esté autorizado a pedir no implica que uno tenga autoridad sobre el destinatario de la petición. Por el contrario, que uno esté autorizado a mandar implica que uno tiene autoridad sobre el destinatario del mandato. Una petición hecha por una persona autorizada a hacerla es una razón (*prima facie*) válida para su destinatario. Similarmente, un mandato emitido por una persona autorizada a hacerlo es un mandato válido. Si sólo podemos decir que un mandato válido es una razón para el destinatario, entonces no explicamos la diferencia entre un mandato y una petición ni la razón por la cual únicamente la autorización de emitir el primero implica autoridad. Decir que un mandato válido es una razón de más peso que una petición válida, es al mismo tiempo falsa e inadecuada como explicación de una distinción que no es meramente de grado.

5. *Segunda objeción a la explicación simple*

La primera objeción se basaba en el argumento de que si la autoridad es la aptitud para cambiar razones mediante ciertas

(o peticiones) hechas dentro de un marco institucional (como en el ejército). Ahí las formas convencionales de mandar (o pedir), normalmente usadas para facilitar la identificación de las intenciones del agente, están consolidadas y la acción del agente, la cual invoca la convención, vale como mandato con independencia de las verdaderas intenciones. Tales convenciones presuponen que serán usadas típicamente con la intención apropiada. Cuando este presupuesto falla no pueden ser más consideradas como convenciones de mando (o petición).

expresiones, entonces las expresiones de autoridad son algo más que razones *prima facie* pero menos que razones absolutas, lo cual es imposible. La segunda objeción se basa en un argumento en el sentido de que las expresiones de la autoridad (legítima), aunque frecuentemente son razones para actuar, no siempre necesitan serlo. El argumento, basado en un contra-ejemplo, consiste en recurrir a nuestra intuición. Considérese la siguiente situación. Me encuentro conduciendo mi automóvil en campo raso con perfecta visibilidad y no hay ningún otro ser humano, animal o automóvil en millas a la redonda. Llego a un semáforo prendido en luz roja. ¿Tengo alguna razón para parar? No existe peligro para ninguno y cualquier cosa que haga no será conocida por nadie ni afectará mi actitud, sentimientos o creencias sobre la autoridad en el futuro. Muchos dirán que no existe ni la más mínima razón para parar ante el semáforo en luz roja en tales circunstancias.[17] Insisten en que esto en ninguna forma contradice su reconocimiento como autoridad legítima de aquellos que establecen las regulaciones de tránsito. Este ejemplo parece suficiente para convencerse de que en este caso o en casos similares las expresiones de autoridad pueden ser tenidas como legítimas sin considerarlas como razones para actuar.

Creo que estas objeciones son suficientes para desfondar la explicación simple. Sin embargo, creo que la explicación simple es correcta en su visión fundamental —que la autoridad es la aptitud para cambiar razones para actuar—. Tanto la explicación simple como las objeciones hechas a ella se basan en una sobrelimitada visión de las razones para actuar. Voy a argumentar que si consideramos la autoridad como la aptitud para cambiar cierto tipo de razón, entonces las objeciones pueden ser fácilmente contestadas.

6. *Poder normativo*

Considérese cualquier situación en la cual una autoridad instruye a un subordinado seguir las instrucciones de otro cuya autoridad no deriva de la del primero. Un padre que dice a su hijo

17 Se requieren ulteriores presupuestos para mostrar que sé que no tengo razón para parar. Para mi propósito es bastante con establecer que, de hecho, no tengo razón para parar. Pero, en muchas situaciones estos presupuestos ulteriores preexisten y también es verdad, por todo lo que sé, que no hay razón para parar.

que obedezca a su madre sería un caso. Éste difiere de aquél en que el padre le dice a su hijo que obedezca a su nana, puesto que la autoridad de la nana deriva de la de sus padres. La instrucción de obedecer a la nana es, permítasenos asumir, la única fuente de autoridad de la nana. Las instrucciones de la madre son en cualquier caso *autoritativas*; son razones para que el hijo actúe, como lo son las del padre. La instrucción del padre de obedecer a la madre es, por tanto, una razón para actuar por una razón; una razón para actuar siguiendo la instrucción de la madre, la cual es, por sí misma, de cualquier forma, una razón. Voy a denominar a la razón para actuar por una razón, una razón de segundo orden positiva. Existen también razones de segundo orden negativas, esto es, razones para abstenerse de actuar por una razón. Llamaré a las razones de segundo orden negativas, razones excluyentes. Para tener un ejemplo de una razón excluyente únicamente necesitamos invertir la instrucción del padre y asumir que éste ordena a su hijo no actuar siguiendo las órdenes de su madre.[18] Así, el hijo tiene una razón para no actuar por una razón.

Existe un punto importante que debemos tener en mente en lo que a las razones de segundo orden se refiere: son razones para actuar, las acciones en cuestión son: actuar por una razón y no actuar por una razón. Si *P* es una razón para ϕ-*r*, entonces actuar por la razón de que *P*, es ϕ-*r* por la razón de *P*. No actuar por *P* es no ϕ-*r* por la razón de que *P*. Esto es compatible con ϕ-*r* por cualquier otra razón, así como con no-ϕ-*r* en absoluto. No asumo que cuando uno no logra actuar por una razón lo haga intencionalmente. Uno puede no lograr actuar por una razón porque se desconocía su existencia. Estas aclaraciones hacen manifiesto que en los ejemplos estoy suponiendo que al decirle a su hijo que obedezca a su madre, el padre le dice no meramente que haga lo que ella le dice que haga, sino, también, que lo haga por la razón de que ella se lo dice. Similarmente, estoy asumiendo de que cuando el padre le dice a su hijo que no obedezca a su madre, él no le dice que nunca haga lo que su madre le dice que haga, sino, meramente, que nunca tome las instrucciones de su madre como razones para actuar.

Algunas veces una persona puede tener una razón para realizar una acción y, también, una razón para no actuar por ciertas razo-

[18] Estoy asumiendo que él está habilitado para dar tal orden —cuestión que puede ser objeto de discusión, pero sobre la que no es necesario detenerse aquí.

nes que están en contra de esa misma acción. El hijo, en nuestro ejemplo, puede estar al tanto de que su único abrigo es feo. Ésta es una razón en contra del uso del abrigo. Ésta contradice la instrucción de su madre de usar abrigo cuando salga de noche. Pero la razón de no usar el abrigo es reforzada indirectamente por la orden del padre de no tomar en cuenta las instrucciones de la madre. En éste y en muchos otros casos el hecho de que haya una razón (la orden del padre) para dejar de considerar ciertas razones (la instrucción de la madre) para ϕ-*r* (usar el abrigo) es diferente del hecho de que haya una razón (la fealdad del abrigo) para no ϕ-*r*. Sin embargo, algunas veces el mismo hecho es, a un tiempo, una razón para una acción y una razón (excluyente) para no tomar en cuenta las razones en su contra. Llamaré a estos hechos razones protegidas para actuar.

Definiré el poder normativo como aptitud para cambiar razones protegidas. Más precisamente, un hombre tiene poder normativo si puede, por una acción suya, ejercer poder normativo. Un acto es ejercicio de poder normativo si hay razón suficiente para considerarlo como una razón protegida o como cancelando una razón protegida y si la razón para considerarlo así es que es deseable habilitar personas para cambiar, por tales actos, razones protegidas si quieren hacerlo.[19]

Voy a asumir que el poder es usado haciendo lo que voy a llamar 'expresiones de poder'. Existen tres formas por las cuales los titulares de poder pueden cambiar razones protegidas que son importantes para nuestro propósito. La primera es emitiendo una instrucción excluyente; al usar el poder para decirle a una persona que ϕ, la expresión de poder es una razón para que la persona ϕ y, también, una razón de segundo orden para no actuar siguiendo (todas o algunas) razones para no ϕ-*r*. Las instrucciones excluyentes son, por tanto, razones protegidas. La segunda forma de ejercitar el poder es emitiendo una expresión de poder que otorgue una permisión para realizar una acción hasta entonces prohibida

[19] Cfr. Raz, J., "Voluntary Obligation and Normative Powers", en *Proceedings of the Aristotelian Society*, Supl., vol. 46, 1972, pp. 72-102. Donde la noción está aun más general es en mi *Practical Reasons and Norms, cit.*, pp. 18-106. (En el original el autor reenvía, por error, a la Sec. 8, debe ser 3.2, *NT.*) En dicho libro, sin embargo, me equivoqué al sugerir que un poder normativo es la aptitud de cambiar razones excluyentes. (*Cfr.* p. 101.) Comentarios hechos por Philippa Foot me llevaron a darme cuenta que es la aptitud de cambiar razones protegidas (o permisiones excluyentes). Toda norma que manda es una razón protegida.

por una instrucción excluyente. Llamaré a tales permisiones 'permisiones cancelatorias' puesto que cancelan razones excluyentes. La tercera forma de usar el poder es confiriendo poder a una persona. Esta forma, por sí misma, no cambia razones protegidas, pero habilita a una persona a cambiarlas. El poder que una persona tiene puede ser restringido de muchas maneras —en la forma en que es ejercido, las personas sobre las cuales es mantenido, las acciones con respecto a las cuales el titular del poder puede emitir expresiones de poder, etcétera.

Dadas estas aclaraciones resulta evidente que existe una íntima relación entre poder normativo y autoridad. En la explicación simple de la autoridad el poder es un caso especial de autoridad. La autoridad es la aptitud de cambiar razones. El poder es la aptitud de cambiar un tipo especial de razones, a saber: razones protegidas. Sin embargo, a la luz de las objeciones a la explicación simple, debemos considerar la autoridad fundamentalmente como una especie de poder. Suministrar una comprensiva defensa de esta concepción requiere que se demuestre que las normas y los mandatos son razones protegidas y que todas las expresiones autoritativas son expresiones de poder. Ésta no es una tarea que pueda ser realizada en este ensayo. En su lugar voy a tratar de suministrar un caso persuasivo que muestra, primero, que las dos objeciones fracasan ante esta concepción y, segundo, que las paradojas pueden ser dilucidadas por ella.

7. *Poder y autoridad*

Debemos distinguir entre autoridad sobre personas y autoridad para realizar ciertas acciones. Las dos nociones se entrecruzan pero son nociones distintas. Todo aquel que es autoridad, tiene autoridad sobre la gente, pero no todo aquel que tiene autoridad es autoridad. La diferencia no es de gran importancia filosófica, pero su descuido puede ser fuente de interminables confusiones. Una persona es autoridad si de manera relativa, permanente y penetrante tiene autoridad sobre personas, ya sea autoridad sobre un amplio grupo de personas o bien autoridad respecto a varias esferas de actividad, o ambas.

Puesto que el poder es la aptitud de cambiar razones protegidas para actuar y en tanto que razones para actuar son razones para algunas personas o para otras, podemos dividir los poderes en poderes sobre sí mismo y poderes sobre otros. La especie más importante de poder sobre sí mismo es el de comprometer obligaciones voluntarias. El poder sobre otros es autoridad sobre ellos. Existe una excepción a esta caracterización. Algunas veces decimos que una persona tiene autoridad sobre sí mismo. Este es un caso degenerado de autoridad: una extensión analógica de los casos centrales de autoridad sobre otros. Es interesante observar que cuando hablamos de la autoridad de una persona sobre sí mismo, siempre nos referimos a su poder para otorgarse permisiones y poderes; nunca nos referimos así a su poder de comprometer obligaciones voluntarias.

Uno de los principales obstáculos para un análisis de la autoridad es la falta frecuente de distinción entre autoridad para realizar una acción y autoridad sobre personas.[20] Una persona tiene autoridad para realizar una acción si se le ha otorgado permiso de realizarla o si se le ha dado poder para efectuarla por alguien que tiene poder para hacerlo. Así, yo tengo autoridad para abrir tu correo si el censor me ha dado permiso de hacerlo, asumiendo que él tiene poder para hacer eso.

Mi autoridad para abrir tu correo no es autoridad sobre ti. No puedo cambiar tu situación normativa en ningún sentido aunque el censor la haya cambiado al darme autoridad para abrir tu correo, disminuyendo, con ello, tu derecho de privacidad. Puedo, también, tener autoridad para firmar cheques en tu nombre, el cual es un poder que poseo porque tú me lo has dado. Este último ejemplo muestra que la fuente de autoridad de una persona para realizar un acto debe tener poder para conferirlo, pero no necesita tener autoridad sobre la persona en quien confiere autoridad. Para darme autoridad para firmar cheques en tu nombre necesitas poder, pero que tú poseas tal poder no implica que tú tengas alguna autoridad sobre mí. Bien puede ser que no tengas ninguna.

La autoridad para actuar está, sin embargo, íntimamente relacionada con la autoridad sobre personas, aunque de una manera un poco más indirecta. Cuando consideramos los casos en los cuales se nos otorgan permisos y poderes, es evidente que no todos ellos pueden ser descritos como teniendo autoridad para actuar. Sólo cuando los intereses de una otra persona son afectados por el acto,

[20] Esta confusión debilita en mucho el análisis de Richard Tuck en *Why Is Authority Such a Problem?*, *cit.*

hablamos de él como autorizado. Ésta, sin embargo, no es una condición suficiente. Se me permite abrir un supermercado que llevará a alguien a la quiebra y, sin embargo, no es el caso de que yo tenga autoridad para abrir el supermercado. Se me permite hacerlo simplemente porque no hay y nunca ha habido una prohibición de hacerlo. Uno tiene autoridad de hacer sólo aquellas cosas que a uno le ha dado permiso de hacer aquel que tiene autoridad sobre la persona cuyos intereses son afectados.

Podemos ahora definir *X tiene autoridad para* ϕ-*r* como: existen un *Y* y una *Z* tal que, ,

(1) *Y* le permite a *X* ϕ-*r* o le da poder para hacerlo.
(2) *Y* tiene poder para hacerlo.
(3) El que *X* ϕ afectará los intereses de *Z* y *Y* tiene autoridad sobre *Z*.[21]

8. *Refutaciones de objeciones*

Las distinciones entre ser autoridad y tener autoridad y entre autoridad para actuar y autoridad sobre personas, no están directamente conectadas con mi afirmación de que la autoridad sobre personas, el concepto fundamental de los tres, es una especie de poder normativo. Estas distinciones tienen que ser mantenidas por cualquier explicación de la autoridad. La ventaja de la explicación de la autoridad en términos de poder es que encuentra con éxito las objeciones a la explicación simple y disuelve las paradojas de la autoridad.

Considérese la objeción primera. ¿Cuál es la diferencia entre órdenes y peticiones? La autoridad sobre personas es la aptitud para cambiar las razones protegidas para sus acciones. En la mayoría de discusiones sobre el concepto de autoridad la atención se concentra en la emisión de órdenes y en el establecimiento de normas como manifestaciones estándares de la autoridad. Ciertamente existen casos estándares de invocación intencional de autoridad. Es importante, sin embargo, observar que la autoridad puede ser ejercida sin que la persona que tiene autoridad intente invocarla. Esto es verdadero tanto para la autoridad política como, también, para

21 Normalmente *X*, *Y* y *Z* serían personas diferentes. Una persona puede, sin embargo, dar autoridad a otro para afectar sus propios intereses o darse autoridad a sí mismo para afectar los intereses de otro.

los otros tipos de autoridad y es un canal muy importante para que la influencia de la autoridad sea sentida. Voy a tomar como caso típico al respecto, el consejo dado por una autoridad.

El consejo, cualesquiera que puedan ser las expectativas de quien lo otorga, es dado como una razón para creer, no para actuar.[22] El destinatario del consejo puede, sin embargo, considerarlo como una razón para actuar y, al mismo tiempo, como una razón excluyente para no tomar en cuenta las razones en contra. Piénsese en los motivos estándares para pedir consejo. Éstos son usualmente obtener información relevante para la solución de algún problema práctico que uno enfrenta o para comparar la propia evaluación en cuanto a peso e importancia de varios factores con la de otra gente, como medio para probar nuestros cálculos y opiniones. Pero, algunas veces, el consejo es buscado por razones totalmente diferentes. Una persona puede enfrentarse con un problema que implica consideraciones respecto de las cuales conoce o entiende poco. Puede dirigirse a un experto, a una autoridad, pidiendo consejo; no obstante que él no tiene forma alguna de evaluar las razones dadas por la autoridad, las cuales contradicen razones de las cuales puede estar consciente. Puede decidir seguir el consejo dado sin tratar de investigar si el consejo señala las razones que inclinan la balanza. Si actúa así, de hecho, está excluyendo de sus consideraciones todas las razones en contra de las cuales está consciente. Está considerando el consejo a la vez, como una razón para no actuar en base a razones en contra. Una persona puede estar justificada en tomar el consejo que recibe como una razón protegida, aun cuando el consejo no sea dado con la intención de que sea considerado como una razón protegida.

Las órdenes, por otro lado, son dadas con la intención de que sus destinatarios las consideren razones protegidas. Mucha gente puede dar una orden sin estar autorizada a hacerlo. Se está autorizado a dar órdenes sólo si se tiene autoridad (poder) sobre el destinatario en relación a la materia de la orden. La orden puede ser una razón válida de primer-orden para realizar el acto, aunque no sea una razón excluyente válida para no actuar en base a razo-

22 Aconsejar difiere de otros casos de trasmisión de información primordialmente por darse con la creencia de que es o que puede ser relevante para una cierta o hipotética cuestión que enfrenta el recipendiario según su propia estima o en opinión del que aconseja y por ser, en la intención de quien lo da y en la expectativa de quien lo recibe, tomado en cuenta en la solución de dicho problema práctico.

nes en contra; puede ser tanto una razón válida de primer-orden como una razón excluyente válida aun cuando la persona que la emite no tenga autoridad para hacerlo. Pero siempre será una razón válida de primer-orden y una razón excluyente si quien la emite tiene autoridad de hacerlo.

Las razones excluyentes pueden excluir la acción de todas o sólo de algún tipo de las razones en contra. Las razones excluyentes difieren en alcance, es decir, en la medida en la cual excluyen diferentes tipos de razones en contra. Por tanto, sostener que las órdenes son razones de primer-orden así como razones excluyentes no equivale a decir que las órdenes sean razones absolutas. Las órdenes pueden no excluir ciertas razones en contra y, cuando éste es el caso, uno tiene que decidir lo que hay que hacer en base a la balanza de razones no excluidas de primer-orden incluyendo la propia orden como una razón *prima facie* para llevar a cabo la acción ordenada.

¿Cuál es pues la diferencia entre una razón excluyente y una razón de primer-orden de peso suficiente para superar todas las razones en contra excluidas por la razón excluyente y ninguna más? Existen dos respuestas para esta importantísima cuestión. Primeramente, las razones excluyentes excluyen por clase y no por peso. Pueden excluir todas las razones de una cierta clase (tales como las consideraciones de bienestar económico), incluyendo en éstas, razones de mucho peso, y no excluir consideraciones triviales pertenecientes a otro género (tales como cuestiones de honor). Segunda, independientemente del diferente efecto de las razones excluyentes y de las razones de peso sobre lo que debe ser hecho, teniendo todo en cuenta, difieren, también, en la forma en que las consideramos. Algunos hechos son pesadas razones que superan razones en contra; otras no pueden ser confrontadas con las razones en contra. El efecto de estas últimas no es modificar la balanza de razones, sino evitar que se actúe en base a la balanza de razones.

Esta diferencia en el funcionamiento, independientemente de cualquier posible diferencia en lo que debe ser hecho, teniendo todo en consideración, explica la diferencia entre órdenes y peticiones. Las órdenes válidas no son necesariamente razones de más peso o importancia que las peticiones válidas. Podría haber órdenes que excluyeran pocas consideraciones en contra y que no excluyeran ciertas peticiones y pudieran ser superadas por éstas. Una petición puede ser una razón de peso suficiente para justificar el sacrificio de la vida. La diferencia no es en importancia sino en el modo de operación. Una petición es hecha con la intención de que ésta sea tomada como una razón para actuar y esto se logra sólo si ésta inclina la balanza. Las órdenes son hechas con la intención de que éstas deben prevalecer en ciertas circunstancias aun si no inclinan la balanza. Tienen la intención de que sean consideradas como razones para excluir ciertas otras razones que pudieran inclinar la balanza en contra de la realización de la acción ordenada.

Puesto de otra manera. Para cualquier orden, si sabemos que lo que piensa la persona que la emite es la solución correcta de todo conflicto práctico posible en que pudiera estar envuelta, podemos atribuirle la opinión de que su orden tiene justo el peso que justificaría todas estas consecuencias. Pero haciendo eso no hemos avanzado en absoluto hacia la explicación de la diferencia entre órdenes y peticiones en general. Esto puede ser hecho si hay cierto peso constante o rango de pesos que sea característico de todas las órdenes y las distinga de las peticiones. Pero, de hecho, tanto las órdenes como las peticiones ocupan todo el rango de pesos posibles ante los ojos de aquellos que las emiten, así como ante los ojos de los demás. Habiendo asumido que la diferencia entre ellas reside en sus implicaciones prácticas, considero que ésta consiste en el hecho de que las órdenes, no las peticiones, son razones protegidas.

Existe un mínimo que una orden tiene que excluir para ser una orden. Tiene que excluir, al menos, consideraciones sobre los deseos efectivos del destinatario.

Frecuentemente las órdenes pueden excluir mucho más que eso, pero nunca excluyen menos. En circunstancias apropiadas uno puede ser capaz de justificar no haber seguido una orden en base a que dicha orden no estaba destinada a aplicarse al caso. Nunca tuvo la intención, podría uno alegar, que se debiera obedecer aun si deja ver que hay una fuerte razón moral para no hacerlo o si obedecer dañara severamente los intereses del destinatario o fuera ilícita.[23] Cuando tales consideraciones funcionan como una justifi-

[23] Esta no es siempre una justificación aceptable. Muchas órdenes jurídicas, por ejemplo, son dadas con la intención de que sean seguidas frente a concluyentes razones morales en contra de la realización de la acción requerida. Puede ser que uno nunca deba considerar tales órdenes como obligatorias y que nadie tenga autoridad legítima para emitir tales órdenes. Pero esto, en ningún sentido, afecta mi

cación y conducen al agente a no seguir la orden, no se puede decir que la ha obedecido, pero tampoco que la desobedeció. No tenía la intención de que la debiera seguir en tales circunstancias. Pero nunca es una justificación que el agente tenga un deseo, por fuerte que éste sea, por algo inconsistente con su cumplimiento de la orden. Muchas órdenes paternas se acercan a la exclusión mínima, intentando excluir solamente consideraciones sobre los efectivos deseos del niño con objeto de evitar argumentos sobre qué es mejor, dado el vivo deseo del niño de realizar o evitar alguna acción. Sin embargo, las órdenes paternas frecuentemente excluyen consideraciones sobre los propios intereses del niño y pueden, incluso, excluir mucho más.

Esto explica el hecho de que es más presuntuoso ordenar que pedir. Si pides te sometes al juicio del destinatario en base a la balanza de razones, aunque, al mismo tiempo, tratando de agregar una razón a uno de los lados de la balanza. Pero quien manda no trata meramente de modificar la balanza adicionando una razón para la acción; trata de crear una situación en la cual el destinatario hará mal en actuar en base a la balanza de razones; coloca su autoridad en el lugar del juicio del destinatario en base a la balanza de razones.

Similares consideraciones refutan la segunda objeción la cual niega que las instrucciones *autoritativas* sean siempre razones para actuar. Hay un sentido en el cual si uno acepta la legitimidad de una autoridad uno se compromete a seguirla ciegamente. Uno puede ser muy cuidadoso en no transgredir la autoridad y ser muy sensible a la presencia de consideraciones no excluidas. Pero, haciendo a un lado estas posibilidades, uno debe seguir la autoridad con independencia de las propias opiniones sobre los méritos del caso (esto es, ciegamente). Uno puede formarse una idea de los méritos del caso pero, mientras sigamos a la autoridad, esto es un ejercicio académico que no tiene ninguna importancia práctica. Podemos ir más allá de eso y decir que algunas veces las verdaderas razones que justifican el establecimiento de una autoridad, justifican, también, seguirla ciegamente en un sentido aun más fuerte —siguiéndola sin intentar siquiera formarse un juicio sobre los méritos—. Éste es el caso, por ejemplo, de algunas regulaciones

posición de que tales órdenes son frecuentemente dadas. En la intención del hombre que da la orden está el que ésta sea considerada como excluyendo, aun, consideraciones morales.

de tránsito. Todos conocemos el beneficio de dejar que los semáforos regulen la acción de uno en vez de actuar en base al propio juicio. Sin embargo, tendemos a olvidar que una parte significativa del beneficio es que abandonamos el intento de formarnos un juicio propio. Cuando llego a un semáforo en luz roja pero sin tratar de calcular si hay, en las circunstancias, una razón para parar. Desde nuestra ventajosa posición hemos inventado un ejemplo en el cual la cuestión no surge puesto que la respuesta (no hay razón) es obvia. Pero para el hombre de nuestro ejemplo, la cuestión sí surge; él tiene que descubrir si no existe ninguna razón para parar. Y si debe investigar en este caso, tiene que investigar en muchos otros. Para nosotros luce ridículo oírle decir 'estoy obligado a seguir la autoridad independientemente de los méritos del caso individual', puesto que sabemos de antemano cuáles son los méritos y nos olvidamos de que él tenga que buscarlos, no sólo ahora sino, también, en otros muchos casos. Sólo cuando está justificado evitar esto, está también justificado aceptar la autoridad en ese sentido, aun si de vez en cuando esto nos hace ver ridículos ante los dioses.

9. *Disolución de paradojas*

Las últimas consideraciones en respuesta a la objeción hecha a la visión simple de la autoridad ayudan a explicar, al mismo tiempo, la fuerza de las paradojas y el camino para superarlas. Las paradojas, debo apresurarme a decir, no plantean problema alguno a la explicación simple de la autoridad. En este sentido los mandatos de la autoridad legítima son hechos del mundo que constituyen razones para actuar. Esencialmente son como el clima y el mercado de valores: hechos que constituyen razones para ciertas acciones y en contra de otras. No se abandona en absoluto la razón o se pierde la autonomía si se siguen los mandatos de la autoridad, más de lo que se haría si se siguieran las tendencias del mercado de valores.

Esta solución no sólo nos desembaraza de las paradojas sino que las exhibe como meros errores. Si, como sea, la autoridad sobre personas es poder normativo sobre éstas, podemos explicar la tentación que las paradojas presentan sin caer en ellas. Voy a examinar las paradojas tal y como son presentadas por Robert Paul

Wolff: "los hombres —dice— pueden perder su autonomía a voluntad. Es decir, un hombre puede decidir obedecer los mandatos de otro sin hacer ningún intento por determinar, por sí mismo, si lo que se manda es bueno y sensato".[24]

Cualquiera que sea la relevancia de la segunda oración al problema de la autonomía, es cierto que aceptar la autoridad inevitable implica abandonar su derecho a actuar según su propio juicio sobre la balanza de razones. Esto implica aceptar una razón excluyente.[25]

Wolff se preocupa por enfatizar que su concepción no requiere que la gente pase por alto órdenes y mandatos del todo. El siguiente párrafo muestra tanto la fuerza como la debilidad de su postura:

> Para el hombre autónomo no existe algo que sea, estrictamente hablando, un mandato. Si alguien a mi derredor emite lo que se pretende sean mandatos y si él u otros esperan que tales mandatos sean obedecidos, este hecho será tomado en cuenta en mi deliberación. Puedo decidir que debo hacer lo que la persona me manda hacer e, incluso, puede que sea la emisión de su mandato el factor que, en la situación, me hace deseable hacerlo así. Por ejemplo, si estoy en un barco que se hunde y el capitán se encuentra dando órdenes para tripular los botes salvavidas y si todos los demás obedecen al capitán porque es el capitán, puedo decidir que bajo las circunstancias es mejor hacer lo que él dice, puesto que la confusión que causaría desobedecerle sería generalmente perjudicial. Pero, en tanto que yo tomo tal decisión, no estoy obedeciendo su mandato; esto es, no estoy reconociéndole como teniendo autoridad sobre mí. Yo tomaría esta decisión exactamente por las mismas razones, si uno de los pasajeros hubiera comenzado a dar órdenes y hubiera logrado, en la confusión, ser obedecido.[26]

Wolff apunta dos conclusiones válidas e importantes. (1) Puesto que una orden es siempre dada con la intención de que ésta sea tomada tanto como razón excluyente así como razón de primer-orden, su destinatario tiene más opciones que meramente pasar

[24] Wolff, R. P., *In Defense of Anarchism, cit.*, p. 14.

[25] Wolff se equivoca al decir que aceptar la autoridad supone abandonar el derecho, o el intento, de formarse un juicio en base a la balanza de razones. Únicamente la acción en base a tal juicio es la que es excluida (si éste supone el fundarse en razones excluidas que no son superadas).

[26] Wolff, R. P., *In Defense of Anarchism, cit.*, pp. 15-16.

completamente por alto la orden u obedecerla como se espera de él. Puede considerarla como una razón de primer-orden, dadas las circunstancias de su emisión y negar que sea una razón excluyente. (2) Esto significa que un anarquista puede rechazar la legitimidad de toda autoridad y otorgar, por otro lado, cierto peso a las instrucciones de las autoridades *de facto*. Puede considerar dichas instrucciones como si fueran razones de primer-orden sin aceptar la legitimidad de la autoridad. Puesto que sólo reconociendo que tales instrucciones son también razones excluyentes válidas es que uno acepta la legitimidad de la autoridad en cuestión. Sólo un reconocimiento tal equivale a sumisión a la autoridad ya que dicho reconocimiento contiene el elemento necesario: la negación del derecho a actuar en base a su propio juicio respecto a los méritos del caso.

Reformuladas en esta forma, las afirmaciones de Wolff muestran que, en realidad, en ellas hay más que simples confusiones. Wolff señala correctamente que la autoridad legítima supone la negación del derecho a actuar en base a los méritos del caso. Pero la reformulación también muestra dónde se equivocó. Asume correctamente, de forma tácita, que la razón justifica el abandono de la autonomía, es decir, el derecho y la obligación a actuar en base al propio juicio con respecto a lo que debe ser hecho, todas las cosas consideradas. Voy a llamar a éste, el principio de autonomía.[27] También asume, incorrectamente y de forma tácita, que esto es idéntico al falso principio de que no existen razones excluyentes válidas, es decir que uno nunca se encuentra justificado en no hacer lo que debe ser hecho en base a la balanza de razones de primer-orden. Llamaré a esto la negación de la autoridad.

Esta confusión es natural si uno concibe todas las razones esencialmente como razones de primer--orden y pasa por alto la posibilidad de la existencia de razones de segundo-orden. Si todas las razones válidas son razones de primer-orden, entonces es una verdad necesaria que el principio de autonomía implica la negación de autoridad, puesto que lo que debe ser hecho, todas las cosas consideradas, es idéntico a lo que debe ser hecho en base a la balanza de razones de primer-orden. Pero, como puede haber, en principio, razones válidas de segundo-orden, no hay nada en el principio de autonomía que exija el rechazo de toda autoridad.

27 Es obvio que este principio de autonomía no es realmente un principio moral sino un principio de racionalidad.

La cuestión de la legitimidad de la autoridad toma la forma que siempre se ha supuesto toma: un examen de los fundamentos que, en ciertas circunstancias, justifican considerar algunas expresiones de ciertas personas como razones excluyentes. No existe ningún atajo que haga tal pesquisa redundante al demostrar que el verdadero concepto de autoridad legítima es incompatible con nuestra noción de racionalidad o moralidad.

CAPÍTULO II

LAS PRETENSIONES DEL DERECHO

¿Puede aplicarse al derecho el abstractísimo análisis de la autoridad hecho en el capítulo anterior? ¿Tenemos alguna razón para esperar que la noción de autoridad juegue un papel importante en nuestro entendimiento del derecho o al describir nuestra actitud hacia él? Dos objeciones preliminares tienen, primeramente, que ser resueltas.

(1) Es muy conocida la opinión de que el derecho goza de autoridad efectiva o *de facto*. Su análisis supone dichos conceptos pero no necesariamente el de autoridad legítima. Esto es un error. Sostener que un gobierno es un gobierno *de facto* es conceder que su pretensión de ser gobierno *de jure* es reconocida por un número suficiente de gente dotada suficientemente de poder que le asegura el control sobre cierta área. Una persona tiene autoridad efectiva o *de facto*, sólo si la gente sobre la cual tiene autoridad lo considera autoridad legítima. Esto usualmente implicaría aunque no siempre, necesariamente, que él pretende ser la autoridad legítima. Es suficiente que otros lo consideren como autoridad legítima. Esta condición puede que deba ser atenuada. Puede ser innecesario para la población relevante creer genuinamente que la persona que tiene autoridad efectiva sea la autoridad legítima; es suficiente si, ellos, por cualquier razón, confiesan tal creencia. Más aún, podríamos encontrar situaciones en las cuales únicamente algunos entre la población reconozcan la autoridad de la persona relevante, siempre que ellos sean suficientemente prominentes o poderosos para permitirle imponer su gobierno sobre los demás. Las razones por las cuales la población relevante acepta la autoridad de una persona varían y no pertenecen al análisis del concepto de autoridad *de facto*. La población puede reconocer la autoridad legítima de una persona, en base a que es ella la que tiene el control (y que cualquier intento por cambiar las cosas conduciría al caos, etcétera). Esto no debe conducir a la conclusión de que el control es suficiente y que la aceptación de la preten-

sión de autoridad legítima no es una condición lógica necesaria para la existencia de una autoridad *de facto*.

No necesitamos preocuparnos de las condiciones precisas para ser autoridad legítima. Probablemente éstas difieren con respecto a diferentes tipos de autoridades efectivas: jurídicas, de conducción política, eclesiástica, etcétera. Un factor común de todas las autoridades efectivas es que ellas presuponen la creencia de algunos de que la persona en cuestión tiene autoridad legítima.[1]

(2) La autoridad ha sido analizada dentro del contexto de una persona con autoridad y de sus expresiones *autoritativas*. Tales análisis podrían, en principio, aplicarse a un legislador y a sus actos legislativos. Pero no todo derecho es legislado. Las normas consuetudinarias pueden ser jurídicamente obligatorias. ¿Pueden estas normas ser *autoritativas* no obstante el hecho de que no son emitidas por una autoridad? Es posible hablar directamente de la autoridad del derecho mismo. La autoridad de una persona ha sido explicada con referencia a sus expresiones: ella es autoridad si sus expresiones son razones protegidas para actuar, *i.e.* razones para realizar las acciones que ellas indican y para pasar por alto (ciertas) consideraciones en contra. El derecho tiene autoridad si la existencia de una norma jurídica que requiere cierta acción es una razón protegida para realizar tal acción; *i.e.* una norma jurídica es *autoritativa* si su existencia es una razón para realizar una acción y para excluir consideraciones en contra. 'Razón' significa aquí una razón válida o justificable, puesto que es la autoridad legítima del derecho la que es así definida. El derecho goza de autoridad si, como vimos, sus súbditos, o algunos de ellos, consideran su existencia como una razón protegida para obedecer. Estas aclaraciones muestran que tiene sentido referirse a la autoridad del derecho y que si su análisis supone la noción de autoridad efectiva, también supone la de la autoridad legítima. Esto puede ser suficiente para mostrar que la noción de autoridad está inextricablemente ligada con la del derecho. Es en verdad obvio que para determinar nuestra propia actitud hacia el derecho, tenemos

1 Esta concepción es, de hecho, incluida en los análisis más comunes sobre la autoridad. Si, a primera vista, ésta parece controvertible es sólo porque se encuentra implícita más que explícita en muchas descripciones conocidas de la autoridad *de facto*. Es generalmente aceptado que la autoridad no puede basarse sólo en la fuerza o en la amenaza de la fuerza; depende de influencia, de la aceptación, etcétera. Análisis posteriores mostrarán que estas nociones suponen una pretensión de autoridad y su reconocimiento.

que examinar si el derecho tiene autoridad sobre nosotros la cual debiéramos reconocer. Pero ¿necesitamos usar el concepto de autoridad para explicar la naturaleza del derecho? ¿Juega dicho concepto un papel no sólo en la determinación de nuestra obligación hacia el derecho sino, también, en nuestro entendimiento del mismo? La respuesta es afirmativa, puesto que es un rasgo esencial del derecho que pretenda autoridad legítima.

Esto puede sonar excesivamente misterioso, pero se le puede realmente dar un significado bastante preciso. Debemos concentrarnos en las circunstancias en las cuales la conducta no conforme es o no una violación del derecho. Necesitamos primero establecer que el derecho pretende que la existencia de normas jurídicas sea una razón de la conducta obediente. Esto no debe ser confundido con la pretensión falsa de que el derecho requiere obediencia motivada por el reconocimiento de la fuerza obligatoria del derecho, de su validez. Es una verdad de Perogrullo que el derecho acepta obediencia por otras razones (conveniencia, prudencia, etcétera). Si los pronunciamientos emitidos desde el tribunal pueden ser considerados como el portavoz del derecho[2] algunas veces el derecho recibe con beneplácito respaldo en otras razones (en una moral independiente) para que se haga lo que éste requiere. Supóngase, sin embargo, que —poniendo a un lado al propio derecho— hay insuficientes razones para hacer lo que el derecho requiere. Supóngase que sobre la balanza —excluyendo de ella la presencia del derecho— uno no debe realizar el acto requerido y que ésta es la opinión tanto del súbdito del derecho como del juez. La no realización del acto en tales circunstancias es un incumplimiento del derecho. ¿Significa esto que el derecho requiere que se actúe contra la razón? No, significa meramente que el derecho, *i.e.* la existencia de la norma jurídica relevante, sostiene, por sí mismo, ser una razón que inclina la balanza y proporciona una razón suficiente para el acto requerido. La manera de interpretar el hecho de que la obediencia es requerida aún en ausencia de otras razones para ello es que el propio derecho se presenta como tal razón. No importa si la conformidad es motivada por el reconocimiento de tal pretensión. Lo que importa es la naturaleza de tal pretensión.

La pretensión de autoridad legítima del derecho no es mera-

[2] La legitimidad de proceder así se explica en el capítulo III y en otros capítulos de la *segunda parte.*

mente la pretensión de que las normas jurídicas son razones. Contiene la pretensión de que son razones excluyentes para pasar por alto razones para la no conformidad. En los siguientes ensayos, voy a hacer, en general, caso omiso de este aspecto de la pretendida autoridad del derecho. Sin embargo, algunas consideraciones pueden ser hechas aquí. Muchos sistemas jurídicos contienen doctrinas destinadas a permitir a los individuos desviarse de lo que, de otra forma, es un requerimiento jurídico obligatorio, si ellos mismos se consideran obligados por poderosas razones a hacerlo así. Los derechos de libertad de conciencia y objeción de conciencia no son sino dos ejemplos significativos de tales doctrinas. En muchos países la discrecionalidad en la persecución penal es dispuesta por el derecho para tomar en cuenta tales consideraciones. Pero, en todos los sistemas jurídicos el reconocimiento dado por el derecho a tales razones no jurídicas es limitado y estrictamente regulado por el propio derecho. Las razones no jurídicas no justifican la desviación de una disposición jurídica salvo cuando tal justificación es permitida por una específica doctrina jurídica.

Se podría pensar que el derecho debe reconocer todas las consideraciones relevantes; que la falta de tal reconocimiento es un defecto moral del derecho por no permitir a los tribunales tomar en cuenta, algunas veces, la relevancia de ciertas consideraciones. Pero, si este es el caso, es un defecto inevitable. Quizás, muchas de las consideraciones que no son, por ejemplo, normalmente reconocidas, por los tribunales ingleses, debieran serlo. Pero, es prácticamente imposible para el derecho reconocer todas las consideraciones relevantes de los casos a los cuales se aplica. Si el derecho tiene autoridad moral, entonces esta autoridad moral tiene que ser establecida, mostrando, entre otras cosas, que es mejor no permitir a los tribunales aplicar ciertas consideraciones a no tener derecho del todo.

La imposibilidad práctica del derecho para otorgar a las razones que pueden afectar a un agente todo su peso es particularmente obvio cuando el costo de aplicar un reconocimiento apropiado de tales razones o del probable abuso de tal forma, si ésta no es apropiadamente aplicada, parece sobrepasar los beneficios. Esto es probable que ocurra en cantidad de ocasiones.

Cuando se concentra la atención en ciertos casos individuales, se siente con frecuencia que los argumentos para hacer de tal caso una excepción a la regla son aplastantes y que los individuos o, en última instancia, los tribunales tienen que estar dotados de facultades para reconocer tales excepciones, *i.e.* disponer de un poder general para exceptuar de la norma, fundándose en la falta de justicia. Esto puede ser justificado con respecto a ciertos problemas jurídicos. Pero, en muchas áreas, el remedio sería peor que la enfermedad. Puede ser mejor ocasionar injusticia en pocos casos que crear incertidumbre en muchos.

La incertidumbre frustra las expectativas, impide la planificación, favorece los abusos del derecho al estimular las tentativas para explotar sus vagos límites y el uso de tales normas supone inmiscuirse en los asuntos privados de los individuos. En situaciones en que tales consideraciones son importantes y en las que la injusticia o el perjuicio son raros, la certeza es el *praemium* y los tribunales están desprovistos justificadamente de poderes de excepción. El resultado es que las razones de mucho peso para desviarse del acto jurídicamente requerido en una específica ocasión pueden haber sido excluidas. Otra causa del no reconocimiento es la inadvertencia. Al establecerse el derecho uno puede no haberse percatado de que existen o existirán en el futuro razones muy apremiantes para desviarse de él en una cierta clase de casos a los cuales se aplica. La lentitud de los procedimientos de reforma frecuentemente impide que el derecho sea enmendado incluso después de que muchos están conscientes de sus resultados.

He mencionado la imposibilidad práctica y la inadvertencia como razones para que el derecho no dé el total peso a todas las razones que pueden afectar un caso. Tales observaciones están hechas para explicar no para justificar. No se sostiene aquí que tal razonamiento siempre, o verdaderamente, justifique la autoridad del derecho. Volveremos a tocar este problema en la cuarta parte del libro.[3] El propósito de tales consideraciones es el de delinear meramente los tipos de argumentos generalmente invocados para explicar y defender el hecho de que el derecho, algunas veces, pasa por alto razones válidas y de peso, puesto que el problema no consiste en cómo justificar estos hechos sino cómo interpretarlos.

Las consideraciones mencionadas son razones excluyentes típicas. Supóngase que existe una disposición jurídica que requiere

[3] Hay más de una cuestión de justificación implicada. Uno tiene que distinguir entre '¿es correcto que el derecho (o el legislador) pretenda dicha autoridad en tales circunstancias?' y '¿está moralmente obligado el individuo a reconocer tal autoridad?'. Algunas veces una respuesta afirmativa a la primera pregunta estará combinada con una respuesta negativa a la segunda.

que uno ϕ. Permítasenos asumir que en una ocasión particular existe una muy apremiante razón, *R*, para no ϕ-*r*. El derecho requiere que uno no actúe por esa razón. ¿Es porque el derecho reclama para sí peso absoluto, el cual supera a *R*, o es porque el derecho reclama para sí el *status* de una razón protegida que excluye a *R*? Se deben buscar las razones estándares por las cuales el derecho rechaza *R*. Éstas son las razones expresadas por los tribunales como justificaciones para no excusar a alguien que actuando en base a *R*, viola el derecho y las razones expresadas en ocasiones similares. Sostengo que estas razones son las que mencioné arriba y otras razones relacionadas. Algunos, serán, por tanto, argumentos de que permitir a todos actuar en base a *R* tendría, en general, peores resultados en virtud del grado de error en hacerlo propiamente (la gente se equivocaría con frecuencia al pensar que *R* existe en su caso, etcétera).

Pero, el hecho de que haga, con mayor probabilidad, más mal que bien, tratar de actuar por una cierta razón (*R*) para ϕ-*r*, en virtud del grado de error en hacerlo propiamente, no es una razón para no ϕ-*r*. Es una razón para no actuar por *R*. Indirectamente atenúa el caso para ϕ-*r*, pero, directamente, es una razón excluyente: una razón para excluir *R*.

De manera similar, el hecho de que, aunque la disposición jurídica de que uno debe ϕ-*r* deba ser cambiada (en virtud de que, todas las cosas consideradas, uno no debe ϕ-*r*), que no deba ser cambiada, aquí, ahora o por mí, no es una razón para ϕ-*r* que supere las razones para no-ϕ-*r*, sino, más bien, una razón por la que debo pasar por alto las razones para no-ϕ-*r*. Es el carácter esencialmente excluyente de una disposición jurídica que resiste la reforma permanente. Es inmune a la pretensión de que debe ser reexaminada con la perspectiva de posibles reformas en todos los casos a los que se aplica.[4] Esta regulación del método apropiado de reformar disposiciones jurídicas se basa no en la creencia de que hasta que se revisen las razones para el acto requerido se superan todas las razones en conflicto, sino en la más racional y menos misteriosa creencia de que hasta que ésta se reforme es justificable excluir otras razones en conflicto.

Una última advertencia: lo que se excluye por una disposición jurídica no son todas las demás razones, sino, meramente, todas

[4] *Cfr.* Raz, J., *Practical Reason and Norms*, *cit.*, pp. 49-84.

aquellas que no están jurídicamente reconocidas. No debemos concebir el derecho como un conjunto de disposiciones jurídicas aisladas en que cada una tiene su función propia, separada e independiente, sino como un conjunto de razones (potencialmente en conflicto y reforzándose mutuamente) las cuales determinan, en conjunto, lo que es requerido por el derecho.

Si este análisis es correcto entonces el derecho pretende autoridad. El derecho se presenta como un conjunto de patrones *autoritativos* y requiere de todos aquellos a los que se aplica que reconozcan su validez. Ésta, por supuesto, no es una tesis muy novedosa. De una u otra manera es muy común pensar que el derecho pretende autoridad. El propósito de este capítulo, como el del anterior, es el de interpretar esta noción común, darle significado preciso y reivindicarla para una más amplia tesis sobre la naturaleza de la autoridad y otros hechos conocidos sobre el derecho. Al hacer esto queda definido y presentado el problema central de este libro. Ahora bien, puesto que el derecho requiere autoridad, cabe preguntar: ¿debe ser reconocida su pretensión?, ¿está justificada?, ¿hay una obligación de someterse a la autoridad del derecho? Si no es así ¿es absolutamente permitido hacerlo?, ¿está condicionada la legitimidad de la autoridad del derecho por un reconocimiento jurídico del derecho a disentir?

SEGUNDA PARTE

NATURALEZA DEL DERECHO Y DERECHO NATURAL

CAPÍTULO III

EL POSITIVISMO JURÍDICO Y LAS FUENTES DEL DERECHO*

1. *La naturaleza del positivismo jurídico*

La naturaleza perenne e inexhaustible de la controversia con respecto al análisis positivista del derecho se debe, en no poca medida, al elusivo significado de 'positivismo' en la filosofía jurídica. Ciertamente, está bien establecido que el positivismo jurídico es esencialmente independiente (aunque no históricamente desconectado) tanto del positivismo de la filosofía del siglo XIX como del positivismo lógico del presente siglo. Sin embargo, las grandes variaciones entre las diferentes teorías positivistas del derecho y la extensa variedad de motivaciones filosóficas que penetren la obra de los no-positivistas, indican la dificultad, quizás la imposibilidad, de identificar al positivismo jurídico en su fuente —en una concepción filosófica básicamente positivista.

La forma más sencilla de abordar la continua controversia sobre el positivismo jurídico es a través de las tesis particulares, o grupos de tesis, alrededor de las cuales ésta gira. Tres áreas de discusión han estado en el centro de la controversia: la identificación del derecho, su valor moral y el significado de sus términos básicos. Podríamos identificarlas como la tesis social, la tesis moral y la tesis semántica, respectivamente. Sin embargo, debe entenderse que en cada área los positivistas (o sus oponentes) se identifican por sostener (o rechazar) una o más de un grupo de tesis relacionadas, más bien que una tesis particular.

En términos muy generales la tesis social positivista es que lo que es y lo que no es derecho es una cuestión de hechos sociales (esto es, la variedad de las tesis sostenidas por los positivistas son diversos refinamientos y elaboraciones de esta gruesa formulación).

* Mi punto de vista respecto a los problemas tratados en este capítulo fueron grandemente afectados por conversaciones tenidas con R. M. Dworkin y J. M. Finnis, quienes no estuvieron de acuerdo con muchas de mis conclusiones.

Su tesis moral es que el valor moral del derecho (tanto de una disposición jurídica particular como de todo un orden jurídico) o el mérito moral que éste tenga es una cuestión contingente que depende del contenido del derecho y de circunstancias de la sociedad a la cual se aplica. La única tesis semántica que puede ser identificada como común a la mayoría de las teorías positivistas es una tesis negativa, a saber: que términos como 'derechos' y 'deberes' no pueden ser usados con el mismo significado en el contexto jurídico y en el contexto moral. Esta vaga formulación está hecha para cubrir diversas concepciones como: (1) 'derechos morales' o 'deberes morales' son expresiones sin sentido o autocontradictorios o (2) 'derechos' y 'deberes' tienen un significado evaluativo y uno no-evaluativo y son usados en contextos morales en su significado evolutivo, en tanto que en contextos jurídicos son usados en su significado no-evaluativo, o bien (3) el significado de 'derechos y deberes jurídicos' no es una función del significado de sus términos componentes —así como una gran variedad de tesis semánticas relacionadas.

De todas, la tesis social es la más fundamental. Ella es, también, responsable del nombre 'positivismo' el cual indica la idea de que el derecho es puesto, de que es hecho derecho por la actividad de seres humanos. Frecuentemente se piensa que la tesis social necesita de la tesis moral y semántica. En gruesas líneas el argumento es el siguiente: puesto que, en virtud de la tesis social, lo que es derecho es una cuestión de hechos sociales y la identificación del derecho no supone argumentos morales, entonces, se sigue, que la conformidad a valores o ideas morales no es, de ninguna manera, condición para que algo sea derecho o jurídicamente obligatorio. De esta forma, la conformidad del derecho a valores e ideas morales no es necesaria; es contingente a las circunstancias particulares de su creación o aplicación. Por tanto, como sostiene la tesis moral, el valor moral del derecho depende de factores contingentes. No puede haber argumento de que, por necesidad, el derecho tenga valor moral. De esto y del hecho de que términos como 'derechos' y 'deberes' sean usados para describir el derecho —cualquier derecho— se sigue, parece, la tesis semántica. Si tales términos son usados para afirmar la existencia de derechos y deberes jurídicos que pueden y que, algunas veces, efectivamente contradicen derechos y deberes morales, dichos términos no pueden ser usados con el mismo significado en ambos contextos.

He sostenido en otro lugar[1] que ambos argumentos son falaces y que ni la tesis moral ni la semántica se siguen de la social. La afirmación de que lo que es y no es derecho es puramente una cuestión de hechos sociales, deja abierta la cuestión de si los hechos sociales, por los cuales identificamos el derecho o determinamos su existencia, le proporcionan valor moral. Si lo hacen, queda abierta todavía la cuestión de si, dada la naturaleza humana y las condiciones generales de la existencia humana, todo orden jurídico que es, de hecho, el derecho efectivo de alguna sociedad, debe conformarse, por necesidad, a algunos valores e ideas morales.

En cuanto a la tesis semántica, todo lo que el positivista tiene razón de sostener es que el uso del lenguaje normativo que describe el derecho no siempre lleva la implicación de que el que habla avale el derecho descrito como obligatorio. Puesto de manera más precisa, esto significa que el lenguaje normativo cuando es usado para enunciar el derecho no siempre lleva su fuerza normativa completa. En cuanto a esto, aun el no-positivista puede estar de acuerdo. Esto no justifica la opinión de que términos como derechos y deberes sean usados con un significado diferente en los contextos jurídico y moral.

No es el propósito del presente capítulo explorar tales argumentos. Los menciono sólo para indicar en qué grado la versión del positivismo que va a ser defendida aquí es moderada, la cual no necesita entrar en conflicto con la opinión iusnaturalista en lo que se refiere al análisis semántico de los términos normativos y a la relación entre el derecho y la moral. Los siguientes no son sino algunos ejemplos de puntos de vista comúnmente asociados con teorías del derecho natural, los cuales son equiparables con la versión del positivismo que abajo defendemos.

a) 'Un deber jurídico' significa un deber que se tiene porque el derecho requiere la realización de tal acción.
b) Existe una conexión necesaria entre el derecho y la moral social (*i.e.* la moral respaldada y practicada por la población).
c) La pretensión de autoridad de todo orden jurídico es justificada.

1 *Cfr. Practical Reason and Norms, cit.*, pp. 162 y ss.

Con independencia de si tales opiniones son verdaderas o no, ciertamente son compatibles con la tesis social la cual es la espina dorsal de la versión del positivismo que intento sostener. La tesis social es mejor considerada no como una tesis de 'primer orden' sino como un límite en cuanto a qué tipo de teoría del derecho es una teoría aceptable —más específicamente— es una tesis sobre algunas propiedades generales de cualquier criterio (*test*) aceptable sobre la existencia e identidad de los órdenes jurídicos.

La versión fuerte de la tesis social. Para la versión fuerte de la tesis social, una teoría del derecho es aceptable únicamente cuando sus criterios (*test*) para identificar el contenido del derecho y determinar su existencia dependen exclusivamente de hechos de conducta humana susceptibles de ser descritos en términos valorativamente neutros y cuando es aplicada sin recurrir a argumentos morales.

Esta formulación es menos clara de lo que pudiera ser. Una más clara y lúcida exposición requiere una más completa elaboración teórica y es probable, por tanto, que tenga que ser más controvertible. Esta formulación se esfuerza por llegar al centro de la motivación y a la idea fundamental que subyace en las diferentes formulaciones de la tesis social y acepta el inevitable costo de falta de precisión. No obstante, algunas aclaraciones son necesarias.

Primeramente, la tesis asume que cualquier teoría completa del derecho contiene criterios para identificar el contenido del derecho y determinar su existencia. Esto parece autoevidente para muchos filósofos del derecho que consideran como una de sus principales tareas el procurar tales criterios. Otros igualmente célebres iusfilósofos nunca fueron movidos a hacerlo y sintieron que tales criterios o bien no eran parte de la filosofía jurídica o eran estériles o imposibles. Lon Fuller es el más eminente de entre los filósofos del derecho contemporáneo que han sostenido tal opinión. Las razones para disentir de tales posturas serán sucintamente indicadas en la siguiente sección. Lo mejor es considerar tales teorías como teorías incompletas del derecho. Por una razón u otra la mayoría de las teorías del derecho, si no es que todas, son teorías incompletas en tanto que no proporcionan respuestas a algunas cuestiones que caen dentro del campo de la ciencia del derecho (*jurisprudence*).

En segundo lugar, la tesis asume que existe un vocabulario suficientemente rico de términos valorativamente neutros. No asume que exista una clara y tajante diferencia entre los términos de carga valorativa y aquellos libres de carga valorativa. Tampoco se compromete con cualquiera de las partes en la disputa iusnaturalista-anti-iusnaturalista. Que el criterio sea susceptible de ser descrito en términos valorativamente neutros, no significa que una conclusión axiológica o deóntica no pueda ser implicada por él. Afirmar esto sería adoptar una posición anti-iusnaturalista.

En tercer lugar, la tesis no requiere que se pasen por alto las intenciones, motivaciones y opiniones morales de las gentes. Neutralidad valorativa no significa conductismo.

Finalmente, es conveniente hacer notar que la tesis social puede ser dividida en dos: (1) Una condición social es necesaria para identificar la existencia y contenido del derecho. Una disposición es una disposición jurídica sólo si satisface una condición social. (2) Una condición social es suficiente para identificar la existencia y contenido del derecho. Una disposición es una disposición jurídica si satisface la condición social.

2. *La tesis social*

He señalado que la tesis social ha estado siempre en la base del pensamiento positivista del derecho y que sus consecuencias semánticas y morales han sido muy frecuentemente malentendidas. No es mi propósito exponer ni defender aquí alguna postura particular sobre los criterios por los cuales la existencia y contenido del derecho habrán de ser identificados.[2] Pero, como la aceptación de la tesis social efectivamente da forma a las teorías del derecho que la respaldan, es importante volver, una vez más, sobre las razones que fundamentan la tesis social. Al hacerlo me veré, inevitablemente, comprometido con algunas posturas más precisas sobre las condiciones sociales para la existencia e identidad de los órdenes jurídicos.

i. La justificación más general y no teórica de la tesis social es de que ésta refleja correctamente el significado de 'derecho' ('*law*')

[2] *Cfr. Infra*: caps. V y VI, así como mi *Practical Reason and Norms*, *cit.*, pp. 132-148 y 154-162.

y términos relacionados en el lenguaje ordinario. Esta afirmación puede ser demostrada, como ha sido hecho con bastante frecuencia. Parece fundamentalmente correcta como una parte esencial de toda defensa de la tesis social y, sin embargo, no es por sí misma concluyente. La palabra *'law'*[a] tiene usos no jurídicos: *laws of nature, moral laws, the laws of thought,*[b] etcétera. Algunos de estos usos tienen un *status* problemático. Más aún, no existen líneas precisas de demarcación en el uso lingüístico de los diferentes tipos de derecho. Así, por ejemplo, la discusión de la naturaleza del derecho internacional, no puede ser determinada recurriendo al lenguaje ordinario.

Por razones similares, el hábito (*usage*) es muy amorfo para dar adecuado soporte a la tesis social. Éste, ciertamente, sugiere que el derecho tiene una base social, que la Alemania nazi tenía un orden jurídico, etcétera. Pero no es suficientemente determinante para establecer, de forma indiscutible, que los hechos sociales son tanto condiciones suficientes como necesarias para la existencia e identidad del derecho.

Por último, no queremos ser esclavos de las palabras. Nuestro objetivo es entender la sociedad y sus instituciones. Tenemos que enfrentar esta cuestión: ¿el significado ordinario de 'derecho' es tal que ayude a identificar hechos relevantes para nuestro entendimiento de la sociedad?

ii. La tesis social es frecuentemente recomendada en base a que separa nítidamente la descripción del derecho de su evaluación. Esto, se afirma, evita confusiones y aporta claridad de pensamiento. Es cierto, pero esto presupone la tesis más que fundamentarla. Si el derecho tiene que ser identificado mediante criterios sociales,

[a] En un contexto jurídico *'law'* (generalmente en singular) corresponde normalmente a 'derecho' (en sentido objetivo), *i.e.* conjunto de normas, orden jurídico. En este sentido: *Roman law, the law of Athens, criminal law, the law of obligations, constitutional law,* etc. o simplemente, *law* [el derecho]. De forma adjetiva se refiere a lo relativo o perteneciente al derecho *i.e. law professor, law school,* etcétera. N.T.

[b] 'Leyes de la naturaleza', 'normas morales', 'leyes del pensamiento', son típicos ejemplos de usos no jurídicos de *'law'*.

A este respecto cabe señalar que dentro de la tradición jurídica civilista la tesis social también refleja el correcto significado de 'derecho' y de otros términos relacionados en el lenguaje ordinario. Sin embargo, por razones similares —usos no-jurídicos de 'derecho': 'estar derecho', 'el derecho de la tela', etcétera, como de *'droit', le droit chemin',* etcétera, *'diritto': 'sempre diritto',* etcétera—, esta afirmación no es por sí misma concluyente para sostener la tesis social. N.T.

entonces, tratar de identificarlo sin separar claramente los hechos sociales de las consideraciones evaluativas es equívoco y, frecuentemente, un craso error. Pero si la identificación del derecho supone, como muchos iusnaturalistas creen, consideraciones tanto evaluativas como sociales, entonces separar éstas en la identificación del derecho es equívoco y erróneo.

iii. La adhesión a la tesis social elimina los perjuicios del investigador. Requiere que este último haga a un lado sus opiniones evaluativas y deónticas y se base exclusivamente en consideraciones que puedan ser investigadas y descritas de una forma valorativamente neutra. Esto, aunque cierto, presupone la tesis social y es uno de sus resultados más que su fundamento. Puesto que, a este respecto, también tiene que admitirse que si aquellos iusnaturalistas que rechazan la tesis social están en lo cierto, entonces considerar el sentido de valores del investigador (ya no se llamarían perjuicios) sería el único camino apropiado para identificar el derecho. Esto no significa que desde este punto de vista el derecho sea lo que es en virtud de que el investigador cree en ciertos valores, significa, en realidad, que la manera apropiada de identificar el derecho consiste en inquirir en la validez y en las implicaciones de ciertos valores.

iv. Existen, sin duda, muchas otras razones —y variaciones de razones— que han sido propuestas en favor de la tesis social y muchas de ellas poseen, cuando menos, cierta verdad. Sin embargo, la principal justificación de la tesis social reside en el carácter del derecho en tanto institución social. Algunas instituciones sociales puede que tengan que ser entendidas en forma incompatible con una tesis social análoga aplicada a ellas. Pero el derecho, como muchas otras instituciones, es una institución que se conforma a la tesis social. Para comprobarlo es necesario especificar, de manera general, los principales ingredientes de los criterios de existencia e identidad de un orden jurídico y determinar aquellos con los cuales la tesis social está relacionada. El criterio de identidad y existencia de un orden jurídico contiene tres elementos fundamentales: eficacia, carácter institucional y fuentes.

La eficiencia es la menos controvertida de estas condiciones. Curiosamente es, también, la menos estudiada y la menos entendida. Posiblemente no haya mucho con lo que la filosofía jurídica pudiera contribuir al respecto. Sin embargo, creo, existen algunas dificultades que, aunque elementales, necesitan ser exploradas.[3] Como el presente capítulo no se refiere a los detalles precisos de la condición de eficacia, estas dificultades pueden ser pasadas por alto. Es suficiente que todos convengan que un orden jurídico no es el derecho vigente en una cierta comunidad, salvo que sea respaldado, aceptado o interiorizado por, al menos, ciertos sectores de la población. Esta condición está destinada simplemente a asegurar que el derecho al cual nos referimos es, efectivamente, el derecho de una sociedad dada y no un orden jurídico difunto o uno al cual se aspira.

Ésta es la menos importante de las condiciones. No es discutida por los iusnaturalistas. Tampoco ayuda a caracterizar la esencia del derecho como un tipo de institución humana. Distingue entre derecho efectivo y no efectivo y no entre órdenes jurídicos y órdenes no-jurídicos. Considérese, por vía de análisis, la moral social. La misma condición se aplica: ninguna moral es la moral social de una comunidad al menos que sea seguida o aceptada por la población. Aquí la condición de eficacia no clarifica la naturaleza de la moral, meramente distingue una moral efectiva de la que no lo es.

Más importante y, también, más controvertido es el segundo elemento del criterio de existencia e identidad: el carácter institucional del derecho. Nuevamente las muchísimas controversias sobre la naturaleza precisa del carácter institucional del derecho pueden ser esquivadas aquí. Es ampliamente aceptado, incluso por muchos iusnaturalistas, que un sistema de normas no es un orden jurídico salvo que establezca instituciones judiciales[c] (*adjudicative institutions*) que se encarguen de resolver las controversias normales surgidas por la aplicación de las disposiciones del sistema. Es también generalmente aceptado que tal orden normativo es *autoritativo* y ocupa una posición de supremacía dentro de la sociedad, *i.e.* pretendiendo el derecho de legitimar o proscribir otras instituciones sociales.

Este carácter institucional del derecho lo identifica como tipo social, como un tipo de institución social. En pocas palabras: es un

[3] En el capítulo IX: *On the Existence of Legal Systems*, de mi libro *The Concept of a Legal System. An Introduction to the Theory of a Legal System*, Oxford, Oxford University Press, 1978, pp. 203-208, pueden verse algunos de los aspectos enigmáticos de muchas conocidas concepciones sobre la eficacia.

[c] *Cfr. supra: Prefacio.* N.T.

sistema para guiar y decidir (jurídicamente) que pretende suprema autoridad dentro de una sociedad y, por tanto que, ahí donde es eficaz, goza de autoridad efectiva. Puede pensarse que hay mucho que decir sobre el tipo de institución social en que el derecho consiste. ¿Por qué ser tan parco y abstracto en su descripción? Sin duda los rasgos del derecho que han sido mencionados pueden y deben ser elaborados con mucho mayor detalle. Pero cuando se integra un criterio general de existencia e identidad del derecho probablemente no debemos ir más allá de esta escueta caracterización. El resto corresponde propiamente a la sociología del derecho, en tanto que caracteriza algunos órdenes jurídicos específicos y no necesariamente todos los órdenes jurídicos.[4]

"Derecho", como hemos mencionado, es usado en muchos contextos diferentes y se aplica a normas de gran variedad y diversidad. Los juristas, naturalmente, concentran su atención profesional en cierta gama de usos: aquellos que están ligados con instituciones del tipo descrito. Muchos filósofos del derecho han sugerido que el análisis filosófico del derecho debe seguir la profesión jurídica y debe sujetar su análisis a este tipo de institución. Esto es muy natural y completamente justificado. Aun dentro de la muy esquemática y rudimentaria caracterización arriba propuesta, es bastante claro que el derecho, así entendido, es una institución de gran importancia para todos aquellos que viven en sociedades gobernadas por el derecho, en la actualidad significa casi todos. Existe más que suficiente justificación para hacer del derecho objeto de un estudio especial (que no tiene ni debe descuidar sus complejas relaciones con otras instituciones y fuerzas sociales). Hay, también, suficiente razón para fomentar la conciencia que el público en general tiene del derecho como un tipo especial de institución.

Muchas teorías del derecho natural son compatibles con todo lo que ha sido dicho arriba sobre la naturaleza institucional del derecho. Sin embargo, es necesario señalar que tal concepción institucional del derecho es incompatible con ciertas posturas iusnaturalistas, por dos razones. En primer lugar, es consecuencia del

[4] Posiblemente la principal adición a los hechos que he mencionado la constituyen las sanciones, el uso de la coerción o la fuerza y el uso de instituciones aplicadoras del derecho. Véase a este respecto: Oberdiek, H., "The Role of Sanctions and Coercion in Understanding Law and Legal Systems", en *American Journal of Jurisprudence*, vol. 21, 1976, Notre Dame Law School, South Bend, Ind., 1976, pp. 71-94; Raz, J., *Practical Reason and Norms*, *cit.*, pp. 154-162.

carácter institucional del derecho que éste tenga límites. Los órdenes jurídicos contienen sólo aquellos estándares que están relacionados, en cierta forma, con las funciones de las instituciones judiciales relevantes.[5] Esto es lo que el carácter institucional significa. Puesto que el derecho tiene límites, no contiene todos los estándares justificativos (morales u otros) ni tampoco contiene, necesariamente, todas las normas y convenciones sociales. Contiene únicamente un subconjunto de ellas; sólo aquellos estándares que tienen la apropiada relación institucional.[6] Esto es incompatible con la opinión de que el derecho no constituye un sistema de estándares separados y es especialmente incompatible con la afirmación de que no hay diferencia entre el derecho y la moral o entre el derecho y la moral social.

Una segunda, y quizás, más radical consecuencia de la concepción del derecho como un sistema institucional es de que no se pueden imponer calificaciones morales como condiciones para que una disposición o un orden sean tenidos por jurídicos y que no se encuentren reflejadas también en sus rasgos institucionales. Si el derecho es una institución social de cierto tipo, entonces todas las disposiciones que pertenecen al tipo social son disposiciones jurídicas no obstante lo moralmente objetables que éstas puedan ser.

El derecho puede tener propiedades morales de forma necesaria, pero si es así, entonces sólo sobre la base de todas o algunas de las disposiciones que tengan las relaciones institucionales requeridas tendrán, necesariamente, propiedades morales. Imponer con-

5 Kelsen pensó que esta relación era simple. Las normas jurídicas son normas dirigidas a los tribunales. *Cfr.* Kelsen, H., *The General Theory of Law and State*, New York, Russell and Russell, 1961 (reimpresión de la edición de Harvard University Press, Cambridge, Mass. 1945), p. 29. Existe traducción española de Eduardo García Máynez, *Teoría general del derecho y del Estado*, 3a. ed. México, UNAM, 1969, p. 34.

Otros autores sugieren relaciones más indirectas. De entre ellas la más notable es la idea de H. L. Hart de que las normas son estándares que los tribunales están obligados a aplicar y a usar en la decisión judicial. *Cfr. The Concept of Law*, *cit.*, pp. 99 y ss; *El concepto de derecho, cit.*, pp. 113 y ss.

6 ¿Qué no puede tener una sociedad instituciones judiciales habilitadas para aplicar toda regla social a la cual podemos considerar como careciendo de una clara diferenciación entre la moral social y una moral crítica o ideal? Tales sociedades son posibles y quizás han existido. Esto, sin embargo, meramente muestra que desde su punto de vista no existe una distinción entre derecho y moral (salvo que tales sociedades estuvieran conscientes de la distinción observando otras comunidades). Nosotros que poseemos tal distinción podemos aplicarla inclusive a ellas considerando que, tal y como se presentan las cosas en sus comunidades, el derecho abarca la totalidad de su moral social. Pero las cosas pudieron haber sido diferentes incluso para ellas.

diciones morales independientes para identificar el derecho inevitablemente significaría que no todas las disposiciones que forman parte de la institución social del tipo relevante son derecho, o bien, que algunas disposiciones que no son parte de tales instituciones son derecho. De cualquier forma 'derecho' no designaría ya una institución social.

3. *Las fuentes del derecho*

Muchos positivistas son ambiguos en relación con una interesante cuestión. Mientras que sus términos generales sugieren un respaldo a la versión fuerte de la tesis social, sus doctrinas reposan, realmente en la eficacia y en la institucionalidad como las solas condiciones referentes a los fundamentos sociales del derecho. Permítasenos llamar a la combinación de estas dos condiciones la tesis débil. Es fácil mostrar que la tesis fuerte y la débil no son equivalentes. Supóngase que el derecho requiere que las controversias no-reguladas (*i.e.* aquellas a cuyo respecto el derecho está indeterminado o es incierto) sean resueltas en base a consideraciones morales[7] (o a cierta subclase de ellas, tales como consideraciones de justicia o consideraciones morales no fundamentalmente reñidas con la moral social). Supóngase además que se arguye que en virtud de tal disposición las consideraciones morales se han convertido en parte del derecho (y así el derecho nunca es indeterminado o incierto salvo que la moral lo sea). Esta afirmación se opone directamente a la tesis fuerte. Si tal afirmación se acepta, la determinación de lo que es derecho en ciertos casos depende de consideraciones morales, puesto que se tiene que recurrir a argumentos morales para identificar el derecho. Para conformarnos a la tesis fuerte, tendríamos que decir que mientras la norma que se refiere a la moral es ciertamente derecho (está determinada por sus fuentes) la moral a la cual la norma jurídica se refiere no es por esto incorporada al derecho. Esta norma es análoga a una 'regla de conflicto' que establece el deber de aplicar un orden jurídico extranjero el cual se mantiene independiente y fuera del derecho nacional.

[7] Obsérvese que la referencia es a la moral, no a la moral social. La moral social está basada en fuentes: costumbres, hábitos y concepciones comunes de la comunidad.

Aunque todo esto es bastante claro, es igualmente claro que la opinión contraria (de acuerdo con la cual la moral llega a formar parte del derecho en virtud de la disposición jurídica mencionada) no viola los requerimientos de la eficacia. Puesto que aquí también el grueso del orden jurídico puede conformarse a ellos. Tampoco es inconsistente con los del carácter institucional del derecho: la moral, dentro de esta concepción, se convierte en derecho al ser vinculada a las instituciones relevantes. Finalmente, la afirmación de que la moral puede, de esta forma, incorporarse al derecho es consistente con la tesis de los límites del derecho, puesto que ésta meramente afirma que las normas jurídicas basadas en fuentes pueden, de vez en cuando, incorporar parte de la moral en el derecho imponiendo, quizás, varias condiciones a su aplicación.

Habiendo señalado lo anterior, debo agregar que el resultado de admitir la opinión que estamos considerando es de que algunos principios morales no basados en fuentes son parte de casi todos los órdenes jurídicos puesto que la mayoría de éstos requieren de los jueces que apliquen consideraciones morales en varias ocasiones.

La diferencia entre la tesis social débil y la fuerte es que ésta insiste, mientras que la primera no, en que la existencia y contenido de toda disposición jurídica es totalmente determinada por fuentes sociales. Por el otro lado, la tesis débil, no la fuerte, integra al derecho las condiciones de eficacia e institucionalidad. Las dos tesis son lógicamente independientes. La tesis débil, aunque verdadera, es insuficiente para caracterizar el positivismo jurídico. Es compatible con:

(*a*) En ocasiones la identificación de algunas normas jurídicas requiere de argumentos morales,

pero también es compatible con:

(*b*) En todo orden jurídico la identificación de ciertas normas requiere de argumentos morales.

El primer punto de vista se encuentra en la frontera del positivismo y puede o no ser considerado consistente con él. Pero mientras que el primero depende de la contingente existencia de una disposición jurídica basada en fuentes que convierte, algunas veces, consideraciones morales en el criterio de validez (como el ejemplo anterior), el segundo sostiene una necesidad conceptual de la identificación del derecho mediante argumentos morales y está claramente del lado del derecho natural en la histórica división positivismo-iusnaturalismo.

Voy a argumentar en favor de la verdad de la tesis social fuerte excluyendo tanto a (*a*) como a (*b*).[8] Denominaré a la tesis social fuerte: 'la tesis de las fuentes'. ('Fuente', de alguna manera, es usado aquí en sentido técnico, el cual se encuentra, sin embargo, claramente relacionado con la literatura tradicional sobre fuentes del derecho.) Una disposición jurídica tiene una fuente si su contenido y existencia puede ser determinado sin usar argumentos morales (permitiendo, sin embargo, argumentos sobre las concepciones e intenciones morales de la gente, las cuales son, por ejemplo, necesarias para la interpretación). Las fuentes de una disposición jurídica son aquellos hechos en virtud de los cuales ésta es válida y su contenido identificado. Este sentido de 'fuente' es más amplio que el de 'fuentes formales' las cuales son aquellas que establecen la validez del derecho (una o más leyes del Parlamento conjuntamente con uno o más precedentes, puede ser la fuente formal de una disposición jurídica). 'Fuente', tal y como es usada aquí, comprende, también, 'fuentes interpretativas', a saber, todos los materiales interpretativos relevantes. La fuente del derecho, así entendida, no es nunca un acto individual aislado (de legislación, etcétera), sino toda una gama de hechos de variedad de tipos.

¿Cuáles son las razones para aceptar la tesis de las fuentes? Dos

[8] La tesis social débil proporciona todos los ingredientes por medio de los cuales uno determina si un sistema normativo es un orden jurídico y si está vigente en cierto país. En otras palabras, la tesis social débil, proporciona un criterio completo de existencia de los órdenes jurídicos, un criterio por el cual uno determina si hay un orden jurídico vigente en un país. También contribuye (*i.e.* el carácter institucional del derecho) con alguno de los ingredientes mediante los cuales construye el criterio de identidad de un orden jurídico (*i.e.* el criterio por medio del cual uno determina si dos disposiciones jurídicas pertenecen al mismo sistema jurídico), pero en esto es insuficiente y tiene que ser complementada por la tesis social fuerte, *i.e.* por la pretensión de que toda disposición jurídica tiene una fuente social.

E. P. Soper ("Legal Theory and the Obligation of the Judge: The Hart/Dworkin Dispute", en *Michigan Law Review*, vol. 75, 1975, pp. 511 y ss.) y D. Lyons ("Principles, Positivism and Legal Theory", en *Yale Law Journal*, vol. 87, 1977, pp. 424 y ss.), sostienen que el positivismo jurídico es consistente con (a). Aquellos que sostienen tal concepción del derecho tienen que proporcionar un criterio adecuado para separar las referencias jurídicas a la moral, que hace su aplicación un caso de aplicación de disposiciones jurídicas preexistentes, de los casos de discreción judicial, en los cuales el juez, apelando a consideraciones morales, cambia el derecho. No estoy al tanto de ningún intento serio para suministrar tal criterio.

argumentos se combinan para sostenerla. El primero muestra que la tesis refleja y explica nuestra concepción del derecho. La segunda muestra que existen adicionadas razones para adherirse a dicha concepción.

Cuando se discuten nombramientos para la judicatura distinguimos diferentes tipos de características que sería deseable que los jueces poseyeran. Valoramos su conocimiento del derecho y sus habilidades tanto en la interpretación de las disposiciones jurídicas como en la argumentación en formas que muestran su experiencia y dominio del derecho. También valoramos su saber y entendimiento de la naturaleza humana, su sensibilidad moral, su enfoque esclarecedor, etcétera. Existen otras muchas cualidades que serían valiosas en los jueces. Para nuestros propósitos estas dos son las más importantes. La cuestión es que aunque está generalmente admitido que ambas características son muy importantes para los jueces en tanto jueces, únicamente el primer grupo de las características mencionadas, se considera que determinan la habilidad jurídica del juez. El segundo grupo, aunque relevante para el papel del juez, es considerado como reflejando su carácter moral, no su habilidad jurídica. De forma similar, cuando se evalúan las decisiones judiciales como buenas o malas, los abogados y los legos informados habitualmente distinguen entre considerar los argumentos judiciales jurídicamente aceptables o inaceptables y considerarlos moralmente buenos o malos. De muchas decisiones judiciales oímos que son jurídicamente defectuosas, que se basan en una mala interpretación de una ley o de un caso, etcétera. De otras se dice que, aunque jurídicamente aceptables, muestran gran falta de sensibilidad ante las condiciones sociales actuales, que conservadores son los jueces que están en contra de los sindicatos, o que en su celo por proteger a los individuos han ido muy lejos sacrificando eficacia administrativa, etcétera.

Estas distinciones presuponen que los jueces están llamados, al menos ocasionalmente, a basarse en argumentos que revelan su carácter moral más que su habilidad jurídica. (No es razonable suponer que el carácter moral de los jueces se revela sólo cuando cometen un error de derecho. El carácter moral afecta las decisiones con mucha frecuencia por lo que es una hipótesis razonable.) Como indicamos anteriormente, el uso del juicio moral es considerado no como un caso especial de aplicación del derecho o de argumentos jurídicos, sino contrastando con ellos. Esto se manifiesta en la forma en que los dos tipos de criterios para evaluar a los jueces y a las decisiones judiciales se encuentran relacionadas con las dos distinciones. La primera es aquella que distingue entre aplicar y crear, innovar o desarrollar el derecho. Es opinión común decir que los jueces aplican y, también, que desarrollan el derecho. Aunque en muchos casos estas dos funciones son extremadamente difíciles de separar; sin embargo, algunas veces al menos, es claro en el caso en que se establecen nuevos fundamentos. En otros muchos casos puede ser igualmente claro que en ellos meramente se aplica derecho establecido. La cuestión importante es de que nuestra idea habitual es considerar que los jueces recurren a argumentos morales (aunque, quizás, no sólo a tales argumentos) cuando desarrollan el derecho, mientras que, cuando aplican el derecho, usan habilidades jurídicas (aunque no únicamente se usan habilidades jurídicas cuando tienen que decidir si aplican un precedente, si lo "distinguen"[d] o lo revocan. Por ahora pasaré por alto este problema y volveremos a él en el capítulo x.

Finalmente, existe una distinción entre derecho cierto e incierto. Todos los juristas saben que en ciertas cuestiones el derecho es incierto. Algunas veces dicen que nadie sabe cuál es el derecho —como si sobre la cuestión debatida hubiera un derecho que es muy difícil de descubrir—. Pero la mayoría de las veces se expresan de manera más exacta diciendo que ésta es una cuestión abierta, que el derecho es incierto, etcétera. (La interpretación de tales expresiones se hará en el siguiente capítulo.) Es primordialmente cuando los jueces resuelven cuestiones con respecto a las cuales el derecho es incierto (así como cuando "distinguen" o re-

[d] En el sistema del *Common Law* por *'distinguishing'* se entiende la técnica de señalar las diferencias de hecho o de derecho entre un juicio (*case*) citado como precedente en un juicio pendiente. Se trata de señalar una diferencia esencial. La cuestión es si las diferencias son tan sustanciales o significativas como para justificar una decisión diferente. (*Cfr.* Walker, D. M., *The Oxford Companion to Law, cit.*, p. 365; Jowitt, E., *The Dictionary of English Law, cit.*, t. I, p. 645.) Ésta es una atenuación de la doctrina del *stare decesis* (mantenerse a lo decidido) o de la fuerza obligatoria del precedente. De acuerdo con esta doctrina para decidir un juicio sometido al conocimiento de un juez, éste se encuentra obligado a mantener las decisiones de otros jueces pronunciados en juicios (casos) similares. (*Cfr.* Walker, D. M., *The Oxford Companion to Law, cit.*, p. 1174; Jowitt, E., *The Dictionary of English Law, cit.*, t. II, p. 1672). Si el precedente es tenido por distinguible (*distinguishable*) el principio en tal decisión, no obstante la alta jerarquía del tribunal del cual provenga, no es obligatorio para el juez que conoce del litigio pendiente. Si, por el contrario, el precedente no es *distinguishable*, el juez se encontrará obligado por él, de conformidad con la doctrina del *stare decesis.* N.T.

vocan derecho cierto) que consideramos que los jueces desarrollan el derecho haciendo uso de argumentos morales, sociales y otros argumentos no-jurídicos. Cuando resuelven casos en que el derecho es cierto se considera que los jueces usan habilidades jurídicas aplicando el derecho.

La tesis de las fuentes explica y sistematiza estas distinciones. De acuerdo con ella, el derecho en cuestión es cierto cuando fuentes jurídicamente obligatorias proporcionan su solución. En tales casos se dice de los jueces que aplican el derecho y, en virtud de que está basado en una fuente, su aplicación supone habilidades jurídicas técnicas para razonar a partir de tales fuentes sin recurrir a su sensibilidad moral. Si una cuestión jurídica no está resuelta por estándares derivados de fuentes jurídicas, entonces se carece de una respuesta jurídica —el derecho en cuestión es incierto—. Al decidir tales casos los tribunales inevitablemente establecen nuevos fundamentos (jurídicos) y las decisiones judiciales desarrollan el derecho (al menos en los órdenes jurídicos basados en el sistema de precedentes). Naturalmente, sus decisiones en dichos casos se basan, al menos parcialmente, en consideraciones morales y otras de tinte extra-jurídico.

No es necesario que supongamos una completa convergencia entre las distinciones mencionadas y las tesis de las fuentes. Si, efectivamente, la tesis de las fuentes coincide con la manera en que estas distinciones son generalmente aplicadas, entonces ésta tiene poder explicativo y está, en este sentido, fundamentada. Puede ser considerada como una tesis sistematizada o mejorada ahí donde va más allá del uso ordinario de estas distinciones. Este argumento a favor de la tesis de las fuentes no es un argumento que parta del sentido ordinario de 'derecho' o de cualquier otro término. Se basa en características fundamentales de nuestro entendimiento de una cierta institución social cuyo principal ejemplo lo constituyen los órdenes jurídicos nacionales contemporáneos, pero cuyas posibilidades se extienden más allá. No es parte del argumento que una concepción similar de los órdenes jurídicos tenga que ser encontrada en todas las culturas y en todos los periodos. Es parte de nuestra manera de concebir y entender el funcionamiento de instituciones sociales. No hay nada malo en interpretar las instituciones de otras sociedades de acuerdo a nuestras tipologías. Ésta es una parte inevitable de cualquier intento inteligente por entender otras culturas. Esto no implica que al interpretar instituciones ajenas se pasen por alto las intenciones, creencias o esquemas morales de sus protagonistas. Sólo significa que en un determinado momento se clasifican sus actividades, así interpretadas, en términos de un esquema para analizar las instituciones sociales, el cual los participantes mismos pueden ignorar.

Aún más, puede ser tranquilizador saber que la tesis de las fuentes no es meramente un reflejo de un rasgo superficial de nuestra cultura. Voy a argumentar brevemente que la tesis de las fuentes capta y distingue una visión básica de la función del derecho. Es un lugar común sostener que la vida social requiere y es facilitada por varios patrones de abstención, cooperación y coordinación entre los miembros de la sociedad o de algunos de ellos. Esto es igualmente verdad en cuanto a la consecución de objetivos, los cuales la sociedad, o partes de ella, puede haber establecido. Diferentes miembros y diferentes partes de una sociedad pueden tener distinta opinión con respecto a qué esquemas de cooperación, coordinación o abstención son apropiados. Es una parte esencial de la función del derecho en la sociedad marcar hasta qué punto una opinión particular de los miembros de la sociedad, o de secciones influyentes o grupos poderosos de ella, deja de ser su opinión particular y se convierte (se pretende que así sea) en una opinión que obliga a todos los miembros, no obstante su desacuerdo con ella. El derecho hace esto y sólo puede hacerlo proveyendo formas públicamente determinables para guiar la conducta y regular aspectos de la vida social.[9] El derecho es un patrón público por medio del cual se puede medir el propio comportamiento como, también, el comportamiento de los demás. Ayuda a asegurar la cooperación social no sólo a través de sanciones que proveen motivos para la conformidad, sino, también, designando, de forma accesible, los patrones de conducta requeridos para tal cooperación. Este hecho ha sido enfatizado por más de un iusnaturalista en virtud de que forma parte de la justificación de la necesidad del derecho positivo. Locke es un notable y bien conocido ejemplo. H. L. A. Hart, más que ningún otro, ha también enfatizado este punto entre los positivistas.

9 No intento sugerir que todas las disposiciones jurídicas son conocidas. Las normas jurídicas secretas son posibles siempre que no sean del todo secretas. Algunos tienen que conocer su contenido en algún momento. Son públicamente determinables y guían la conducta de los funcionarios a los cuales se dirigen, no se encargan de su aplicación en tanto que funcionarios.

Para evitar malentendidos permítaseme elaborar algunos de los pasos cruciales del argumento. Muchas sociedades (grandes o pequeñas) poseen una manera relativamente formal para distinguir entre la expresión de opiniones, peticiones, etcétera y regulaciones *autoritativas*. Esta distinción es un elemento esencial en nuestra concepción del gobierno, sea en la familia, en una comunidad limitadamente organizada o en el Estado. No todas las regulaciones *autoritativas* son disposiciones jurídicas, tampoco todo sistema de tales regulaciones es un orden jurídico. Pero señalar que una disposición es jurídicamente obligatoria, es señalar que es una reglamentación *autoritativa*. Este señalamiento de regulaciones *autoritativas* indica que en tal sociedad existe una institución u organización que pretende autoridad sobre los miembros de la sociedad, que los considera obligados a conformarse a ciertos estándares en virtud, justamente, de que éstos fueron así señalados por la concebida autoridad, con independencia de si existen otros estándares justificativos basados en otros fundamentos. Como es de la verdadera esencia de la pretendida autoridad emitir regulaciones obligatorias con independencia de cualquier otra justificación, se sigue, entonces, que tiene que ser posible identificar tales reglamentaciones sin recurrir a argumentos justificativos, *i.e.* como siendo emitidos por ciertos actos e interpretados a la luz de estándares públicamente determinables sin suponer argumentos morales.

Si el primer argumento de la tesis de las fuentes es que refleja y sistematiza varias distinciones interrelacionadas que se encuentran enclavadas en nuestra concepción del derecho, el segundo argumento penetra más profundamente y muestra que las distinciones y la tesis de las fuentes que las explica ayudan a identificar una subyacente función fundamental del derecho: el proveer estándares públicamente determinables por medio de los cuales los miembros de la sociedad, se considera, están obligados toda vez que ellos no pueden excusar su no-conformidad rechazando la justificación de los estándares. (Aunque, ciertamente, en muchos países están en libertad de cambiarlos.) Ésta es la razón por la cual diferenciamos cuando los tribunales aplican el derecho, *i.e.* aquellos estándares que son públicamente determinables y que obligan por encima de cualquier argumento moral a los litigantes, de la actividad de los tribunales al desarrollar el derecho, fundamentándose en consideraciones morales y en otras consideraciones racionales. Al hacer de esto un criterio de identificación del derecho, la tesis de las fuentes lo identifica como un ejemplo de un tipo de institución humana de importancia decisiva en la regulación de la vida social.

CAPÍTULO IV

RAZONES JURÍDICAS, FUENTES DEL DERECHO Y LAGUNAS*

Es fundamento común de todos los positivistas que el derecho tenga fuentes sociales, *i.e.* que el contenido y existencia del derecho pueda ser determinado con referencia a hechos sociales sin recurrir a consideraciones morales. Esta idea condujo a antiguos positivistas, tales como Bentham, Austin y, en cierto grado, también, a los realistas americanos a una interpretación reduccionista de los enunciados jurídicos. Afirmaban que los enunciados jurídicos eran sinónimos de enunciados sobre lo que cierta gente ordenaba o quería o sobre las probabilidades de que un hombre pudiera recibir un daño de cierto tipo o sobre la posibilidad de que los tribunales pronunciaran ciertas decisiones. El profesor H. L. A. Hart, aunque aceptando la tesis de las fuentes, elaboró una de las más formidables críticas al reduccionismo. Sostiene que los enunciados jurídicos son deónticos o prácticos. Están hechos para exigir y justificar acciones; así es como funcionan tanto en el discurso como en la argumentación: en formas en las que no podría hacerlo ningún enunciado teórico.[1]

Los argumentos de Hart son convincentes y no hay necesidad de exponerlos aquí. Sin embargo, sus varios intentos por reconciliar la tesis de las fuentes, según la cual toda disposición jurídica tiene una fuente, con su rechazo de las explicaciones reduccionistas de los enunciados jurídicos son menos exitosos.[2] Es más ilumi-

* Aparecido con anterioridad en *Archiv für Rechts- und Sozialphilosophie, Beiheft*, 11, 1979, p. 197.

Agradezco a Simon Blackburn, Ronald Dworkin y a Mary Tile sus instructivos comentarios a una versión previa de este ensayo.

[1] En cuanto a los repetidos ataques de Hart al reduccionismo, véase especialmente: Hart, H. L. A., "The Adscription of Responsability and Rights", en *Proceedings of the Aristotelian Society*, vol. 49, 1948-1949, p. 171; *id.*, *Definition and Theory in Jurisprudence*, Oxford, Oxford University Press, 1953; *id.*, *The Concept of Law, cit.* (*El Concepto del Derecho, cit.*).

[2] Para un reciente y penetrante análisis de las ideas de Hart al respecto, así como una fuerte crítica a sus ideas, véase: Baker, G. P., "Defensibility and Meaning", en

nante a este respecto, la obra de Kelsen. Nunca sucumbió a la tentación reduccionista, sino que elaboró una de las más ingeniosas formas de combinar la tesis de las fuentes con el antirreduccionismo.[3] Desafortunadamente su exposición es tan obscura que, muy frecuentemente, es tenido por reduccionista. La teoría de Kelsen, aunque conteniendo invaluables aportaciones, es defectuosa en varios aspectos.[4]

El propósito de las siguientes consideraciones es contribuir[5] con algo a la explicación antirreduccionista de los enunciados jurídicos, con base en la tesis de las fuentes. Tal explicación, como habrá de sostenerse, presupone la posibilidad de lagunas en el derecho y un apropiado entendimiento de la relación entre derecho y decisión judicial (*adjudication*).

1. *La refutación del positivismo del profesor Dworkin*[a]

Si el derecho se basa en fuentes, ¿cuál es el derecho en cuestiones en que no se puede hacer referencia a ninguna fuente? Si una persona tiene un derecho únicamente si la existencia de éste puede remontarse a una fuente ¿cuál es su situación si no existe fuente que se lo confiera? ¿Qué acaso la situación jurídica es de que no lo tiene? ¿Es este el caso aún si no hay ninguna disposición

Hacker, P. M. S. y Raz, J (ed.), *Law, Morality and Society. Essays in Honour of H. L. A. Hart*, Oxford, Oxford University Press, 1977, pp. 26-57.

3 Su concepción se mantiene la misma en *General Theory of Law and State, cit.* (*Teoría general del derecho y del Estado, cit.*) y en *The Pure Theory of Law*, 2nd ed., Berkeley, University of California Press, 1967 (versión inglesa de la *Reine Rechtslehre*, 2. Aufl. Viena, Franz Deutike, 1960. Existe versión española de Roberto J. Vernengo: *Teoría pura del derecho*, México, Universidad Nacional Autónoma de México, 1979).

4 Me he pronunciado en contra interpretaciones reductivistas de Kelsen en el capítulo VII, así como en "Kelsen's General Theory of Norms", en *Philosophia*, 1976, donde sus puntos de vista son también criticados.

5 Para otras piezas del rompecabezas, *cfr. infra*: capítulo VIII, *La validez jurídica.*

a Los trabajos de R. M. Dworkin que se encuentran traducidos al español son: *¿Es el derecho un sistema de reglas?* [*The Model of Rules*], traducción de Javier Esquivel y Juan Rebolledo, México, Instituto de Investigaciones Filosóficas, UNAM, Cuadernos de Crítica, 5, 1977; *Casos difíciles* [*Hard Cases*], traducción de Javier Esquivel, México, Instituto de Investigaciones Filosóficas, UNAM, 1982, Cuadernos de Crítica, 14. Sobre la obra de Dworkin puede consultarse: Nino Carlos S. "Dworkin y la disolución de la controversia positivismo *versus* iusnaturalismo", *Revista Latinoamericana de Filosofía*, vol. VI, núm. 3, noviembre, 1980, pp. 213-234; Carrió, Genaro R. *Dworkin y el positivismo jurídico*, México, Instituto de Investigaciones Filosóficas, UNAM, 1982. N.T.

jurídica (que pueda remontarse a una fuente) que le niegue tal derecho? ¿Existen lagunas en el derecho? ¿Qué significa decir que hay una laguna en situaciones en las que el derecho ha señalado al juez cómo encontrar una solución (*e.g.* 'actúa como si fueras un legislador')?

Estas y otras cuestiones similares son el objeto de muchas obras de jurisprudencia.[6] El profesor Dworkin ha intentado mostrar que sostener la tesis de las fuentes hace insolubles estas cuestiones y que, por tanto, el positivismo jurídico es una doctrina incoherente.[7] Su argumentación puede servirnos como una introducción para apreciar el problema que enfrenta aquel que sostiene la tesis de las fuentes.

i. La refutación. El argumento del profesor Dworkin es difuso y permite varias maneras de interpretar la tesis de las fuentes. La siguiente versión de su argumento parece que capta la embestida principal de su ataque: Asúmase que p es una variable que cubre proposiciones jurídicas y que $F(p)$ afirma la existencia de una fuente para p. Asúmase una versión reduccionista del positivismo en la que p signifique lo mismo que $F(p)$. De ahí se sigue que:

(1) $\vdash \quad p \leftrightarrow F(p)$.

Esto implica tanto

(2) $\vdash \quad -p \leftrightarrow -F(p)$ (contraposición de (1))

así como

(3) $\vdash \quad -p \leftrightarrow F(-p)$ (sustitución en (1))

6 Para una excelente descripción, de la que me he grandemente beneficiado, véase: Alchourrón, C. E. y Bulygin, E., *Normative Systems*, Viena, Springer-Verlag, 1971 (Library of Exact Philosophy 5). Mis conclusiones difieren de las suyas principalmente porque no dejan lugar para conflictos normativos (los cuales no equivalen a inconsistencias) o para lagunas de valores de verdad. Tampoco llegan a las conclusiones a las que yo llego a partir de la tesis de las fuentes. (Existe versión española —aunque con otro título y algunas otras adiciones—: *Introducción a la metodología de las ciencias jurídicas y sociales*, Buenos Aires, Astrea, 1974. N.T.)

7 Véase: Dworkin, R. M., *No Right Answer?*, en Hacker, U. M. S. y Raz, J. (eds.), *Law, Morality and Society. Essays in Honour of H. L. A. Hart*, *cit.*, pp. 58-84. Algunos de los argumentos los repite en *Taking Rights Seriously* (London, Duckworth, 1978), en el capítulo XIII: *Can Rights be Controversial?* (pp. 279-290).

Por tanto, (1) implica

(4) $\vdash\ -F(p) \leftrightarrow F(-p)$.

Esto es, este último teorema en que siempre que *p* no tenga fuente alguna (*e.g.* *p* no ha sido legislada ni hecha la *ratio decidendi* de una decisión judicial obligatoria, etcétera), *no~p* tiene fuente (*e.g.* se ha legislado que *no~p*). Esta conclusión es obviamente falsa. En Inglaterra, por ejemplo, no existe fuente alguna para la proposición jurídica de que está jurídicamente prohibido matar alguna mariposa, pero, tampoco existe fuente para su contradicción, *i.e.* que no está jurídicamente prohibido matar alguna mariposa. (1) Tiene que ser rechazado en tanto que implica una conclusión falsa.

ii. La solución positiva/negativa. Un positivista no puede aceptar una interpretación de la tesis de las fuentes que implique (1). ¿Qué caminos tiene disponibles para escapar de la crítica del profesor Dworkin? Tres soluciones diferentes serán brevemente delineadas en esta sección. En la siguiente sección argumentaré, con mayor detalle, en favor de una cuarta solución. Primeramente se puede hacer hincapié en que diferentes categorías de proposiciones jurídicas deben distinguirse. (1) tiene que restringirse a una sola categoría y no a toda proposición jurídica se le debe permitir substituir a *p* en (1). En particular proposiciones jurídicas positivas deben ser distinguidas de las negativas. La tesis de las fuentes se preocupa únicamente de las proposiciones positivas, las negativas no pueden, de acuerdo con esto, ser sustituidas por *p* en (1). Esto bloquearía la inferencia de (3) y, por tanto, de (4). Permítasenos asumir que seguimos tal línea de razonamiento y distinguimos entre proposiciones jurídicas positivas (siendo *Pp* una variable que cubre a ellas solamente) y proposiciones jurídicas negativas (*Np*). Una proposición negativa es verdadera si, y sólo si, la proposición positiva correspondiente es falsa. Será falsa si, y sólo si, la proposición positiva correspondiente es verdadera. De ahí que:

(5) $\vdash\ Np \leftrightarrow -Pp$.

La tesis de las fuentes es entendida como implicando

(6) $\vdash \quad Pp \leftrightarrow F(Pp)$.

Hay un teorema adicional para las proposiciones negativas:

(7) $\vdash \quad F(Np) \rightarrow Np$.

Los teoremas (5) y (6) implican

(8) $\vdash \quad —F(Pp) \rightarrow Np$ (contraposición de (6) y sustitución de sus equivalentes en él)

De esta manera habría dos teoremas consistentes para proposiciones negativas y fuentes relacionadas (los teoremas (7) y (8)) y uno para proposiciones positivas, el (6).

Esta maniobra no sería más que un truco a menos que las proposiciones jurídicas positivas y negativas puedan ser distinguidas de forma tal que exista una razón independiente para tratar de forma diferente los tipos de proposiciones que resulten. Afortunadamente dichas razones han sido frecuentemente señaladas con anterioridad. Es un rasgo del lenguaje jurídico que mientras uno necesita de una norma o de alguna fuente jurídica para sostener que una persona tiene un deber, que está jurídicamente casado, o que un contrato o un testamento es válido, la ausencia de fuente, por el contrario, es suficiente para mostrar que no existe ningún deber, matrimonio, contrato, etcétera. Un contrato válido tiene que ser celebrado, la validez de un matrimonio depende del hecho de que ciertos pasos sean dados, se necesita una disposición jurídica para imponer un deber, etcétera. Pero no hay necesidad de que haya un *no-contrato* para que no exista contrato, una *no-ceremonia* para que dos personas se conserven no casadas entre sí y una *no-disposición* que confiera un *no-deber* a una persona.

Señalar las obvias asimetrías entre las proposiciones jurídicas positivas y las negativas no es explicarlas. Tampoco puede negarse que muchos casos crean problemas. ¿Es necesaria una fuente para tener un derecho o acaso éste se tiene a menos que una fuente lo niegue? Tales problemas requieren de aclaraciones adicionales, las cuales, por sí mismas, arrojan más luz sobre la naturaleza de la tesis de las fuentes.[8]

[8] Una breve exposición de esta cuestión se puede ver en mi libro: *The Concept of a Legal System, cit.*, pp. 170-172. La explicación que sigue es meramente una elaboración de puntos de vista que aparecen ahí.

iii. La solución verdadera/falsa. La tesis de las fuentes puede ser defendida, aunque no lo necesita, en base a la distinción entre enunciados positivos y negativos. Si uno no desea fundamentarse en (6) y (7), presuponiendo una distinción entre preposiciones jurídicas negativas y positivas, uno puede aceptar, en su lugar, (9) y (10):

(9) $F(p)$ es una condición lógicamente necesaria y suficiente para la verdad de p.
(10) $F(—p)$ es una condición lógicamente necesaria y suficiente para la falsedad de p.

Esta solución es proporcionada por el propio profesor Dworkin. Como $—(p \,\&\, —p)$ y puesto que (9) implica que $F(—p)$ es necesaria y suficiente para la verdad de $—p$, esta solución implica:

(11) $\vdash \quad F(—p) \rightarrow —F(p)$

y por tanto

(12) $\vdash \quad —(F(—p) \,\&\, F(p))$.

El teorema (12) puede parecer contraintuitivo. Significa que si $—p$ tiene una fuente (digamos que fue legislado), entonces p no tiene fuente alguna (no fue legislado, no fue hecho precedente obligatorio, etcétera). ¿Que no puede haber una situación en la cual tanto p como *no*$\sim p$ hayan sido válidamente legisladas? En tal caso $F(—p) \,\&\, F(p)$ es verdadera aunque su negación es implicada por (9) y (10). Pero a todo lo que esta objeción equivale es que las fuentes tienen que ser definidas de forma tal que $—F(—p)$ sea parte de la fuente de p. La posibilidad de que una condición negativa como ésta sea parte de la fuente, no es más que la posibilidad de abrogar legislando lo opuesto a la norma anterior; por ejemplo, abrogando una permisión al legislar una prohibición, o una prohibición, legislando una permisión. Como la fuente que sea suficiente para establecer la verdad de una proposición jurídica tiene que garantizar que la norma en la cual ésa se basa no ha sido derogada, tiene que incluir la condición negativa $(—F(—p))$ ahí donde esta forma de derogación sea jurídicamente reconocida. Si ha de preservarse la consistencia lógica del lenguaje jurídico, entonces debe postularse que ahí donde el derecho positivo no proporciona una regla de precedencia, *i.e.* una regla que determine cuál de las dos normas en conflicto queda sin efecto (o cuál de las dos es derogada), entonces ambas quedan sin efecto de forma que no es el caso que *F* (*p*) ni de que *F* (—*p*) sean verdaderas.[9]

La *solución verdadera/falsa* difiere de la solución *negativa/positiva* al presuponer aquélla la posibilidad de lagunas jurídicas. En cierto sentido el positivista de la versión que damos de Dworkin también presupone la posibilidad de lagunas en el derecho. Pero para éste, como también para la versión de la solución *negativa/positiva* considerada, las lagunas jurídicas dependen de lagunas *no-jurídicas.* De acuerdo con estas versiones si pudiera ser el caso de que ni *F* (*p*) ni —*F* (*p*), entonces podría ser, también, que ni *p* ni —*p*. Esta posibilidad está abierta, también, en la solución *verdadera/falsa,* pero a ella se le suma la posibilidad de lagunas que no derivan de lagunas *no jurídicas*: aquellas que surgen siempre que no es el caso que *F* (*p*) ni que *F* (—*p*). Cuando esto ocurre no hay fuente para *p* ni para —*p*. Puesto que, a diferencia de la solución *negativa/positiva,* la solución *verdadera/falsa* no distingue entre proposiciones positivas y negativas y requiere de una fuente para ambas, tiene que conceder, y efectivamente concede, la posibilidad de que para alguna *p*, no es el caso de que *p* ni *no*∼*p* tengan fuente. En tal circunstancia no es el caso de que *p* ni *no*∼*p* sean ni verdaderas ni falsas.

Obsérvese que tal laguna no impide que se defina una permisión como la negación de una prohibición. 'A *x* le está jurídicamente permitido ϕ-*r* significa lo mismo que "jurídicamente, a *x* no le está prohibido ϕ-*r*, (*JPer x*, ϕ = *df. J* —*Pr x*, ϕ). Pero esto debe distinguirse de no está jurídicamente prohibido a *x* ϕ-*r* (—*JPr x*, ϕ). De acuerdo con la solución *verdadera/falsa,* no puede ser el caso de que a uno le sea jurídicamente permitido hacer aquello que le está jurídicamente prohibido hacer:

(13) ⊢ —(*JPr x*, ϕ 8c *JPer x*, ϕ).

Por tanto, por definición

[9] La misma estipulación tiene que ser hecha en la versión de la solución *positiva/negativa* arriba expuesta.. Mi posición, tal y como será presentada más adelante, no requiere de este tipo de estipulación.

(14) $\vdash$ $JPr\ x, \phi \leftrightarrow J\ —Per\ x, \phi$

Pero es posible que un acto no sea prohibido ni permitido:

(15) $\vdash$ $\blacklozenge\ ((—JPr\ x, \phi)\ \&\ (—JPer\ x, \phi))$.

Cuando una acción no está jurídicamente prohibida ni jurídicamente permitida, hay laguna jurídica. El teorema (15) es justamente un caso especial del caso general de lagunas jurídicas permitido por las solución *verdadera/falsa,* donde no es el caso de que *p* ni —*p* sean verdaderas.

La solución *verdadera/falsa* puede ser considerada como la más apegada a la tesis de las fuentes en tanto considera que ningún enunciado jurídico es verdadero salvo que tenga una fuente. La solución del positivista de la versión que damos de Dworkin y la solución *positiva/negativa* permiten que las proposiciones jurídicas negativas puedan ser verdaderas aun si no tienen otra fuente que la ausencia de una fuente para su proposición contradictoria.

En *No Right Answer?* el profesor Dworkin niega que la solución *verdadera/falsa* sea parte de una aceptable teoría del derecho: "Todo estriba en la cuestión de cuáles son las reglas-básicas que en la práctica jurídica efectivamente sigan los participantes y fácilmente podemos imaginarnos reglas básicas muy diferentes a las que el positivismo presupone."[10]

Con esto el profesor Dworkin tiene que significar que los tribunales de cierto país pueden seguir la práctica de respetar ciertas consideraciones en vez de otras, en base a otros fundamentos que sus fuentes, *i.e.* fundamentos determinados no por hechos sociales sino por valores morales.[11] Esto, por supuesto, es posible. El punto de vista de la tesis de las fuentes consiste no en que los tribunales nunca se basen en consideraciones sin fuentes, sino que cuando lo hacen no se están basando en consideraciones jurídicamente obligatorias sino que actúan discrecionalmente. El profesor Dworkin no refuta el positivismo jurídico. Prefiere ignorarlo. Sin embargo, su omisión es muy útil. Llama la atención hacia el problema de la relación entre el derecho y la decisión judicial. Si la tesis de las

[10] *Cfr.* Dworkin, R. M., *No Right Answer?*, *cit.*, p. 74.

[11] El profesor Dworkin tiene que querer decir eso si su argumento ha de mostrarse siquiera como teniendo alguna fuerza contra la tesis de las fuentes, la cual es convertida en su blanco en esa parte de su artículo.

fuentes implica que hay jurisdicción no obstante la existencia de lagunas, entonces tiene que explicar cómo se ejerce tal jurisdicción.

iv. La solución prima facie. Esta solución no ha sido explorada por los filósofos del derecho. Se basa en la idea de que las disposiciones jurídicas válidas, obligatorias, pueden entrar en conflicto y que tales conflictos no son inconsistencias. Los conflictos muestran que una disposición jurídica posee tan sólo fuerza *prima facie*. Lo que de forma concluyente es requerido por el derecho en cualquier situación dada no puede, por tanto, ser juzgado consultando una sola disposición jurídica, sino, frecuentemente, es resultado de la presencia de varias, algunas de las cuales bien pueden estar en conflicto. Consecuentemente, se deben distinguir dos tipos de proposiciones: proposiciones sobre lo que es *prima facie* el caso y proposiciones sobre lo que concluyentemente es el caso.[12] La solución *prima facie* interpreta la tesis de las fuentes como aplicándose a proposiciones jurídicas *prima facie* (*Pf p*, en breve). Por tanto, (1) es rechazado en favor de:

(16) $\vdash \quad Pf\, p \leftrightarrow F(p)$.

Éste implica el equivalente de (2), a saber:

(17) $\vdash \quad —F(p) \leftrightarrow —Pf\, p$.

Pero el equivalente de (3) deviene

(18) $\vdash \quad F(—p) \leftrightarrow Pf\, —p$.

No hay nada que pueda considerarse como fuente de —*Pf p*. Se puede establecer legislativamente que existe el deber *prima facie* de ϕ-*r*, pero no se puede establecer legislativamente que no existe ningún deber *prima facie* de ϕ-*r* (como diferente de 'hay un deber *prima facie* de no ϕ-*r*'). Si no hay ningún deber *prima facie* de ϕ-*r*,

[12] El profesor Dworkin en el capítulo II: *The Model of Rules I* de su libro: *Taking Rights Seriously*, *cit.*, pp. 14-45 (publicado previamente como artículo en *Chicago Law Review*, 1967) hace gran esfuerzo por llamar la atención de los filósofos del derecho sobre el carácter *prima facie* de muchas normas. En mi artículo "Legal Principles and the Limits of Laws" (en *Yale Law Journal*, vol. 81, núm. 5, abril, 1972, pp. 823-854), se ofrece una explicación del carácter *prima facie del derecho*, más extenso y más radical de lo que el profesor Dworkin considera.

esto no puede ser resultado de una fuente especial. Sólo puede resultar de la ausencia de fuente para su contrario (como en (17)). De ahí que la refutación de Dworkin no se aplique.

En muchos aspectos la solución *prima facie* es pariente cercana de la solución *positiva/negativa.* De acuerdo con ambas, donde: —*F* (*p*) &—*F* (—*p*) (o bien, —*F* (*Pp*) &—*F* (*Np*)) no hay laguna, como la solución *verdadera/falsa* determina. Por tanto, ambas permiten que ciertas proposiciones jurídicas sean verdaderas aun cuando no haya fuente; ambas limitan esto a proposiciones negativas (—*Pf p* o bien, *Np*). Sin embargo, la solución *prima facie* no se entrega a una categorización general de todas las proposiciones jurídicas en negativas o positivas. En vez de eso, se basa en una distinción entre negaciones internas y negaciones externas de las proposiciones *prima facie* y en la idea de que la ausencia de un estado de cosas *prima facie* no requiere de fuentes.[13]

Al introducir la noción de proposición *prima facie,* esta solución puede prescindir del teorema (12) que establece que —(*F* (—*p*) & *F* (*p*)). Este teorema (al igual que el (11)) no puede ser derivado del (16) y del (18). Todo lo que se sigue de éstos es:

$$(19)\quad \vdash \quad (F(-p)\ \&\ F(p)) \rightarrow (Pf\ p\ \&\ Pf\ -p).$$

Si el antecedente es verdadero, entonces existen normas jurídicas que están en conflicto, pero ninguna contradicción. El rechazo de (11) y (12) parece ser una ventaja. Pero, sea o no una ventaja el admitir que el derecho tiene lagunas, se debe mencionar que la solución *prima facie,* aunque rechaza la afirmación de que hay lagunas donde el derecho calla, abre la posibilidad de un nuevo tipo de laguna, *i.e.* a través de la existencia de conflictos insolubles. Si *Pf p* & *Pf* —*p* y si no hay suficiente fundamento para determinar cómo se debe resolver el conflicto, entonces ni *p* ni —*p* es la concluyente situación jurídica verdadera. En tal caso decimos que el derecho es incierto y esto significa que tiene una laguna.

[13] La falta de distinción entre P^p y N^p conduce a un resultado aparentemente contraintuitivo, tal como (*i*) $\vdash$ —*F* (*Per x*, φ) ↔ —*Pf* (*Per x*, φ). Esto es, si no hay una fuente que permita a *x* φ-*r*, entonces no es el caso de que *prima facie* le esté permitido a *x* φ-*r*. Pero esto no es realmente paradójico. Asúmase que (*ii*) ya sea *F* (*Pr x*, φ) o bien —*F* (*Pr x*, φ). Si .*iii*) *F* (*Pr x*, φ), entonces (*iv*) *Pf* (—*Per x*, φ) y, en tal caso, (*i*) no es paradójico. Si (*v*) —*F* (*Pr x*, φ), entonces (*vi*) —*Pf* (*Pr x*, φ) (por 18). De acuerdo con (15) (adaptado a las proposiciones *Pf* (*vi*) implica *Pf* (*Per x*, φ). La permisión *prima facie* resulta de la ausencia de prohibición, que ésta no resulte de la ausencia de una permisión explícita no es, pensándolo bien, sorprendente.

2. *Fuentes del derecho y disposiciones jurídicas*

i. Cuestiones abiertas. Las diferentes soluciones delineadas en la explicación previa dan origen a muchas cuestiones nuevas. Si la solución *positiva/negativa* es viable, tiene que proporcionar un criterio por medio del cual todos los enunciados jurídicos puedan ser identificados como positivos o como negativos. Si la solución *verdadera/falsa* ha de sobrevivir, tiene que explicar por qué reglas de clausura como: 'lo que no está prohibido está permitido', 'si un contrato no es jurídicamente válido, entonces es jurídicamente inválido', 'si una persona no es culpable, es inocente', etcétera, son frecuentemente consideradas como universalmente válidas. Es la supuesta validez de estas reglas la que proporciona la base intuitiva para aceptar la solución *positiva/negativa*. La solución *verdadera/falsa,* sin embargo, se basa en el rechazo de estas reglas de clausura como universalmente válidas (pueden ser 'localmente' válidas, para algunos órdenes jurídicos) toda vez que sostiene que un hombre puede ser ni culpable ni inocente; un contrato, ni válido ni inválido; un acto, ni prohibido ni permitido. Si las soluciones *negativo/positiva* y la *verdadera/falsa* son incompatibles, se necesita decir mucho más sobre los detalles precisos de cada una antes de que un juicio pueda ser pronunciado sobre el triunfo de cualquiera de las dos.[14] La solución *prima facie* trae consigo sus propios problemas y, en particular, el de la relación entre juicios *prima facie* y juicios concluyentes.

Además de estas cuestiones, y otras similares, específicas de cada una de las diferentes soluciones, existen problemas más importantes comunes a todas ellas como a otras soluciones posibles: ¿Cuál es la naturaleza exacta de la relación entre una disposición jurídica y su fuente? ¿La tesis de las fuentes implica la posibilidad de lagunas? y, si es así ¿en base a qué fundamentos? ¿Cómo se relaciona la existencia de lagunas con la presencia o ausencia de jurisdicción para la resolución judicial en tales casos?

Tres soluciones fueron delineadas con anterioridad para señalar los principales caminos que un positivista puede tomar así como algunos de los más importantes problemas y efectos que cada camino implica. En el resto del presente capítulo desarrollaremos otra solución, diferente de las que hemos presentado ante-

14 Como se verá más adelante, las dos soluciones son compatibles si son propiamente interpretadas.

riormente, pero constituyendo esencialmente una variación de la solución *prima facie.* Con esta solución espero que algunos de los problemas mencionados puedan ser, al menos, parcialmente resueltos.

ii. Enunciados jurídicos. Las fuentes del derecho son normalmente consideradas como fuentes de disposiciones jurídicas. La ocurrencia de un acontecimiento de cierto tipo crea una disposición jurídica. Ciertos enunciados jurídicos son verdaderos únicamente en virtud de ésta u otra disposición jurídica. Estos son enunciados jurídicos puros. Otros enunciados jurídicos son verdaderos en virtud de la existencia de disposiciones jurídicas y de otros actos tales como la celebración de contratos, testamentos, la comisión de delitos y otros actos ilícitos, el ejercicio de facultades públicas o privadas, el cumplimiento de obligaciones. Éstos son enunciados jurídicos aplicados.

La utilidad de 'interponer' disposiciones jurídicas entre fuentes del derecho y enunciados es auto-evidente. Primeramente, distingue los hechos creadores de derecho de otros hechos relevantes para la verdad de algunos enunciados jurídicos tales como la comisión de hechos ilícitos o la celebración de actos jurídicos privados. En otras palabras, juega un papel muy importante en la determinación del sistema de distinciones entre derecho público y privado. Las disposiciones jurídicas son, también, el dispositivo que nos permite referirnos al contenido del derecho sin hacer referencia a las circunstancias de su creación, cuyo detalle es irrelevante para la mayoría de los propósitos prácticos. Cuando se quiere hablar sobre lo que ha sido mandado en vez de quién, cuándo y cómo manda, uno se refiere a los mandatos y todo lo que uno necesita saber es que dichos mandatos fueron, en una u otra forma, propiamente emitidos. Por razones similares hablamos con mayor frecuencia de normas jurídicas que de actos legislativos, etcétera, en lo que a la imposición de deberes se refiere.

Para nuestros propósitos, sin embargo, omitir las disposiciones jurídicas y describir directamente las relaciones entre fuentes del derecho y enunciados jurídicos simplifica el problema sin distorsionar ningún hecho esencial. Pero, es importante recordar que 'fuentes del derecho' significa aquí no simplemente actos creadores del derecho sino todo tipo de actos que hagan verdaderos o falsos los enunciados jurídicos. ¿Qué son, pues, los enunciados jurídicos?

Éstos son expresados de muchas maneras, pero las más de las veces a través del uso de operadores: 'conforme al derecho...', 'jurídicamente...' o mediante el adjetivo 'jurídico' ('tiene el deber jurídico de...', etcétera). Frecuentemente no es dada ninguna indicación lingüística para señalar que una oración es usada para hacer un enunciado jurídico: 'no debes hacer esto' puede ser usado para hacer un enunciado jurídico. Es imposible identificar terminantemente los enunciados jurídicos por su forma o mediante cualquier indicador lingüístico; se identifican por la naturaleza de sus condiciones de verdad. Esta cuestión será considerada más adelante. Aunque no existe forma lingüística alguna cuyo uso sea necesario para expresar enunciados jurídicos, todos ellos pueden ser expresados por oraciones deónticas (*i.e.* oraciones sobre lo que se tiene o no se tiene que hacer, qué derechos, obligaciones, permisiones, libertades, facultades tiene o carece la gente, qué transacciones fueron afectadas; etcétera) precedidas por 'jurídicamente...' o 'conforme al derecho...' y por oraciones obtenidas de éstas mediante operaciones de lógica proposicional, cuantificacional y modal. Tales oraciones pueden ser consideradas como la forma canónica de los enunciados jurídicos. (*Jp* indicará *jurídicamente p* en formulaciones formalizadas.)[15]

Un enunciado no es un enunciado del derecho en abstracto, sino un enunciado del derecho inglés, del derecho alemán; de manera que los operadores deben ser: 'conforme al derecho inglés...', etcétera. Sin embargo, la referencia al orden jurídico particular será omitida en esta explicación siempre que se recuerde que todos los enunciados jurídicos son enunciados de diferentes órdenes jurídicos particulares.

Los enunciados jurídicos como, en general, los enunciados deónticos, son lógicamente estratificados. Los enunciados de razones jurídicas para actuar forman el *stratum* más elemental. Las permisiones, los deberes y las facultades son explicados en términos de razones; los derechos son explicados en términos de deberes, permisiones y facultades; las transacciones jurídicas, en términos de derechos y facultades, etcétera. Para analizar la naturaleza de las lagunas del derecho de manera completa se tiene que examinar

15 Obsérvese que 'hay una norma que *p*' implica que 'jurídicamente *p*' y normalmente implica que *p* es parte del contenido de una norma particular. Como ha sido señalado antes, para los propósitos de esta explicación, tales enunciados son asimilados a otros enunciados jurídicos y no son tratados como una categoría especial.

cada tipo de enunciado de forma separada. Pero, dado un adecuado análisis de los demás conceptos deónticos, de hecho, una vez que el problema de las lagunas es analizado por enunciados de razón, se sigue el resto. La presente explicación se limitará, por tanto, al caso de las razones.

Tres tipos de enunciados de razón serán considerados:

1. p es una razón para que x ϕ, o simplemente $(p\ R\ x,\ \phi)$

2. hay una razón para que x ϕ, o simplemente $(R\ x,\ \phi)$

3. hay una razón concluyente para que x ϕ, o simplemente $(R_c\ x,\ \phi)$.

Los enunciados del tipo *1* no serán analizados aquí. Los enunciados del tipo *2* son verdaderos si, y sólo si, un enunciado correspondiente del tipo *1* es verdadero. Podría haber una razón para ϕ-*r* y, al mismo tiempo, una razón en conflicto para no ϕ-*r*. Hay una razón concluyente para que x ϕ, si hay una razón para que x ϕ la cual supera todas las razones en conflicto, no se encuentra excluida por ninguna razón excluyente ni cancelada por ninguna condición cancelatoria. No puede haber razones concluyentes en conflicto, *i.e.*

(20) $\vdash \quad (R_c\ x,\ \phi\ \&\ R_c\ x,\ \bar{\phi})$

Al mismo tiempo no ha de asumirse que en cada caso a los cuales se aplican razones exista una razón concluyente para la acción o en contra de ella, esto es:

(21) '$(R_c\ x,\ \phi)\ \vee\ (R_c\ \bar{x},\ \phi)$' es falso.

Hay muchos tipos de permisiones; para nuestros propósitos dos tipos deben ser considerados:

(22) x tiene permisión explícita para ϕ-*r* $(Per_e\ x,\ \phi)$ $=$ *df*. Hay un hecho con cierta fuerza para cancelar razones para *no*-ϕ-*r* ($\bar{\phi}$-*r*).

(23) x tiene una permisión concluyente para ϕ-*r* ($Per_c\ x,\ \phi$) $=$ *df*. Es falso que haya una razón concluyente para que $x\ \bar{\phi}$ (*i.e.* $—R_c\ x,\ \bar{\phi}$).

Una permisión concluyente para actuar es la contradictoria de una razón concluyente para abstenerse de tal acto. De ahí que lo siguiente sea una verdad lógica:

(24) $\vdash\ (R_c\ x,\ \phi) \leftrightarrow —(Per_c\ x,\ \bar{\phi})$.

En lo principal, la definición de una permisión concluyente sigue el enfoque acostumbrado de las permisiones. La noción de una permisión explícita es menos familiar. Los filósofos y los lógicos frecuentemente consideran las 'permisiones' como una nominalización del verbo deóntico 'poder'.[b] Pero en el discurso ordinario 'permisión' significa un acto que concede permiso, y a una persona le es permitido actuar sólo si le ha sido otorgado el permiso de hacerlo. La 'permisión explícita' está destinada a explicar esta noción de permisiones otorgadas u obtenidas. 'Me permitió entrar al cuarto' supone que había una razón por la que yo no debía hacerlo, la cual, justamente, cancela esta permisión. Pero, una permisión puede ser otorgada no sólo para cancelar una razón existente, sino, también, para prevenir posibles razones, cancelándolas de antemano: el gerente, así como su secretaria, pueden objetar que una persona tenga acceso a los archivos. Si cualquiera de los dos objeta, entonces tal persona tiene una razón para no acercarse a tales archivos. Un periodista pretende consultar los archivos. No tiene ninguna razón para no hacerlo puesto que mientras ninguna objeción sea hecha los archivos son accesibles al público. Anticipándose a la posible objeción de la secretaria, obtiene la permisión del gerente. Esta permisión cancela la fuerza de la objeción de la secretaria (si llegara a producirse).

Estos son los únicos tipos de enunciados deónticos que habrán de ser explicados aquí. Todos los otros (y más complejos) enunciados deónticos son explicados señalando su relación lógica con estas formas elementales de enunciados. Por consecuencia, aunque lo siguiente es una explicación de un tipo particular de enuncia-

[b] En tanto que corresponde al verbo auxiliar '*may*' (*deontic 'may'*) en inglés. N.T.

do, las consideraciones invocadas se aplican a todos los enunciados jurídicos de todo tipo.

iii. Las fuentes del derecho como razones. Enunciados de la forma *JR x, φ, i.e.* existe una razón jurídica para que *x* φ (el cual significa lo mismo que jurídicamente *x* debe φ-*r*), son verdaderos, de acuerdo con la tesis de las fuentes, en virtud de la existencia de una fuente, *i.e.* un apropiado hecho social determinable sin recurrir a argumentos morales. Sin embargo, la relación entre el enunciado de una fuente del derecho y el enunciado jurídico correspondiente no es identidad de significado sino que es una relación entre fundamento y consecuencia. Dos respuestas comunes a '¿por qué se debe φ-*r*?' Son: 'porque hay una nueva norma para tal efecto' o bien 'porque el año pasado el Parlamento lo decretó así'. Ambos conducen a lo mismo (véase, sin embargo, el siguiente inciso). Como la referencia a las disposiciones jurídicas no se examina en este capítulo, únicamente el segundo tipo de respuesta será objeto de nuestro interés. Llama la atención hacia el muy conocido hecho de que la celebración de contratos, matrimonios, confección de normas, etcétera, son razones para actuar. Se debe hacer lo que se contrató hacer, porque así se contrató hacer. Se debe sustentar a una persona porque uno se casó con ella. Se debe pagar el impuesto sobre la renta porque el Parlamento legisló a tal efecto, etcétera.

Las fuentes del derecho son razones para actuar. Si *f* es una variable que cubre enunciados de fuentes sociales, entonces *f JR x,* φ ('*f* es una razón jurídica para que *x* φ') es la forma general de los enunciados de razones jurídicas. Tales enunciados son verdaderos si, y sólo si, *f* es verdadero y es un enunciado de la apropiada condición social de acuerdo con la doctrina de la identidad.

Como la existencia de la fuente apropiada es una razón para que *x* φ, su existencia es el fundamento de verdad de los enunciados de la forma 'jurídicamente *x* debe φ-*r*' (*JR x,* φ). Éstos son esencialmente enunciados existenciales que afirman que hay un hecho tal que es una razón jurídica para que *x* φ (*JR x,* φ es esencialmente lo mismo que (∃*f*) *f JR x,* φ). La existencia de la fuente es el fundamento de verdad de un enunciado de lo que jurídicamente se debe hacer, de la misma forma en que la existencia de un caso apropiado es el fundamento de verdad de un enunciado existencial. Sobre esta interpretación la tesis de las fuentes implica:

(25) enunciados de la forma *p JR x*, ϕ son verdaderos sólo si enunciados de hechos sociales especificables sin recurrir a argumentos morales son sustituidos por *p*.

La tesis de las fuentes implica una condición similar con respecto a las permisiones explícitas:

(26) enunciados de la forma $JPer_e$ *x*, ϕ son verdaderos sólo si hay un hecho social determinable sin recurrir a argumentos morales el cual tiene fuerza para cancelar razones jurídicas.

Los hechos aludidos son hechos tales como una ley del Parlamento que deroga una prohibición jurídica o un deber, una garantía constitucional de ciertas libertades, la autorización dada por una persona a otra de usar cierta propiedad. La tesis de las fuentes, se debe tener presente, es una tesis sobre el derecho no sobre la razón práctica en general. (25) y (26) no pretenden afirmar que únicamente los hechos sociales pueden ser razones o permisiones, sino sólo que, tales hechos pueden ser razones jurídicas y permisiones jurídicas. De lo anterior se sigue que mientras siempre exista una fuente para los enunciados de la forma *JR x*, ϕ no hay fuente alguna para los enunciados negativos: —*JR x*, ϕ, o bien *J* —*R x*, ϕ. Si existe una diferencia entre 'no es el caso que jurídicamente se deba ϕ-*r*' y 'conforme al derecho no es el caso que se deba ϕ-*r*' será considerado más adelante. Intuitivamente, la negación de una razón jurídica no es más que la ausencia de una razón jurídica. No tiene sentido buscar una fuente para la ausencia de una razón jurídica o de otro tipo. Esto no es sino el reflejo del hecho de que —(*p JR x*, ϕ) tampoco tiene ninguna fuente.

Aquí la refutación del profesor Dworkin se evita de una forma diferente: negando que pueda haber una fuente para cierto tipo de enunciados jurídicos. Esta afirmación puede parecer sorprendente, por tanto, requiere de una más amplia explicación. Frecuentemente se dice, por ejemplo, que aunque una permisión puede ser inferida de la ausencia de una prohibición, puede, también, ser resultado de una norma que directamente lo confiere. Consecuentemente, las permisiones pueden tener fuentes. Esto, por supuesto, no ha sido negado. Lo que ha sido negado es que las permisiones del mismo tipo pueden fundamentarse en fuentes o no tener fuentes. Las permisiones explícitas siempre se basan en fuentes; las permisiones concluyentes, nunca. La promulgación de una norma que deroga una prohibición jurídica es una permisión explícita:[16] cancela una razón. El otorgamiento de una permisión futura confiere una inmunidad: es un hecho con fuerza para cancelar la fuerza de ciertos hechos como razones. Una libertad constitucionalmente garantizada otorga una inmunidad en contra de la legislación parlamentaria al tener fuerza para cancelar las razones que surjan de la legislación parlamentaria. Normalmente, cuando se tiene una permisión explícita, se tiene, también, una permisión concluyente. De ahí que, frecuentemente, enunciados comunes sobre libertad, derechos y permisiones no distinguen, y no necesitan distinguir, entre estos dos tipos de permisiones. Una vez hecha la distinción, ésta se sigue de la definición de que las permisiones explícitas dependen siempre de fuentes, mientras que las permisiones concluyentes, nunca.

Las razones jurídicas concluyentes son razones jurídicas ordinarias y, como tales, son hechos sociales. Son razones que no han sido vencidas y, por ello, también dependen de la ausencia de hechos que puedan vencerlas. La tesis de las fuentes requiere que la forma por la que los conflictos de razones hayan de ser resueltos esté, también, determinada, al grado de estar, por completo, jurídicamente determinada por hechos sociales. Tales hechos son, también, fuentes del derecho.

iv. Disposiciones jurídicas últimas. La afirmación de que las fuentes del derecho son razones para actuar origina tantas cuestiones como las que resuelve. ¿Son las razones jurídicas razones morales, razones de prudencia o hay un distinto y especial tipo de razones que las razones jurídicas ejemplifican? ¿Los enunciados jurídicos ordinarios suponen aprobación moral del derecho? Estas cuestiones no pueden ser exploradas aquí (sin embargo, se encuentran indirectamente resueltas en el capítulo VIII). Pero, supongamos que se pregunta: ¿Por qué cierto acto legislativo es una razón para actuar? ¿Acaso es en virtud de fundamentos morales que la orden de un policía, por ejemplo, es una razón para actuar? Como quiera

[16] Puede ser importante observar que las permisiones cancelatorias explicadas en el capítulo I son una subclase de permisiones explícitas. Ahora bien, puesto que se señaló en el capítulo II que todas las razones jurídicas son razones protegidas, entonces las permisiones jurídicas explícitas son permisiones cancelatorias y la facultad de conferirlas es un poder normativo.

que sea algunos de esos fundamentos son jurídicos, mientras otros pueden no serlo. La orden del policía es una razón válida porque, generalmente, los policías actúan para preservar la paz y son dignos de confianza. Éste no es un fundamento jurídico. Otro fundamento para aceptar que la orden del policía es una razón para actuar es que el Parlamento le confirió facultad para dar tales órdenes. Puede haber o puede no haber fundamentos no jurídicos para aceptar fuentes de derecho como razones, pero, sin embargo, siempre hay tales fundamentos jurídicos; o casi siempre, puesto que, al fin de cuentas, uno enfrenta las disposiciones jurídicas *últimas*.

Supongamos que se pregunta por qué es verdad que en el derecho inglés la legislación parlamentaria obliga a los tribunales. La respuesta es de que esto es así en virtud de la práctica de los tribunales, los cuales siguen una regla a tal efecto y porque las reglas practicadas por los tribunales de un orden jurídico son disposiciones jurídicas de tal orden de acuerdo con la doctrina de la identidad. Aquí (como en el caso de todas las disposiciones jurídicas *últimas*) la práctica de los tribunales es lo que hace de una regla una disposición jurídica y es, así, su fuente. Pero, la relación de fuente a disposición jurídica y de fuente a la acción que la disposición jurídica requiere difiere, en el caso de las disposiciones jurídicas últimas, de este tipo de relaciones en el resto del derecho.

En el resto del derecho tanto la disposición jurídica como su fuente pueden ser consideradas, con igual justicia, como la razón para hacer lo que la disposición jurídica prescribe. Las disposiciones jurídicas últimas son igualmente razones para la acción que ellas requieren, pero no así su fuente. Que los tribunales ingleses se consideren a sí mismos obligados a aplicar las leyes, no es la razón por la que deban hacerlo. La norma de que ellos deben aplicar leyes es tal razón. La práctica no es más que una prueba (una prueba constitutiva) de que dicha norma es una disposición jurídica; pero no es fundamento de validez de la disposición jurídica, ni tampoco de la acción que ésta prescribe. Este hecho es el que otorga a la norma el carácter de disposición *jurídica* última. El hecho de que una norma sea una disposición jurídica última no significa sino que no existe ningún fundamento jurídico, ninguna justificación jurídica, de su validez. Esto no implica que no exista fundamento o justificación para tal norma; únicamente que si tal fundamento existe, éste no es un fundamento jurídico. En las disposiciones jurídicas ordinarias, su fuente constituye el fundamento de su validez y una razón para comportarse como ellas prescriben. Que el Parlamento así haya legislado es fundamento de la validez de la disposición jurídica y una razón para el comportamiento requerido. Éstas son razones jurídicas puesto que su carácter —de fundamentos de validez— es, a su vez, determinado por otra disposición jurídica. Por definición las disposiciones jurídicas últimas no se encuentran, de esta manera, fundamentadas en razones jurídicas. La ausencia de una ulterior disposición jurídica que determine el fundamento de validez de las disposiciones jurídicas últimas es, precisamente, lo que las hace disposiciones jurídicas *últimas.*

En virtud de que ulteriores disposiciones jurídicas (fundamentadas a su vez, en hechos sociales) determinan qué hechos crean disposiciones jurídicas y son, así, conjuntamente con estos hechos, el fundamento de validez de estas disposiciones jurídicas, pueden ser usadas para identificar las disposiciones jurídicas de cuya validez son fundamento. Como todos los fundamentos son hechos sociales o disposiciones jurídicas basadas en hechos sociales, esta identificación se conforma a la tesis de las fuentes. Pero no hay ningún fundamento jurídico para la validez de las disposiciones jurídicas últimas; ninguna justificación de ellas es suministrada por el derecho. Si ellas son identificables por hechos sociales, *i.e.* si tienen fuentes, tales hechos no pueden ser el fundamento jurídico de su validez. Consecuentemente, tales hechos no pueden ser razones jurídicas para hacer lo que ellas requieren. Sólo son criterios para identificarlas. Los propios tribunales así los usan. Los tribunales ingleses recurren a su propia práctica cuando se preguntan si están obligados por una ley privativa irregularmente producida o por una ley del Parlamento limitando futuros Parlamentos. Sin embargo, se refieren a la fuente del derecho en la práctica judicial con el propósito de identificar el contenido preciso de la disposición jurídica última que los obliga, no para justificarla. Por tanto, aunque la disposición jurídica última es, por sí misma, la razón para la acción que requiere, sus fuentes no lo son.[17]

17 Hart está en lo cierto al afirmar que la regla de reconocimiento, como las demás disposiciones jurídicas, descansa en fuentes sociales. Kelsen, sin embargo, está en lo cierto al insistir en que la relación entre las normas últimas y sus fuentes es diferente de la que se da entre las normas ordinarias y sus fuentes. Los positivistas frecuentemente afirman que la controversia es prueba de que el derecho es incierto. Del análisis presentado aquí se sigue que esto es verdad de las disposiciones jurídicas últimas pero no de las otras.

3. *Las lagunas del derecho*

i. La naturaleza de las lagunas. Hay una laguna en el derecho cuando una cuestión jurídica no tiene ninguna solución[c] completa. Entender una cuestión es saber qué es lo que vale como una solución correcta. Esto no significa conocer la solución correcta. Significa saber qué enunciados son soluciones posibles, *i.e.* qué enunciados serían, si son verdaderos, la solución correcta. Una cuestión jurídica es una cuestión sobre la cual todas las posibles soluciones a ella son enunciados jurídicos. Una laguna del derecho existe si ninguna de las posibles soluciones completas a la cuestión jurídica es verdadera. Cuando una cuestión carece de solución tiene varias soluciones secundarias correctas, tales como: 'esta cuestión no tiene solución', 'no hay derecho aplicable al problema', 'el derecho es incierto', etcétera. También puede tener soluciones parciales. Esto ocurre cuando, en particular, algunas de las posibles soluciones completas son falsas mientras que otras no son ni verdaderas ni falsas. La existencia de soluciones parciales y de soluciones secundarias es compatible con la existencia de una laguna del derecho, *i.e.* con la ausencia de una solución completa.

Un tribunal puede tener o no tener jurisdicción sobre una cuestión jurídica dada. Tiene jurisdicción sobre una cuestión cuando está autorizado para buscar su solución y se funda en ella para pronunciar su decisión. Esto esencialmente quiere decir que tiene jurisdicción cuando su decisión, en tanto que solución correcta a la cuestión es *res judicata* (si la respuesta es un enunciado jurídico aplicado) o cuando su decisión es la base sobre la cual los tribunales proceden para el establecimiento de la *res judicata* (si la respuesta es un enunciado jurídico puro) . En base a esta definición podemos distinguir dos tipos de lagunas en el derecho:

a) *Lagunas jurisdiccionales.* Un orden jurídico es jurisdiccionalmente completo si sus tribunales tienen jurisdicción sobre todas las cuestiones jurídicas.

   Tiene una laguna jurisdiccional si sus tribunales carecen de jurisdicción sobre ciertas cuestiones jurídicas.

[c] Hemos optado por usar la expresión 'solución' en vez de conservar 'respuesta' la cual literalmente corresponde a la palabra *'answer'*. 'Solución' es el término usado por Alchourrón y Bulygin en su libro *Normative Systems, cit.* (*Introducción a la metodología de las ciencias jurídicas y sociales, cit.*). El término "solución' es, además, muy propio para señalar la idea de controversia o litigio. N.T.

b) *Lagunas del derecho* (*stricto sensu*). Un orden jurídico es jurídicamente completo si hay una solución completa sobre todas las cuestiones sobre las cuales los tribunales tienen jurisdicción. Contiene una laguna del derecho si algunas cuestiones jurídicas sometidas a la jurisdicción de los tribunales no tienen ninguna solución completa.

Por supuesto es posible tener un concepto más amplio de lagunas del derecho de acuerdo con el cual el síntoma de una laguna es la presencia de cualquier cuestión jurídica sin solución. Pero el concepto más limitado definido aquí es el más importante. Las lagunas plantean problemas jurídicos y filosóficos sólo si surgen en cuestiones sobre las cuales existe jurisdicción. Un orden jurídico es un sistema normativo que provee a su propia aplicación a través de órganos judiciales los cuales juegan un papel esencial en cualquier doctrina sobre la identidad de los órdenes jurídicos. Ahora bien, puesto que el derecho es identificado a través de los ojos de los tribunales, las lagunas del derecho deben ser también identificadas de la misma manera. Sin embargo, 'una cuestión jurídica' no debe ser identificada como cualquier cuestión a la que un tribunal puede contestar al pronunciar sus decisiones. No puede concederse que todas las cuestiones de las cuales los tribunales se ocupan sean cuestiones jurídicas. Una cuestión jurídica es identificada de forma independiente por el carácter de sus soluciones: únicamente proposiciones jurídicas son posibles soluciones completas a cuestiones jurídicas y las proposiciones jurídicas de un orden jurídico dado son identificadas por sus condiciones de verdad tal y como determina la doctrina de la identidad.

En todos los casos hay una cuestión jurídica que comprende a todas las otras: ¿Qué decisión requiere el derecho en el caso? Una respuesta completa es suministrada al señalar la decisión que el derecho requiere. Cuando ninguna decisión es requerida por el derecho, la cuestión no tiene solución es insoluble y hay una laguna del derecho. En tales casos la cuestión tendrá respuestas secundarias y, posiblemente, sólo respuestas parciales, tales como: 'el derecho es incierto', 'el derecho no requiere nada'. Aquí se asume que la cuestión no está dirigida a la jurisdicción de los tribunales y, por tanto, 'el derecho requiere de una decisión de que no hay jurisdicción' no es una respuesta a la cuestión.

Cuando la decisión de los tribunales versa sobre si una persona debe o no (de forma concluyente) realizar cierta acción, existen dos posibles respuestas completas:

1a. $JR_c\ x,\ \phi$, el derecho de forma concluyente requiere tal acción; y

2a. $JPer_c\ x,\ \bar{\phi}$ *i.e.* el derecho de forma concluyente permite la omisión de tal acción.

Si ninguna proposición es verdadera, entonces hay una laguna del derecho puesto que no hay ninguna decisión que el derecho requiera. De ahí se sigue que existen dos posibles tipos de lagunas del derecho:

1a. '$JR_c\ x,\ \phi$' no es ni verdadera ni falsa y '$JPer_c\ x,\ \bar{\phi}$' (*i.e.* '$J —R_c\ x,\ \phi$') no es verdadera ni falsa.

2a. '$(—JR_c\ x,\ \phi)\ \&\ (—JPer_c\ x,\ \bar{\phi})$' es verdadera.

Ambos son casos de lagunas si la cuestión de la cual las proposiciones relevantes son solución, se encuentran (si al menos tienen respuestas completas) dentro de la jurisdicción de los tribunales.

ii. Indeterminación y lagunas. Si hay o no una razón jurídica para realizar una cierta acción es cuestión de identificar qué razones jurídicas hay y si son razones para tal acción. En última instancia es cuestión de interpretar el sentido preciso de ciertos hechos, tales como: actos legislativos, decisiones judiciales, etcétera. Si un cierto acto del ejecutivo es una razón jurídica (*i.e.* si crea una disposición jurídica obligatoria), es cuestión de interpretar un acto legislativo del Parlamento que confiere facultades legislativas al ejecutivo, así como de interpretar el propio acto del ejecutivo. Lo mismo es verdad con respecto a decidir si tal acto del ejecutivo es una razón para cierta acción. Estas cuestiones giran, en alto grado, alrededor de la interpretación del lenguaje usado y de las intenciones con las que ciertos actos fueron hechos. ¿Qué significan las palabras de un contrato, las de un testamento, aquellas de un *memorandum* de una sociedad mercantil, o las de una ley y qué intentaban aquellos que las formularon? Son las cuestiones más comunes (aunque no las únicas) implicadas al identificar e interpretar razones jurídicas.

Las cuestiones de intención y significado pueden no tener ninguna respuesta. Puede ser que no sea ni verdadero ni falso que al hacer una observación una persona haya intentado insultar a su colega y, por tanto, también, no es ni verdadero ni falso que no lo hubiera intentado. De manera similar puede ser que no sea ni verdadero ni falso que esto sea una habitación o un vehículo de motor. Puede que no sea ni verdadero ni falso que tal hombre sea calvo. Cuando los hechos que son razones jurídicas son indeterminados, por vaguedad, textura abierta o cualquier otro factor, ciertos enunciados no son ni verdaderos ni falsos.[18] Tal indeterminación puede hacer que no sea ni verdadero ni falso que esta estructura sea gravable como habitación, etcétera. Una causa de lagunas del derecho del primer tipo es la indeterminación del lenguaje, de las intenciones y de otros factores. Es importante observar que este tipo de lagunas no constituyen, ciertamente, la peculiaridad del derecho. Tales lagunas dependen totalmente, y derivan, de enunciados ordinarios tales como enunciados sobre intenciones y lenguaje y no de enunciados particularmente jurídicos. La indeterminación de los hechos cotidianos ordinarios son los que generan las lagunas del derecho.

¿Son inevitables estas lagunas? Parece que la tesis de las fuentes las hace inevitables puesto que hace que el derecho dependa de la acción humana con sus inherentes indeterminaciones. En *No Right Answer?* el profesor Dworkin niega que la vaguedad conduzca inevitablemente a lagunas. En parte, su opinión presupone un rechazo de la tesis de las fuentes y, por tanto, no afecta el presente argumento. Pero, por otra parte, su opinión se basa en la posibi-

[18] Normalmente, la indeterminación en la intención crea una laguna del derecho sólo si se refleja en el uso de un lenguaje indeterminado. Las reglas de clausura —que vimos anteriormente— operan en la mayoría de los otros casos. Algunas veces, sin embargo, las lagunas surgen por indeterminación de la intención con independencia del lenguaje empleado. Supóngase que una ley establece que los 'propietarios de barcos' ϕ. Años después de su promulgación es inventado un nuevo tipo de navío, el cual, fuera de toda duda, es un barco, pero no es ni verdadero ni falso que el legislador haya intentado aplicar la obligación fiscal a los propietarios de estos navíos. Muchos órdenes jurídicos sostienen que el lenguaje claro de la ley es, cuando menos, una razón *prima facie* para que tales propietarios ϕ. Pero reglas de interpretación del sistema pueden hacer que tales cuestiones dependan exclusivamente de la intención del legislador (y pueden considerar el lenguaje empleado meramente como una prueba presuncional de sus intenciones). En tal orden jurídico el derecho sobre la cuestión es indeterminado.

lidad de reglas de interpretación para manejar términos vagos, reglas como: "si una ley usa un lenguaje vago, tiene que ser considerada como que ésta cambia el *status iuris quo ante* únicamente en el grado que esté justificado por la parte medular indiscutible del lenguaje empleado".[19]

Esta sugerencia descansa, sin embargo, en una visión engañosa de la vaguedad la cual asume que mientras un término que no es vago divide todos los casos en aquellos a los cuales se aplica y en aquellos a los que no, un término vago divide todos los casos en tres: aquellos a los que se aplica por 'su indiscutible significado medular', aquellos a los que claramente no se aplica y aquellos que se encuentran enmedio. Como si un término fuera vago por tender dos claras líneas divisorias en vez de una. La verdad es que todos y no sólo algunos sustantivos, verbos, adverbios y adjetivos de un lenguaje natural son vagos. Y aunque un término vago se aplica claramente a algunos casos, claramente no se aplica a algunos y dudosamente se aplica a otros, sin embargo, frecuentemente resulta imposible trazar líneas divisorias generales entre estas tres categorías. Es un criterio de adecuación de cualquier explicación de la vaguedad reconocer como caso central de ésta los casos donde la vaguedad es un 'continuo'.

Los términos son vagos en este sentido si, además de los casos en la frontera entre el área cubierta por el concepto y aquella que éste no cubre, hay casos límite entre aquellos cubiertos por el término y aquellos que pertenecen a la frontera; asimismo existen casos límite entre aquellos a los cuales el término no se aplica y aquellos de la frontera y, así, indefinidamente. Respecto a un término vago de este tipo, uno en ocasiones duda sobre si un caso es un caso frontera o no. El predominio de términos vagos de este tipo hace imposible prevenir las lagunas debidas a la vaguedad en la forma que el profesor Dworkin sugiere.[20] No parece plausible suponer que a otras reglas de interpretación que se conformen a la tesis de las fuentes les pueda ir mejor. Esto no debe entenderse como queriendo decir que las reglas de interpretación

19 *Cfr.* Dworkin, R. M., *No Right Answer?*, *cit.*, p. 68.

20 Por supuesto no se niega que el derecho pueda reducir drásticamente el número de casos indeterminados en la forma sugerida por el profesor Dworkin (aunque esto no es necesariamente un objetivo muy deseable). Obsérvese que, de acuerdo con algunas teorías semánticas, tal concepción de vaguedad implica la existencia de un número infinito de valores de verdad los cuales se generan como indica el diagrama siguiente:

no son de ninguna utilidad cuando se resuelvan problemas de interpretación que surjan de vaguedad y de indeterminación. Sólo significa que ellas no pueden resolver todos los problemas y que algunas veces ellas mismas originan nuevos problemas.

iii. Conflictos y lagunas. Las lagunas arriba descritas son lagunas de valores de verdad en enunciados de razón que hacen imposible saber si hay una razón para cierta acción. Pero, aun donde el problema no surge, la indeterminación, debida exactamente a los mismos tipos de factores hace imposible resolver algunos conflictos de razones jurídicas. Conforme a la tesis de las fuentes, el peso y fuerza de las razones jurídicas es, al igual que su contenido, determinado completamente por hechos sociales. Las más de las veces, proporcionan realmente indicaciones suficientes en cuanto a cómo resolver conflictos de razones jurídicas. Algunas veces, sin embargo, no son proporcionadas suficientemente. En tales casos, aunque no hay especial problema en cuanto a cuál razón jurídica aplicar, no hay ninguna que sea concluyente.

V = verdadero
F = falso
N = ni verdadero ni falso

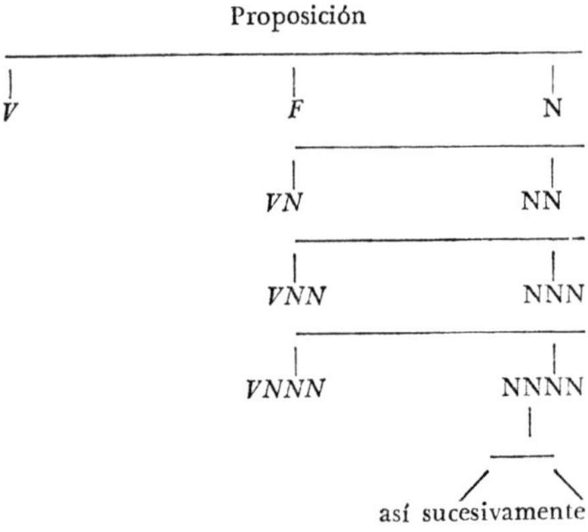

Los posibles valores de verdad se encuentran en cursivas.

P es *VNN* si es verdad que es indeterminado si *P* es indeterminado. *P* es *NNN* si es indeterminado si *P* es *NN*, etc. Sólo combinaciones que comiencen en *V* son valores de verdad. (Si *I* es alguna iteración de *F*, *V* y *N*, entonces *IVI* = *II* y *FI* es equivalente a una disyunción de todas las otras iteraciones del mismo nivel que I.

Hay un tipo de situación en la cual ninguna de las dos razones en conflicto es concluyente. Una es aquella en que ambas se encuentran igualmente niveladas. Ellas se anulan recíprocamente y es falso que haya una razón concluyente para la acción y falso que haya una razón concluyente para su omisión. '$(J \text{ —}R_c\ x,\ \phi)$ & $(J \text{ —}R_c\ x,\ \bar{\phi})$', es verdadero y de ahí si sigue que '$(J\ Per_c\ x,\ \bar{\phi})$ & $(JPer_c\ x,\ \phi)$' es verdadero. Este tipo de situación no supone ningún conflicto irresoluble ni ninguna laguna del derecho.

Completamente diferente es la situación de conflictos irresolubles. Éstos surgen cuando las razones en conflicto no logran anularse entre sí, no porque estén igualmente balanceadas, sino porque no pueden competir en absoluto. Por la razón que sea, las razones en conflicto no pueden ser confrontadas en cuanto a su fuerza. Ninguna es más fuerte ni, tampoco, son iguales en fuerza. En tal caso sería erróneo decir que al agente le está permitido realizar el acto. Pero, sería igualmente erróneo decir que no le está permitido realizarla. La única descripción intuitivamente correcta de su situación es de que no le está permitido ni no permitido realizar el acto. Esto es posible sólo si el enunciado de que le está permitido, así como su negación, no son ni verdaderos ni falsos. De ahí se sigue que '$JR_c\ x,\ \phi$' y '$JR_c\ x,\ \bar{\phi}$', igualmente, no son ni verdaderos ni falsos. De esta manera los conflictos irresolubles dan origen a lagunas del derecho y éstas, como todas las otras debidas a indeterminación en sus fuentes, son lagunas del primer tipo.

Hay una tercera forma en la que la tesis de las fuentes es responsable de lagunas del derecho la cual surge, también, de situaciones conflictivas. El derecho puede hacer que cietras disposiciones jurídicas tengan fuerza *prima facie* sometiéndolas únicamente a consideraciones morales u a otras consideraciones no basadas en fuentes. Permítasenos asumir, por ejemplo, que conforme al derecho los contratos son válidos sólo si no son inmorales. Cualquier contrato puede ser considerado como *prima facie* si se conforma a las consideraciones 'valorativamente neutras' para la validez de los contratos establecidas por el derecho. La proposición 'es jurídicamente concluyente que este contrato es válido' no es ni verdadera ni falsa hasta que un tribunal *autoritativamente* determine su validez. Esto es consecuencia del hecho de que, conforme a la tesis de las fuentes, los tribunales gozan de discrecionalidad, cuando se requiere, para aplicar consideraciones morales.

iv. Reglas de clausura. Según la tesis de las fuentes, la indeterminación en las fuentes conduce a lagunas del derecho del primer tipo; asimismo, la ausencia de fuentes de suficientes reglas de conflicto en reserva puede conducir a lagunas del primer tipo. Pero ¿puede haber lagunas del derecho del segundo tipo? Lagunas del segundo tipo pueden existir sólo si es posible que: $(—JR_c\ x,\ \phi)$ & $(—JPer_c\ x,\ \bar{\phi})$. Esto es, si es posible que

(27) $(—JR_c\ x,\ \phi)$ & $(—J\ —R_c\ x,\ \phi)$.

Pero es una verdad lógica que

(28) $\vdash\ —(JR_c\ x,\ \phi) \leftrightarrow (J\ —R_c\ x,\ \phi)$.

De (27) y (28) se sigue

(29) $(J\ —R_c\ x,\ \phi)$ & $(—J\ —R_c\ x,\ \phi)$.

Como podemos ver, (29) es una contradicción. De ahí que (28) implique el rechazo de (27) y con él, la posibilidad de lagunas del segundo tipo. La derivación de (28) es simple. Primeramente $J\ —R_c\ x,\ \phi \rightarrow —JR_c\ x,\ \phi$. No puede ser verdad que jurídicamente haya una razón concluyente para realizar un acto y, al mismo tiempo, que jurídicamente no haya tal razón. Por tanto

(30) $\vdash\ JR_c\ x,\ \phi \rightarrow —J\ —R_c\ x,\ \phi$.

$J\ —R_c\ x,\ \phi \rightarrow —JR\ x,\ \phi$ se sigue de (30) por contraposición. En seguida la derivación de $—JR_c\ x,\ \phi \rightarrow J\ —R_c\ x,\ \phi$. Asumamos que el antecedente es verdadero, *i.e.* que $JR_c\ x,\ \phi$ es falso. ¿Qué acaso puede ser que $J\ —\ R_c\ x,\ \phi$ sea también falso? Si $—JR_c\ x,\ \phi$, entonces no es el caso que haya un hecho que sea un razón jurídica concluyente para ϕ-*r*. Pero, si no hay ninguna razón jurídica concluyente para ϕ-*r*. ¿Podría dejar de ser que conforme al derecho no haya ninguna razón concluyente para ϕ-*r*? Ésta hubiera sido una posibilidad real habiendo necesidad de un tipo especial de hecho para hacer verdaderos los enunciados negativos de razones de la forma $—Rx,\ \phi$ (como fue confusamente imaginada como posible por la solución *negativa/positiva*).[21] Pero ya se ha establecido en el inciso *Enunciados jurídicos* que tales proposiciones son verificadas por la ausencia de razones únicamente y es precisamente tal ausencia la que es implicada por $—JR_c\ x,\ \phi$. De ahí que $—JR_c\ x,\ \phi \rightarrow J\ —R_c\ x,\ \phi$, *quod erat demostrandum.*

El teorema (28) es lógicamente equivalente a (31):

$$(31) \vdash \quad (—JR_c\ x,\ \phi) \leftrightarrow (JPer_c\ x,\ \bar{\phi}).$$

Esta es una representación de la conocida regla de clausura de que lo que no está jurídicamente prohibido está jurídicamente permitido y *vice versa.* En lo que al teorema (31) respecta, las dos implicaciones son igualmente válidas. La primacía de la implicación de izquierda a derecha (*i.e.* lo que no está prohibido está permitido) se debe a la distinción *positiva/negativa* que subyace detrás de toda la argumentación, *i.e.* se necesitan ciertos hechos para tener razones, pero no se necesita ninguno para que no haya una razón. De esta forma el presente enfoque hace válida ésta y otras reglas de clausura y, al aceptarlas, rechaza la posibilidad del segundo tipo de lagunas del derecho.

El resultado de esta descripción es de que las lagunas del derecho no son sólo posibles sino que, de acuerdo con la tesis de las fuentes, inevitables. Surgen siempre que el derecho habla con voz incierta (simple indeterminación) o cuando habla con muhas voces (conflictos no-resueltos). En contra de la muy conocida imagen, no hay lagunas cuando el derecho es mudo. En tales casos las reglas de clausura, que son, más que disposiciones jurídicas positivas, verdades analíticas,[22] operan y evitan la ocurrencia de lagunas.

21 *Cfr. supra*: (7) $\vdash F(Np) \rightarrow Np$.

22 Son verdades analíticas con respecto a proposiciones *jurídicas* derivables de la tesis de las fuentes. No pueden ser derivadas en sistemas normativos en los cuales dicha tesis no se sostiene.

CAPÍTULO V

LA IDENTIDAD DE LOS ÓRDENES JURÍDICOS*

Las disposiciones jurídicas[a] son parte de sistemas[b] jurídicos; una disposición jurídica es tal, sólo si es parte del derecho de Estados Unidos, del derecho francés o de cualquier otro sistema jurídico. Los filósofos del derecho, persistentemente, han tratado de explicar por qué se piensa en las disposiciones jurídicas como formando un orden. Asimismo, han evaluado las ventajas de esta manera de pensar y han intentado hacerla más precisa, explicando los rasgos que dan cuenta de la unidad de los sistemas jurídicos. Varias teorías han sido propuestas pero ninguna ha sido considerada completamente satisfactoria. Es más, la continuación del debate resulta de la confusión que envuelve al problema; confusión debida a la gran falta de claridad en el entendimiento del mismo.

En este capítulo voy a tratar de clarificar la naturaleza del problema de la unidad de los sistemas jurídicos nacionales. Sin embargo, mi principal objetivo no es tanto resolver todas las cuestiones sino, más bien, formularlas con mayor precisión puesto que en filosofía, estimo, una clara concepción de un problema representa la mitad del camino para su solución.

El término "sistema jurídico" no es un término jurídico técnico. Ciertamente, en ocasiones puede figurar en resoluciones de los tri-

* Este capítulo apareció con anterioridad como artículo en *California Law Review*, vol. 59, núm. 3, mayo de 1971, pp. 795-815. Agradezco al profesor H. L. A. Hart las discusiones sobre los problemas de este artículo y los esclarecedores comentarios sobre su primera versión. Este artículo fue previamente traducido por nosotros y apareció en *Boletín Mexicano de Derecho Comparado*, año IV, núm. 19, pp. 139-163. N.T.

a Usamos 'disposición jurídica' para traducir *'a law'*, *cfr.* nota letra *c* del Prefacio a la edición inglesa. N.T.

b En nuestra anterior versión española de este trabajo hemos traducido *'legal system'* por 'orden jurídico' por ser ésta la expresión más usual en la tradición jurídica civilista (*e.g. ordre juridique, Rechtsordung*, etcétera) especialmente en la tradición jurídica española. Sin embargo, hemos conservado la expresión 'sistema jurídico' porque se relaciona más con la teoría del autor sobre los sistemas jurídicos. (Véase nota *a* del Prefacio a la edición inglesa.) N.T.

bunales, pero, en realidad, cualquier término puede aparecer en ellas; y, aunque ocasionalmente es usado en la argumentación jurídica, éste no tiene el carácter de término jurídico como *"floating harge"*, *"fee simple"* o *"consideration"*.[c] Tampoco es un concepto importante en la diaria administración del derecho como lo son los conceptos de contrato, propiedad, derecho subjetivo, deber y otros semejantes. El término es utilizado cuando se piensa sobre el derecho y no cuando se usa o se aplica el derecho. Es comúnmente utilizado en libros de teoría del derecho o de derecho comparado, pero no en libros sobre propiedad, responsabilidad o derechos de autor.

Por tanto, cuando el teórico del derecho trata de clasificar la noción de sistema jurídico, no intenta definir con pulcritud el sentido en que este término es usado por los legisladores, los jueces o los abogados. Más bien, lo que el teórico del derecho pretende es forjar una útil herramienta conceptual que le ayude a entender mejor la naturaleza del derecho. Esto no significa que el teórico del derecho no deba tratar de modelar un concepto que pudiera ser usado en la solución de ciertos problemas jurídicos. Más bien significa, incluso cuando así ocurre, que el teórico del derecho no pretende dilucidar el sentido de un término jurídico técnico, sino, en su lugar, procurar al profesional del derecho un concepto que pueda ayudarle en el manejo de ciertos problemas jurídicos complejos.

Pero, ¿debe ser realmente el objetivo del teórico del derecho ayudar a la solución de los problemas jurídicos modelando un concepto preciso de la identidad de un sistema jurídico? ¿A qué tipo de problemas jurídicos puede ser relevante tal concepto? y si ésta no es su finalidad, ¿cuál es? Procurar una respuesta a estos interrogantes es el propósito primordial de este capítulo.

Para tratar de resolver estas cuestiones debemos distinguir, primeramente, dos posibles nociones de la unidad de los sistemas jurídicos; nociones que denominaremos unidad material y unidad formal. La unidad material de un sistema jurídico reside en sus características distintivas y dependen del contenido de sus disposiciones jurídicas y de la manera en que son aplicadas. Ciertamente, cuando tratamos de explicar los rasgos característicos de un sistema jurídico no buscamos la regulación detallada de cada ins-

[c] Como podrían ser en español los términos de 'posesión', 'hipoteca', 'capacidad', 'injuria', etcétera. N.T.

titución. Más bien, buscamos los principios dominantes, la estructura institucional tradicional y la práctica que informan todo sistema jurídico proporcionándole su carácter distintivo. Separar el problema de la unidad formal del de la unidad material constituye lo que llamo el primer problema de la identidad de los sistemas jurídicos.

1. *El problema aislado*

La identidad del sistema jurídico se basa en el criterio o conjunto de criterios que determinan qué disposiciones jurídicas pertenecen al sistema y qué disposiciones jurídicas no. Algunas de las respuestas dadas al problema de la identidad son perfectamente conocidas. Posiblemente las más conocidas son:

> Una disposición jurídica es parte del sistema jurídico si, y sólo si, fue establecida, directa o indirectamente, por el soberano del sistema (Austin).

> Una norma es parte del orden jurídico si, y sólo si, es autorizada por la norma fundamental del orden jurídico (Kelsen).

> Una disposición jurídica (*rule*) pertenece al sistema si, y sólo si, debe ser así reconocida de conformidad a la regla de reconocimiento del sistema (Hart).

Los tres filósofos mencionados no se ocuparon de la unidad material de los sistemas jurídicos. No pensaron que la unidad de los sistemas jurídicos depende del contenido o espíritu de sus leyes o de las tradiciones o prácticas de sus más importantes instituciones jurídicas. Por el contrario, ellos esperaban formular un criterio que les permitiera determinar si dos disposiciones jurídicas pertenecen o no al mismo sistema jurídico.

Un concepto más o menos claro de la identidad de un sistema jurídico es presupuesto en cualquier investigación sobre su unidad material. El investigador necesita conocer qué disposiciones jurídicas y qué instituciones forman el orden jurídico antes de que pueda indagar sobre sus características distintivas. No necesita, sin embargo, una lista completa y precisa de las disposiciones jurídicas del sistema; es suficiente para sus propósitos poder identificar el grueso de las disposiciones jurídicas. Ciertamente, una investigación sobre la unidad material del sistema jurídico puede, inclusive, ayudar a solucionar ciertos casos límite sobre su identidad. Cuando otros indicadores no logran dar una respuesta puede ser razonable decidir que una disposición jurídica es parte de cierto sistema jurídico en base a que se parece enormemente, tanto en su espíritu como en su forma de aplicación, al resto de las disposiciones jurídicas del sistema jurídico, o bien resolver que, en virtud de que dicha disposición jurídica es diametralmente opuesta a las características del mismo, no debe ser considerada como parte de él.

Al describir el problema de la identidad como la búsqueda de los criterios que determinan qué disposiciones jurídicas pertenecen al sistema jurídico, normalmente se presupone que la noción de disposición jurídica (*a law*) es clara e incontrovertible. Pero, de hecho, esto está lejos de ser el caso. El problema de la individuación de las disposiciones jurídicas —la cuestión de saber qué es una disposición jurídica completa— es uno de los problemas más controvertidos en la teoría del derecho. Por tanto, sería deseable separar el problema de la identidad de los sistemas jurídicos del problema de la individuación de las disposiciones jurídicas. Esto puede lograrse fácilmente reformulando el problema de la manera siguiente: el problema de la identidad de los sistemas jurídicos es la búsqueda del criterio o del conjunto de criterios que proporcionan un método para determinar si un conjunto de enunciados normativos constituyen, si son verdaderos, una descripción completa de un sistema jurídico.

Con la ayuda de cierta terminología técnica es posible evitar el problema de la individuación. Un enunciado es un enunciado normativo si, y sólo si, la existencia de una disposición jurídica es una condición necesaria para ser verdadero. Un enunciado normativo es puro si, y sólo si, la existencia de ciertas disposiciones jurídicas es suficiente para ser verdadero. El conjunto de todos los enunciados puros referidos a un mismo sistema jurídico es llamado "el conjunto total" de tal sistema y cada conjunto de enunciados puros, que es lógicamente equivalente al conjunto total de un sistema jurídico, es una descripción completa de ese sistema. El problema de la identidad es la búsqueda de los criterios para una descripción completa de cualquier sistema jurídico y es irrelevante si algún enunciado en la descripción describe una disposición jurídica completa o no. Por tanto, una teoría que se ocupe de la naturaleza y principios de la individuación de las disposiciones jurídicas no necesita ser presupuesta en un examen del problema de la identidad.

Al estipular que los criterios sólo identifican conjuntos de enunciados que constituyen, *si son verdaderos,* descripciones completas, entonces el problema de la existencia de los sistemas jurídicos puede ser separado del problema de la identidad. Los criterios de existencia de los sistemas jurídicos se ocupan de proporcionar un método para determinar cuándo una descripción completa es una descripción verdadera —esto es, para determinar si el sistema jurídico descrito, efectivamente existe. Esta tarea debería ser claramente separada de la formulación de los criterios de identidad.[1]

El problema de la identidad tiene dos aspectos completamente diferentes: el del alcance o extensión (*scope*) de un sistema jurídico y el de su continuidad. Las cuestiones que se plantean en relación al alcance o a la extensión surgen cuando consideramos, por ejemplo, si los congresos constituyentes, un contrato válido, las regulaciones de una sociedad o de un sindicato son parte del sistema jurídico. Las cuestiones sobre la continuidad se refieren a los procedimientos a través de los cuales los sistemas jurídicos dejan de existir y son reemplazados por un sistema nuevo. Por ejemplo ¿la revolución, el golpe de Estado, o una declaración de independencia acaban con la existencia de un orden jurídico señalando el surgimiento de uno nuevo?

Un sistema jurídico momentáneo es un sistema jurídico en un tiempo determinado. El problema del alcance o extensión es la búsqueda de los criterios de identidad de los sistemas jurídicos momentáneos mientras que el problema de la continuidad es la búsqueda de los criterios que proporcionan un método para determinar si dos sistemas jurídicos momentáneos son parte de un mismo sistema jurídico continuo. Voy a mostrar que a cada uno de estos problemas se aplican consideraciones algo diferentes.

Estas explicaciones preliminares hacen patente que los problemas de identidad que aquí se consideran son problemas de teoría del derecho (*jurisprudence*), y cuya solución consiste en establecer conjuntos de criterios de identidad, los cuales, si tienen éxito, proporcionan métodos para determinar la identidad de *todos* los sis-

1 *Cfr.* Raz, J., *The Concept of Legal Systems, cit.* pp. 49 y 70.

temas jurídicos nacionales. El problema, así concebido, resulta muy diferente de aquel al que se enfrenta un abogado cuando busca una respuesta para cierto problema de un determinado sistema jurídico. Considérese, por ejemplo, a un juez, el cual tiene que pronunciar una sentencia en un litigio de su conocimiento. Algunas respuestas que podrían satisfacer al filósofo del derecho no ayudan al juez. Un filósofo del derecho puede decir, como ciertos filósofos lo han dicho, que lo que hacen los jueces en los litigios es derecho; sin embargo, es poco probable que esto sea de mucha ayuda para el juez, el cual se pregunta qué debe hacer en relación con ese litigio. ¿Es esto prueba de que este criterio teórico es falso o irrelevante? La respuesta a esta interrogante depende de la posición que se adopte en relación con el problema fundamental planteado anteriormente: ¿Qué propósito persiguen los filósofos del derecho cuando construyen teorías sobre la identidad de los sistemas jurídicos? Éstos, parece, no tratan meramente de desentrañar el significado común y corriente de un término jurídico. ¿Cuál es, pues, su objetivo?

Una respuesta posible es que el objetivo consiste en forjar un concepto que ayude a los tribunales y a las demás personas interesadas en el derecho a encontrar soluciones para ciertos problemas jurídicos. Hay un sentido en el cual esto es una verdad trivial de todos los problemas de la teoría del derecho. La teoría del derecho procura, de una u otra manera, aumentar nuestro entendimiento del derecho, por remota o indirecta que pueda ser. Un aumento en el entendimiento del derecho está destinado a afectar el funcionamiento del mismo y a ayudar a los abogados. Sin embargo, el problema planteado no debe ser tomado en este sentido; por el contrario, su intención es afirmar que existen ciertos problemas jurídicos cuya solución se obtiene directamente de un análisis teórico de la identidad de los sistemas jurídicos.

Varios problemas jurídicos pueden ser considerados relevantes para el concepto de la identidad. Algunos relacionados con el alcance o extensión de los sistemas jurídicos, es decir, con el problema de la identidad de los sistemas momentáneos. La mayoría de los sistemas jurídicos distinguen entre procedimientos para plantear cuestiones de hecho y para plantear cuestiones de derecho ante los tribunales. Muchos sistemas estipulan que la ignorancia de las leyes no excusa su incumplimiento mientras que un error (*razonable*) de hecho, sí. Muchos sistemas jurídicos contienen disposiciones jurídicas que establecen que una regla general —una ley— es válida si es publicada en la forma determinada por el derecho. Todas estas disposiciones jurídicas pueden originar conflictos sobre la siguiente cuestión: ¿cierta disposición jurídica es parte del orden jurídico o no? ¿Debe haber probado la defensa la (existencia) de la disposición jurídica como un hecho? ¿Es ésta parte del sistema jurídico? Existen otras doctrinas que pueden también plantear cuestiones del alcance o extensión de los sistemas jurídicos a los tribunales. Por ejemplo: ¿los tratados internacionales obligatorios, de los que el Estado es signatario, son parte del derecho nacional del Estado? ¿Las normas del derecho internacional público son parte del derecho del Estado?

Las cuestiones pertenecientes a la continuidad de los sistemas jurídicos pueden plantearse ante los tribunales en diferentes contextos. Un golpe de Estado triunfante o el establecimiento de un nuevo Estado pueden originar varios problemas. ¿Están aún en vigor las leyes anteriores? ¿Las personas que poseían un alto cargo lo mantienen o tienen que ser nuevamente designados? ¿Puede el nuevo régimen o el nuevo Estado reclamar impuestos y deudas debidas al antiguo régimen o Estado? ¿La persona que cometió un delito antes de haber ocurrido el cambio puede ser perseguida después de que este último haya ocurrido? Y, así, otros tantos problemas semejantes.

Algunos de los problemas mencionados, quizás los más, tienen soluciones obvias y no presentan dificultad para el abogado o el juez. Es la naturaleza de la cuestión, las consideraciones relevantes para una respuesta correcta, lo que interesa; su grado de dificultad es irrelevante. Esto no quiere decir que tales problemas sean siempre decididos de conformidad con la concepción que los tribunales tienen sobre el alcance o extensión (*scope*) y continuidad de los sistemas jurídicos. Otras razones pueden ser tomadas en cuenta: y, así, los tribunales pueden, implícita o explícitamente, basar sus fallos en otros fundamentos.[2] De esto se desprende que aun cuando los tribunales se enfrentan a este género de problemas, sus opiniones sobre la cuestión de la identidad no son siempre claras en los fallos dados a los litigios. Los argumentos utilizados para jus-

2 Por ejemplo, los tribunales pueden decidir, que una cierta disposición jurídica es parte del sistema jurídico y por tanto, válida, y la disposición que hace que la validez dependa de la publicación debe ser concebida de manera a incluir una excepción para las disposiciones jurídicas de este tipo.

tificar la decisión es una mejor indicación e, incluso, pueden dar lugar a diferentes interpretaciones.

Podría sugerirse que el teórico del derecho, cuando trata con problemas de la identidad debe ayudar a formular una respuesta sistemática para los problemas jurídicos de este tipo. Deben tomar en cuenta las soluciones jurídicas existentes. Debe considerar, por ejemplo, que el hecho de que el derecho extranjero, de conformidad con las reglas del derecho internacional privado, necesita ser probado por dictamen de peritos cuando es aplicado por los tribunales, es clara indicación de que el derecho extranjero no es parte del sistema jurídico bajo el cual los tribunales operan. El teórico del derecho debe generalizar estas soluciones jurídicas particulares, dilucidar las razones de su adopción y, en base a ello, formular una teoría de la identidad que ayude a resolver tanto los problemas difíciles como los nuevos de este género, así como proporcionar una guía para evaluar las ventajas de las soluciones adoptadas.

Al seguir esta tarea el teórico del derecho puede encontrarse entre dos actitudes opuestas. Por un lado, se esfuerza por mostrar una subyacente unidad en las soluciones aceptadas o propuestas, de muy diversos problemas jurídicos. Por otro lado, se encuentra con que cada solución acarrea diferentes consecuencias jurídicas y surge en diferentes contextos; por tanto, cada solución pudiera ser guiada por diferentes consideraciones. El propósito de hacer que la validez de una ley dependa de la publicación puede ser diferente del propósito que se tiene cuando se establece que el desconocimiento del derecho no excusa su incumplimiento. El teórico del derecho no puede dar por aceptado que el examen de varios problemas jurídicos relacionados con el problema de la identidad de los sistemas jurídicos conduzca a un criterio unificado de identidad. Aún más, el teórico no puede afirmar que las conclusiones obtenidas en el estudio de un determinado sistema jurídico, sean aplicables para cualquier otro.

Los diferentes sistemas jurídicos sostienen diferentes ideales de justicia, mantienen un distinto equilibrio de los intereses en conflicto y, persiguen, de alguna manera, objetivos diferentes. Los sistemas jurídicos existen en diferentes sociedades viviendo bajo diferentes condiciones, por tanto, es probable que adopten diferentes soluciones sobre el problema de la identidad.

Esto no quiere decir que una investigación sobre los diferentes criterios jurídicos de identidad aceptados en un sistema jurídico, así como sobre sus fundamentos racionales, no constituya una tarea valiosa. Estas consideraciones sólo pretenden prevenirnos contra las generalizaciones temerarias y contra la aplicación mecánica de las soluciones aceptadas a nuevos casos. Por otro lado, dichas consideraciones quieren llamar la atención sobre el hecho de que una investigación de este género obliga al teórico a realizar una labor, en alto grado, crítica. El teórico no puede simplemente enumerar los criterios jurídicos sino más bien inquiere en sus justificaciones para, en base en ello, realizar una correcta generalización que ayude a solucionar razonablemente casos difíciles, así como casos nuevos.

Probablemente este particular propósito de la doctrina de la identidad haya hecho que ninguno de los grandes filósofos positivistas interesados en problemas de la identidad considere sus investigaciones como hechas para perseguir este propósito. El positivismo jurídico concibe el problema de la identidad como un problema descriptivo de la teoría general del derecho. Los jusfilósofos aludidos quieren encontrar los criterios para identificar las disposiciones jurídicas de cualquier sistema jurídico; no están interesados en la solución correcta o deseable de cualquier conjunto de problemas jurídicos específicos. Bentham, Austin, Gray, los realistas estadounidenses, Kelsen, Hart, ninguno de ellos tiene gran interés en cualquiera de los problemas jurídicos mencionados; no los consideran relevantes para sus teorías en la medida en que persiguen diferentes objetivas. El intento de conseguir una solución sistemática y razonable al conjunto de problemas jurídicos del tipo enumerado es un objetivo posible de un teórico del derecho. No ha sido, sin embargo, un objetivo importante en la historia de la teoría del derecho.

2 *El problema clarificado*

¿Cuáles son, pues, los objetivos que persiguen los jusfilósofos cuando tratan los problemas de la identidad? Existen tres principales cuestiones que atañen al problema cuando es considerado como problema de la teoría general del derecho.

Primera: la relación entre la existencia de una disposición jurídica y su eficacia.

Segunda: la distinción entre la creación de una disposición jurídica nueva y la aplicación de una existente.

Tercera: la relación entre derecho y Estado.

Conjuntamente estas cuestiones determinan la respuesta al problema de la identidad. Aunque cada una de ellas ha sido tratada en lo particular por alguno de los jusfilósofos que se ocupan del problema de la identidad, es un fracaso considerar estas cuestiones parcialmente, como lo revela el hecho de que no se haya encontrado una solución satisfactoria al problema. Esta parte del capítulo es un examen de las tres cuestiones.

i. La relación de existencia y eficacia de las disposiciones jurídicas. La cuestión de la relación de existencia y eficacia de las disposiciones jurídicas es uno de los problemas más fundamentales que se refieren a la naturaleza del derecho. Esta cuestión se ocupa de las condiciones de existencia de las disposiciones jurídicas, pero como éstas existen sólo en sistemas jurídicos, preguntar si una disposición jurídica existe, equivale a preguntar si ésta es parte del respectivo sistema jurídico. La cuestión, pues, se refiere al problema de la identidad.

Existen dos posiciones extremas sobre esta cuestión. Por un lado se encuentra aquella que afirma que una disposición jurídica creada de manera apropiada existe y es válida; su eficacia o ineficacia no afecta su existencia ni su validez, salvo que otra disposición jurídica del sistema haga de la eficacia condición de la existencia de las disposiciones jurídicas. Diametralmente opuesta a esta postura se encuentra la que sostiene que una disposición jurídica existe porque y en tanto que es socialmente aceptada y seguida (obedecida). Las costumbres son disposiciones jurídicas aun cuando no estén legisladas, mientras que una disposición jurídica legislada no es válida si no se encuentra enraizada en la práctica social. Algunos teóricos han propuesto ciertas soluciones de compromiso. Kelsen, por ejemplo, dice:

> Una norma jurídica es considerada válida sólo si la conducta humana que regula se conforma efectivamente a ella, por lo menos hasta cierto punto. Una norma que no es obedecida en ningún lado y por nadie, es decir, una norma que, como habitualmente se dice, no tiene un cierto grado de eficacia no es reconocida como una norma jurídica

efectivamente válida. Un mínimo de eficacia es condición de la validez de las normas jurídicas.[3]

Laswell y Kaplan también prefieren una solución de compromiso, aunque, en comparación con la solución de Kelsen, ponen mayor peso en la eficacia. Laswell y Kaplan sostienen que:

> Las disposiciones jurídicas no son creadas por la sola actividad de los órganos legislativos, es necesario, además, que sean obedecidas: Una ley deja de contener una disposición jurídica (salvo en sentido formal...) en la medida en que es ampliamente desobedecida.[4]

Hay algo de verdad en ambos puntos de vista. Las disposiciones jurídicas guían el comportamiento humano, ayudan a las personas a planear y a decidir el curso de su conducta, y suministran estándares para valorar tanto las acciones pasadas como las simplemente planeadas. Una disposición jurídica, cuya existencia es desconocida, que no es ejecutada por el gendarme ni aplicada por los jueces o jurados, no guía el comportamiento de la mayor parte de la gente, ni aun el comportamiento de los obedientes. De forma que parece no haber razón para considerarla como parte del sistema jurídico; su completa ineficacia, le ha privado de la característica esencial de una disposición jurídica la de guiar el comportamiento. Por otro lado, no sólo los parlamentos modifican frecuentemente el derecho en respuesta a una práctica social, a la opinión preponderante o a la costumbre, sino que ciertas prácticas sociales que no fueron adoptadas por el órgano legislativo tienen las características de las disposiciones jurídicas —guían el comportamiento y muy frecuentemente influyen las decisiones de los tribunales, algunas veces sin que los jueces se percaten de ello.

Los que sostienen el punto de vista contrario alegan en contra de estos argumentos que, si bien tanto las disposiciones jurídicas como las prácticas sociales guían el comportamiento humano, no existe razón para confundirlas. El concepto disposición jurídica (*a law*) ha sido tradicionalmente usado para referirse a aquellas normas (*norms*) que, conformes o no con las prácticas sociales, tienen la característica de ser parte de un sistema de normas el

[3] Kelsen, *Reine Rechtslehre, cit.*, p. 10 (preferimos transcribir del original, *cfr. id., The Pure Theory of Law, cit.*, p. 11; *Théorie Pure du Droit*, París, Dalloz, 1962, pp. 144-145; *id., Teoría Pura del Derecho cit.* p. 24. N.T.).

[4] Laswel, H. and Kaplan, A. *Power and Society*, New Haven, 1950, p. 75.

cual se presenta unificado por su relación con las instituciones jurídicas. Las prácticas sociales difieren de las disposiciones jurídicas porque no se encuentran institucionalizadas.

El argumento de que las disposiciones jurídicas son tales, en virtud de que son establecidas por instituciones jurídicas clarifica este hecho fundamental sobre el derecho, centrando su atención en su naturaleza institucionalizada. Incluso la costumbre jurídica no es derecho sino hasta que es reconocida y declarada como tal por los tribunales. La eficacia, por tanto, no afecta la validez y existencia de las disposiciones jurídicas. Afirmar otra cosa sería confundir las disposiciones jurídicas con las costumbres sociales y olvidar un hecho básico del derecho —que es siempre creado por instituciones—. Indudablemente existe una relación entre las disposiciones jurídicas y las prácticas sociales: sin embargo es, ésta, cuando mucho, una relación causal. En efecto, en el establecimiento de nuevas disposiciones jurídicas tanto los órganos legislativos como los tribunales consciente o inconscientemente pueden ser influidos por las costumbres y prácticas preponderantes; también, la existencia de las disposiciones jurídicas pueden alterar las costumbres y hábitos sociales e, incluso, modificar las opiniones. No obstante, no existe conexión lógica entre el derecho y la práctica social.

Ambos argumentos son atractivos y es bastante tentador aceptar una solución de compromiso, como lo hicieron Kelsen, Laswell, Kaplan y otros. Sin embargo, existe otra posible solución al problema, la cual no es una mera combinación de las dos primeras; aunque incorpora los elementos correctos de los dos. Esta solución cambia el énfasis hacia las instituciones aplicadoras del derecho y hace del reconocimiento de los órganos aplicadores una condición necesaria de la existencia de las disposiciones jurídicas. Esta vez se hace de la naturaleza institucionalizada de las disposiciones jurídicas una parte indispensable de los criterios de identidad; una disposición jurídica es parte del sistema jurídico sólo si está reconocida por las instituciones jurídicas. Por tanto, el énfasis es dado, más que a las instituciones creadoras del derecho, a las instituciones que lo aplican.

Esta postura puede ser justificada por tres razones; la tercera subyace en las otras dos. Primera: porque aunque las instituciones jurídico-creadoras tienen gran importancia en las sociedades modernas donde el derecho es concebido como el resultado de decisiones humanas deliberadas —como debiera ser en cualquier sociedad—, juegan un papel menor e, incluso, no existen en las sociedades primitivas donde las disposiciones jurídicas son consideradas inmutables y donde, de hecho, cambian principalmente mediante costumbres de lenta evolución. Las instituciones jurídico-aplicadoras son, por el contrario, un rasgo constante en todo tipo de sociedad y su existencia debe ser considerada como una característica definitoria del derecho.

Segunda, porque en la medida en que la mayoría de los sistemas jurídicos reconocen diversas fuentes del derecho, el único medio para determinar cuáles son las instituciones y los procedimientos jurídico-creadores de un sistema jurídico dado, es determinando qué fuentes del derecho son reconocidas por los tribunales. De ahí que sólo los tribunales de un sistema jurídico pueden proporcionarnos la clave de sus criterios de identidad.

Tercero, porque es característica esencial de los sistemas jurídicos ser sistemas normativos institucionales. Por tanto resulta razonable considerar al derecho, que consiste en esas normas, reglas y principios que se presentan a los individuos e instituciones como guías de su conducta, por el conjunto de instituciones jurídicas en su totalidad. Cuando la acción de los órganos jurídico-creadoras y la de los órganos jurídico-aplicadores entran en conflicto, la acción de estos últimos es la que afecta las consideraciones de los súbditos: son ellos los que tienen, en última instancia, autoridad para declarar cuál es el derecho.[5]

Este tercer razonamiento también preserva la importancia de la eficacia en la definición del derecho. Sin embargo, la eficacia, es relevante sólo en la medida en que ésta afecta la práctica de las instituciones jurídico-aplicadoras. Si, por ejemplo, los tribunales dejan de conformarse consistentemente a una disposición jurídica, ésta no es parte del sistema jurídico en el que los tribunales funcionan, no obstante el hecho de haber sido debidamente establecida y no haber sido derogada. Si los tribunales persistentemente interpretan una ley (*statute*) de manera diferente a su significado original, el contenido de su interpretación, y no su sentido original, es el que se convierte en derecho.

De acuerdo con esta postura la existencia del derecho está lógicamente relacionada con la práctica de los órganos jurídico-apli-

[5] *Cfr.* Raz, J., *The Concept of Legal Systems, cit.*, pp. 191-192 y 201-202.

cadores. La condición de membrecía de una disposición jurídica a un sistema jurídico es, sin embargo, un *contrafáctico* (*a counterfactual*): si es alegada en un caso apropiado, los tribunales podrían aplicar la disposición jurídica. Esto puede ser verdad aun suponiendo que nunca —o muy raramente— se aleguen en casos apropiados. Pero, por otro lado, tenemos que tanto casos penales como asuntos civiles son frecuentemente resueltos al margen de los tribunales y en formas contrarias al derecho. Por tanto, una disposición jurídica puede ser válida aun cuando sea ampliamente ineficaz.

Estas indicaciones no adelantan ninguna solución al problema de la relación entre eficacia y existencia de las disposiciones jurídicas. Más bien, delinean un enfoque del problema determinando un cierto tipo de solución posible.[6] Un gran número de autores —entre ellos Holland, Gray, Salmond, Holmes, Llewellyn y Hart— escogieron este enfoque y adoptaron una solución que corresponde al planteamiento escogido. Sin embargo, estos autores difieren grandemente en los detalles de sus teorías así como en las razones que los llevaron a su adopción. Delinear un argumento para una solución, como el argumento ofrecido anteriormente, no representa las razones de todos los autores mencionados, incluso, pueden no ser las razones de ninguno sino sólo las mías. Pero, lo que todos tenemos en común es el énfasis dado a los órganos jurídico-aplicadores en nuestro criterio de identidad de los sistemas jurídicos.

Puesto que el propósito de este capítulo es aclarar los problemas, más que examinar o proponer soluciones detalladas, no hay necesidad de comparar aquí las diversas soluciones dadas al problema de la identidad que puedan caer dentro del marco del planteamiento que hemos delineado. No obstante, debe llamarse la atención sobre dos afirmaciones que, aunque hechas por algunos de los autores mencionados, fueron rechazadas por otros y no acompañan necesariamente a todas las teorías de identidad de este tipo. Estas dos afirmaciones son, primera: sostener que una disposición jurídica es parte de un sistema jurídico sólo si es aplicada por los órganos jurídico-aplicadores, no quiere decir que estos órganos creen el derecho. Ellos pueden estar, y en la mayoría de los casos

[6] Varios problemas no han sido siquiera mencionados: ¿Qué es un órgano jurídico-aplicador? ¿Qué es un tribunal? ¿Son relevantes para los criterios de identidad las funciones de los órganos jurídico-aplicadores? En el texto algunas veces me he referido a tribunales y otras veces a órganos; sin embargo, no quisiera adelantar aquí mi opinión. Esto lo veremos en el siguiente capítulo.

están, meramente reconociendo y aplicando disposiciones jurídicas previamente creadas por la legislación, el precedente o la costumbre. Segunda: que una disposición jurídica es parte de un sistema jurídico sólo si es reconocida por los tribunales, no significa que las disposiciones jurídicas sean descripciones o predicciones de lo que los tribunales hacen o van a hacer. Los tribunales se componen de seres humanos y las causas (motivos) de su comportamiento se encuentran abiertas al análisis y predicción por parte del psicólogo, sociólogo y otros científicos tanto como lo están los motivos del comportamiento de otros individuos. Las resoluciones de los tribunales, no obstante, son el fruto de decisiones deliberadas basadas en la evaluación de ciertas razones para varias alternativas. Aún más, los tribunales dan cuenta de las razones que, en su opinión, justifican sus decisiones. Es pues, examinando las opiniones de los tribunales como pueden encontrarse las disposiciones jurídicas en virtud de las cuales éstos funcionan. Por tanto, las disposiciones jurídicas son, por sí, normativas; guían el comportamiento de los tribunales así como el de los particulares. Su existencia se basa, en última instancia, en prácticas sociales pero esto es común a todas las normas positivas y no disminuye su normatividad.

ii. La distinción entre crear una disposición jurídica nueva y aplicar una existente. Afirmar que una disposición jurídica es parte de un sistema jurídico sólo si es reconocida por los órganos jurídico-aplicadores —tribunales— sólo significa que dicha disposición jurídica habría sido aplicada por los tribunales que hubieran conocido del caso apropiado. Que un tribunal aplique una disposición jurídica cuando se enfrenta con el caso apropiado, es una indicación de que, o bien la disposición jurídica existe en el sistema jurídico respectivo, o que la disposición jurídica es hecha por los tribunales cuando tienen la oportunidad de hacerlo. El reconocimiento por parte de los tribunales o por cualquier otro órgano jurídico-aplicador no es un criterio completo de identidad en virtud de que estos órganos frecuentemente están facultados a crear disposiciones jurídicas nuevas y, a menudo también, las disposiciones jurídicas que estos órganos van a crear pueden ser determinadas con anterioridad.

Como primer paso para completar el criterio[7] se tienen que in-

7 El hipotético reconocimiento de los tribunales no es, estrictamente hablando, ni

corporar la referencia al hecho de que el derecho no puede sólo ser reconocido por los tribunales sino que podría ser reconocido como un derecho previamente existente. No es una disposición jurídica nueva la que crean los tribunales cuando se enfrentan con un caso apropiado. Por esta razón la distinción entre la aplicación de una disposición jurídica existente y la creación y aplicación de una nueva es la segunda cuestión que la teoría del derecho enfrenta en relación con el problema de la identidad. De entre los grandes juristas Hart es el único que trata estos problemas de modo que una breve exposición de los aspectos relevantes de su teoría aclararán la naturaleza de la cuestión.

Hart sostiene que la distinción entre la aplicación de una disposición jurídica nueva y la aplicación de una previamente existente se reduce al hecho de la existencia o ausencia de un deber de aplicar la disposición jurídica. Un tribunal aplica una disposición jurídica previamente existente si, y sólo si, aplica una disposición jurídica que tiene el deber de aplicar; por el contrario, cuando el tribunal aplica una regla (*rule*) que no tiene el deber de aplicar, no aplica una disposición jurídica previamente existente.[8]

Esto es una consecuencia de la teoría de Hart de la regla de reconocimiento. En todo sistema jurídico, sostiene Hart, hay necesariamente una regla de reconocimiento que identifica las disposiciones jurídicas de tal sistema.[9] El criterio de identidad de los sistemas jurídicos puede ser formulado como sigue: un sistema jurídico consiste en una regla de reconocimiento y en todas las disposiciones jurídicas identificadas por esa regla. La exposición que hace Hart de la regla de reconocimiento no participa del alto grado de claridad que caracteriza el resto de su libro;[d] requiere

siquiera una condición necesaria de la membrecía de una disposición jurídica a un sistema jurídico; puesto que una disposición jurídica puede pertenecer a un sistema jurídico aun si los tribunales tienen el poder de cambiarla y se sabe que lo harán. La relación entre las prácticas de los tribunales y la identidad de los sistemas jurídicos es aclarada más adelante en la exposición de la teoría de Hart de la regla de reconocimiento. Véase el texto acompañado de las notas 9 a 28.

[8] En tales casos el tribunal convierte tal regla en una disposición jurídica del sistema jurídico si, y sólo si, se origina, como resultado de su reconocimiento, un deber de aplicarla en otros casos; esto es, si el sistema contiene una regla que haga obligatorio el precedente.

[9] *Cfr.* Hart, H. L. A., *The Concept of Law*, *cit.*, pp. 92-120; *id. El Concepto del derecho*, *cit.*, pp. 117-153.

[d] *Op. ult. cit.*, N.T.

interpretación, la cual se limitará a los efectos que la doctrina de Hart tiene sobre el problema de la identidad.[10] Una regla de reconocimiento es "la regla que identifica en forma definitiva las reglas[e] primarias de obligación".[11] Aquí, como ocasionalmente en otro lado, Hart sostiene que su regla de reconocimiento identifica sólo reglas primarias. Sin embargo, es bastante claro que su regla de reconocimiento es una regla para la identificación de todas las otras normas del sistema y sólo de ellas. La regla de reconocimiento especifica "alguna o algunas características cuya posesión por cierta regla es una indicación afirmativa concluyente de que se trata de una regla *del grupo*".[12] Esto significa que la regla de reconocimiento de un sistema jurídico constituye su criterio de validez: "Decir que una cierta norma es válida, es reconocer que ella satisface todos los criterios establecidos por la regla de reconocimiento en tanto regla *del sistema*".[13] La regla de reconocimiento establece también los medios de resolución de conflictos entre disposiciones jurídicas.[14] Esto es concebido por Hart como esencial en la función que realiza la regla de reconocimiento en la identificación de las disposiciones jurídicas de un sistema; puesto que es condición de validez de una regla no estar en conflicto con una regla superior.

¿Cómo realiza su función la regla de reconocimiento? La regla de reconocimiento es única entre las reglas del sistema jurídico.[15] Es una regla necesaria en el sentido de que todos los sistemas jurídicos tienen necesariamente una y sólo una regla de reconocimiento. El conjunto de reglas que no contengan una regla de

10 La regla de reconocimiento es también central para la teoría de Hart sobre la existencia de los sistemas jurídicos. (*Cfr. The Concept of Law, cit.*, pp. 109-114; [*El concepto del derecho, cit.* pp. 139-146]). Este aspecto de la teoría de Hart no será considerado en la presente explicación.

e Hart hace uso de la expresión '*rule*' para referirse a las entidades que forman parte de un sistema, Raz hace uso de '*a law*' ('disposición jurídica'). Al referirnos a Hart utilizaremos el término 'regla' por ser una expresión que se identifica inmediatamente a la teoría jurídica de H.L.A. Hart. N.T.

11 *The Concept of Law, cit.*, p. 92 (*Cfr. El concepto del derecho, cit.* p. 118). El autor transcribe por error '*behaviour*' en lugar de '*obligation*', *cfr.* Raz, J., *The Authority of law. Essays of Law and Morality, cit.*, p. 91. N.T.

12 *Ibid. Ibid.* (Enfatizando.)

13 *The Concept of Law, cit.*, p. 100; *cfr.* pp. 102 y 106 (*El concepto del derecho, cit.*, p. 129; *cfr.* pp. 131-132 y 135-136).

14 *Cfr. The Concept of Law, cit.*, pp. 92-93, 98 y 103 (*El concepto del derecho, cit.*, pp. 118, 126-127 y 132-133).

15 *Cfr. The Concept of Law, cit.*, p. 107 (*El concepto del derecho, cit.*, p. 137).

reconocimiento no constituye un sistema jurídico.[16] Aún más, todas las reglas existen y son parte del sistema jurídico sólo si satisfacen las condiciones establecidas en la regla de reconocimiento. Pero, por supuesto, la existencia de la propia regla de reconocimiento, no puede ser determinada mediante este procedimiento. "Su existencia es una cuestión de hecho (y)... tiene que consistir en una práctica efectiva".[17] Un poco antes, en su libro, Hart hace un detallado análisis de lo que significa que una norma exista como una cuestión de hecho —como una práctica social—.[18] Este análisis tiene el claro propósito de aplicarse a la regla de reconocimiento.

¿Qué prácticas constituyen las condiciones de existencia de la regla de reconocimiento? La respuesta de Hart está lejos de ser clara. Frecuentemente se refiere a "la práctica de los tribunales, de los órganos legislativos, de los funcionarios o de los ciudadanos".[19] En ocasiones, aunque hace referencia a la conducta de los particulares, Hart atribuye especial importancia a la práctica de los tribunales.[20] Finalmente dice —y esto debe ser considerado como la posición de Hart— que el comportamiento de la población no es parte de las condiciones de existencia de la regla de reconocimiento. Su existencia depende del comportamiento de los "funcionarios" u "órganos" del sistema[21] a los cuales, presumiblemente, Hart considera como los órganos jurídico-aplicadores.[22]

Hart sostiene que las condiciones de existencia de las reglas sociales, son las prácticas de aquellas personas a las cuales las reglas son dirigidas. De esto se infiere que la regla de reconocimiento es

[16] *Cfr. The Concept of Law, cit.*, p. 93 (*El concepto del derecho, cit.*, pp. 118-119).

[17] *The Concept of Law, cit.*, pp. 107-108, *cfr.* p. 245 (*El concepto del derecho, cit.*, pp. 137-138 y 310-311).

[18] *Cfr. The Concept of Law, cit.*, pp. 54-56 (*El concepto del derecho, cit,*. p. 69-72), para una mayor comprensión de la explicación de Hart sobre regla social, véase Raz, J., *The Concept of Legal System, cit.*, pp. 147 y ss.

[19] *The Concept of Law, cit.*, p. 204; véase id. p. 98 y 106 (*El concepto del derecho, cit.* pp. 133-134, 126 y 136).

[20] *Cfr. The Concept of Law, cit.*, p. 105; *El concepto del derecho*, cit., pp. 134-135.

[21] *Cfr. The Concept of Law, op. cit.*, pp. 110-113; *El concepto del derecho, cit.*, pp. 140-141 y 144-145.

[22] Esta interpretación puede corroborarse en un posterior trabajo de Hart llamado "Kelsen's Doctrine of The Unity of Law", en *Ethics and Social Justice*, Kiefer and Munitz, Nueva York, 1970 (existe versión española de nosotros: "La teoría kelseniana de la unidad del derecho", en *Boletín Mexicano de Derecho Comparado*, año VII, núm. 21, septiembre-diciembre, 1974, pp. 105-140).

dirigida a los funcionarios del orden jurídico.[23] Aún más, la aplicación de Hart de las reglas sociales es básicamente una explicación de las reglas que imponen deberes. El único otro tipo de normas que Hart reconoce son las reglas que confieren facultades (*power-conferring rules*) pero no considera qué prácticas sociales constituyen una regla consuetudinaria que confiera facultades. Por tanto, puesto que la regla de reconocimiento es una regla consuetudinaria, entonces debe ser interpretada como regla que impone deberes. Además, todos los poderes jurídicos de los órganos les son conferidos por reglas de cambio o de decisión (judicial)[f] las cuales los facultan a crear nuevas disposiciones jurídicas y a resolver litigios. Afirmar que la regla de reconocimiento es una regla que confiere facultades es confundirla con las reglas de cambio o con las reglas de decisión.[24]

23 En *El concepto del derecho* no existe un claro planteamiento de esta cuestión. Se dice frecuentemente que la regla de reconocimiento es para ser usada por los órganos (*officials*) y los particulares (*cfr. The Concept of Law, cit.*, pp. 97, 98 y 104. [*El concepto del derecho, cit.*, pp. 125, 126, 127 y 133-134]). Pero es bastante claro que la regla de reconocimiento está dirigida a los órganos (*officials*) y es aplicada sólo a ellos. De esto se infiere que si todo sistema jurídico tiene una regla de reconocimiento, entonces tiene también órganos (*officials*) y normas de cambio y de decisión (judicial) (véase la nota f) que instituyen órganos con facultades jurídicas. (Sobre las normas de cambio y de decisión [judicial], véase: *The Concept of Law, cit.*, pp. 93-96. *El concepto del derecho, cit.*, pp. 119-123). Esta es la razón por la que sostengo que la teoría de Hart debe ser considerada entre las teorías que enfatizan la naturaleza institucional del derecho. Sin embargo en ocasiones Hart parece negar que las instituciones sean parte esencial de todo sistema jurídico. (*Cfr. The Concept of Law, cit.*, p. 93 [*El concepto del derecho, cit.* pp. 118-119], véase, además, *Kelsens' Doctrine of The Unity of Law, cit.*, p. 125; [*La teoría kelseniana de la unidad del derecho, cit.*, pp. 105-140]).

f Hemos advertido que traducimos '*rules of adjudication*' como 'reglas de decisión'. Siguiendo en esto a la versión francesa de *The Concept of Law* de Hart, tal y como lo advertimos en la nota f del Prefacio a la edición inglesa. N.T.

24 Habitualmente se sostiene que por reglas secundarias Hart entiende las reglas que confieren facultades. Esta interpretación se apoya en algunos pasajes de su obra (*cfr.* Hart, H. L. A., *Book Review* a la obra de Lon L. Fuller, "The Morality of Law"; *Harvard Law Review*, vol. 78, núm. 6, april, 1965, pp. 1281-1296; *cfr.* pp. 1281-1292). Esta interpretación, sin embargo, entra en conflicto con otros aspectos de su teoría y no representa la actual opinión de Hart. Es verdad que todas las reglas primarias son normas que imponen deberes; pero no todas las reglas secundarias son reglas que confieren facultades: la regla de reconocimiento es una excepción. Las reglas de cambio, de decisión (judicial) y la regla de reconocimiento son llamadas secundarias en virtud de que presuponen la existencia de reglas primarias, mientras que las reglas primarias pueden existir sin reglas secundarias, aunque no como un sistema jurídico. Esto es una explicación de la terminología y no un criterio para determinar qué reglas son primarias y qué reglas secundarias. Esto se determina por la función social que realizan —si son reglas de cambio, de decisión judicial o regla de reconocimiento— y no por su carácter normativo.

La regla de reconocimiento impone a los órganos jurídico-aplicadores la obligación de reconocer y aplicar todas las disposiciones jurídicas y sólo aquellas que satisfagan los criterios de validez señalados en la regla de reconocimiento cuyos criterios incluyen la indicación de cómo serán resueltos los conflictos entre disposiciones jurídicas.[25] En los ejemplos de Hart pareciera que, aunque él piensa que los criterios de validez se refieren comúnmente al modo en que las disposiciones jurídicas se originan, éste no es siempre el caso.[26]

El criterio teórico-jurídico de identidad que implica esta teoría es: el sistema jurídico consiste en una regla de reconocimiento y en todas las disposiciones jurídicas que deban ser aplicadas de conformidad con ella. Cuando los tribunales aplican una regla que no estaban obligados a aplicar, la pueden convertir en disposición jurídica del sistema jurídico (si existe en él una regla de precedente [*stare decesis*] que obligue a todos los tribunales a aplicarla en lo sucesivo), pero, entonces, los tribunales no aplican una disposición jurídica existente; la regla no era parte del sistema jurídico antes de su aplicación.

La regla de reconocimiento de Hart es objeto de críticas en ciertos aspectos y requiere alguna aclaración. Se debe recordar que las distinciones conceptuales claras no implican la existencia de casos claros de sus conceptos. Por tanto, la ausencia de estos casos no debe desanimarnos en nuestro esfuerzo por formular distinciones conceptuales precisas. Probablemente los tribunales, en la mayoría de los casos que conocen, ni meramente aplican una disposición jurídica existente ni meramente originan una nueva. Ellos pueden estar realizando un poco ambas cosas. Sin embargo, esto no disminuye la ventaja de que una precisa distinción entre la aplicación de una disposición jurídica existente y la creación de una nueva, clarifica el fenómeno jurídico.

La aplicación de la regla de reconocimiento a casos concretos puede verse rodeada de problemas similares. Hart subraya que la regla de reconocimiento, como cualquier otra regla, es de textura

25 La forma lógica de una regla de reconocimiento es: todos los órganos jurídico-aplicadores tienen el deber de aplicar todas las disposiciones jurídicas y sólo las que satisfagan los siguientes criterios...

26 *Cfr. The Concept of Law*, *cit.*, pp. 92, 94, 97 y 98 (*El concepto del derecho*, *cit.* pp. 117-118, 118-120, 125 y 126-127).

abierta y vaga hasta cierto punto; puede ser también incompleta[27] y no tener una aceptada respuesta para ciertos problemas, tales como la validez de las normas del derecho internacional público dentro del derecho nacional, etcétera. La existencia de una regla de reconocimiento no implica que todos los problemas jurídicos, cuya solución puede depender de la naturaleza de los criterios de validez, como los anteriormente mencionados, hayan encontrado solución en el sistema. Mientras la regla de reconocimiento sea incompleta algunos de estos problemas quedarán sin respuesta, pero cuando los tribunales conocen de estos problemas y adoptan cierta solución, entonces modifican la regla de reconocimiento. Esto no debe sorprender a nadie. La regla de reconocimiento siendo consuetudinaria está constantemente abierta al cambio.

Afirmar que en todo sistema jurídico existe una regla de reconocimiento, no implica dar una explicación sistemática y razonable de los límites de un sistema jurídico basado en soluciones, aceptadas o propuestas, para toda la diversidad de problemas jurídicos como los mencionados. Sin embargo, cualquier intento de articular los detalles de los criterios de validez incorporados en una regla de reconocimiento de cualquier sistema jurídico significa embarcarse en esta empresa. Tratar de formular criterios de validez basados en las prácticas complejas de los tribunales las cuales cambian constantemente, que son por fuerza vagas y ciertamente casi incompletas, supone no sólo sensibilidad jurídica y conocimiento teórico sino, además, sano juicio y razonables decisiones valorativas. La teoría de Hart conduce a donde la frontera entre teoría jurídica analítica y teoría jurídica crítica, es decir, donde la distinción entre teoría general y teoría particular del derecho, comienza a obscurecerse. Sin embargo, Hart mismo no la atraviesa, más bien prevé los instrumentos conceptuales para tratar con problemas particulares y críticos, pero no trata esos problemas.

No hay razón para suponer que la regla de reconocimiento se refiere a todos los criterios de validez de un sistema jurídico; es obviamente erróneo pensar que la regla de reconocimiento los determina todos. Un criterio de validez es un conjunto de condiciones establecidas por el derecho y cuya satisfacción es suficiente para ser una disposición jurídica del sistema jurídico. Todas las disposiciones jurídicas del sistema jurídico, con excepción de la re-

27 *Cfr. The Concept of Law, cit.*, pp. 144-150 (*El concepto del derecho, cit.*, pp. 183-191).

gla de reconocimiento, cuya existencia es una cuestión de práctica social, son válidas; ellas existen porque satisfacen algún criterio de validez. Además de la regla de reconocimiento muchas disposiciones jurídicas pueden, también, establecer criterios de validez. Por ejemplo, todas las disposiciones jurídicas que confieren facultades legislativas determinan criterios de validez, así como la disposición jurídica que estipula las condiciones que debe llenar una costumbre para ser jurídicamente obligatoria.[28]

Que la regla de reconocimiento establece algunos criterios de validez es indiscutible. En cada sistema tiene que haber algunos criterios que, aunque jurídicamente obligatorios, no son jurídicamente válidos; de ahí que tienen que ser establecidos en la regla de reconocimiento. Sin embargo, no hay razón para pensar que todos los criterios de validez tengan que ser establecidos en la regla de reconocimiento. El hecho de que todos los criterios de validez se encuentren determinados en disposiciones jurídicas que, directa e indirectamente, son válidas de conformidad al criterio determinado en la regla de reconocimiento, garantiza que ésta, al imponer el deber de aplicar las disposiciones jurídicas que satisfacen sus criterios de validez, imponga el deber de aplicar todas las normas del sistema.

Aún más, no hay razón para suponer que todo sistema jurídico tenga sólo una regla de reconocimiento. Puede tener más. Imaginemos un sistema jurídico en el cual no existe disposición jurídica válida que haga de la costumbre o del precedente fuente del derecho, pero donde, no obstante, tanto la costumbre como el precedente son fuentes del derecho. De éste se infiere que el criterio de validez de las disposiciones jurídicas creadas mediante la costumbre o el precedente es determinado por reglas de reconocimiento que imponen a los tribunales la obligación de aplicar tales disposiciones jurídicas. Pero no debemos asumir que haya sólo una regla de reconocimiento sino más bien dos —una relacionada con

28 Puesto que es condición para ser disposición jurídica del sistema jurídico que los tribunales deban aplicarla, entonces se infiere que los criterios de validez son condiciones establecidas para el deber de los tribunales de aplicar disposiciones jurídicas. Por tanto, si los tribunales tienen el deber de aplicar las disposiciones jurídicas debidamente promulgadas entonces las disposiciones jurídicas que confieren facultades legislativas establecen criterios de validez. No son, sin embargo, las únicas disposiciones jurídicas de este tipo que lo hacen; la regla de reconocimiento es, justamente, un ejemplo de disposición jurídica que establece criterios de validez que no es una disposición jurídica que confiere facultades.

cada fuente del derecho— simplemente porque el sistema tiene que contener medios para resolver los conflictos entre disposiciones jurídicas de diversas fuentes.[29] Primero, la regla de reconocimiento, como hemos resaltado anteriormente, aun si es sólo una, puede ser incompleta lo cual significa que el sistema puede carecer de medios de resolución de conflictos. Quizás el problema nunca ha surgido y no se ha dado una solución que sea generalmente aceptada. Segundo, puede haber dos o más reglas de reconocimiento que provean métodos de resolución de conflictos. Por ejemplo, la regla que impone la obligación de aplicar ciertas costumbres puede indicar que es suprema, mientras que la regla relacionada con el precedente, puede indicar que es subordinada.[30]

En la mayoría de los sistemas jurídicos los tribunales tienen facultad de decidir, por lo menos, algunos conflictos para los cuales no existe una clara solución en las disposiciones jurídicas del sistema jurídico. Los tribunales tienen el deber de aplicar las disposiciones jurídicas del sistema cuando éstas son aplicables y obrar discrecionalmente para resolver conflictos que (parcialmente) no se encuentran regulados —conflictos para los cuales las disposiciones jurídicas no prevén una clara solución o en los que los tribunales tienen el poder de cambiar el derecho—. A través del precedente obligatorio, el uso de la facultad discrecional, frecuentemente conduce a la creación de nuevas disposiciones jurídicas. La facultad discrecional del tribunal, para resolver conflictos no previstos, puede ser absoluta o guiada. Una disposición jurídica puede señalar la manera en que esta facultad debe ser ejercida. Una disposición jurídica puede, por ejemplo, indicar a los jueces aplicar la disposición jurídica que consideren mejor para tales casos, pronunciar una decisión que pueda ser la mejor desde el punto de vista de las partes o, bien, puede permitir a los jueces consultar su conciencia o las obras de los moralistas.

Estas instrucciones pueden ser dadas en una ley, pero pueden existir, también, sólo en la práctica de los tribunales. Muy frecuentemente no son precedentes ordinarios, y en vez de ello, pueden derivar su fuerza de la continua práctica de los tribunales.

29 No es claro si Hart usa este argumento. (*Cfr. The Concept of Law, cit.*, pp. 92-93 [*El concepto del derecho, cit.*, pp. 117-118]).

30 El hecho de que un conjunto de reglas de reconocimiento sean mantenidas por la práctica de los mismos órganos jurídico-aplicadores, indica que todas ellas son partes de un mismo sistema jurídico.

Cuando esto sucede el sistema jurídico contiene dos tipos de disposiciones jurídicas últimas: aquellas que señalan a los tribunales qué disposiciones jurídicas aplicar y aquellas que guían la facultad discrecional del tribunal en la resolución de controversias que (parcialmente) no están reguladas. Las disposiciones jurídicas del primer tipo son reglas de reconocimiento, las del segundo tipo son reglas últimas de discrecionalidad. Ambas imponen deberes a los tribunales, pero las reglas de reconocimiento obligan a los tribunales a aplicar ciertas disposiciones jurídicas sin dejarle ninguna oportunidad de escoger qué normas aplicar. Por el contrario, las reglas de discrecionalidad, sean últimas o no, meramente guían la facultad discrecional de los tribunales al escoger la disposición jurídica que se va a adoptar y a aplicar. Ellas limitan la libertad de escoger, pero no privan de ella a los tribunales.

Las reglas de reconocimiento son así desprovistas de su unicidad. Ellas continúan siendo las únicas normas que necesariamente existen en todo sistema jurídico; pero ellas no son las únicas disposiciones jurídicas últimas que pueden existir en un sistema jurídico. Aún más, la distinción entre aplicación de una disposición jurídica existente y la aplicación de una nueva es una diferencia de grado más que de clase. Este hecho, aunado a la circunstancia de que en la práctica es frecuentemente difícil decidir si en un caso particular se crea una disposición jurídica nueva o se aplica una anterior, no significa, empero, que la distinción no pueda ser trazada o que no sea importante.

Todos los sistemas jurídicos descansan en sus disposiciones jurídicas últimas las cuales, comúnmente, se entienden como un conjunto de reglas últimas de reconocimiento y discrecionalidad. Las primeras prevén los criterios últimos de validez del sistema jurídico, éstas guían a los tribunales en el ejercicio de sus facultades para modificar el sistema jurídico cuando resuelven casos no previstos creando precedentes para el futuro. La diferencia podrá ser de grado, pero es indispensable para la formulación de los criterios de identidad.[31]

31 En el siguiente capítulo: *La naturaleza institucional del derecho*, así como en el capítulo x: *Derecho y valores en la decisión judicial*, el criterio que distingue entre crear y aplicar derecho es perfeccionado con objeto de explicar cómo es que un tribunal se encuentra bajo la obligación de aplicar una disposición jurídica que puede, bajo ciertas condiciones, modificar.

iii. La relación entre derecho y Estado. Si la teoría de la regla de reconocimiento es substancialmente correcta, como pienso que lo es, entonces forma parte de la respuesta al problema de la identidad. Aunque establece las condiciones necesarias de membrecía a un sistema jurídico, no proporciona todas las condiciones suficientes. Nada es parte de un sistema jurídico salvo que sea una regla de reconocimiento del sistema jurídico o una disposición jurídica que los tribunales deben reconocer y aplicar. Ser regla de reconocimiento es suficiente para ser considerada como una disposición jurídica del sistema; pero para ser considerada una disposición jurídica que los tribunales están obligados a aplicar, no. Muy frecuentemente los tribunales tienen la obligación de aplicar, por ejemplo, disposiciones jurídicas de otros sistemas jurídicos, normas de asociaciones privadas, y así otras, aunque éstas no sean y no lleguen a ser parte del sistema jurídico. Por tanto, la regla de reconocimiento no da una respuesta completa al problema del alcance o extensión (*scope*) de un sistema jurídico —el problema de la identidad de los sistemas jurídicos momentáneos.[32]

La regla de reconocimiento tampoco resuelve el problema de la continuidad de los sistemas jurídicos. Que un sistema jurídico se acabe y que otro tome su lugar se manifiesta en un cambio de regla de reconocimiento, puesto que cada sistema jurídico tiene una diferente regla de reconocimiento. La regla de reconocimiento es, sin embargo, consuetudinaria y, por tanto, en constante proceso de cambio. ¿Qué cambios son compatibles con la existencia continuada de la misma regla? ¿Qué cambios obligan a admitir que una nueva regla ha reemplazado a la anterior?[33]

Es fácil dar ejemplos de cada situación, así como de casos limítrofes. Sin embargo, no son los casos limítrofes, siempre inevitables, los que perturban. El hecho que perturba es que la teoría de Hart no proporciona ninguna indicación por lo que toca a cómo establecer una distinción conceptual. Aún más perturbador es que esto no es una mera inadvertencia de parte de Hart, la

[32] Hart ha llegado a percatarse de estos problemas. (*Cfr. Kelsen's Doctrine of the Unity of Law, cit.*, pp. 195 y ss.) (*La doctrina kelseniana de la unidad del derecho, cit.*). El hecho de que un orden jurídico pueda tener más de una regla de reconocimiento es otra razón de la necesidad de revisar la doctrina de Hart sobre la identidad.

[33] Finnis, M. J., *Revolution and Continuity of Law*, en Simpson, A. W. B. (ed.), *Oxford Essays in Jurisprudence. Second Series.* Oxford, Oxford University Press, 1978, pp. 44-76.

cual se pudiera fácilmente remediar. Hart no da una respuesta porque no se plantea el problema del cual la distinción es respuesta. La teoría de Hart proporciona substancialmente respuestas completas (estén correctas o no) para los problemas que le ocupan, tales como el papel de los tribunales en un sistema jurídico, la verdad en cuanto al escepticismo de las disposiciones jurídicas, la variedad de disposiciones jurídicas y su interrelación, la relación entre eficacia y existencia. Si la teoría de Hart no da una respuesta completa al problema de la identidad, es porque Hart pasa por alto no sólo parte de la respuesta sino toda una cuestión: la relación entre derecho y Estado.[34]

La relación entre derecho y Estado afecta los dos diferentes aspectos —alcance o extensión (*scope*) y continuidad— del problema de la identidad. Todo Estado —entendiendo por tal una forma de sistema político y no una persona jurídica— tiene un sistema jurídico que constituye el derecho del Estado, y todo sistema jurídico nacional es el derecho de un Estado. Puesto que la identidad de los sistemas jurídicos está vinculada con la del Estado, cuyo derecho constituye, la relación entre derecho y Estado necesariamente afecta el aspecto del alcance o extensión del problema de la identidad. Así también, en virtud de que la desaparición de un Estado conlleva la desaparición de su sistema jurídico y puesto que una disposición jurídica que no es una disposición jurídica del Estado no es parte de su sistema jurídico, el aspecto de la continuidad es igualmente afectado por la relación entre Estado y derecho.

Dos puntos de vista diametralmente opuestos han sido sostenidos por los teóricos del derecho sobre la relación entre derecho y Estado, Kelsen sostiene que el concepto de Estado puede ser explicado únicamente en términos jurídicos.[35] Esto es, el concepto de sistema jurídico tiene que ser explicado primero: de él surge, naturalmente, la explicación del concepto de Estado; puesto que un Estado no es sino un orden jurídico nacional. Ningún hecho

34 En muchos órdenes jurídicos el término "Estado", o sus equivalentes, es usado para designar una cierta persona jurídica que el derecho reconoce como teniendo ciertos deberes, ciertas facultades y que actúa a través de ciertos órganos. Este concepto jurídico de Estado debe ser claramente distinguido del concepto político de Estado como una forma de sistema político; sólo este último es relevante para el problema de la identidad.

35 *Cfr.* Kelsen, H., *General Theory of Law and State, cit.*, pp. 181, 207 (*cfr. id. Teoría General del derecho y del Estado, cit.*, pp. 215-245).

social, ninguna norma social que no sea relevante para la explicación del derecho tiene relevancia para la teoría del Estado. Por otro lado, Bentham y Austin sostienen que el derecho sólo puede ser explicado después de que alguna teoría del Estado se haya establecido. Es necesario, primeramente, definir el significado de "una sociedad política independiente" —esto es, el Estado—. En base a esta definición podrá ser definido el "derecho". Las definiciones de Bentham y Austin de "una sociedad política independiente" son puramente sociológicas, hacen uso de conceptos no jurídicos y esto vale para los conceptos de soberano y de súbdito que contienen.[36]

Bentham y Austin llevan la mejor parte de esta controversia. Al carecer Kelsen del concepto de Estado como un sistema político, no puede tomarlo en cuenta para la identidad de un orden jurídico. Kelsen es llevado a basarse en la continuidad constitucional como único rasgo de identidad, pasando por alto el hecho de que nuevos Estados puedan ser creados y nuevos órdenes jurídicos establecidos sin que haya lugar a ningún rompimiento en la continuidad constitucional.[37] Una teoría del derecho debe estar basada, al menos parcialmente, en una teoría del Estado; negar esto ha sido uno de los más graves errores de Kelsen. Sin embargo, una teoría del Estado se encuentra basada parcialmente en una teoría del derecho —las dos se encuentran íntimamente relacionadas.

En virtud de que lo que me ocupa es la naturaleza del problema de la identidad más que su solución, entonces no hay razón de discutir el problema del Estado más allá de ciertas evidencias. Un Estado es la organización política de una sociedad, esto es, un sistema político que constituye un subsistema de un sistema social más amplio. El sistema social contiene, por supuesto, muchos otros subsistemas y el sistema político está en interacción con la mayor parte de ellos, si no es que con todos, así como con otros sistemas políticos. Estos sistemas, el social y el político, son sistemas normativos; en otras palabras: al menos, parte de los patrones de interrelaciones que constituyen estos sistemas es gobernado por normas.

36 *Cfr.* Austin, J., "The Province of Jurisprudence Determined" en: *Lectures on Jurisprudence*, New York, 1970, pp. 192-215; Bentham, Jeremy, *A Fragment on Government*, Oxford, 1960 pp. 38-46.

37 Una crítica detallada de la teoría kelseniana de la identidad de los órdenes jurídicos se encuentra en Raz, J., *The Concept of a Legal System, cit.*, pp. 95-109.

El sistema jurídico es sólo parte de las normas que constituyen el sistema político; la mayoría de los sistemas políticos contienen cantidad de normas no jurídicas. Algunas de esas normas no jurídicas se aplican a una sociedad en general; de forma que por mucho que el sistema sea resentido y odiado, si éste es del todo viable, entonces se encuentra basado entre otras cosas, en ciertas normas de respeto para ciertas disposiciones jurídicas y ciertas autoridades por parte, al menos, de importantes sectores de la sociedad. Algunas normas políticas no jurídicas son más limitadas, de las cuales, las convenciones de la constitución, de las que habla Dicey, pueden servir como ejemplo.[38]

De esto se sigue que puesto que la continuidad del sistema jurídico se encuentra vinculada a la continuidad del sistema político, entonces aquél es afectado por la suerte de las normas no jurídicas que se encuentren formando parte del sistema político. Sin embargo, enfatizar la importancia que tienen para la continuidad del sistema jurídico las normas no jurídicas del sistema político, no significa que ellas sean los únicos factores que afectan la continuidad. La esencia de mi afirmación es que cualquiera que sea la forma que adopte una explicación última sobre la continuidad[39] ésta tiene que estar basada, en virtud de la relación de derecho y Estado, en los dos puntos siguientes: primero, la continuidad depende de la interacción de las normas jurídicas y de las no jurídicas y de la extensión y forma de su cambio; segundo, que de entre las normas jurídicas existen algunas que son más relevantes que otras. Puesto que la continuidad de los órdenes jurídicos es fundamentalmente una función de la continuidad de los sistemas políticos, las disposiciones jurídicas de contenido político son más relevantes que otras; por ejemplo: los derechos constitucional y administrativo son más importantes que el derecho de los contratos o de la responsabilidad civil.

El aspecto del alcance o extensión de la identidad es similarmente afectado y puede ser dividido en cuatro subproblemas, primero: el de la línea que divide a las normas políticas que son parte del orden jurídico de las que no lo son; segundo: el de la

[38] *Cf.* Dicey, A. V., *Introduction to the Study of the Law of the Constitution*, Londres, 10a. ed., the Macmillan Press Ltd., 1979.

[39] Puede estar basada en la concepción de que el cambio de un sistema jurídico es resultado de un corto e intenso período de cambio fundamental, o bien puede admitirse que éste resulta de una lenta y gradual transformación de un sistema jurídico a otro.

línea que divide a las normas jurídicas de las normas sociales del sistema social del cual el sistema político es un subsistema; tercero: el de la línea que divide al derecho de las normas de otros subsistemas de la misma sociedad; y cuarto: el de la línea que divide un sistema jurídico de las disposiciones jurídicas coexistentes de otros sistemas jurídicos.

El primero de estos subproblemas del problema del alcance o extensión puede ser resuelto insistiendo en que las disposiciones jurídicas de un sistema jurídico son las reglas últimas de sus tribunales o las disposiciones jurídicas que sus tribunales deben reconocer y aplicar. Aquellas normas políticas que no son prácticas de los tribunales, ni normas que los tribunales deban aplicar no son parte del derecho del Estado. Los otros tres subproblemas, aunque cada uno implique diferentes consideraciones, tienen esto en común: algunas veces los tribunales tienen obligación de aplicar normas porque pertenecen a estos otros sistemas (social o político). Los tribunales tienen que aplicar contratos privados, normas de asociaciones privadas dadas dentro del Estado, derecho de países extranjeros, y así, otros semejantes. Algunos teóricos entienden esto como una razón para considerar estas normas como parte del sistema jurídico. Bentham sostiene que todos los mandatos que son jurídicamente aplicables son normas del soberano.[40] Hart sostiene en el *Concepto del Derecho* que todas las reglas que los tribunales tienen el deber de aplicar son disposiciones jurídicas del sistema jurídico.

Como hemos indicado, el apoyo al poder del Estado es una característica definitoria del derecho nacional,[41] pero no es el único. Otra característica del sistema estatal es de que una de sus principales funciones es mantener otras formas de agrupaciones sociales; de modo que es característica del derecho proteger y hacer cumplir los contratos, convenios, normas y costumbres de los particulares, sean personas físicas o morales. Obscurecer la distinción entre normas reconocidas como parte del derecho y normas que, aunque no siendo parte del derecho, son reconocidas y apli-

40 Bentham, J., *Of Law in General*, ed. por H. L. A. Hart, Londres, The Athlone Press University of London, 1970, pp. 22 y ss.

41 Me he limitado a tratar sólo el derecho nacional. Otros tipos de sistemas jurídicos constituyen el derecho de otros tipos de organizaciones sociales, sean tribus, iglesias o comunidad internacional y guardan similares relaciones en esas comunidades.

cadas en virtud de que es función del derecho sostener varias agrupaciones sociales, es no entender debidamente la naturaleza del Estado y sus relaciones con otros sistemas sociales.

Si se admite que no todas las normas que los tribunales deben aplicar son parte del derecho, ¿dónde debemos trazar la línea divisoria? Éste no es lugar para intentar una solución.[42]

Deseo, sin embargo, concluir con una última indicación que concierne al problema. Que una norma sea identificada como aquella que los tribunales deben aplicar, por el hecho de que es una norma de cierta sociedad, asociación o Estado, no es indicación suficiente para saber si esa norma es parte del sistema jurídico. La recepción de la legislación es una técnica familiar, imaginemos una ley promulgada en un país que adopta, por vía de recepción, el código civil de otro. Ninguna otra distinción formal podrá trazar una línea divisoria razonable. Las razones para ejecutar la norma y la actitud de los órganos legislativos y de los tribunales para su aplicación son los factores determinantes. Las distinciones formales pueden darnos alguna indicación en lo que toca a la naturaleza de las razones para su aplicación, pero nunca son concluyentes.

El problema se vuelve, finalmente, una acumulación de evidencias que justifican la decisión sobre si una norma es aplicada en base a que es parte de la función del derecho mantener otros sistemas sociales o porque es parte del propio derecho.

42 A este respecto véase el siguiente capítulo.

CAPÍTULO VI

LA NATURALEZA INSTITUCIONAL DEL DERECHO*

1. *Introducción*

Mi propósito es delinear un punto de vista sobre los rasgos distintivos de los sistemas jurídicos nacionales. La teoría general del derecho (*analytical jurisprudence*) se ocupa de tres áreas principales de problemas. Uno trata de los rasgos especiales del proceso jurisdiccional y del razonamiento jurídico. El segundo comprende el análisis de los conceptos jurídicos (*e.g.* derecho subjetivo, deber jurídico, propiedad, persona jurídica) y de los tipos de estándares jurídicos (reglas y principios, estándares que imponen deberes y estándares que confieren facultades). El tercer tipo de problemas gira alrededor de la idea de sistema jurídico y de las características que distinguen tales sistemas de otros sistemas normativos. Algunos de los problemas que pertenecen a esta área son con los que nos habremos de ocupar.

Puede ser útil comenzar por confesar algunos de mis prejuicios y hacer explícitos algunos de los presupuestos que se encuentran detrás de mis reflexiones. Uno de ellos puede ser llamado el presupuesto de la primacía de lo social. Estamos familiarizados con la distinción entre sistemas jurídicos que están en vigor (*in force*) en cierta sociedad y los que no están. Hay, ahora, un sistema jurídico en vigor en la Gran Bretaña y hay uno en vigor en Noruega. Pero el sistema jurídico que estuvo en vigor una vez en la república romana ya no lo está; tampoco está efectivamente en vigor en un país *X* el sistema jurídico propuesto por un grupo de académicos de tal país.

Si un sistema jurídico está o no en vigor en una sociedad depende de su impacto en el comportamiento de los individuos en la sociedad. La naturaleza precisa del criterio que determina si un

* Publicado con anterioridad en *The American Journal of Jurisprudence*, vol. 19, 1974, pp. 94-111.

sistema está en vigor, es una cuestión controvertida de la cual no me ocuparé. Pero, como quiera que sea éste se refiere a las actitudes y respuestas de todos o ciertos sectores de la sociedad hacia el orden jurídico. ¿Lo conocen? ¿Lo respetan? ¿Lo obedecen?, etcétera. Esto me parece un hecho muy significativo. La razón es que si un sistema jurídico está o no en vigor no es simplemente otra pregunta sobre un sistema jurídico comparable con preguntas como las siguientes: ¿Es un sistema jurídico socialista o capitalista? ¿Es un sistema federal o no?, etcétera. Nosotros identificamos la cuestión de si un sistema está o no en vigor con la cuestión de su existencia. Un sistema jurídico existe si, y sólo si, está en vigor.

La relevancia de este argumento es que muestra que los sistemas normativos son sistemas jurídicos existentes en virtud de su impacto en el comportamiento de los individuos, *i.e.* en virtud de su papel en la organización de la vida social. Consecuentemente, cuando contemplamos los sistemas jurídicos como sistemas de disposiciones jurídicas, cuando consideramos su contenido y pasamos por alto el problema de si se encuentran efectivamente en vigor, si existen, debemos buscar aquellos rasgos que les permiten realizar un papel característico en la sociedad. Estos son los rasgos que distinguen a los sistemas jurídicos de otros sistemas normativos. Éste es el presupuesto de la primacía de lo social.

Esto no significa que los sistemas jurídicos no posean, también, otros rasgos característicos. Los sistemas jurídicos pueden, por ejemplo, tener ciertas características morales. Puede ser una verdad necesaria que todos los sistemas jurídicos se conformen a algunos valores morales y que un sistema (normativo) que viole tales valores no puede ser un sistema jurídico. Mi argumento meramente consiste en que si éste es verdaderamente el caso, entonces esas características morales necesarias del derecho son características derivativas. Si todos los sistemas jurídicos necesariamente poseen ciertas características morales, las poseen como resultado del hecho de que tienen otras propiedades las cuales le son necesarias para satisfacer su característico papel social.

Hay otros dos presupuestos que quisiera brevemente mencionar. El primero es el presupuesto de universalidad de acuerdo con el cual es criterio de adecuación de una teoría jurídica que ésta sea verdadera para todos los casos intuitivamente claros de sistemas jurídicos nacionales. Como una teoría jurídica tiene que ser verdadera para todos los sistemas jurídicos, los rasgos distintivos a través de los cuales la teoría jurídica los caracteriza tienen, por necesidad, que ser muy generales y abstractos. Tiene que pasar por alto aquellas funciones que algunos sistemas jurídicos realizan en ciertas sociedades, en razón de específicas condiciones sociales, económicas o culturales. Tiene que basarse sólo en aquellos rasgos que los sistemas jurídicos tienen que poseer, con independencia de las circunstancias especiales de las sociedades en las cuales se encuentran en vigor. Ésta es la diferencia entre filosofía jurídica y sociología del derecho. Esta última se ocupa de lo contingente y particular; la primera, de lo necesario y universal. La sociología del derecho proporciona gran abundancia de información detallada y de análisis de las funciones del derecho en sociedades particulares. La filosofía del derecho tiene que contentarse con aquellas pocas características que todos los sistemas jurídicos necesariamente poseen.

Mi tercer presupuesto ha sido ya incorporado en mi segundo criterio de adecuación al ser éste restringido a los sistemas jurídicos nacionales. Esto puede ser llamado el presupuesto de la importancia del derecho nacional. Éste refleja nuestra percepción intuitiva, o al menos la mía, de que los sistemas jurídicos nacionales son suficientemente importantes y difieren suficiente de la mayoría de los otros sistemas normativos para merecer ser estudiados de forma independiente. Los sistemas jurídicos constituyen una forma de organización social, o parte de ella, la cual es importante y, al mismo tiempo, diferente de la mayoría de las otras y, por tanto, debe ser objeto de un estudio separado. Ciertamente, la investigación de los sistemas nacionales está hecha, en parte, para compararlos y contrastarlos con otros sistemas normativos. Es a este aspecto al que el presente capítulo se refiere. En el curso de tal investigación puede resultar que los sistemas nacionales no son únicos, que todas sus características esenciales son compartidas, digamos, por el derecho internacional o por el derecho eclesiástico. Si esto es así, ¡enhorabuena! Pero no es requerimiento de la adecuación de una teoría jurídica que ésta deba ser así o que, verdaderamente, ésta no deba ser así. Sin embargo, es un criterio de adecuación el que la teoría exitosamente esclarezca la naturaleza de los sistemas (jurídicos) nacionales.

2. *Instituciones primarias*

Muchos filósofos del derecho, si no es que todos, han estado de acuerdo en que uno de los rasgos definitorios del derecho reside en que éste constituye un sistema normativo institucionalizado. Dos tipos de instituciones han merecido atención especial: las instituciones aplicadoras de normas, tales como los tribunales, la policía, etcétera; y las instituciones creadoras de normas, tales como las asambleas constituyentes, parlamentos, etcétera. En otro lugar he sostenido que la existencia de instituciones creadoras de normas, aunque características de los sistemas jurídicos modernos, no son un rasgo necesario de todos los sistemas jurídicos; pero la existencia de cierto tipo de instituciones aplicadoras de normas sí lo es. Permítaseme tratar de decir algo acerca de la naturaleza de esas instituciones, las cuales son parte necesaria de todo sistema jurídico.

¿Cuáles son los rasgos distintivos de un órgano aplicador de normas? Ésta es obviamente una cuestión difícil. Sólo tenemos que ver la disputa sobre la naturaleza de los tribunales para darnos cuenta de las dificultades. Juristas y sociólogos han proporcionado varias explicaciones incompatibles y la batalla se encuentra en pleno fragor. Dado el historial de desacuerdo, la primera cuestión que hay que resaltar es que los diferentes teóricos que estudian esta cuestión abordan realmente una diversidad de problemas.

Los juristas que estudian los rasgos definitorios de 'un tribunal' o 'una corte' pueden estar interesados en resolver cualquiera de una variedad de problemas jurídicos que surgen dentro de un sistema jurídico específico: cierto tribunal en tal sistema puede tener un poder de revisión de todas las resoluciones judiciales pronunciadas por órganos judiciales; el derecho probatorio o alguna de sus disposiciones puede aplicarse a procedimientos sustanciados ante todos los órganos judiciales; etcétera. Cuando un jurista enfrenta la cuestión: '¿qué es un tribunal?' usualmente está interesado en uno o más de los muchos problemas que tales disposiciones jurídicas originan. ¿El órgano *A* es un órgano judicial sometido al poder de revisión del tribunal referido? ¿Los principios generales del derecho probatorio se aplican a los procedimientos sustanciados ante *A*?, etcétera.

Los científicos sociales tienen sus propios problemas los cuales son completamente diferentes, aunque usualmente relacionados, indirectamente, con aquellos del jurista. Pueden estar interesados en la clasificación de diferentes métodos sociales de resolución de conflictos o de diferentes canales de interposición de demandas, etcétera. Nuestro propósito en la búsqueda de los rasgos distintivos de las instituciones aplicadoras de normas es primordialmente establecer la naturaleza del tipo de instituciones cuya presencia es un rasgo definitorio de los sistemas jurídicos. Una respuesta adecuada a nuestro problema no necesita ser una respuesta que satisfaga los problemas del jurista o los del sociólogo; tampoco pretende resolver tales cuestiones.

Algunos autores han intentado definir los órganos judiciales y otros órganos aplicadores por la función social que realizan. Otros han buscado una respuesta en las normas que establecen tales instituciones. Seguiré este último tipo de enfoque. Las instituciones aplicadoras de normas son, primero que nada, instituciones normativas establecidas por normas y a éstas debemos recurrir para encontrar una clave de su identidad. Puede ser verdad que las instituciones son establecidas para la realización de ciertas funciones sociales, pero es probable que las mismas funciones puedan ser y sean realizadas igualmente a través de otros medios. Las instituciones aplicadoras de normas deben, por tanto, ser identificadas por la forma en que ellas realizan sus funciones, más que por las funciones mismas. Esto no disminuye la importancia del estudio de las funciones que las instituciones realizan, simplemente significa que las instituciones tienen que ser identificadas por otros medios.

Se podría decir de los sistemas jurídicos que cada acto de un funcionario público consistente en el cumplimiento de un deber o en el ejercicio de una facultad regulativa es generalmente considerado un acto aplicador de derecho. Un oficial de policía que arresta a un sospechoso, un funcionario que otorga una licencia de comerciante, un tribunal que pronuncia una sentencia que ordena a Doe pagar una suma de dinero a Roe —todos estos actos son comúnmente considerados instancias de aplicación de derecho por funcionarios públicos—. Estos casos difieren de actos similares de los particulares que pagan impuestos, celebran contratos, emiten órdenes a sus empleados, etcétera, sólo por ser, aquéllos, actos de funcionarios públicos. Por tanto, la interpretación más general de 'instituciones aplicadores de normas', las hace idénticas a las instituciones públicas (en uno de los sentidos de la palabra 'pública').

¿Cuáles son los rasgos distintivos de los funcionarios públicos? Éste es un problema importante y difícil a la vez. Sin embargo, es un problema que lo mejor es evitar aquí, puesto que aunque encontraremos funcionarios públicos en todos los sistemas jurídicos, no todos ellos tienen que existir en el sistema, si éste ha de pasar por sistema jurídico. Por el contrario, vamos a tratar de identificar una subclase de instituciones aplicadoras de normas, a saber: aquellas cuya presencia es necesaria en todos los sistemas jurídicos.

El contraste terminológico entre 'creación de normas' y 'aplicación de normas' conduce la atención a una clase importante de instituciones aplicadoras de normas —aquellas que aplican normas sin crear otras, sino implementándolas físicamente—. Los tribunales aplican el derecho pronunciando sentencias las cuales son, a su vez, normas. El establecimiento penitenciario o los funcionarios públicos a los cuales se les ordena derruir una casa contra la cual se ha emitido una orden de demolición, físicamente ejecutan el derecho. Voy a llamar a las institucioens aplicadoras de normas de este tipo: instituciones ejecutoras de normas. No hay duda que las instituciones ejecutoras de normas juegan un papel importante en todos los sistemas jurídicos modernos. Sin embargo, no pueden ser consideradas como la clave para identificar los sistemas jurídicos. Aunque todos los sistemas jurídicos regulan el uso de la fuerza y descansan, en última instancia, en la fuerza para asegurar la conformidad al derecho, no todos necesitan tener instituciones jurídico-ejecutoras. Puede haber sistemas normativos que comparten todas las características de los sistemas jurídicos y que no poseen maquinaria jurídico-ejecutora. Una vez pronunciada la sentencia, su ejecución es dejada a las partes del conflicto. En tal sistema un individuo no está autorizado a hacer uso de la fuerza para garantizar sus derechos cuando él quiera. Está obligado a dirigirse a un tribunal y obtener una declaración autoritativa de sus derechos. Pero, una vez que esté en posesión de la decisión, está facultado a implementarla usando razonablemente la fuerza y puede estar facultado a autorizar a otros a usarla en su nombre para tal efecto. Tal sistema es obviamente un sistema jurídico. Dicho sistema no tiene instituciones jurídico-ejecutoras, pero tiene otras instituciones aplicadoras de normas que le aseguran ser considerado un sistema jurídico.

Tenemos, por tanto, que buscar en otra parte el tipo de instituciones aplicadoras de normas que son cruciales para nuestro entendimiento de los sistemas jurídicos. Voy a sugerir que el tipo de instituciones que estamos buscando son aquellas que combinan la creación y aplicación normativa en una forma especial. Permítasenos llamar a estas instituciones órganos primarios (aplicadores de normas) para indicar su importancia. Las instituciones primarias son sólo un tipo de instituciones aplicadoras de normas. Los órganos ejecutores de normas son otro tipo de estas instituciones y existen otros. Los órganos ejecutores de normas se ocupan de la implementación física de las normas y ello determina su carácter de aplicadores de normas. Los órganos primarios se ocupan de las determinaciones *autoritativas* de conformidad con las normas preexistentes. Considérese los órganos judiciales. Las cortes y los tribunales tienen facultad para determinar los derechos y deberes de los individuos. Pero ¿qué acaso no puede una persona hacer lo mismo? ¿Qué no puede Juan determinar si debe 100 libras a Alan o si Pablo debe dinero a Jack? Esta persona bien puede ignorar los hechos, pero, al igual que un tribunal, puede investigarlos. Puede ignorar el derecho, pero, al igual que un tribunal, puede estudiarlo. La diferencia entre un tribunal y un particular no es meramente que los tribunales se encuentren dotados de mejores facilidades para determinar los hechos del caso y el derecho aplicable a los mismos. Los tribunales tienen facultades para pronunciar una determinación *autoritativa* de la situación jurídica de las personas. Los particulares pueden expresar su opinión al respecto, pero sus opiniones no son obligatorias.

El hecho de que un tribunal pueda pronunciar una decisión obligatoria no significa que no pueda equivocarse. Significa que su decisión es obligatoria aun si está equivocada. Mi declaración sobre la situación jurídica no es obligatoria en absoluto porque no es obligatoria si está equivocada. Ser una aplicación de una norma significa ser obligatoria aun si está equivocada, esto es, aun si es, de hecho, una mala aplicación de la norma. Esta formulación aparentemente paradójica clarifica la naturaleza y función de los órganos primarios aplicadores de normas.

La paradoja es generada por el siguiente problema: ¿Cómo podemos decir de una determinación (decisión o declaración) que aplica una norma preexistente y que, a la vez, es obligatoria? Podemos sentir que una determinación (decisión o resolución) la consideramos aplicadora de normas si simplemente determina qué derechos y obligaciones tienen los individuos en virtud de normas preexistentes; mientras que consideramos una determinación como obligatoria sólo si ésta cambia los derechos y obligaciones de los individuos. Únicamente con respecto a una nueva norma que impone deberes a los individuos o que los releva de ellos, que les otorga derechos o les priva de ellos, podemos preguntar si es o no válida. Si la determinación pretende meramente definir qué derechos y obligaciones ya tienen los individuos sin pretender cambiarlos, entonces la única cuestión que surge es si la determinación es correcta o incorrecta. La cuestión de la fuerza obligatoria surge sólo con respecto a determinaciones creadoras —aquellas que cambian las situaciones normativas—. Las determinaciones creadoras pueden ser obligatorias o no, pero no pueden ser correctas o incorrectas. Lo opuesto es verdadero para las determinaciones aplicativas.

Dentro de esta perspectiva una determinación no puede ser, a la vez, obligatoria y aplicadora de normas. Esto, sin embargo, es un enfoque muy restrictivo del sentido de 'obligatorio'. Una determinación puede ser obligatoria aun si no cambia la situación normativa, siempre que hubiera sido obligatoria de haberla cambiado. Considérese una nueva legislación la cual, aunque sus autores puedan no estar conscientes de ello, meramente repite el contenido de una ley anterior válida. La nueva legislación puede ser juzgada válida o inválida, aun cuando es claro que ella no cambia los derechos o las obligaciones de nadie. El argumento es que si es válida hubiera cambiado la situación jurídica de no haber estado en vigor la antigua ley. En el mismo sentido, la determinación del tribunal de que Doe debe dinero a Roe es obligatoria aun cuando la deuda haya existido en virtud de una norma preexistente, toda vez que ésta es obligatoria aun si no hubiera habido deuda sino sólo en razón de la decisión del tribunal —de ahí mi formulación original de que una determinación aplicadora de normas es obligatoria sólo si es obligatoria aun cuando esté equivocada.

Estamos ahora en situación de describir las características definitorias de los órganos primarios aplicadores de normas: son instituciones con facultades para determinar la situación normativa de específicos individuos. A dichos órganos se les requiere para que ejerciten tales poderes mediante la aplicación de normas existentes; pero sus decisiones son obligatorias aun si están equivocadas. Algunos comentarios sobre esta caracterización es conveniente hacer aquí.

i. La definición intenta identificar un tipo de institución. La naturaleza de las instituciones en general es presunta y no se encuentra explicada en dicha definición. Es importante insistir que el problema que nos ocupa es el de las *instituciones* primarias. Los sistemas jurídicos no son identificados sólo por el hecho de que contienen normas que confieren poderes o facultades para pronunciar determinaciones aplicativas de carácter obligatorio. Los sistemas jurídicos tienen que contener normas que confieren tales poderes o facultades a instituciones, *i.e.* a órganos centralizados que concentran en sus manos la autoridad de pronunciar determinaciones aplicativas de carácter obligatorio.

ii. Las cortes, tribunales, y otros cuerpos judiciales son los ejemplos más importantes de órganos primarios. Pero otros funcionarios, tales como los oficiales de policía, pueden ser, también, órganos primarios. Existen razones obvias para imponer a los órganos primarios el deber de seguir procedimientos judiciales, pero esto no necesita ser siempre el caso. Sin embargo, parece efectivamente razonable suponer que la noción de institución primaria proporciona un paso necesario en cualquier intento por analizar la naturaleza de las instituciones judiciales.

iii. La definición de órgano primario puede que tenga que ser refinada. Tal y como está se aplica a determinaciones finales y absolutamente obligatorias. Necesita ser modificada para permitir la posibilidad de impugnación, de re-enjuiciamiento, etcétera, así como, también, la posibilidad de que la determinación sea obligatoria para ciertos efectos pero no para otros. En muchos sistemas jurídicos existen determinaciones aplicativas que son obligatorias únicamente con respecto a cursos de acción que resultan de las determinaciones del litigio.

iv. La definición identifica órganos primarios por su facultad de pronunciar determinaciones aplicativas de carácter obligatorio. Esto es compatible con el hecho de que las mismas instituciones tengan otras facultades y funciones. En particular los tribunales frecuentemente tienen facultad de crear precedentes y de establecer reglas generales; la facultad de dirigir órdenes a los individuos para que realicen ciertos actos y la facultad de determinar *autoritativamente* los hechos del caso (doctrina de la *res judicata*). Todas estas facultades son completamente diferentes; cuando mucho, se entrecruzan con la facultad de pronunciar determinaciones aplicativas de carácter obligatorio. Las determinaciones aplicativas son determinaciones sobre los derechos u obligaciones de los individuos en situaciones concretas y son completamente diferentes de la facultad de crear precedentes o de la facultad de emitir órdenes indicando a los individuos que paguen daños o multas o que sean encarcelados, etcétera, puesto que estas facultades no consideran sus obligaciones o los derechos de otros. Las determinaciones aplicativas están más íntimamente relacionadas con las sentencias declarativas. De hecho, la definición sugiere que un juicio declarativo es un ingrediente de muchas decisiones de los tribunales. Ésta es parte de los efectos de la doctrina de la *res judicata.* Sin embargo, esta doctrina es más amplia y se aplica, también, a los fallos que se refieren a cuestiones puramente fácticas y no sólo a las determinaciones sobre derechos y deberes en situaciones particulares.

3. *Los límites del derecho*

Mi argumento es que nuestro entendimiento común de los casos intuitivamente claros de sistemas nacionales confirman que todos ellos contienen instituciones primarias y que tales instituciones juegan un papel crucial en nuestro entendimiento de los sistemas jurídicos y su función en la sociedad. El análisis de las condiciones de existencia así como de las condiciones de identidad de los sistemas jurídicos depende de las reglas que gobiernan el funcionamiento de las instituciones primarias y su comportamiento efectivo. Aún más, parece razonable suponer que el derecho difiere de cualesquiera otros métodos de control social al proveer una maquinaria para la solución *autoritativa* de las disputas. La exploración de estas cuestiones nos llevaría más allá de los límites del presente capítulo.

Me gustaría, sin embargo, señalar una de las consecuencias de la existencia necesaria de instituciones primarias. Hemos visto que su presencia significa que el derecho proporciona un método para la solución de disputas. Es importante observar que es un método especial de solución de disputas. Considérese un sistema normativo conteniendo únicamente normas (*rules*) que establecen tribunales y regulan su funcionamiento. Cuando una controversia es sometida al conocimiento de un tribunal, ésta será *autoritativamente* resuelta con su decisión, puesto que el sistema incluye una norma para tal efecto. El sistema contiene una norma que hace obligatorio observar las decisiones de los tribunales y provee, para su ejecución, fuerzas policiacas creadas únicamente para tal propósito. En tal sistema los tribunales pueden resolver cualquier disputa en la forma que ellos deseen. No hay estándares legislados, consuetudinarios o de cualquier otro tipo que tengan que aplicar. Tampoco tienen que seguir sus propios precedentes. Los tribunales de este sistema peculiar no están facultados a decidir de manera arbitraria, están instruidos por una norma del sistema a pronunciar la decisión que les parezca la mejor en las circunstancias, tomando en cuenta todas las consideraciones que les parezcan relevantes. Como los tribunales tienen que actuar en virtud de razones y como las razones son generales, podríamos esperar alguna regularidad en las decisiones de los tribunales. El juez que conoce de dos casos muy semejantes el mismo día es probable que llegue a la misma decisión en ambos. Sin embargo, los casos serán conocidos por muy diferentes jueces y los jueces pueden cambiar su opinión así como olvidar los argumentos complejos e intrincados, etcétera. Consecuentemente es poco probable que las decisiones de los tribunales, durante un cierto período de tiempo, reflejen una línea consistente sobre cualquier cuestión. El grado de regularidad dependerá de factores contingentes, tales como el número de jueces, el grado de uniformidad de su ambiente social, etcétera.

Es muy improbable que tal sistema haya existido o vaya a existir. Imaginé un sistema de esta naturaleza simplemente porque se asemeja a los sistemas jurídicos, en tanto que tiene tribunales con facultades para resolver disputas. Por tanto, para contrastar tal sistema con los sistemas jurídicos será mejor observar qué otros rasgos poseen necesariamente los sistemas jurídicos. Como los jueces no están obligados a seguir ningún estándar común y pueden decidir como quiera que ellos piensen que es mejor, el sistema referido no proporciona ninguna guía a los individuos sobre cómo comportarse para tener derecho a una decisión en su favor, si una disputa surgiera. Por el contrario, los sistemas jurídicos, de hecho, sí proporcionan guías a los individuos; contienen disposiciones jurídicas que determinan sus derechos y obligaciones. Éstas constituyen disposiciones jurídicas que los tribunales están obligados a aplicar en la solución de disputas; por ello, también proporcionan una indicación a los individuos sobre sus derechos y obligaciones en el litigio ante el tribunal.

¿Estoy meramente afirmando lo que es obvio, *i.e.* que los sistemas jurídicos tienen que contener disposiciones jurídicas, incluyendo algunas que son dirigidas a la población en general? Pienso que dos consecuencias se encuentran en lo que he dicho, consecuencias que distan mucho de ser triviales. En primer lugar, el derecho contiene normas que guían el comportamiento así como instituciones para evaluar y juzgar el comportamiento. La evaluación se basa en las mismas normas que guían el comportamiento. En efecto, el criterio por el cual determinamos si una norma pertenece a un sistema es, bruscamente dicho, que ésta es una norma que los tribunales deben de aplicar cuando juzgan y evalúan el comportamiento.[1] De esta forma puede decirse que el derecho posee su propio sistema interno de evaluación. Podemos calificar el comportamiento desde el punto de vista jurídico, y el punto de vista jurídico lo constituyen las normas por las cuales los tribunales se encuentran obligados a evaluar el comportamiento, normas que son las mismas que son jurídicamente obligatorias para los individuos cuyo comportamiento es evaluado.

La segunda consecuencia importante de la diferencia entre el derecho y un sistema de discreción absoluta como el descrito anteriormente es que los sistemas jurídicos contienen disposiciones jurídicas, y, en efecto, de eso consisten; disposiciones jurídicas que los tribunales están obligados a aplicar con independencia de su opinión sobre sus méritos. Una formulación más precisa sería: los sistemas jurídicos consisten de disposiciones jurídicas que los tribunales están obligados a aplicar a las que no están en libertad de pasar por alto cuando encuentren indeseable su aplicación, todas las cosas consideradas. De ahí no se sigue que los tribunales tengan que ser concebidos como máquinas computadoras, aplicando siempre reglas preexistentes, pasando por alto sus propias opiniones sobre cuáles reglas o cuáles decisiones son las correctas. Pero sí se sigue que los tribunales tengan que aplicar un cierto cuerpo de

[1] Una modificación a este criterio es introducida en la siguiente sección.

disposiciones jurídicas con independencia de sus opiniones sobre sus méritos y que les esté permitido actuar en base a sus propias opiniones sólo hasta donde esto es permitido por dichas disposiciones jurídicas. El derecho algunas veces instruye a los jueces para decidir los casos mediante cualquier principio que ellos encuentren justo o apropiado.[2] En muchos otros, el derecho requiere que los tribunales pronuncien sentencias en cuestiones para las cuales el cuerpo de disposiciones jurídicas, que los tribunales están obligados a seguir, no proporciona una respuesta correcta. En virtud de la vaguedad, textura abierta e incompletitud de todos los sistemas jurídicos, hay muchas disputas para las cuales los sistemas no proporcionan respuesta correcta. Aun si el sistema jurídico excluye ciertas soluciones incorrectas, existen otras que no son ni correctas ni incorrectas jurídicamente. Si el sistema requiere, con respecto de alguno de estos casos, como todos los sistemas jurídicos de hecho hacen, que los tribunales no se deben rehusar a resolver las disputas sino que deben pronunciar un fallo, entonces se les requiere, así, resolver el caso de acuerdo a su propia percepción de lo que es correcto. No es necesario decir que, aun en tales casos, su discreción puede estar limitada por principios jurídicos generales, pero estos no eliminan el elemento de juicio personal sobre los méritos del caso.

Podría pensarse que existe una objeción que destruye la opinión que acabamos de expresar. En muchos sistemas jurídicos, por ejemplo, en todos los sistemas judiciales del *Common Law*, existen tribunales con facultades no sólo para resolver a discreción casos no previstos sino, de hecho, para rechazar un precedente establecido. Están facultados, en efecto, para derogar disposiciones jurídicas y substituirlas por reglas que estiman mejores que las anteriores. ¿Qué acaso esto no proporciona un contraejemplo de mi afirmación de que el derecho consiste únicamente de normas que los tribunales están obligados a seguir? Por supuesto, es posible argumentar, y es lo que quisiera hacer, que tales tribunales derivan sus facultades para derogar o rechazar derecho establecido de disposiciones jurídicas del mismo sistema. Sin embargo, esto no es una respuesta a nuestro problema. Puesto que aun si así fuera ¿qué tanto puede decirse que los tribunales están obligados a se-

2 Tales indicaciones son usualmente sometidas a varias restricciones, hechas para preservar la coherencia de propósitos del cuerpo de disposiciones jurídicas las cuales regulan casos similares.

guir disposiciones jurídicas, cuando están en libertad de pasarlas por alto? La respuesta es que es completamente imposible; sin embargo, el supuesto contraejemplo falla porque no describe adecuadamente la situación.

Una regla que los tribunales están en completa libertad de pasar por alto o cambiar no los obliga y no es parte del sistema jurídico. Pero los tribunales en los sistemas del *Common Law* no tienen este poder con respecto a las normas obligatorias del *Common Law*. No las pueden cambiar cada vez que consideren que, sobre la balanza de razones, sería mejor hacerlo. Los tribunales pueden cambiarlas únicamente en virtud de ciertos tipos de razones. Pueden cambiarlas, por ejemplo, por ser injustas; por discriminación inicua; por estar fuera del propósito del cuerpo de disposiciones jurídicas al cual pertenecen, según la concepción del tribunal; etcétera. Pero si el tribunal encuentra que ellas no son las mejores reglas por cualquier otra razón no incluida en la lista, el tribunal está, no obstante, vinculado a seguirlas.

La situación es paralela en otras áreas del razonamiento práctico. La gente está obligada a mantener sus promesas. Esto implica que no están en libertad de romper sus promesas siempre que encuentre que, todas las cosas consideradas, sea mejor hacerlo. Sin embargo, esto no significa que deba mantener sus promesas ocurra lo que ocurra. La presencia de razones de cierto tipo justifica romper la promesa. De ahí se sigue que el hecho de estar bajo una obligación es consistente con estar en libertad de hacerla a un lado bajo ciertas condiciones, siempre que uno no esté en libertad de pasarlas por alto toda vez que uno encuentre que, en base a la balanza de razones, sería mejor hacerlo así. Por esta razón el pretendido contraejemplo falla. Todo lo que muestra es que en todos los sistemas del *Common Law* existen tribunales que están, algunas veces, en libertad de derogar algunas disposiciones jurídicas válidas. Puesto que los tribunales están facultados a hacerlo únicamente en virtud de específicos tipos de razones[3] y no siempre que esto sea deseable, todas las cosas consideradas, su libertad a

[3] El hecho de que su libertad consista en actuar en base a razones del tipo especificado por el derecho, no niega la discreción personal del tribunal. Tienen discreción no sólo para establecer si los hechos justifican concluir que razones de este tipo se encuentran presentes en la situación que se ventila, sino, también, tienen discreción para actuar en base a su opinión personal sobre qué es una razón válida de este tipo: qué es una disposición jurídica injusta, etcétera.

usar sus facultades para derogar tales disposiciones jurídicas es consistente con el hecho de que están obligados a seguirlas. Estas indicaciones están hechas para establecer la tesis de que existen límites para el derecho.

Si un sistema jurídico consiste en un conjunto de disposiciones jurídicas las cuales pueden ser identificadas por un cierto criterio, entonces tiene pleno sentido preguntar si las reglas y principios son o no reglas y principios jurídicos. El derecho tiene límites y por ello es que podemos referirnos a los sistemas jurídicos; a los derechos y obligaciones jurídicas, los cuales no son, necesariamente, derechos y obligaciones morales, etcétera. El argumento de la presente sección proporciona una respuesta parcial a la pregunta: ¿Por qué es necesario que los sistemas jurídicos tengan límites? La respuesta es que la única alternativa (para un sistema fundamentado en instituciones judiciales) es un sistema de discreción absoluta. Ahora bien, si los tribunales no tienen discreción absoluta de actuar en base a cualquier estándar que les parezca mejor, esto sólo puede ser porque están obligados a seguir ciertos estándares, aun cuando no los consideren los mejores. Esto implica que ellos se encuentran vinculados a seguirlos prefiriéndolos inclusive, a aquellos estándares que consideran los mejores. De esta manera, los estándares que los tribunales están obligados a seguir prevalecen sobre otros, a los que, en ocasiones, pueden estar facultados a seguir; las dos clases de estándares son, en principio, distinguibles. Ésta es la esencia de la tesis de los límites del derecho.

4. *La unicidad del derecho*

Es un rasgo necesario de todos los sistemas jurídicos: (1) que contengan normas que establezcan instituciones primarias, (2) que una disposición jurídica pertenezca a ellos sólo si las instituciones primarias se encuentran bajo el deber de aplicarla, y (3) que tengan límites. Estos rasgos estructurales de los sistemas jurídicos no son, sin embargo, suficientes para distinguirlos de muchos sistemas normativos que no constituyen, de forma precisa, sistemas jurídicos nacionales. Pienso particularmente en las reglas de asociaciones voluntarias tales como universidades, clubes deportivos o sociales, sindicatos y partidos políticos. Muchos de ellos tienen instituciones primarias y comparten todos los rasgos estructurales del derecho que hemos mencionado. Podríamos llamar a los sistemas normativos que compartan estas características, sistemas institucionalizados.

Los sistemas jurídicos difieren de otros sistemas institucionalizados, primordialmente, por su relación con otros sistemas institucionalizados en vigor en la misma sociedad. Pienso que sentimos que los sistemas jurídicos no sólo ocurre que son los más importantes sistemas institucionalizados que gobiernan la sociedad humana, sino que esto es parte de su naturaleza. Consideramos un sistema institucionalizado como un sistema jurídico sólo si éste es necesariamente, en algún aspecto, el más importante sistema institucionalizado que pueda existir en tal sociedad. Mi propósito es explicar este sentimiento atendiendo a las esferas de actividad humana, las cuales todos los sistemas jurídicos regulan o pretenden autoridad para regular. ¿Qué es para un sistema normativo regular una cierta esfera del comportamiento? Toda norma regula aquella conducta que constituye su acción normativa (*norm-action*), esto es, el comportamiento que la norma requiere o permite, o que se convierte en el ejercicio de una facultad. Un sistema normativo regula todos los actos regulados por sus normas. Un sistema normativo pretende autoridad para regular todos aquellos actos que regula y los que pueden ser regulados por normas que puedan ser establecidas mediante el ejercicio de facultades reconocidas por las normas del sistema.

El intento por caracterizar los sistemas jurídicos por las esferas de actividad que ellos regulan, o pretenden autoridad para regular, no puede ser muy preciso. Los rasgos generales que distinguen un sistema como un sistema jurídico son varios y cada uno de ellos admite, en principio, diferentes grados. En casos típicos de sistemas jurídicos todos estos rasgos se manifiestan en muy alto grado. Pero es posible encontrar sistemas en los cuales todos o algunos rasgos estén presentes sólo en menor grado o en los que uno o dos estén completamente ausentes. Sería arbitrario y obtuso tratar de fijar una línea divisoria precisa entre los sistemas normativos que son sistemas jurídicos y aquellos que no lo son. Al enfrentarse con casos frontera es mejor admitir su identidad problemática, enumerar sus similitudes y diferencias con respecto a los casos típicos y dejarlo así.

Tres rasgos caracterizan a los sistemas jurídicos:

i. Los sistemas son comprehensivos. Con esto quiero decir que los sistemas jurídicos pretenden autoridad para regular cualquier tipo de comportamiento. En esto los sistemas jurídicos difieren de la mayoría de los otros sistemas institucionalizados.

Estos últimos normalmente instituyen y gobiernan la actividad de organizaciones las cuales están vinculadas a uno u otro propósito. Asociaciones deportivas, sociedades comerciales, organizaciones culturales, partidos políticos, etcétera; todas son establecidas para realizar ciertos objetivos limitados y cada una pretende autoridad sobre el comportamiento relevante para tal objetivo únicamente. Esto no es así en los sistemas jurídicos, éstos no reconocen ninguna limitación a las esferas de comportamiento sobre las cuales pretenden autoridad para regular; si los sistemas jurídicos son establecidos para un propósito definido éste es un propósito que no implica una limitación sobre el pretendido ámbito de competencia.

Debemos ser cuidadosos para observar con precisión la naturaleza del carácter comprehensivo de los sistemas jurídicos. Éste no implica que los sistemas jurídicos *tengan*, y otros sistemas no tengan, autoridad para regular cualquier tipo de comportamiento. Todo lo que se dice es que los sistemas jurídicos *pretenden* tal autoridad, mientras que otros sistemas no. Aún más, los sistemas jurídicos no regulan, necesariamente, todas las formas de comportamiento. Todo lo que este criterio significa es que *pretenden autoridad para regular* todas las formas de comportamiento, esto es, contienen normas que lo regulan, o bien normas que confieren facultades para establecer normas que, si son establecidas, lo regularían.

La autoridad que todo sistema jurídico pretende es autoridad para regular cualquier forma de comportamiento de una cierta comunidad. No necesitan pretender autoridad para regular el comportamiento de todos. Debe también recordarse que cualquier acción es regulada por una norma aun si es meramente permitida por ella. Más aún, el criterio requiere que cada sistema jurídico pretenda autoridad para regular el comportamiento en alguna forma, pero no necesariamente en todas las formas. Por lo tanto, el criterio es satisfecho por aquellos sistemas jurídicos que contienen, *e.g.* libertades otorgadas por disposiciones constitucionales, las cuales no pueden ser cambiadas por ningún medio jurídico. Tales sistemas no pueden pretender autoridad para regular, el comportamiento permitido, en cualquier otra forma, pero lo regulan en una forma: permitiéndolo.[4]

Finalmente, debe recordarse que este criterio establece, cuando mucho, una condición necesaria y no una condición suficiente para que un sistema sea un sistema jurídico; por tanto, no debemos sorprendernos de encontrar que algunos sistemas que no son sistemas jurídicos satisfagan esta condición, aunque pienso que no existen muchos casos. Los derechos de varias iglesias satisfacen este criterio, pero entonces muchos de ellos satisfacen también las otras condiciones y son sistemas jurídicos ordinarios. Si existen sistemas normatvios religiosos que satisfagan este criterio, pero no los otros, serán casos frontera.

ii. Los sistemas jurídicos pretenden ser supremos. Esta condición está implicada por la anterior y es meramente una elaboración de uno de sus aspectos. La condición significa que todo sistema pretende autoridad para regular el establecimiento y aplicación por la comunidad a él sometida, de otros sistemas institucionalizados. En otras palabras pretende autoridad para prohibir, permitir o imponer condiciones sobre la institución y funcionamiento de todas las organizaciones normativas a las cuales los miembros de la comunidad, a él sometida, pertenecen.

Una vez más esta condición es una condición débil al permitir la posibilidad de que un sistema pretenda únicamente autoridad para permitir el funcionamiento de alguna de tales organizaciones. Me parece, sin embargo, que esto no priva a tales condiciones de su importancia, toda vez que la pretendida autoridad de otorgar permisiones mediante una norma es un rasgo de lo más significativo de un sistema normativo y no puede ser comparado con la mera existencia de una permisión débil puesto que el sistema no regula el comportamiento respectivo y no pretende autoridad para regularlo.

¿Son necesariamente incompatibles los sistemas jurídicos? Es evidente que dos sistemas jurídicos pueden coexistir; ambos pueden ser practicados por una misma comunidad. Si ellos no contienen

4 El sistema jurídico, sin embargo, no regula el comportamiento que, simplemente, está débilmente permitido por él. Un acto es permitido débilmente si el sistema no contiene norma que lo prohíba. Es fuertemente permitido si el sistema contiene una norma que lo permita. Para esta distinción véase mi artículo "Permissions and supererogation", *American Philosophical Quarterly*, April, 1975. Las permisiones explícitas que hemos visto son también permisiones fuertes.

muchas normas en conflicto es posible que la población observe ambos y que las instituciones establecidas por ambos sistemas pueden todas funcionar. Esto, en muchos casos, podría ser una situación indeseable e insostenible; pero, puede existir, y no siempre necesita ser indeseable o insostenible. Sin embargo, al preguntar si dos sistemas jurídicos pueden ser compatibles, no estoy preguntando si pueden, de hecho coexistir, sino, más bien, si pueden coexistir jurídicamente ¿Puede un sistema jurídico reconocer que otro sistema jurídico se aplica, por derecho, a la misma comunidad o un sistema jurídico tiene que negar el derecho de los otros de aplicarse a la misma población? Evidentemente, casi todo sistema jurídico permite a algunos sistemas normativos aplicarse a la comunidad a él sometida, pero, quizá, no lo permite si el otro sistema es también un sistema jurídico. No hay duda que muchos sistemas jurídicos son incompatibles entre sí, pero no hay razón para asumir que esto es necesariamente verdadero para todo sistema jurídico. La mayoría de los sistemas jurídicos son, al menos, parcialmente compatibles —reconocen, por ejemplo, validez extraterritorial de algunas normas de otros sistemas—. Casos de estable y mutuamente reconocida coexistencia de derecho secular y religioso en varios países proporcionan ejemplos de diferentes grados de compatibilidad. Todos los sistemas jurídicos, sin embargo, son potencialmente incompatibles, al menos hasta cierto grado. Puesto que todo sistema jurídico pretende ser supremo con respecto a la comunidad a él sometida, ninguno puede reconocer la pretensión de supremacía sobre la misma comunidad que pudiera ser hecha por cualquier otro sistema jurídico.

iii. Los sistemas jurídicos son sistemas abiertos. Un sistema normativo es un sistema abierto en el sentido de que contiene normas cuyo propósito es otorgar fuerza obligatoria dentro del sistema a normas que no pertenecen a él. Mientras más normas 'ajenas' son 'adoptadas' por el sistema, más abierto será éste. Característico de los sistemas jurídicos es que ellos mantienen y soportan otras formas de agrupación social. Los sistemas jurídicos lo llevan a cabo reconociendo y ejecutando contratos, acuerdos, reglas y costumbres de individuos y asociaciones así como aplicando, a través de sus reglas de conflicto, disposiciones jurídicas de derechos de otros países, etcétera.

Las normas que son reconocidas por tales razones no son, normalmente, consideradas parte del sistema jurídico que las sanciona. Son, sin embargo, reconocidas y hechas obligatorias en tales sistemas por normas que requieren que los tribunales actúen en base a aquéllas y las ejecuten. Por tanto, tenemos que modificar el criterio de membrecía de un sistema institucionalizado de manera a excluir tales normas. Necesitamos un criterio que identifique, como perteneciendo al sistema, todas las normas que sus intituciones aplicadoras de normas están obligados a aplicar (normas que ellos practican) exceptuando aquellas que son meramente 'adoptadas'. Pero ¿cómo vamos a caracterizar las normas adoptadas? ¿Cómo habremos de definir, con mayor precisión, la naturaleza de un sistema abierto?

Muchos han tratado de encontrar la marca distintiva en la forma o técnica de la adopción. Esto me parece un callejón sin salida. Estas distinciones inevitablemente se convierten en diferencias formales y técnicas que no guardan relación con las razones para establecer la distinción y conducen a resultados contraintuitivos. Tenemos que basarnos en las razones por las que se reconoce a tales normas como obligatorias, puesto que nuestro propósito es distinguir entre normas que son reconocidas en virtud de que forman parte del derecho y aquellas que son reconocidas en virtud de la función del derecho de respaldar otros arreglos y grupos sociales.

Las normas son 'adoptadas' por un sistema porque es un sistema abierto, si, y sólo si: (1) son normas que pertenecen a otro sistema normativo practicado por sus *sujetos normativos*, las cuales son reconocidas tanto como se mantengan en vigor en tal sistema, sean aplicadas a los mismos *sujetos normativos*, siempre que sean reconocidas en virtud de que el sistema intenta respetar la forma en que la comunidad regula sus actividades; independientemente de si la misma regulación hubiera sido adoptada de cualquier otra manera: (2) son normas que fueron creadas por o con el consentimiento de sus *sujetos normativos* mediante el uso de facultades conferidas por el sistema para permitir a los individuos arreglar sus propios asuntos de acuerdo a su deseo. La primera parte del criterio se aplica a las normas reconocidas por tales reglas de conflicto, etcétera. La segunda se aplica a los contratos, estatutos de compañías comerciales, etcétera.

Las normas que satisfacen este criterio son reconocidas por un sistema pero no son parte de él. Si un sistema reconoce tales normas éste es un sistema abierto y, como he dicho, todos los sistemas jurídicos son sistemas abiertos.[5] Es parte de sus funciones mantener y favorecer otras normas de organizaciones diversas.

5. *La importancia del derecho*

Me he basado en nuestro conocimiento general del derecho y de la sociedad humana al afirmar que los sistemas jurídicos son sistemas institucionalizados, caracterizados por la combinación de las tres condiciones señaladas. Si mi afirmación es correcta, es fácil ver que tales condiciones proporcionan el inicio de una explicación de la importancia del derecho. Puede haber sociedades humanas que no son gobernadas por el derecho en absoluto. Pero si una sociedad se encuentra sometida a un sistema jurídico, entonces tal sistema es el más importante sistema institucionalizado al cual se encuentra sometida. El derecho proporciona el marco general dentro del cual ocurre la vida social. Es un sistema para guiar el comportamiento y para resolver las disputas el cual pretende suprema autoridad para interferir en cualquier tipo de actividad. El derecho, también, regularmente soporta o restringe la creación y práctica de otras normas en la sociedad. Mediante tales pretensiones el derecho pretende proporcionar el marco general para la conducta en todos los aspectos de la vida social y erigirse en el supremo guardián de la sociedad.

5 Decir que todos los sistemas jurídicos son sistemas abiertos no es ensalzarlos. Ellos pueden 'adoptar' las normas incorrectas y rechazar la adopción de aquellas que deberían ser 'adoptadas'.

CAPÍTULO VII

LA TEORÍA DE KELSEN DE LA NORMA FUNDAMENTAL*

De todas las diversas doctrinas de la filosofía jurídica de Kelsen, su teoría de la norma fundamental es la que ha captado la mayor atención y ha capturado la imaginación. Esta teoría ha adquirido entusiastas devotos así como reafirmados oponentes. Admiradores y críticos deben mucho a la obscura forma en la cual Kelsen explica su teoría. La oscuridad ha sido criticada y ha llevado a las personas a sospechar que la teoría, en su totalidad es un mito; pero, también, proporciona admiradores quienes, aprovechándose de las ambigüedades, escapan fácilmente a la crítica.

En las páginas que siguen se hará otro intento por desmitificar la teoría. Se dará una explicación del concepto de la norma fundamental como el intento de Kelsen por proporcionar una respuesta a algunos bien conocidos problemas de la teoría del derecho. Más adelante se afirmará que el intento no fue del todo exitoso, pero que su fracaso es esclarecedor. La teoría irradia claridad en los intrincados problemas que supone y en su posible solución.

La crítica seguirá a la exposición. Ésta, sin embargo, no puede ser fiel a todos los textos relevantes. Algunas ambigüedades e inclusive, contradicciones, no pueden ser erradicadas por interpretación, por más ingeniosa que ésta pueda ser. No queriendo exponer el desarrollo de la teoría o presentar una discusión exhaustiva de todos los textos, la estrategia que adoptaré será siempre, preferir las más interesantes de dos interpretaciones en conflicto y pasar por alto el resto. La teoría será examinada en relación con los problemas que estaba destinada a resolver. Esta teoría se mantiene o cae según el éxito que tenga en el tratamiento de estos problemas. Kelsen considera el concepto de norma fundamental esencial para la explicación de todos los sistemas normativos, mo-

* Publicado con anterioridad en *The American Journal of Jurisprudence*, vol. 19, 1974, pp. 94-111.

rales como jurídicos. Únicamente el uso del concepto en la teoría jurídica será examinado aquí.

1. *La explicación de la doctrina*

De acuerdo con la doctrina de Kelsen es lógicamente necesario que en todo sistema jurídico exista una norma fundamental. Se puede decir que la norma fundamental existe puesto que Kelsen dice que ésta es válida,[1] y la validez es el modo de existencia de las normas.[2] Esto no significa que todas las normas fundamentales sean idénticas en contenido. En ningún caso dos normas fundamentales pueden tener el mismo contenido. Todas ellas son llamadas normas fundamentales no en razón de sus contenidos sino en virtud de que todas ellas comparten la misma estructura, la misma posición única cada una en su propio sistema, en razón de que todas ellas realizan las mismas funciones.

Kelsen postula la existencia de las normas fundamentales porque las considera necesarias para la explicación de la unidad y normatividad de los sistemas jurídicos. El sistema jurídico no es una casual colección de normas; es un sistema porque sus normas, como quiera que sea, conjuntamente le pertenecen. Éstas están interrelacionadas de forma especial. Kelsen acepta dos proposiciones las cuales considera bastante autoevidentes como para requerir de una justificación detallada. Dichas proposiciones pueden ser tenidas como axiomas de su teoría. El primero dice que dos disposiciones jurídicas, una de las cuales autoriza, directa o indirectamente, la creación de la otra, pertenecen necesariamente, al mismo sistema jurídico.[3] Por ejemplo, una disposición jurídica penal le-

1 Por ejemplo, *cfr. General Theory of Law and State,* New York, Russell and Russell, 1961 (reimpresión de la versión Harvard University Press, 1945), p. 111. (Existe traducción al español de Eduardo García Máynez, *Teoría General del derecho y del Estado*, México, UNAM, 1969, *cfr.* p. 129); *The Pure Theory of Law,* Berkeley, University of California Press, 1970 (versión inglesa de la *Reine Rechtslehre,* 2. vollständing neu berbeitete und erwelterte Auflage, Viena, Verlag Franz Deuticke, 1960, *cfr.* p. 194. (Existe traducción al español de Roberto J. Vernengo, *Teoría Pura del Derecho,* México, Instituto de Investigaciones Jurídicas, UNAM, 1979 *cfr.* pp. 201-202).

2 *Cfr. General Theory of Law and State, cit.*, p. 30 (*Teoría General del derecho y del Estado, cit.*, p. 35); *What is Justice?,* Berkeley, University of California Press, pp. 214 y 267.

3 Una disposición jurídica autoriza indirectamente la creación de otra, si y sólo

gislada por el parlamento y una disposición constitucional que autoriza al parlamento a legislar disposiciones penales, pertenecen a un mismo sistema jurídico, justamente porque una de ellas autoriza la creación de la otra. El segundo axioma dice que todas las disposiciones de un sistema jurídico están autorizadas directa o indirectamente por una disposición jurídica.

Del segundo axioma se sigue que dos disposiciones jurídicas en que ninguna de las cuales autorice la creación de la otra, no pertenecen al mismo sistema si no existe una disposición jurídica que autorice la creación de ambas. Del primer axioma se sigue que si una disposición jurídica autoriza la creación de otra, o si ambas son autorizadas por una tercera, entonces ambas pertenecen al mismo sistema jurídico.

De esta manera los dos axiomas proporcionan un criterio para la identidad de los sistemas jurídicos y hacen posible determinar, con respecto a cualquier disposición jurídica, si ésta pertenece o no a un cierto sistema jurídico.[4]

Asumiendo, como creo que se debe asumir, que Kelsen trata de dilucidar el concepto común de sistema jurídico y que no está simplemente usando el término para introducir un concepto completamente diferente, el segundo axioma parece frente a este concepto una generalización empírica. Para verificar su verdad tienen que examinarse todos los sistemas jurídicos y encontrar si existe en cada uno una disposición jurídica que autorice la creación del resto. ¿Existe, por ejemplo, una disposición jurídica en la Gran Bretaña que autorice tanto el derecho creado por vía parlamentaria como el derecho conocido como *common law*? Este problema se encuentra implícitamente reconocido por Kelsen en el siguiente párrafo:

> Si un orden jurídico tiene una constitución escrita la cual no instituye a la costumbre como una forma de creación del derecho y si, el orden jurídico sin embargo, contiene derecho consuetudinario además del derecho legislado, entonces, además de las normas de la constitución escrita, tienen que existir normas no escritas de la constitu-

si, hay una tercera disposición jurídica autorizada, directa o indirectamente, por la primera y que autorice la segunda.

[4] Sobre el criterio kelseniano de identidad de los sistemas jurídicos, véase: *General Theory of Law and State, cit.*, p. 111 (*Teoría general del derecho y del Estado, cit.* p. 129); *The Pure Theory of Law, cit.*, p. 195 (*Teoría Pura del Derecho, cit.*, pp. 202-203).

ción: una norma creada consuetudinariamente de conformidad con la cual las normas generales que obligan a los órganos aplicadores del derecho pueden ser creadas por costumbres.[5]

En tal sistema jurídico no habrá ninguna disposición jurídica positiva que autorice todo el resto. Algunas disposiciones jurídicas serán autorizadas por la constitución consuetudinaria, mientras que otras serán autorizadas por la constitución legislada y no existirá disposición jurídica positiva que autorice ambos derechos constitucionales. Kelsen, por tanto, está consciente de que su segundo axioma, como una generalización empírica, es falso. Kelsen supera este problema postulando que existe en cada sistema una disposición jurídica no positiva —una disposición jurídica que autoriza todas las disposiciones constitucionales fundamentales y cuya existencia no depende de la acción casual de ningún órgano creador de derecho, sino que es una necesidad lógica—. Estas disposiciones jurídicas son las normas fundamentales de los sistemas jurídicos y su existencia es necesaria para la verdad del segundo axioma; lo convierten en una verdad lógica. Puesto que el criterio kelseniano de la identidad de los sistemas jurídicos depende de la verdad del segundo axioma, depende también de la teoría de la norma fundamental.

Ésta es una línea de argumentación que Kelsen implícitamente usa para probar la existencia necesaria de una norma fundamental en cada sistema jurídico. Kelsen tiene un argumento diferente e independiente que emplea para alcanzar la misma conclusión. Este argumento se propone mostrar que únicamente la norma fundamental puede explicar la normatividad del derecho.

Todas las disposiciones jurídicas son creadas por actos humanos, pero los actos humanos son hechos y pertenecen al reino del 'ser', mientras que las disposiciones jurídicas son normas y pertenecen al reino del 'deber ser'. Otra incontestable creencia de Kelsen es la de que existe un abismo infranqueable entre el 'ser' y el 'deber ser'; que las normas no pueden derivar su existencia de hechos. Esto puede ser considerado como tercer axioma de su teoría. Kelsen dice: "nadie puede afirmar que del enunciado de que algo es, se sigue un enunciado de que algo debe ser".[6] Por tanto, Kelsen

[5] *General Theory of Law and State, cit.*, p. 126 (*Teoría general del derecho y del Estado, cit.*, p. 149).

[6] *Reine Rechtslehre, cit.*, p. 5 (*Cfr. The Pure Theory of Law, cit.* p. 6; *Teoría*

concluye: "...la validez positiva de una norma... no se sigue del acto fáctico, es decir, del *ser*, sino de una norma que autoriza este acto, es decir de un *deber ser*..."[7]

El principio de dicotomía, del abismo infranqueable entre el 'deber ser' y el 'ser', implica el principio de la autonomía de las normas. Las normas existen sólo si son autorizadas o están implicadas por otras normas. En el derecho, la autonomía de las normas jurídicas está asegurada por el hecho de que todas ellas constituyen eslabones de lo que puede ser llamado cadena de validez. El término no es usado por Kelsen, pero la idea es esencial a su filosofía. Kelsen lo explica de la manera siguiente:

> A la pregunta de por qué esta norma individual es válida como parte de un determinado orden jurídico, la respuesta es: porque ha sido creada de conformidad con una ley penal. Esta ley, finalmente, recibe su validez de la constitución, puesto que ha sido establecida por el órgano competente en la forma que la constitución prescribe. Si nos preguntamos por qué es válida la constitución, quizá caigamos en una anterior constitución. En última instancia alcanzamos alguna constitución que es históricamente la primera y que fue establecida por un usurpador o por algún tipo de asamblea... Se postula que uno debe comportarse como el individuo o los individuos que establecieron la constitución lo han ordenado. Esta es la norma fundamental del orden jurídico en consideración.[8]

De esta manera, aunque cada disposición jurídica es creada por actos humanos, éstas derivan su validez no del acto sino de otra disposición jurídica que autoriza su creación. En última instancia,

pura del derecho, cit., pp. 19-20). En el original de esta obra Joseph Raz transcribe de la versión inglesa citada. En virtud de que esta versión no es siempre recomendable, hemos preferido, cuando haya transcripciones de este género, citar directamente la versión alemana. N.T.

7 *Reine Rechtslehre, cit.*, pp. 8-9 (*Cfr. The Pure Theory of Law, cit.*, pp. 8-9 [por error el autor se refiere a las páginas 7-8. N.T.]). Este principio es frecuentemente repetido por Kelsen, véase, por ejemplo: *Value Judgement* en *What is Justice?, cit.*, p. 218.

8 *General Theory of Law and State, cit.*, p. 115 (*Teoría general del derecho y del Estado, cit.*, p. 135). *Cfr. The Pure Theory of Law, cit.*, p. 199 y ss. (*Teoría Pura del Derecho, cit.*, pp. 206 y ss.). Sobre el concepto de Kelsen de cadenas de validez véase, Raz, J., *The Concept of a Legal System,* Oxford, Oxford University Press, 1980, pp. 97-99. [Sobre estos aspectos de la teoría de Raz véase: Tamayo y Salmorán, R., "La teoría de J. Raz sobre los sistemas jurídicos", en *Boletín Mexicano de Derecho Comparado*, año XIV, núm. 42, pp. 1147-1195. N.T.]. Dos cadenas de validez vinculadas por un eslabón común son consideradas como parte de una cadena.

todas las disposiciones jurídicas positivas deben su validez a una disposición jurídica no positiva, una disposición jurídica que no es creada por actos humanos. Únicamente una disposición jurídica no positiva puede ser la disposición jurídica última de un sistema jurídico; únicamente ésta no presupone ninguna otra norma de la cual derive su normatividad. Esta disposición jurídica no positiva es la norma fundamental.

La idea de cadena de validez es central para la solución que da Kelsen a los problemas de normatividad y unidad del sistema jurídico. Dos disposiciones jurídicas pertenecen a una misma cadena de validez si una autoriza la otra o si existe una tercera que autorice a ambas. La unidad del sistema jurídico consiste en el hecho de que todas sus disposiciones jurídicas de una cadena de validez son parte del mismo sistema. La normatividad de las disposiciones jurídicas se encuentra asegurada por el hecho de que cada una de las disposiciones jurídicas de una cadena deriva su validez de otra que le precede. La norma fundamental es esencial para la solución de ambos problemas: proporciona el punto de partida no fáctico, esencial para la explicación de la normatividad y garantiza que todas las disposiciones jurídicas de un sistema pertenezcan a la misma cadena de validez.

Las funciones asignadas a la norma fundamental explican su contenido y su *status* especial. Tiene que ser una norma no positiva. Las normas fundamentales no son legisladas ni son creadas de ninguna otra forma. Es presupuesta por la conciencia jurídica, pero Kelsen aclara que al presuponerse no se crea.[9] Tampoco es creada por los actos que establecen otras disposiciones jurídicas,[10] o por el derecho,[11] como ciertos autores han supuesto. No tiene sentido preguntar respecto a cualquier norma fundamental cuándo ha sido creada, por quién o cómo. Estas categorías simplemente no se aplican a ella. Sin embargo se puede decir que las normas fundamentales existen puesto que son válidas y, no obstante su

9 *Cfr. The Pure Theory of Law, cit.*, p. 214 (*Teoría Pura del Derecho, cit.*, pp. 211-213 [el autor de la versión española utiliza la expresión 'norma fundante básica' para traducir '*Grundnorm*' en vez de la forma canónica de 'norma fundamental'. N.T.]).

10 *Cfr. Theorie pure du droit*, París, Dalloz (versión francesa de Charles Eissenmann de la 2a. ed. de la *Reine Rechtslehre, cit.*, 1962, p. 271). (Es el texto de una nota que empieza en la página 270). (*Cfr. Reine Rechtslehre, cit.*, pp. 207-208.)

11 *Cfr. The Pure Theory of Law, cit.*, p. 218, n. 83 (*Teoría Pura del Derecho, cit.*, p. 229, n. 134).

carácter único, son parte del derecho toda vez que realizan funciones jurídicamente relevantes.[12]

A ellas corresponde explicar la normatividad y unidad de un sistema jurídico, las normas fundamentales tienen que autorizar la creación de las disposiciones jurídicas de los diferentes sistemas jurídicos. De esta manera las funciones de la norma fundamental dan cuenta de su estructura. Es una norma que autoriza; "califica un cierto evento como el evento inicial en la creación de varias normas jurídicas. Es el punto de partida de un proceso de creación normativo".[13] "La norma fundamental de cualquier orden jurídico positivo confiere autoridad jurídica a los hechos por los cuales un orden es creado y aplicado únicamente si éste es, en su totalidad, eficaz".[14] La norma fundamental es una disposición jurídica que confiere facultades. Kelsen, sin embargo, las formula como una disposición que impone deberes: "... la norma fundamental... tiene que ser formulada como sigue: los actos coactivos deben ser realizados bajo las condiciones y en la forma en que la primera constitución histórica y las normas creadas de conformidad con ella prescriben. (En breve: uno debe comportarse como la constitución prescribe)".[15] Siempre es posible describir toda disposición jurídica que confiere facultades legislativas, diciendo que ésta impone el deber de obedecer las disposiciones jurídicas creadas por el órgano autorizado.[16] Esta posibilidad no debe obscurecer la naturaleza de la disposición jurídica como disposición que otorga facultades. La norma básica, por tanto, será considerada como confiriendo poderes legislativos a los autores de la primera constitución.

La formulación dada por Kelsen en el pasaje citado no es el de una norma fundamental particular de algún sistema jurídico. Dicha formulación meramente exhibe la estructura común de toda norma fundamental. El contenido de las normas fundamentales

12 Kelsen, H., "Professor Stone and The Pure Theory of Law", *Stanford Law Review*, 17, vol. 2, 1965, pp. 1128 y 1141.

13 *General Theory of Law and State, cit.*, p. 114 (*Teoría general del derecho y del Estado. cit.*, p. 134).

14 *General Theory of Law and State, cit.*, p. 120 (*Teoría general del derecho y del Estado, cit.*, p. 141).

15 *Reine Rechtslehre, cit.*, pp. 203-204 (El autor transcribe de *The Pure Theory of Law, cit.*, pp. 200-201; *Cfr. Teoría Pura del Derecho, cit,*. p. 208).

16 Sobre el particular, véase: J. Raz, *The concept of a Legal System, cit.*, p. 21, 23 y 166 (véase Tamayo y Salmorán, R. *La Teoría de J. Raz sobre los sistemas jurídicos, cit.*, pp. 1147-1195).

varía de acuerdo con los hechos de los sistemas a los cuales pertenece. Kelsen explica que el contenido de una norma fundamental "está determinada por los hechos, a través de los cuales, un orden es creado y aplicado".[17]

2. *La norma fundamental y la unidad de los sistemas jurídicos*

La doctrina de Kelsen sobre la unidad de los sistemas jurídicos fracasa por dos razones independientes. Como ya las he discutido de forma más bien extensa en otro lugar,[18] la explicación que sigue será breve. La doctrina de Kelsen depende de los primeros dos axiomas explicados anteriormente. No es difícil observar que ambos axiomas tienen que ser rechazados.

El primer axioma establece que todas las disposiciones jurídicas que pertenezcan a una misma cadena de validez son parte de uno y el mismo sistema jurídico. Si este axioma fuera correcto, ciertas formas de otorgamiento pacífico de independencia a nuevos estados devendría imposible. Supóngase que el país *A* tiene una colonia *B* y que ambos países se encuentran gobernados por el mismo sistema jurídico. Supongamos además que *A* ha otorgado la independencia a *B* mediante una disposición jurídica que confiere a una asamblea representativa electa por los habitantes de *B* poderes legislativos, exclusivos e ilimitados, sobre *B*. Finalmente supongamos que esta asamblea representativa ha adoptado una constitución que es, en general, reconocida por los habitantes de *B* y de conformidad con la cual se realizaron elecciones y ulteriores disposiciones jurídicas fueron creadas. El gobierno, los tribunales y la población de *B* se consideran como un Estado independiente con un sistema jurídico independiente. Son reconocidos por todas las naciones, incluyendo a *A*. Los tribunales de *A* consideran la constitución y demás disposiciones jurídicas de *B* como un sistema jurídico separado, distinto del suyo propio. No obstante todos estos hechos, del primer axioma de Kelsen se siguen que la constitución, y demás disposiciones jurídicas de *B,* son parte del sistema jurídico de *A*. Puesto que la constitución de *B* y, consecuentemente, todas las disposiciones jurídicas creadas en base a ella,

17 *General Theory of Law and State, cit.*, p. 120 (*Teoría general del derecho y del Estado, cit.*, p. 141).

18 *Cfr.* Raz, J., *The concept of a Legal System, cit.*, pp. 100-109.

fueron autorizadas por la disposición de *A* que otorga la independencia y, por tanto, pertenecen a la misma cadena de validez y al mismo sistema.

El error de Kelsen se encuentra en pasar por alto los hechos y considerar únicamente el contenido de las disposiciones jurídicas. Para su teoría el único dato importante es que el sistema jurídico de *A* contiene una disposición jurídica que autoriza todas las disposiciones jurídicas de *B*. Que los tribunales y población de *B* no consideren tal disposición jurídica como parte de su propio sistema jurídico es irrelevante. Sin embargo, la actitud de la población y de los tribunales es de la mayor importancia para decidir la identidad y unidad de un sistema jurídico en el sentido en el que este concepto es comúnmente usado.[19]

Tal crítica no afecta directamente la teoría de Kelsen de la norma fundamental. Sin embargo, si la doctrina de la unidad del sistema jurídico es rechazada, una de las razones para aceptar la teoría de la norma fundamental, desaparece. La teoría de Kelsen de la unidad e identidad de los sistemas jurídicos está viciada por una segunda falla la cual directamente afecta el papel de la norma fundamental.

El segundo axioma del que depende su teoría de la identidad y unidad de los sistemas jurídicos establece que todas las disposiciones jurídicas de un sistema jurídico pertenecen a una cadena de validez. Al discutir este axioma vimos que Kelsen admite, al menos por implicación, que, excepción hecha de la norma fundamental, todas las posiciones jurídicas positivas de un sistema pueden pertenecer a más de una cadena de validez. Algunas pueden deber su validez a una constitución consuetudinaria mientras otras derivan su validez de una constitución legislada. Es únicamente la norma fundamental la que en tal caso une en una sola cadena de validez al autorizar ambas constituciones.[20]

Un observador entendido en derecho, llegado a tal país y pre-

[19] El mismo argumento es hecho por Hart, H. L. A., "Kelsen's Doctrine of the unity of Law", en *The Social Justice*, vol. 4, of Contemporary Philosophic Thought, State University of New York Press, 1970, pp. (existe versión española de Tamayo y Salmorán, R.: "La teoría de Kelsen sobre la unidad del derecho" en *Boletín Mexicano de Derecho Comparado*, año VII, núm. 21, septiembre-diciembre de 1974, pp. 105-140).

[20] Debe observarse que la norma fundamental en tales casos se dice que autoriza varias normas constitucionales creadas por diversos actos creadores de normas. No es claro en qué sentido una norma fundamental que realiza esto es, en sí misma, una norma más que una conjunción de diversas normas.

guntando si la constitución legislada y la consuetudinaria pertenecen al mismo sistema jurídico será enviado, por un kelseniano, a la norma fundamental. Se le dirá que todo depende de si existe o no una norma fundamental que autorice ambas constituciones o si cada constitución se encuentra autorizada por una norma fundamental diferente. Habiéndosele dicho, en contestación a posteriores preguntas, que para conocer el contenido de la norma fundamental debe encontrar "los hechos a través de los cuales un orden es creado y aplicado",[21] puesto que son éstos los que lo determinan, puede perfectamente ser conducido a la desesperación. Parece que únicamente puede identificar el sistema jurídico con la ayuda de la norma fundamental, en tanto que ésta sólo puede ser identificada después de que la identidad del sistema jurídico haya sido establecida. Aún si nuestro diligente observador logra establecer que, al menos, dos conjuntos de normas son eficaces en la sociedad: uno, el conjunto de normas consuetudinarias, el otro, el de normas legisladas, no habrá nada que un kelseniano pueda decir para ayudarle a decidir si éstos forman o no un solo sistema. No existe nada en la teoría que impida a dos sistemas jurídicos aplicarse en un mismo territorio. Todo depende en la posibilidad de identificar la norma fundamental; sin embargo ésta no puede ser identificada antes de que la identidad del sistema jurídico sea conocida. Consecuentemente, la norma fundamental no puede resolver el problema de la identidad y unidad de los sistemas jurídicos y Kelsen no tiene otra solución.

3. *Kelsen y las teorías del derecho natural*

Si la crítica anterior es correcta, la cuestión de la norma fundamental tiene que depender de su función en la explicación de la normatividad del derecho. De este problema se ocupa el resto del capítulo.

El papel de la norma fundamental en la explicación de la normatividad del derecho se encuentra íntimamente relacionada, y en verdad la explicación de Kelsen de la normatividad lo está, con su crítica a las teorías del derecho natural. Kelsen concibe su teoría como una alternativa, la sola posible, al derecho natural.

21 *General Theory of Law and State, cit.*, p. 120 (*Teoría general del derecho y del Estado, cit.*, p. 141).

Inclusive, Kelsen se refiere a su norma fundamental como un derecho natural.[22] Éste no es el lugar para examinar en detalle la crítica de Kelsen a las teorías del derecho natural, pero ciertas observaciones a las ideas claves son esenciales para el entendimiento de su teoría de la norma fundamental.

Según refiere Kelsen, las teorías del derecho natural pretenden que existe un conjunto de normas susceptibles de ser descubiertas por la razón, las cuales gozan de validez absoluta y objetiva. Tales normas son absoluta y objetivamente justas y buenas. El derecho positivo, en tanto válido, deriva su validez del derecho natural. Es válido siempre que el derecho natural lo declare justo y bueno. Las leyes, las decisiones judiciales, etcétera que son contrarias al derecho natural no son válidas y, por tanto, no son, en ningún sentido, disposiciones jurídicas. Kelsen correctamente señala que de acuerdo con las teorías del derecho natural no existe una noción específica de validez jurídica. El único concepto de validez es el de validez de acuerdo al derecho natural, *i.e.* validez moral. Los iusnaturalistas únicamente pueden juzgar una disposición jurídica como moralmente válida, esto es, justa, o moralmente inválida, *i.e.* injusta. No pueden decir de una disposición jurídica que ésta es jurídicamente válida, pero moralmente incorrecta. Si es incorrecta e injusta es, también, inválida, en el único sentido de validez que ellos reconocen.[23]

Kelsen ofrece cuatro razones principales para rechazar todas las teorías del derecho natural. Dichas teorías están cargadas de objetable metafísica, son conceptualmente confusas, descansan en una ilusión moral y son acientíficas.

i) Las teorías del derecho natural presuponen el dualismo metafísico que ha embrujado el mundo occidental desde Platón.[24]

22 "Si uno quiere considerar [la norma fundamental] como elemento de una doctrina de derecho natural... a pocas objeciones podría dar lugar... lo que está implicado es simplemente el mínimo... del derecho natural sin el cual un conocimiento del derecho es imposible" (*General Theory of Law and State*, Appendix: Natural Law doctrine and Legal Positivism, *cit.*, p. 437. Este apéndice no se encuentra en la versión española. N.T.)

23 *What is Justice? cit.*, pp. 144, 257 y ss. 295.

24 *Cfr. General Theory of Law and State*, Appendix: Natural Law Doctrine and Legal Positivism, *cit.*, pp. 419-433; *What is Justice? cit.*, pp. 198 y ss. Kelsen no desecha la posibilidad de considerar a las disposiciones jurídicas como entidades abstractas siempre que se les dé una interpretación adecuada que las relacione con la conducta humana. Tal doctrina no tiene las implicaciones metafísicas del platonismo.

Presuponen una realidad ideal de disposiciones jurídicas absolutamente justas y buenas que gozan de alguna forma de existencia objetiva, independiente de los actos o voliciones humanas. Esta realidad ideal contrasta con la realidad social imperfecta de las leyes, regulaciones y decisiones creadas por el hombre. Esta última es imperfecta y menos real que la primera y cualquier realidad que posea se debe a la realidad ideal. Únicamente imitando las disposiciones jurídicas ideales las disposiciones jurídicas humanas adquieren efectivamente validez. Kelsen es muy opuesto a este tipo de metafísica y la rechaza en favor de la filosofía crítica de Kant, de sabor antimetafísico. Al rechazar este dualismo metafísico priva a las teorías del derecho natural de su fundamentación metafísica.

ii) Las teorías del derecho natural son conceptualmente confusas. Existen dos variantes: una secular y otra religiosa. Las teorías seculares consideran las disposiciones jurídicas naturales como racionalmente obligatorias y autoevidentes en sí. Las teorías religiosas las consideran como mandatos de Dios revelados al hombre a través de especulación racional acerca de la naturaleza.[25] Ambas variantes cometen la falacia naturalista de derivar un 'ser' de un 'deber ser'. Cualquier cosa natural sólo puede ser un hecho, los mandatos de Dios son también hechos, aun sean divinos, y de los hechos ninguna norma es implicada. Para evitar la falacia naturalista ambos tipos de teorías del derecho natural, se tiene que suponer, postulan una norma fundamental que inviste los hechos de un carácter normativo.[26] La norma fundamental secular es que la naturaleza sea obedecida; la norma fundamental religiosa, dicta que Dios sea obedecido.[27] Las normas fundamentales tienen que ser consideradas autoevidentes. No pueden derivar de ninguna otra norma, sin embargo se dice que son objetivamente válidas y obligatorias. De esta forma Kelsen intenta rectificar las confusiones cometidas por autores del derecho natural.

iii) "La doctrina es una ilusión típica debida a una objetivación de intereses subjetivos."[28] En el análisis de Kelsen la preten-

[25] Para una explicación de los dos tipos de teorías del derecho natural, véase, por ejemplo, Kelsen, H., *What is Justice? cit.*, pp. 285 y ss.

[26] *Cfr. What is Justice? cit.*, p. 141.

[27] *Cfr. What is Justice? cit.*, pp. 258, 260 y ss.

[28] *What is Justice? cit.*, p. 228.

sión de validez objetiva del derecho natural descansa en la presuposición de que sus normas fundamentales son autoevidentes. Kelsen rechaza todas esas pretensiones por ser ilusiones. Kelsen es un relativista moral.[29] Ninguna postura moral puede ser objetivamente probada y defendida. No existen creencias morales intuitivamente verdaderas.[30] Las opiniones morales son cuestiones de preferencias personales. Pretendiendo validez objetiva los iusnaturalistas crean ilusiones y las usan para diferentes propósitos ideológicos. Muy frecuentemente la ilusión del derecho natural ha sido usada por optimistas conservadores para justificar las instituciones jurídicas existentes. Ocasionalmente la misma ilusión ha sido convertida en herramienta para promover la reforma o la revolución.[31]

El relativismo de Kelsen no clausura la posibilidad o necesidad de evaluar el derecho mediante estándares morales. Simplemente insiste en que cada evaluación es válida únicamente en relación a la norma moral particular usada, la que, en sí misma, no tiene validez objetiva. Consecuentemente, la crítica o justificación moral del derecho es una cuestión de juicio personal o político. No es una cuestión científica objetiva y no concierne a la ciencia del derecho.[32]

iv) Al condenar las teorías del derecho natural como acientíficas, Kelsen quiere decir que no pueden ser objetivamente verificadas. Por tanto, el deseo de Kelsen de construir una teoría científica del derecho lo conduce a renunciar a la moralidad del derecho como un objeto de la teoría. "El problema del derecho como un problema científico es el problema de una técnica social, no un problema de moral."[33] La teoría jurídica se ocupa, y debe ocuparse, de un tipo especial de técnica social para controlar el comportamiento humano. Las teorías del derecho natural al distinguir entre leyes justas que son derecho y leyes injustas que no lo son, obscurecen la cuestión. Puesto que por ello, excluyen

29 *Cfr. What is Justice? cit.*, pp. 141, 179 y ss., 228 y ss., 259 y 295; *The Pure Theory of Law, cit.*, pp. 63-65 [en el original el autor sólo cita la p. 64 N.T.] (*Cfr. Teoría pura del derecho, cit.*, pp. 76-78).

30 *Cfr. The Pure Theory of Law, cit.*, p. 221 (*Cfr. Teoría pura del derecho, cit.*, p. 232).

31 *Cfr. What is Justice? cit.*, p. 297.

32 *Cfr. What is Justice? cit.*, pp. 295 y 302; *General Theory of Law and State* (Appendix: *Natural Law and Legal Positivism*), *cit.*, p. 436; *The Pure Theory of Law, cit.*, pp. 68-69 (*Cfr. Teoría pura del derecho, cit.*, pp. 81-82).

33 *General Theory of Law and State, cit.*, p. 5 (*Cfr., Teoría general del derecho y del Estado, cit.*, p. 6).

a algunos sistemas normativos de ser clasificados como jurídicos aun cuando éstos sean casos que hagan uso de la misma técnica social.

4. *La norma fundamental y el estudio valorativamente libre del derecho*

Para realizar su tarea la teoría jurídica tiene que ser valorativamente libre. Consecuentemente, su explicación de la normatividad del derecho tiene que ser independiente del valor moral del derecho. ¿Cómo ha de explicarse la noción de validez jurídica y normatividad? Kelsen recurre al marco conceptual de la filosofía crítica kantiana. Kant mismo adoptó una versión de la teoría del derecho natural sólo porque no se mantuvo leal a sus propias premisas.[34]

Un concepto jurídico de validez y normatividad es hecho posible sólo a través del concepto de norma fundamental:

> Interpretar tales actos de seres humanos como actos jurídicos y sus productos, como normas obligatorias, lo que significa interpretar como derecho el material empírico que se presenta como tal, es posible únicamente a condición de que la norma fundamental sea presupuesta como una norma válida. La norma fundamental es sólo el supuesto necesario de cualquier interpretación positivista del material jurídico.[35]

La norma fundamental es necesariamente presupuesta cuando las personas consideran el derecho como normativo con independencia de su valor moral:

> ...la norma fundamental, tal y como se representa por la ciencia del derecho, puede ser caracterizada como la condición lógico-trascendental de esta interpretación, si se permite usar por analogía, un concepto de la epistemología kantiana. Kant se pregunta: '¿Cómo es posible interpretar en leyes de la naturaleza, formuladas por la ciencia natural, los hechos percibidos por nuestros sentidos, sin una

[34] *Cfr. General Theory of Law and State* (Appendix: *The Natural Law and the Legal Positivism*), *cit.*, p. 444. La interpretación que hace Kelsen de Kant puede ser discutible, pero no hay necesidad de ocuparnos de ella aquí.

[35] *General Theory of Law and State, cit.*, p. 116 (*Cfr. Teoría general del derecho y del Estado, cit.*, p. 137).

hipótesis metafísica?' En el mismo sentido, la teoría pura del derecho se pregunta: '¿Cómo es posible interpretar, sin recurrir a autoridades metajurídicas como Dios o la naturaleza, el sentido subjetivo de ciertos actos como un sistema de normas jurídicas objetivamente válidas?...' La respuesta epistemológica de la teoría pura del derecho es presuponiendo la norma fundamental de que uno debe comportarse como la constitución prescribe... La función de esta norma fundamental es fundamentar la validez objetiva de un orden jurídico positivo.[36]

El concepto de norma fundamental proporciona a la teoría jurídica un concepto objetivo y valorativamente libre de normatividad jurídica. "La presuposición de la norma fundamental no aprueba ningún valor que trascienda el derecho positivo..." "no realiza una función ética política sino una función epistemológica".[37]

Al no realizar una función moral o política la norma fundamental es objetiva:

A las normas del derecho positivo les corresponde una cierta realidad social, pero no así a las normas de justicia... Los juicios jurídicos de valor son juicios que pueden ser verificados objetivamente por hechos. Por tanto, son admisibles dentro de una ciencia del derecho.[38]

La norma fundamental, por tanto, no es producto de una libre invención. No es presupuesta arbitrariamente en el sentido de que exista una opción entre diferentes normas básicas cuando el sentido subjetivo de un acto de creación constitucional y los actos creados de conformidad a esta constitución son interpretados como su sentido objetivo.[39]

Con la ayuda del concepto de norma fundamental Kelsen afirma que ha establecido una teoría jurídica valorativamente libre usando un concepto específicamente jurídico de normatividad:

Postular que es necesario distinguir el derecho de la moral y la cien-

36 *Reine Rechtslehre, cit.*, p. 205 ([en el original el autor transcribe de *The Pure Theory of Law, cit.*, p. 202] *Cfr. Teoría pura del derecho, cit.*, p. 209).

37 *Reine Rechtslehre, cit.*, pp. 204 y 224-225 [en el original el autor transcribe de *The Pure Theory of Law, cit.*, pp. 201 y 218] (*Cfr., Teoría pura del derecho, cit.*, pp. 209 y 229).

38 *What is Justice? cit.*, p. 227.

39 *Reine Rechtslehre, cit.*, p. 204 [en el original el autor transcribe de *The Pure Theory of Law, cit.*, p. 201] (*Cfr. Teoría pura del derecho, cit.*, p. 209).

cia del derecho de la ética, significa que desde el punto de vista de un conocimiento científico del derecho positivo, su justificación por un orden moral distinto del derecho positivo es irrelevante, la ciencia del derecho no tiene que aprobar ni que desaprobar su objeto, sino, únicamente, conocerlo y describirlo...

Postular que es necesario distinguir el derecho de la moral, la ciencia del derecho de la ética, significa que la validez de las normas jurídicas positivas no depende de su conformidad al orden moral, que, desde el punto de vista de un conocimiento del derecho positivo, una norma jurídica puede ser considerada válida aun cuando contradiga el orden moral.[40]

5. *La tesis de Kelsen sobre la naturaleza de la normatividad del derecho*

Hasta aquí se ha señalado que Kelsen considera el concepto de norma fundamental como necesario para el entendimiento del derecho en tanto sistema normativo y de que Kelsen piensa que únicamente mediante el uso de este concepto la teoría jurídica puede ser valorativamente libre y objetiva y evitar los disparates de las teorías del derecho natural. Nada ha sido dicho hasta ahora acerca de la naturaleza de la normatividad que, en virtud de la norma fundamental, resulta para el derecho. Éste es el problema que tenemos ahora que abordar.

Dos concepciones de la normatividad del derecho son comunes. Voy a llamarlas normatividad justificada y normatividad social. De acuerdo con el primer punto de vista, los estándares jurídicos de comportamiento son normas sólo si, y en tanto que, están justificados. Pueden ser justificados por algunas razones objetivas y universalmente válidas. Pueden ser intuitivamente percibidos como obligatorios o pueden ser aceptados como justificados por compromisos personales. Desde el otro punto de vista, los estándares de comportamiento pueden ser considerados como normas, independientemente de su mérito (moral). Son normas sociales toda vez que están socialmente apoyadas como estándares obligatorios y en tanto que la sociedad respectiva ejerce presión, sobre las personas a las cuales los estándares se aplican, para que se conformen a ellos. Los teóricos del derecho natural característica-

40 *Reine Rechtslehre, cit.*, p. 70 [en el original el autor transcribe de *The Pure Theory of Law, cit.*, p. 68] (*Cfr. Teoría pura del derecho, cit.*, p. 81).

mente apoyan la primera concepción; los positivistas, usualmente sostienen la segunda. La más lograda explicación de la normatividad del derecho en términos del concepto de normatividad social es el análisis de Hart que se encuentra en *The concept of Law*. Los teóricos que usan el concepto de normatividad justificada afirman que un sistema jurídico puede ser considerado normativo, únicamente por las personas que lo consideran justo y respaldan sus normas como parte de sus propias concepciones morales. Los teóricos que usan los conceptos de normatividad social mantienen que todo mundo debe considerar los sistemas jurídicos como normativos con independencia de sus juicios acerca de sus méritos (morales).

Mucho de la obscuridad de la teoría de Kelsen se origina en la dificultad en decidir cuál concepto de normatividad usa. Puede afirmarse que:

(1) Kelsen usa únicamente el concepto de normatividad justificada.

(3) La teoría jurídica considera dos sistemas jurídicos como sistema jurídico como normativo sólo si lo respalda como moralmente justo y bueno.

(3) La teoría jurídica considera dos sistemas jurídicos como normativos en el mismo sentido de 'normativo', pero en un diferente sentido de 'considerar', lo que no compromete a aceptar las disposiciones como justas.

Permítasenos considerar el primer enunciado. Muy frecuentemente Kelsen considera un concepto de normatividad social sólo para rechazarlo como no constituyendo realmente un concepto de normatividad o no siendo en absoluto apropiado para la teoría jurídica. De esta manera Kelsen distingue entre un 'deber ser' subjetivo y un 'deber ser' objetivo,[41] afirmando que las normas jurídicas son normas objetivas explicadas por el concepto de un 'deber ser' objetivo. Su 'deber ser' subjetivo es una variante de

41 Véase, por ejemplo, *The Pure Theory of Law, cit.*, p. 7 (*Cfr. Teoría pura del derecho, cit.*, p. 21). Aquí como en otros lados, cuando Kelsen examina y rechaza el concepto de normatividad social considera sólo gruesas (burdas) explicaciones de ella. La normatividad social no puede ser explicada en términos de mandatos eficaces.

la normatividad social. Vinculada a esta distinción se encuentra su comparación entre juicios de valor objetivos y subjetivos.

Los últimos son una explicación de un tipo de normatividad social y son, de acuerdo con Kelsen, más bien fácticos que normativos:

> El valor constituido por una norma objetivamente válida tiene que ser distinguido del valor que consiste, no en la relación con una norma semejante, sino en la relación de un objeto con un deseo o voluntad de un individuo, o de varios individuos, referido a tal objeto. Según que el objeto se conforme a tal deseo o a tal voluntad, o que lo contraríe, tiene un valor positivo o un valor negativo,... Si se llama al juicio por el cual se establece una relación entre un objeto y una voluntad o a este deseo que se refiere a tal objeto, un juicio de valor,... este juicio de valor no difiere de un juicio de realidad, puesto que establece simplemente una relación entre dos hechos y en ningún sentido entre un hecho y una norma objetivamente válida... El valor que consiste en la relación entre un objeto, en particular una conducta humana, y el deseo o la voluntad que se refiere a él, sea de un individuo, sea de varios, puede denominarse valor subjetivo.[42]

Describir disposiciones jurídicas como mandatos de un soberano es, en esta teoría, describirlas como 'deber ser' subjetivo. Si uno no presupone la norma fundamental, entonces los juicios sobre la licitud de una acción, entendidos como juicios acerca de su conformidad a los mandatos de un soberano, son meramente juicios de valor subjetivo. Kelsen reconoce que el derecho puede, consistentemente, ser interpretado de esta manera, sin embargo en este caso no es considerado normativo:

> Que la norma fundamental de un orden jurídico positivo pueda ser presupuesta, pero no tenga que ser presupuesta, significa que las relaciones humanas relevantes pueden ser, pero no necesitan ser, interpretadas como normativas, es decir, como obligaciones, facultades, derechos subjetivos, competencias, etcétera, constituidos por normas objetivamente válidas... Pueden ser interpretados incondicionalmente, sin suponer la norma fundamental, como relaciones entre individuos que mandan e individuos que obedecen —esto es, pueden ser interpretadas sociológicamente, no jurídicamente.[43]

[42] *Reine Rechtslehre, cit.*, p. 20 [en el original el autor transcribe de *The Pure Theory of Law, cit.*, pp. 19-20] (*Cfr. Teoría pura del derecho, cit.*, p. 33).

[43] *Reine Rechtslehre, cit.*, p. 224 [en el original el autor cita de *The Pure Theory of Law, cit.*, p. 218] (*Cfr. Teoría pura del derecho, cit.*, p. 229).

Éste es un pasaje clave. Kelsen afirma en efecto que el concepto de normatividad social no es un concepto normativo en absoluto. No permite la interpretación del derecho como imponiendo obligaciones, otorgando facultades o derechos, etcétera; hace al derecho indistinto de los mandatos de un grupo de bandidos que aterrorizan la población en cierta área.[44] Únicamente mediante el uso del concepto de normatividad justificada se puede entender el verdadero carácter de los sistemas jurídicos como sistemas normativos.

Puesto que Kelsen considera el concepto de normatividad justificada como el único concepto de normatividad, considera al derecho como una ideología. Toda vez que el derecho es normativo, *i.e.* justificado y bueno para todo aquel que lo considera normativo:

"Ésta es la razón por la que es posible sostener que la idea de una norma, 'un deber ser' es meramente ideológica... En este sentido el derecho puede ser considerado como la ideología específica de cierto poder históricamente dado."[45]

Se debe ser muy cuidadoso para distinguir entre los dos sentidos en los cuales Kelsen dice que las normas jurídicas son objetivas. En el primer sentido ellas son objetivas puesto que reflejan una realidad social, *i.e.* porque son normativas en el sentido de normatividad social. En el segundo sentido, son objetivas puesto que son normativas en el sentido de normatividad justificada; son una ideología. Estos dos sentidos se manifiestan en el siguiente pasaje:

> Si concebimos el derecho como un complejo de normas y, por tanto, como una ideología, esta ideología difiere de otras, especialmente de las ideologías metafísicas, en que las primeras corresponden a ciertos hechos de la realidad... Si el sistema de normas jurídicas es una ideología, ésta es una ideología que se paralela a una realidad determinada.[46]

En otras palabras, es una normatividad en el sentido de normatividad justificada (*i.e.* es un 'deber ser' objetivo) pero, tam-

[44] Kelsen usa este ejemplo para un propósito diferente. *Cfr. The Pure Theory of Law, cit.*, pp. 44-48 [el autor sólo se refiere a la p. 47] (*Cfr. Teoría pura del derecho, cit.*, pp. 57-62).

[45] *What is Justice? cit.*, p. 227.

[46] *Idem.*

bién, normatividad en el sentido de normatividad social (*i.e.* que corresponde a hechos objetivamente determinables cuyo significado es un 'deber ser' subjetivo). Este cambio constante de un sentido de objetivo a otro no ha ayudado a los estudiosos a entender qué concepto de normatividad es el que Kelsen usa.

Para cualquiera que considere el derecho como socialmente normativo, la cuestión '¿por qué debe ser obedecido el derecho?' no puede ser contestada indicando que éste es normativo. El derecho es normativo en razón de ciertos hechos sociales. Debe ser obedecido, cuando mucho, por razones morales. La normatividad del derecho y la obligación de obedecerlo son nociones distintas. Esto no es así para las personas que admiten únicamente el concepto de normatividad justificada. Para ellos, juzgar el derecho como normativo es juzgarlo justo y admitir que debe ser obedecido. Los conceptos de normatividad del derecho y de obligación de obedecerlo están analíticamente relacionados. Kelsen, por tanto considera el derecho como válido, *i.e.* normativo, sólo si uno debe obecerlo. "Por 'validez' se entiende la fuerza obligatoria del derecho —la idea de que debe ser obedecido por la gente cuya conducta el derecho regula—."[47] "Que una norma que se refiera a la conducta de seres humanos sea 'válida' significa que es obligatoria, que un individuo debe comportarse de la manera determinada por la norma."[48] Estos enunciados son inevitables para un teórico que trabaja con el concepto de normatividad justificada. Son equívocos si la normatividad del derecho es explicada como normatividad social únicamente.

6. *El 'punto de vista' de un individuo*

La normatividad del derecho es normatividad justificada; su razón es la norma fundamental la que es, por tanto, una norma justificada. Pero ésta no es justificada en ningún sentido absoluto. Kelsen cree en el relativismo moral. Para él las opiniones morales son cuestiones de preferencias personales las cuales no pueden ser racionalmente confirmadas o refutadas. De ahí que afirme que la norma fundamental es presupuesta, *i.e.* aceptada, y el de-

47 *What is Justice? cit.*, p. 257.

48 *Reine Rechtslehre, cit.*, p. 196 [en el original el autor transcribe de *The Pure Theory of Law, cit.*, p. 193] (*Cfr. Teoría pura del derecho, cit.*, p. 201).

recho es considerado normativo sólo por la gente que la considera justa:

> Pero no hay necesidad de presuponer la norma fundamental... El sistema de normas que llamamos 'orden jurídico' es un esquema de interpretación posible, pero no necesario; un anarquista rechazará hablar de comportamiento 'lícito' o 'ilícito', de 'deberes jurídicos', de 'derechos' o 'delitos'; entenderá el comportamiento social meramente como un proceso en el cual uno fuerza al otro a comportarse de conformidad con sus deseos o intereses..., en resumen, rechazará presuponer la norma fundamental.[49]

> ... Un anarquista, por ejemplo, que niegue la validez de la norma hipotética fundamental del derecho positivo... considerará su regulación positiva de las relaciones humanas... como meras relaciones de poder.[50]
>
> Un comunista ciertamente puede no admitir que haya una diferencia esencial entre una organización de bandidos y un orden jurídico capitalista... puesto que no presupone —como lo hacen aquellos que interpretan el orden coactivo como un orden normativo objetivamente válido— la norma fundamental.[51]

Que un individuo presuponga la norma fundamental es interpretar el sistema jurídico como normativo, *i.e.* como justo. Para Kelsen todos los valores respaldados por un individuo, todas sus opiniones morales, forman, necesariamente, un sistema normativo basado en una norma fundamental. Se puede hablar de un sistema normativo de un individuo o del sistema normativo desde el punto de vista de un cierto individuo. Considerado desde un mismo punto de vista, todo conjunto de normas necesariamente forma un orden normativo consistente y unitario. El individuo puede pensar que algunas de las normas que suscribe se encuentran en conflicto; sin embargo, éste es un hecho psicológico, no normativo. Tal individuo puede sentir rasgarse entre dos modos opuestos de acción.[52] Sin embargo, no tiene sentido decir que su sistema

49 *What is Justice? cit.*, pp. 226 y 227.

50 *General Theory of Law and State* (Appendix: Natural Law Doctrine and Legal Positivism), *cit.*, p. 413.

51 Kelsen, H., *Professor Stone and the Pure Theory of Law, cit.*, p. 1144.

52 *Cfr. General Theory of Law and State, cit.*, p. 375 (*Cfr. Teoría general del derecho y del Estado, cit.*, pp. 446-447). En sus trabajos: "Derogation" en *Essays in Jurisprudence in Honor of Roscoe, Pound* (Nueva York, 1962). (Existe traducción

normativo contiene normas en conflicto. Es de la esencia del concepto de un sistema normativo que éste guíe el comportamiento de aquellas personas que adoptan el punto de vista relevante. Pero, si normas en conflicto son presupuestas válidas desde un punto de vista, entonces no guían el comportamiento puesto que apuntan en direcciones opuestas al mismo tiempo. Por tanto, todas las normas tenidas por válidas desde un mismo punto de vista forman, necesariamente, un sistema consistente:

> No es lógicamente posible asumir que normas simultáneamente válidas pertenezcan a dos sistemas diferentes, recíprocamente independientes.
>
> Si dos sistemas de normas diferentes son dados, solamente uno de ellos puede ser presupuesto válido desde el punto de vista de un conocimiento que se ocupe de la validez de las normas.[53]
>
> Si se supone que dos sistemas de normas son considerados simultáneamente válidos desde el mismo punto de vista, se tiene que asumir la existencia de una norma o de un orden que regule sus relaciones mutuas. De otra manera las contradicciones insolubles entre las normas de cada sistema son inevitables.[54]

Todo esto es incomprensible si se presume que Kelsen usa el concepto de normatividad social. Esto gana alguna plausibilidad si se reconoce que Kelsen opera en todo momento con un concepto de normatividad justificada. Entonces es posible apreciar las razones de Kelsen para sostener: (1) que un individuo reconozca que algo es una norma es aceptar que ésta es justa; (2) que

al español de Alfonso Ortiz: "Derogación" en *Boletín Mexicano de Derecho Comparado*, año VII, núm. 21, septiembre-diciembre, 1974, pp. 259-274) y "Law and Logic", en *Philosophy and Christianity* (*Philosophical Essays dedicated to Professor Dr. Hermann Dooyeweerd*, North-Holland Publishing Company, Amsterdam, 1965; existe traducción al español de Javier Esquivel: "Derecho y lógica" en *Boletín Mexicano de Derecho Comparado, ult. cit.*, pp. 275-282). Kelsen abandona su afirmación de que las normas válidas son necesariamente consistentes. Desafortunadamente no explica las razones que lo condujeron a aceptar primero esa doctrina, ni modifica aquellas partes de su teoría que dependen de esta doctrina previa, tales como las relaciones del derecho y la moral, el derecho nacional y el derecho internacional, etcétera. Consecuentemente su teoría de la normatividad del derecho es inteligible y consistente únicamente asumiendo que las normas válidas son necesariamente consistentes.

53 *Cfr. General Theory of Law and State, cit.*, p. 363 (*Teoría general del derecho y del Estado, cit.*, p. 431-432); *General Theory of Law and State* (Appendix: Natural Law Doctrine and Legal Positivism), cit., p. 407.

54 *What is Justice?, cit.*, p. 284.

desde el punto de vista de un individuo todas sus creencias morales forman un sistema normativo; (3) que todas las normas tenidas por válidas desde un punto de vista, tienen que ser consistentes. Puesto que la interpretación normativa de la creencia de una persona no es una empresa psicológica sino una empresa racional intentada para dilucidar la dirección en la cual lo guían sus opiniones.

Una consecuencia, más bien sorpresiva de este análisis, es que el concepto de sistema normativo pierde mucho de su importancia. El concepto más importante es el de un punto de vista. Es lógicamente verdadero que desde cada punto de vista existe justamente un sistema normativo y por tanto, precisamente, una norma fundamental. Un individuo que acepta la justicia de las disposiciones jurídicas de su país, pero que suscribe otros valores no incorporados en el derecho, acepta no dos sistemas normativos sino uno. Las disposiciones jurídicas de su país son parte de este sistema aunque pueden ser consideradas como un subsistema de su sistema normativo total. Afirmar que todas las normas tenidas como válidas desde un punto de vista constituyen un sistema con una norma fundamental es, por supuesto, afirmar más que el hecho de que no entren en conflicto, es afirmar que todas ellas derivan su validez de una norma fundamental. Esto es tácitamente asumido por Kelsen más que argumentado. Conceder, sin embargo, que la norma fundamental puede conferir validez a más de una norma, convierte a ésta en una cuestión más bien técnica de no mucha importancia.[55]

7. *'El punto de vista jurídico'*

Hasta ahora la noción de un punto de vista ha sido considerada sólo como aplicándose a individuos particulares; únicamente puntos de vista adoptados por individuos han sido explicados. Sin embargo, existen también, más complicados puntos de vista. Se puede adscribir un punto de vista a un grupo de individuos, a una población, siempre que la población comparta los mismos valores. Es posible considerar puntos de vista hipotéticos, por ejemplo, hablar de qué normas son adoptadas por individuos que aceptan

55 Véase nota 20 de este mismo capítulo.

todas y sólo las disposiciones jurídicas de sus países como válidas, sin asumir que tales individuos existan. Se puede llamar a este ejemplo particular de un punto de vista hipotético, el punto de vista de *el hombre de derecho*. A través de todo su trabajo Kelsen usa el concepto de un punto de vista de la ciencia jurídica. Habla de "la norma fundamental de un orden jurídico positivo, la última razón de su validez, considerada desde el punto de vista de una ciencia del derecho positivo".[56] Kelsen también dice que la ciencia del derecho presupone la norma fundamental, pero no obstante, no está comprometida a considerarla justa.

Para Kelsen existe gran diferencia entre un punto de vista personal y el punto de vista científico. Normas estimadas válidas desde un punto de vista personal son aquellas adoptadas como justas. Pero, la teoría jurídica es valorativamente libre y las normas estimadas válidas desde su punto de vista no son, por ello, adoptadas como justas. Cualquier individuo puede hablar del derecho, algunas veces desde su punto de vista personal, algunas otras, desde el punto de vista de la ciencia jurídica. Adoptando este último "incluso un anarquista, si fuera jurista, podría describir un derecho positivo como un sistema de normas válidas, sin por ello aprobarlo".[57] Al mismo tiempo el anarquista rechazaría la validez del derecho al considerarla desde su punto de vista personal. ¿Cuál es la naturaleza del punto de vista de la ciencia jurídica? ¿Cómo puede ser valorativamente libre y, al mismo tiempo, considerar el derecho como normativo en el único sentido admitido por Kelsen, *i.e.* el de normatividad justificada? Una tentadora explicación es que la teoría jurídica afirma que un sistema jurídico existe sólo si es adoptado desde el punto de vista personal, por la población a la cual se aplica, y describe el derecho como observado desde este punto de vista. Kelsen, sin embargo, rechaza esta interpretación:

> La teoría de la norma fundamental no es —como algunas veces se ha entendido erróneamente— una teoría del reconocimiento. La teoría del reconocimiento afirma que el derecho positivo es válido si es reconocido por los individuos a él sometidos, esto es, si esos indivi-

[56] *What is Justice?, cit.*, p. 262.

[57] *Reine Rechtslehre, cit.*, pp. 224-225 [la cita empieza en la página 224. En el original el autor cita de la *The Pure Theory of Law, cit.*, p. 218, nota 82] (*Cfr. Teoría pura del derecho, cit.*, p. 229, nota 133).

duos quieren que uno deba conducirse de conformidad a las normas del derecho positivo. Este reconocimiento, se afirma, es efectivamente dado, y si no se puede probar, se presume, ficticiamente, un reconocimiento tácito.[58]

La teoría pura del derecho no afirma o asume ninguna actitud de la población jurídica. Un sistema jurídico existe si es efectivo y esto no implica su aceptación como moralmente justo.

Una interpretación alternativa sería que la ciencia jurídica describe no un punto de vista de la población sino el punto de vista de un hipotético hombre de derecho, *i.e.* de una persona que acepta desde un punto de vista personal todas y únicamente las normas jurídicas sin asumir que tal persona efectivamente exista. Tal interpretación es apoyada por varios pasajes como el que sigue:

> [La teoría pura] describe el derecho positivo, es decir, todo orden coactivo eficaz en términos generales, como un orden normativo objetivamente válido; establece que esta interpretación no es posible sino a condición de suponer una norma fundamental... caracteriza así esta interpretación como posible, no necesaria, y presenta la validez objetiva del derecho positivo como condicionada —condicionada por el presupuesto de la norma fundamental.[59]

Esta interpretación cae muy cerca del núcleo de la doctrina de Kelsen pero no está exenta de dificultades. En esta interpretación la propia teoría pura no adopta ningún punto de vista; no presupone ninguna norma fundamental. Meramente describe el punto de vista del hombre de derecho y la norma fundamental que adopta. ¿Se equivoca Kelsen cuando considera a la ciencia jurídica como teniendo un punto de vista y presuponiendo una norma fundamental? ¿Usa, acaso, estos términos en un sentido completamente diferente cuando los aplica a la ciencia jurídica? Kelsen mismo está inseguro de su posición en este punto crucial porque, ocasionalmente, se le puede ver vacilar.[60] La dificultad resulta del hecho

58 *Reine Rechtslehre*, *cit.*, p. 224, nota * [en el original el autor cita de *The Pure Theory of Law*, *cit.*, p. 218, nota 83] (*Cfr. Teoría pura del derecho*, *cit.*, p. 229, nota 134).

59 *Reine Rechtslehre*, *cit.*, p. 224 [en el original el autor cita de *The Pure Theory of Law*, *cit.*, p. 217-218] (*Cfr. Teoría pura del derecho*, *cit.*, p. 228-229).

60 Compárese su tratamiento del anarquista (*The Pure Theory of Law*, *cit.*, p. 278, nota 82 [*Teoría pura del derecho*, *cit.*, p. 229, nota 133]), con su explicación del mismo problema en publicaciones previas y subsecuentes. Véase también su explicación

de que Kelsen no distingue entre la ciencia del derecho de la que tratan los juristas cuando hablan *acerca* del derecho y la actividad de los abogados y jueces que *usan* el derecho. Ambas las considera bajo un solo título de conocimiento jurídico. Kelsen gusta afirmar:

> Con su teoría de la norma fundamental, la teoría pura del derecho, no inaugura un nuevo método de conocimiento jurídico. Meramente hace consciente lo que todos los *juristas* hacen, finalmente, de forma inconsciente, cuando conciben los hechos arriba mencionados, como hechos no determinados por las leyes de la casualidad, sino que interpretan su sentido subjetivo como normas objetivamente válidas... La teoría de la norma fundamental es sólo el resultado de un análisis del proceso que un *conocimiento* positivista del derecho ha aplicado siempre.[61]

Kelsen, sin embargo, hace una afirmación similar no sólo acerca de los teóricos jurídicos, sino, también, sobre los profesionales del derecho. El siguiente pasaje se aplica a los abogados así como a los profesores de derecho:

> Que la norma fundamental realmente exista en la conciencia jurídica es resultado de un simple análisis de los enunciados jurídicos reales. La norma fundamental es la respuesta a la cuestión:
>
> ¿Cómo —y esto significa bajo qué condiciones— son todos aquellos enunciados jurídicos que se refieren a las normas jurídicas, deberes jurídicos, derechos, etcétera?[62]

Puede, quizás, afirmarse que los teóricos jurídicos no adoptan un punto de vista; no consideran el derecho válido sino simplemente describen lo que es considerado válido desde el punto de vista de alguna otra persona, *i.e.* del hombre de derecho. Pero los profesionales del derecho no describen lo que algún otro considera válido, sino ellos mismos consideran el derecho como válido, se refieren a él como válido, y lo aplican a casos particulares. Ellos no pueden decir que meramente describen un punto de vista; de

de si la *Teoría pura* presupone la norma fundamental en *The Pure Theory of Law*, *cit.*, p. 204, nota 72 (*Cfr. Teoría pura del derecho*, *cit.*, p. 213 nota 122).

61 *Reine Rechtslehre*, *cit.*, p. 209 [en el original el autor transcribe de *The Pure Theory of Law*, *cit.*, pp. 204-205] (*Cfr. Teoría pura del derecho*, *cit.*, pp. 213-214. Las cursivas son de J. Raz).

62 *General Theory of Law and State*, *cit.*, pp. 116-117 (*Teoría general del derecho y del Estado*, *cit.*, p. 137).

hecho, adoptan uno. Sin embargo, cuando actúan profesionalmente no necesitan expresar su punto de vista personal. Un anarquista puede ser no sólo profesor de derecho, sino, también, abogado. Como tal adopta y expresa un punto de vista profesional, el punto de vista de la ciencia jurídica, como Kelsen lo llama, lo que no lo compromete, y se entiende que no lo compromete con la opinión de que el derecho es justo.

Para Kelsen el teórico del derecho, así como el profesional del derecho, no sólo describen un punto de vista, sino que, de hecho, adoptan uno. La ciencia jurídica considera válidas las disposiciones jurídicas y de ahí que presuponga la norma fundamental. El punto de vista de la ciencia jurídica es la del hombre de derecho.

No es meramente descrito sino, de hecho, adoptado y es adoptado en un sentido especial.

Si un hombre efectivamente adoptara el punto de vista del hombre de derecho, adoptaría el derecho como su moral personal, agotando todas las normas que acepta como justas. La ciencia jurídica no acepta el punto de vista del hombre de derecho en este sentido. La ciencia jurídica no se compromete a considerar el derecho como justo. Adopta este punto de vista en un sentido especial de 'adoptar' es una adopción profesional y no comprometida. La ciencia jurídica presupone la norma fundamental no como lo hacen los individuos —*i.e.* aceptándola como justa—, sino en su especial sentido profesional y no comprometido.

8. *Conclusión*

El análisis de la teoría de la normatividad y de la norma fundamental de Kelsen clarifica algunas de sus tesis fundamentales. Explica su insistencia en que la norma fundamental presupuesta por la ciencia jurídica autoriza la primera constitución y no se refiere a ninguna autoridad no jurídica como Dios o la naturaleza. Los individuos, desde sus puntos de vista personales, se encuentran verdaderamente imposibilitados a adoptar esta norma como sus normas fundamentales. Ellos probablemente recurrirán a Dios o a la naturaleza o alguna otra norma moral como su norma fundamental. Pero esto es irrelevante para la ciencia jurídica la cual tiene un punto de vista especial, el del hombre de derecho, el cual adopta en el especial sentido profesional de adoptar. La ciencia jurídica, por tanto, presupone, en el sentido especial, esta norma fundamental particular, porque, como ciencia, se ocupa solamente del derecho positivo.

En el presente análisis la posición de Kelsen sobre la relación del derecho y la moral es vista como implicada por el resto de su teoría:

> Cuando se afirma que el derecho positivo y la moral son dos sistemas de normas distintos, recíprocamente independientes, significa únicamente que el jurista, al determinar lo que es jurídico, no toma en consideración a la moral, y el moralista, al determinar lo que es moral, no presta atención a las prescripciones del derecho positivo. El derecho positivo y la moral pueden ser considerados como dos sistemas de normas distintos y recíprocamente independientes en virtud y en la medida en que no son concebidos simultáneamente válidos desde el mismo punto de vista.[63]

Kelsen explica aquí el punto de vista profesional del estudioso del derecho y la moral. No niega que un orden jurídico pueda incorporar reglas morales o que la moral pueda incorporar el derecho y considerarlo moralmente válido. Tampoco niega que un individuo desde su punto de vista personal pueda considerar, a las normas jurídicas y a las no jurídicas, válidas a la vez. Para el individuo todas ellas formarán parte de su sistema normativo personal, basado en su personal punto de vista. Desde el punto de vista de la ciencia jurídica, sin embargo, únicamente el derecho es válido, justamente como, desde el punto de vista de las teorías éticas únicamente las normas morales son válidas.

La insistencia de Kelsen en que desde un punto de vista particular pueda haber sólo un sistema normativo y sólo una norma fundamental, explica por qué su teoría de la normatividad implica por sí misma que hay, justamente, una norma fundamental para cada sistema jurídico. En tanto que las normas fundamentales son necesarias únicamente para permitirnos considerar el derecho como normativo, nada impide a uno postular varias normas fundamentales en relación a un sistema. Una norma fundamental puede

[63] *What is Justice?, cit.*, p. 284. Compárese también *General Theory of Law and State, cit.*, p. 374 (*Teoría general del derecho y del Estado, cit.*, pp. 445-446); *General Theory of Law and State* (Appendix: Natural Law Doctrine and Legal Positivism), *cit.*, pp. 410 y ss. [Por error el autor cita la página 490 la cual corresponde al índice de la obra mencionada].

hacer normativo el derecho penal, otra se relacionaría con el derecho de la propiedad, etcétera. Sin embargo, en base a la teoría de Kelsen esto significaría que no existe un solo punto de vista desde el cual es considerado el sistema jurídico, sino varios, cada uno correspondiendo a cada una de las normas fundamentales. Más aún, como no hay sino una ciencia general del derecho, de la premisa kelseniana de la unidad de un punto de vista se sigue que todas las disposiciones jurídicas forman un solo sistema jurídico. La razón última de la teoría de Kelsen de la unidad del derecho nacional e internacional es su teoría de la normatividad. Puesto que todas las normas tenidas por válidas desde un punto de vista forman un sistema normativo, se sigue, sin mayor argumento, que en virtud de que el derecho nacional y el internacional son considerados válidos desde el punto de vista de una ciencia jurídica, son parte de un sistema. Todo lo que resta hacer es explicar cómo deben ser así entendidos. "La unidad del derecho nacional e internacional es un postulado epistemológico. Un jurista que *acepta ambos* como conjuntos de normas válidas tiene que tratar de comprenderlos como partes de un sistema armonioso."[64] "Una vez que se concede que el derecho nacional y el derecho internacional son ambos derechos positivos, es obvio que ambos tienen que ser válidos *simultáneamente desde el mismo punto de vista jurídico.* Por esta razón tienen que pertenecer al mismo sistema."[65] "Si ambos [sistemas] son considerados como órdenes *simultáneamente* válidos de normas obligatorias, esto se debe a que se les concibe a ambos comprendiendo un solo sistema."[66]

Este análisis de la doctrina de la norma fundamental de Kelsen en su función de establecer la normatividad del derecho se basa en la afirmación de que, aunque Kelsen rechaza las teorías del derecho natural, él consistentemente usa el concepto de normatividad del derecho natural, *i.e.* el concepto de normatividad justificada. Kelsen está en posibilidad de sostener que la ciencia del derecho es valorativamente libre afirmando con ello un especial punto de vista, el del hombre de derecho; sosteniendo que la ciencia jurídica adopta este punto de vista. La ciencia del derecho presupone su

64 *General Theory of Law and State, cit.*, p. 373 (*Teoría general del derecho y del Estado, cit.*, pp. 443-444).

65 *What is Justice?, cit.*, p. 284. (Las cursivas son de J. Raz).

66 *Reine Rechtslehre, cit.*, p. 332 [el autor transcribe de *The Pure Theory of Law, cit.*, p. 332. Las cursivas son de J. Raz] (*Cfr. Teoría pura del derecho, cit.*, p. 334).

norma fundamental en un especial sentido profesional y no comprometido de presuponer. No hay, después de todo, un sentido jurídico de normatividad, pero hay una manera específicamente jurídica en que la normatividad puede ser considerada.

Éste es el núcleo de la teoría de Kelsen. A esto Kelsen añade la posterior afirmación de que todas las normas tenidas por válidas desde un punto de vista tienen que ser consideradas como un sistema consistente. Esta ulterior tesis puede y debe ser criticada y rechazada. Conduce a una visión distorsionada de las relaciones entre varios valores suscritos por un individuo. También conduce a una distorsión del concepto común de sistema jurídico. Éste no es lugar para examinar las insuficiencias de la concepción de Kelsen sobre la moral personal. El fracaso de Kelsen en su explicación del sistema jurídico es tratado en otro lugar.[67] Es, sin embargo, importante recordar que es posible rechazar la identificación de Kelsen de los conceptos de sistema normativo y punto de vista normativo, y retener otros principios de la teoría de la normatividad y norma fundamental.

Me parece que la teoría de Kelsen es la mejor teoría existente del derecho positivo basada en el concepto de normatividad justificada. Es deficiente al ser vinculada a otras doctrinas erróneas y esencialmente independientes; asimismo es incompleta al no ser respaldada por alguna doctrina semántica o doctrina del discurso capaz de explicar la naturaleza del discurso desde el punto de vista del hombre de derecho.[68]

67 Véase *supra,* inciso 2: *La norma fundamental y la unidad de los sistemas jurídicos*; véase Hart, H. L. A. 'Kelsen' doctrine of The Unity of Law', *cit.* (la doctrina kelseniana de la unidad del derecho, *cit.).*

68 Sobre el discurso normativo véase J. Raz, *The Concept of a Legal System cit.*, pp. 234-238. (*Postscript*: *Sources, Normativity and Individuation*). Para un comentario en español al respecto, véase Tamayo y Salmorán, R., "La teoría de J. Raz sobre los sistemas jurídicos", *cit.*

CAPÍTULO VIII

LA VALIDEZ JURÍDICA*

1. *Su naturaleza*

Normas,[a] órdenes, contratos, testamentos, compra-ventas, matrimonios y muchas otras cosas pueden ser jurídicamente válidas o inválidas.[1] La siguiente explicación se limitará a la validez jurídica de normas, pero muchas de sus conclusiones se aplican con igual fuerza a otros casos de validez jurídica.

Una norma que no es jurídicamente válida no es en absoluto una norma jurídica. Una disposición jurídica (*a law*) válida es una disposición jurídica, una disposición jurídica inválida, no lo es. Similarmente, una norma válida es una norma y una norma inválida no es en absoluto norma. Este último punto es discutible. Muchos sostienen que una norma inválida es una norma que no posee la propiedad de ser válida (¿acaso posee la propiedad de ser inválida?). Esta concepción es particularmente apropiada si las normas se identifican con proposiciones o enunciados o algunos análogos normativos de ellos, *e.g.* imperativos, prescripciones, o proposiciones deónticas. Dentro de este punto de vista una norma jurídicamente obligatoria tal como 'los padres tienen que mantener a sus hijos'

* Publicado anteriormente en *Archiv für Rechts-und Sozial philosophie*, Bd. LXIII/3, 1977, pp. 339-353.

[a] Si en alguna ocasión hemos traducido *'rule'* como 'disposición jurídica' ahí donde ocurría como sinónimo de *'a law'*, en este caso hemos preferido traducirlo como 'norma'. De esta forma resultan más claras las explicaciones del autor. N.T.

[1] ¿Son todas las normas jurídicamente válidas o jurídicamente inválidas? Voy a asumir que sí. Las normas anulables son frecuentemente válidas, hasta que son anuladas —lo que es una forma especial de derogación—. Algunas veces, al ser anuladas, estas normas son derogadas retroactivamente. En otras ocasiones, algunas de sus consecuencias son mantenidas para proteger los intereses de las personas que habían confiado en ellas, de buena fe o por otras razones. Pienso que es mejor considerar todas estas consecuencias como resultado de la operación de algunas otras normas las cuales se aplican a alguno de los casos de esta especial derogación por vía de anulabilidad.

es una proposición deóntica la cual es aceptada o respaldada dentro de un cierto sistema jurídico. El respaldo a una proposición deóntica (o a imperativos —en diferentes teorías—) se concibe de alguna manera, como análogo a creer, con respecto a proposiciones ordinarias.

No quiero negar que las personas (aunque, quizás, no los estados u otras organizaciones) pueden tener actitudes hacia las proposiciones deónticas o hacia los imperativos las cuales son análogas a creer, si no idénticas. Sin embargo, todo esto no tiene nada que ver con las normas. Las normas, no las proposiciones, son razones para actuar ('lo hice en virtud de la norma que prohíbe esto y aquello', pero no 'lo hice en virtud de una proposición deóntica —o del imperativo— de que esto y aquello').[2] Las normas, no las proposiciones ni los imperativos, pueden ser razones para creer o apoyos de algunas proposiciones o imperativos ('creo que debo mantener a mi madre en virtud de la norma —pero no en virtud de la proposición deóntica— de que los hijos deben respetar a sus padres').

Tales consideraciones sobre el papel de las normas como razones pueden sugerir que las normas, aunque no las proposiciones ni los imperativos, son hechos, puesto que los hechos son razones tanto para la acción como para creer. La existencia de una norma es, indiscutiblemente, un hecho. Podemos decir 'es un hecho que existe una norma que...' y si tal enunciado es verdadero, entonces es un hecho de que tal norma existe. Sin embargo, aun cuando cada enunciado deóntico verdadero o justificado enuncia un hecho[b] ('el hecho de que uno debe ϕ-*r*, etcétera), no se sigue que todo enunciado de este tipo sea un enunciado de una norma. Por el contrario, es claro que esto no es el caso. Considérense los tres enunciados siguientes: (1) todos deben de mantener sus promesas. (2) Las mujeres deben mantener sus promesas. (3) Juan debe darme cinco libras (puesto que lo prometió). Es claro que únicamente el primer enunciado enuncia una norma. (Estoy asumiendo que los tres son verdaderos, correctos o justificados.) Los otros dos son verdaderos en virtud de la norma enunciada por el

2 Estrictamente hablando no es la norma sino el hecho de que ésta exista, *i.e.*, de que sea válida, lo que constituye una razón.

b Aun cuando la expresión más apropiada para traducir '...*states a fact*' sería '...establece un hecho', hemos preferido la expresión: '... enuncia un hecho' puesto que el uso de 'establecer' podría entenderse como un acto de creación normativa (o su resultado), lo que no es el caso. N.T.

primero. Estos últimos por sí mismos, no afirman normas; aplican una norma a situaciones generales o concretas.

No es parte de mi intención explicar aquí por qué algunos enunciados afirman normas y otros no.[3] Para nuestro propósito podemos confiar en nuestras intuiciones lingüísticas, las cuales nos dicen que únicamente a algunos enunciados deónticos podemos anteponerles 'es una norma que', manteniendo el valor de verdad de la oración.[4] Sobre la manera de aplicar esa distinción posiblemente en el caso del derecho disponemos de una más clara situación que cuando tratamos con algunos otros tipos de normas. La razón es que las disposiciones jurídicas son, normalmente, producto de actos *autoritativos* (ya sea de creación legislativa o judicial). Por ello sentimos, en última instancia, que los enunciados que describen cuidadosamente el producto de uno o más actos *autoritativos* tienen mejor derecho para ser considerados enunciados de una norma que aquellos que aplican la norma a circunstancias particulares. Este criterio no se aplica a normas no institucionalizadas tales como las normas morales o consuetudinarias, donde diferentes consideraciones realizan un papel similar.

Las normas, por tanto, no son enunciados ni prescripciones, aun menos prescripciones o enunciados justificados o verdaderos. Las normas son cosas cuyo contenido es descrito por algún enunciado normativo y tales enunciados son verdaderos si las normas existen, *i.e.* si son válidas; y no son verdaderos si las normas no existen, *i.e.* si no son válidas. De ahí se sigue nuestra observación original de que una norma inválida no es una norma: una piedra no existente no es una piedra, aunque podamos hablar de tales piedras y des-

[3] En mi libro *Practical Reason and Norms*, en el capítulo II, sostengo que no todos los enunciados de razones para actuar son enunciados de normas, en base a que las normas juegan un papel especial en el razonamiento práctico, papel que es significativamente diferente del de las razones ordinarias. Mi presente argumento tiene mejor alcance e implica que no todo enunciado de razón basado en una norma es un enunciado de una norma. La explicación de esta distinción es la función de la doctrina de la individuación de normas. He delineado una doctrina de la individuación de las normas jurídicas en *The Concept of a Legal System*, pero sus conclusiones no pueden ser extendidas a otras normas. [El autor se refiere a la edición de 1970 de *The Concept of a Legal System*; sin embargo, en la edición de 1980, esto es, posterior a la aparición de este libro, el autor agregó un apéndice (*Postcript*): *Fuentes, normatividad e individuación*, en el cual varias de sus tesis sobre la individuación son reformuladas.]

[4] Cuando se habla del derecho el operador relevante es 'existe una disposición jurídica que' —y no 'el derecho es que'.

cribir alguna de sus propiedades, como lo podemos hacer de las normas inválidas.

Tales observaciones pueden conducirnos a concluir que explicar lo que es la validez jurídica equivale, ni más ni menos, a explicar lo que es derecho. Esto, sin embargo, es un error. La naturaleza del derecho se explica, primordialmente, al explicar qué son los sistemas jurídicos. La validez, por el otro lado, se refiere a las normas del sistema. Si podemos decir del sistema mismo que éste es válido, es sólo en el sentido de que sus normas son válidas.[5] Pero, ahora, otra proposición puede, a su vez, sugerirse. Puesto que es claro que un sistema jurídico consiste de normas jurídicas válidas[6] ¿no podría ser acaso que la validez jurídica significara simplemente membrecía a un sistema jurídico? Cuando preguntamos por la naturaleza de la validez jurídica preguntamos, siguiendo esta sugerencia, por los criterios de membrecía a un sistema jurídico.

No obstante su atractivo inicial, esta sugerencia, sin embargo, tiene que ser rechazada. Aun si asumimos que 'jurídicamente válido de conformidad al sistema *S*' y 'una disposición jurídica del sistema *S*' son necesariamente coextensivas, no podemos concluir que signifiquen lo mismo. La cuestión es: ¿qué es una razón para qué? ¿Una norma es parte del sistema porque es válida o es válida porque es parte del sistema? Parece intuitivamente claro que hay dos diferentes respuestas a estas cuestiones. Aquellos que quieren explicar la validez como membrecía a un sistema sostendrán, presumiblemente, que, no obstante nuestras intuiciones, los dos términos son idénticos en significado y ambas cuestiones deben ser contestadas negativamente. Esto es erróneo aunque únicamente lo sea por la simple razón de que no toda norma jurídicamente válida es parte del sistema jurídico conforme al cual es válida.

Por supuesto, es bien conocido que la mayoría de los sistemas jurídicos reconoce y aplica muchas normas que no son parte del

5 O bien que son sistemáticamente válidas, es decir, válidas en virtud de que pertenecen a tal sistema. Véase *infra* inciso 2 de este capítulo.

6 Aquí y en todo el capítulo, uso 'normas' (*'rules'*) incluyendo principios y todos los otros tipos de normas aun las disposiciones jurídicas no normativas. [Aquellas disposiciones jurídicas que, aunque no regulan el comportamiento humano directamente, afectan el alcance y existencia de las normas propiamente dichas, un ejemplo de estas disposiciones no normativas podría ser, según el autor, una norma derogatoria. N.T.] Por otro lado, estoy considerando en este capítulo únicamente sistemas jurídicos momentáneos. (*Cfr. supra*, capítulo 1). Pequeños ajustes obvios son necesarios para que las conclusiones se apliquen a sistemas jurídicos no momentáneos.

sistema. Las normas del derecho internacional privado de un sistema jurídico *S* son disposiciones jurídicas que establecen las condiciones bajo las cuales disposiciones jurídicas extranjeras deben ser tenidas por jurídicamente válidas de conformidad a *S*. Los sistemas jurídicos frecuentemente reconocen el derecho de varios grupos religiosos para regular ciertos aspectos de la vida de sus miembros de acuerdo a sus disposiciones religiosas. Reconocen el derecho de varios grupos étnicos o tribales a gobernarse, en ciertos aspectos, por sus costumbres.

Asimismo, reconocen el derecho de asociaciones voluntarias para crear normas que regulen algunas actividades de sus propios miembros. En todos estos casos las normas reconocidas y aplicadas en *S* son jurídicamente válidas de conformidad a *S*, pero no son, por ello, parte del sistema jurídico *S*.[7]

Puesto que validez conforme a derecho es más amplio que membrecía a un sistema jurídico, ya que aunque todas las disposiciones jurídicas son jurídicamente válidas, no toda norma jurídicamente válida es una disposición jurídica del sistema, es claro que la noción de membrecía a un sistema jurídico no puede explicar completamente la validez jurídica. Las dos nociones, aunque relacionadas, son parcialmente independientes una de la otra.

El mejor camino para el entendimiento de 'jurídicamente válido' es atendiendo al hecho de que se usa de manera intercambiable con 'jurídicamente obligatorio'.[8] Una norma válida es la que tiene efectos normativos. Una norma jurídicamente válida es la que tiene efectos jurídicos.[9] Para evitar malentendidos tales enunciados deberían, quizá, ser complementados de forma a decir: una norma jurídicamente válida es aquella que tiene en derecho los efectos normativos que pretende tener. Si hay una norma jurídica cuyo propósito sea imponer una obligación a *X*, entonces *X* está bajo tal obligación en virtud de que la norma es una norma jurídica. Si hay una norma cuyo propósito sea conferir un derecho

7 Para una más amplia explicación al respecto véase mi *Practical Reason and Norms*, *cit.*, pp. 152-154.

8 Fuera del derecho, 'obligatorio' ('*binding*') se usa más extensamente que 'válido'. Hablamos, por ejemplo, de normas morales obligatorias más que de normas morales válidas; de promesas obligatorias, no de promesas válidas. Usaré, 'válido' en el sentido de ser intercambiable con 'obligatorio' y el análisis ofrecido está hecho para aplicarse a ambos. La diferencia entre 'obligatorio' y 'válido' en todos estos contextos no afecta su significado normativo.

9 En cuanto a la fuerza precisa de 'jurídicamente' en tales contextos, véase el final del siguiente inciso.

o facultad a *Y*, entonces *Y* tiene tal derecho o facultad en virtud del hecho de que la norma es una norma jurídica.

Es evidente que esta concepción de la naturaleza de la validez de las normas puede fácilmente extenderse para explicar la validez de contratos, compra-ventas, testamentos, matrimonios, etcétera. Todos son válidos si, y sólo si, tienen las consecuencias normativas que pretenden obtener.

A aquellos familiarizados con la obra de Kelsen, les será claro que hasta aquí, no es, sino simplemente adaptado y explicado, la noción kelseniana de validez. Kelsen identifica la validez de las normas con su existencia y afirma que decir de una norma que es válida es decir que debe ser obedecida. He tratado simplemente de explicar y generalizar esto diciendo que el hecho de que una norma sea válida significa que tiene las consecuencias normativas que pretende tener. Pero tan pronto uno afirma este punto de vista, sus dificultades inherentes aparecen.

En el viejo debate entre iusnaturalistas y positivistas, los primeros adoptaron la concepción de que 'una norma válida' significa una norma justificada, una norma que uno está justificando, verdaderamente requerido, a observar y respaldar. Los positivistas, por otro lado, tradicionalmente sostienen que la validez o, al menos, la validez jurídica de una norma, significa no su justificación sino que ésta es reconocida como aplicable por los criterios establecidos en un sistema jurídico eficaz, una norma que, de hecho, es obedecida, con independencia de si debe serlo o no. Al seguir a Kelsen hemos adoptado la concepción del derecho natural sobre el significado de 'validez'. Esto plantea dos cuestiones: ¿Cómo podría reconciliarse tal concepción con el hecho de que el derecho regula su propia validez, es decir de que puede, y efectivamente establece, criterios sociales y fácticos de validez completamente diferentes a aquellos que determinan la validez de las normas morales? En segundo lugar: ¿Cómo puede ser que al afirmar lo que es derecho no estemos respaldando su mérito moral?

2. *Validez sistemática.*

Parece razonable identificar la validez moral de las normas con su justificación e identificar la justificación con la existencia de una norma moral. La validez moral es presumiblemente establecida por argumento y la forma de argumentar que una norma es moralmente obligatoria o válida es mostrando que está justificada, que los requerimientos y restricciones que impone deben ser observados. Aquí validez y justificación parecen particularmente cercanos. Pero el derecho es diferente. La validez jurídica de una norma es establecida no por argumentos sobre su valor y justificación, sino, más bien, mostrando que se conforma a criterios de validez establecidos por algunas otras normas del sistema, las cuales pueden ser llamadas reglas de reconocimiento.[c] Tales criterios se refieren normalmente a la forma en que la norma fue legislada o establecida por la autoridad judicial. La validez jurídica de las reglas de reconocimiento es determinada de forma similar, excepto la validez de las últimas reglas de reconocimiento la cual es cuestión de hechos sociales, es decir, las reglas últimas de reconocimiento que son obligatorias son aquellas que son efectivamente practicadas y seguidas por los tribunales.[10] Para entender cómo el carácter social y fáctico del derecho puede ser reconciliado con la idea de validez como justificación, tenemos que considerar el sentido en el cual el derecho es un sistema *social.*

Existe un sentido obvio por el cual el derecho es social. Un sistema jurídico puede estar en vigor en una cierta comunidad o puede no estarlo. Está en vigor si es efectivamente seguido, observado y aplicado dentro de la comunidad. Para nuestro propósito, no es pertinente construir aquí un criterio para determinar cuándo se encuentra en vigor en una cierta comunidad un sistema jurídico. Es suficiente con que todos acepten que su vigencia es resultado de la eficacia del derecho en tal sociedad. Sin embargo, como quiera que esta consideración funcione, lo mismo es verdad para las normas morales. Éstas pueden ser observadas, seguidas y aplicadas por una cierta comunidad (y no quiero decir que sean aplicadas jurídicamente), o bien pueden ser ignoradas y violadas con mayor frecuencia de lo que no lo son. El criterio preciso

c No obstante que hemos traducido *'rule'* por 'norma', hemos conservado la expresión 'regla' en 'regla de reconocimiento' por ser ésta el nombre de una muy conocida doctrina de Hart a la que aquí se alude. N.T.

10 Sigo aquí la doctrina de Hart de la regla de reconocimiento en forma un poco modificada. Véase Hart, H. L. A., *The Concept of Law,. cit.*, pp. 92-107 (*Cfr. El concepto de derecho, cit.*, pp. 117-137) y mi artículo 'Legal Principles and The Limits of Law', en Yale Law Journal, vol. 81, núm. 5, 1972, pp. 823-854. Véase también, el capítulo IV como un intento de conciliación entre las tesis de Kelsen y Hart sobre las normas jurídicas últimas.

para la vigencia del derecho difiere de aquel por el cual juzgamos si un cierto código moral es el código moral de una comunidad, por una cuestión: la moral, a diferencia del derecho, no reposa en instituciones legislativas y judiciales. Pero, en esencia, así como podemos hablar de las disposiciones jurídicas de Inglaterra o Alemania, igualmente podemos hablar de la moral de los ingleses o de los alemanes y los criterios, en cualquiera de los casos, son criterios de la eficacia social de las normas.

Hay, sin embargo, una segunda manera en la que el derecho es un hecho social. Todas las disposiciones jurídicas tienen una fuente. La validez de toda disposición jurídica está condicionada por la existencia de ciertos hechos: ciertos actos del parlamento o de un ministro o de un consejo municipal, ciertas decisiones de los tribunales, un patrón general de comportamiento del grueso de la población que da cuenta de la existencia de una costumbre, etcétera. Estos son hechos creadores de derecho. La existencia de toda disposición jurídica depende, también, de la no existencia de hechos derogatorios de derecho. "El derecho regula su propia creación", dice Kelsen. El propio derecho determina qué actos crean disposiciones jurídicas y qué actos las abrogan.

La concepción del derecho como un hecho social, como un método de organización y regulación de la vida social, se mantiene o cae con las dos tesis mencionadas. En su núcleo yacen las tesis: (1) que la existencia de un sistema jurídico es una función de su eficacia social, y (2) que toda disposición jurídica tiene una fuente. La importancia obvia de la primera tesis no debe obscurecer la igual importancia de la segunda. Esta última es vital para la concepción del derecho, ya que, por sí sola, puede garantizar que el contenido del derecho pueda ser determinado en forma objetiva y valorativamente neutra. Ahora bien, puesto que la validez de una disposición jurídica depende de su fuente, y dado que la fuente es una acción o una serie de acciones, las dudas y discusiones sobre la validez de las disposiciones jurídicas giran alrededor de cuestiones fácticas, alrededor de cuestiones susceptibles de determinación objetiva a las cuales las opiniones morales o políticas de uno son esencialmente irrelevantes.

Explicar la función e importancia de la tesis de las fuentes no ayuda, sin embargo, a reconciliarla con la concepción de la validez como justificación. No puede afirmarse que la visión justificativa de la validez implique la tesis de las fuentes. Pero es claro que las dos son compatibles. Cuando se considera la validez de una disposición jurídica como tal uno considera aquellas razones para adherirse a la norma las cuales dependen de que ésta sea una disposición jurídica, *i.e.* de que sea parte de un sistema jurídico en vigor en cierta comunidad. La validez jurídica de las disposiciones que prohíben el robo no reposan en argumentos referidos al derecho a la propiedad y a lo malo que es infringirlo. Reposan en la necesidad de tener derecho efectivo y la autoridad justificada de aquellos que lo crean.

Permítasenos distinguir entre la validez de una disposición o una norma que significa que ésta debe ser obedecida por una u otra razón y su validez sistemática como disposición jurídica, en tanto norma jurídica, que significa que ésta debe ser obedecida en virtud de que es parte de un sistema que se encuentra en vigor en el país respectivo. Mientras que la validez directa (*i.e.* no sistemática) de una norma ve hacia los fines y valores que ésta sirve o daña, su validez jurídica, sistemática, depende del hecho de que ésta pertenece a un sistema jurídico dado y que, como tal, está justificada. De ahí que probar que el derecho descansa en una fuente que es reconocida por el sistema es parte esencial del argumento para su validez jurídica, tal y como, precisamente, esperábamos que fuera. Que la validez dependa de fuentes fácticas no es único al derecho. Un hijo debe obedecer los mandatos de sus padres. Sus mandatos dirigidos a él son válidos. Algunos son directamente válidos, en ocasiones hay buenas razones para comportarse como se le ordena. Sin embargo, independientemente de si ése es o no el caso, todos los mandatos de los padres son válidos sistemáticamente, *i.e.*, válidos en virtud de que son emitidos por una autoridad legítima, porque tienen una fuente y porque hay razones para seguir las órdenes emanadas de tal fuente.

Para concluir; una norma de derecho es válida si, y sólo si, tiene las consecuencias normativas que pretende tener. Es jurídicamente válida si, y sólo si, es válida en virtud de que pertenece a un sistema jurídico en vigor en un cierto país o es aplicable en él, *i.e.*, si es sistemáticamente válida. Similarmente, una obligación es una obligación jurídica y un derecho subjetivo es tal si, y sólo si, son obligaciones o derechos en virtud de una norma que es jurídicamente válida. La validez presupone membrecía y aplicabilidad. Los juicios de membrecía y de aplicabilidad son juicios sobre hechos sociales. Los juicios sobre la validez jurídica son juicios normativos parcialmente fundamentados en tales hechos.

3. *Enunciados desde un punto de vista*

He mostrado cómo la concepción justificativa de la validez jurídica es compatible con que la validez jurídica dependa de fuentes fácticas. Resta examinar la otra dificultad que enfrenta la concepción justificativa: la interpretación de enunciados jurídicos imparciales (*detached*).

Un enunciado jurídico imparcial es un enunciado sobre el derecho, sobre qué derechos u obligaciones jurídicas tienen los individuos, no un enunciado sobre las creencias, actitudes o acciones de los individuos ni tampoco acerca de sus creencias, actitudes o acciones hacia el derecho. Sin embargo, un enunciado normativo imparcial no contiene la fuerza normativa completa de un enunciado normativo ordinario. Su emisión no compromete a quien lo dice a las opiniones normativas que su dicho expresa.

Los consejos de los abogados a sus clientes, las exposiciones de los profesores de derecho ante sus estudiantes frecuentemente pertenecen a esta categoría. No estoy implicando que los abogados o los profesores de derecho no creen en la validez (*i.e.* justificativa) del derecho que tratan, únicamente que, frecuentemente, no se comprometen a tales creencias cuando actúan en su actividad profesional.

Como ya hemos observado, el análisis de los enunciados normativos imparciales es un criterio crucial para cualquier teoría positivista del derecho. Su existencia es, por otro lado, la fuente principal de su vigor. Muestra que el lenguaje normativo puede ser usado sin completa fuerza o compromiso normativo. Sin embargo, por el otro lado, no es fácil ni remotamente explicar qué sentido tienen las expresiones normativas cuando no contienen su completa fuerza normativa. La respuesta de Bentham fue negar que tales expresiones constituyeran expresiones normativas. 'X tiene el deber de ϕ-*r*' significa 'X es responsable de una sanción si no ϕ'. 'Una disposición jurídica requiere que X ϕ' significa 'un soberano ordenó a X ϕ-*r*. Posteriores positivistas admitieron que 'disposición jurídica', 'deber', 'derecho', etcétera tienen sus usos normativos pero presuponían que contenían un sentido puramente fáctico cuando eran calificados por el adjetivo 'jurídico' o precedidos por el operador 'el derecho es que' y sus equivalentes. De esta manera cualificados, no significaban más que la norma o el deber es reconocido por un sistema jurídico generalmente eficaz. Pero esto, esencialmente no es más que una versión más sofisticada de la opinión de Bentham. El derecho es identificado no necesariamente como producto de la legislación, sino como práctica de los tribunales y de otros funcionarios y esto incluye no sólo normas que son directamente reconocidas por ellos, sino, también, aquellas con las que están implícitamente comprometidas según su práctica existente.

H. L. A. Hart reconoció que aun la versión sofisticada de Bentham distorsiona la naturaleza de muchos enunciados jurídicos.[11] Hart llama a los enunciados, a los que este análisis se refiere, enunciados externos, e insiste en la importancia de los enunciados internos en el análisis del derecho. La mayoría de los enunciados ordinarios acerca del derecho hechos por los ciudadanos, los agentes de policía, abogados, jueces, profesores y estudiantes de derecho son, según Hart, enunciados internos. Los enunciados externos sobre el derecho son enunciados sobre las prácticas y acciones de las personas, sobre sus actitudes y creencias con referencia al derecho. Los enunciados internos son aquellos que aplican el derecho, usándolo como patrón por medio del cual evalúan, guían o critican el comportamiento. Los enunciados internos son, de esta manera, enunciados normativos genuinos. Hacer enunciados internos es, de esta forma, un signo de respaldo a la norma respectiva. Uno respalda una norma si la usa regularmente al guiar, evaluar y criticar aquellas acciones a las cuales la norma se aplica. El respaldo de una norma incluye, por tanto, la disposición de hacer enunciados internos.[12] Es crucial para el entendimiento de la postura de Hart tener presente que su noción de aceptación o respaldo de una norma no implica aprobación moral. Un hombre puede tener a una norma por moralmente justificada y puede respaldarlo por esta razón. Pero, igualmente, un hombre puede respaldar y seguir una norma por cualquier otra razón o por ninguna razón.

11 Uso 'enunciados jurídicos' de forma poco rigurosa para mencionar todo tipo de enunciados sobre el derecho. Algunos de tales enunciados se encuentran propiamente analizados en el sofisticado modelo de Bentham.

12 Aunque, por supuesto, el mero recurso ocasional a enunciados internos no vale como respaldo.

Me parece que Hart está en lo cierto al decir que los jueces y otros funcionarios regularmente involucrados en la aplicación y ejecución del derecho efectivamente lo aceptan y siguen. Pueden tener reservas con respecto a la justificación moral del derecho, pero, no obstante, ellos lo aceptan y lo aplican por sus propias razones (salario, contexto social, etcétera) o por ninguna razón.[13] Sus enunciados jurídicos normalmente reflejan esta actitud. Son enunciados normativos internos, enunciados normativos completamente comprometidos. Cuando afirman la validez jurídica de una norma, quieren efectivamente significar que afirman su fuerza obligatoria, aunque no necesariamente su fuerza moral.[14]

El interés de Hart por los enunciados internos es, parcialmente, resultado de su tesis de que un sistema jurídico está en vigor en una cierta comunidad sólo si, al menos, los funcionarios del sistema y normalmente muchos otros en la comunidad, aceptan sus disposiciones y las siguen; siendo dicha aceptación manifestada típicamente por el uso de enunciados internos. Su dicotomía entre enunciados internos y externos lleva, sin embargo, a obscurecer la existencia de una tercera categoría de enunciados. De la existencia de éstos se percató Kelsen puesto que es crucial para cualquiera que sostenga su tesis sobre el significado de 'validez' y rechace, al mismo tiempo, el derecho natural.[15]

Si los enunciados internos son típicos del juez y de los ciudadanos que respaldan el derecho, este tercer tipo de enunciados es característico del abogado y del profesor de derecho (quienes, por supuesto, frecuentemente hacen, también enunciados internos y externos), toda vez que no están primordialmente ocupados en aplicar el derecho a ellos mismos o a otros, sino en advertir a otros lo que deben hacer de conformidad al derecho. En un esclarecedor párrafo Kelsen contrasta la conducta del anarquista actuando como un ciudadano que hace enunciados internos completa-

[13] Es importante distinguir (cosa que no hago en mi libro *Practical Reason and Norms*) entre aquel que respalda completamente una norma, *i.e.* que cree que sus súbditos deben seguirla, y aquel que débilmente la acepta, *i.e.* que cree que debe seguirla él solo (ambos coinciden en el caso de normas personales). Hart sostiene que los jueces aceptan la regla de reconocimiento, al menos, débilmente. Un juez que la acepta sólo en forma débil tiene que pretender, parece, que la respalda completamente. De ahí que sus enunciados sean completamente normativos.

[14] *Cfr.* Hart, H. L. A., *The Concept of Law, cit.*, pp. 55-56 y 86-88 (*Cfr. El concepto de derecho, cit.*, pp. 70-72 y 110-1-13).

[15] Un problema que Hart, en razón de su diferente explicación de 'validez', no enfrenta.

mente normativos, con el anarquista que actúa como un jurista o un estudioso:

> El ejemplo que anteriormente escogía para ilustrar que la presuposición de la norma fundamental es sólo posible y no necesaria: el de que un anarquista no presupone la norma fundamental, es equívoco. El anarquista emocionalmente rechaza el derecho como orden coactivo, lo desaprueba, desea una comunidad sin coacción, una comunidad constituida sin un orden coactivo. El anarquismo es una actitud política que se funda en un cierto deseo. La interpretación sociológica, que no presupone una norma fundamental, es una actitud teórica. Igualmente un anarquista, si fuera jurista, podría describir el derecho positivo como un sistema de normas válidas sin aprobarlo. Muchos libros de texto en que es descrito el orden jurídico capitalista como un sistema de normas que establecen obligaciones, facultades, derechos, competencias, fueron escritos por juristas que políticamente desaprobaban tal orden jurídico.[16]

Los estudiosos del derecho —incluyendo abogados postulantes— pueden usar un lenguaje normativo cuando describen el derecho, pueden hacer enunciados jurídicos sin por ello respaldar la autoridad moral del derecho. Hay un tipo especial de enunciado jurídico que, aunque es hecho usando términos normativos ordinarios, no contiene la misma fuerza normativa de un enunciado jurídico ordinario. Para examinar su naturaleza debemos concentrar nuestra atención en la actividad de los juristas. Sin embargo, sería un error pensar que este tipo de enunciados es propio de abogados o de contextos jurídicos. Se encuentran siempre que una persona aconseje o informe a otro sobre su situación normativa en contextos en los cuales se hace claro que el consejo o información es dado desde un punto de vista o en base a ciertas presuposiciones que no son necesariamente compartidas por el expositor.

Imagínese un judío ortodoxo, aunque relativamente mal informado, que pide consejo a su amigo, católico; pero experto en la ley rabínica. '¿Qué debo hacer?' pregunta el judío, entendiéndose

[16] *Reine Rechtslehre cit.*, p. 224, nota ** (El autor transcribe de *The Pure Theory of Law*, p. 218, n. 82). *Cfr. Teoría pura del derecho, cit.*, p. 2229, nota 133 (en la versión española el traductor omite del ejemplo la referencia al orden jurídico capitalista).

claramente qué debo hacer de acuerdo a *mi* religión no a la tuya. El amigo le dice que debe hacer esto y aquello. El argumento es que ambos saben que esto no es lo que el amigo piensa que él debe realmente hacer. Su amigo está simplemente señalando cómo son las cosas desde el punto de vista de la ortodoxia judía. Es importante no confundir tales enunciados desde un punto de vista con los enunciados sobre las creencias de otras personas. Una de las razones es que puede no haber nadie que tenga tal creencia. El amigo de nuestro ejemplo puede estar expresando una muy rara opinión sobre una cuestión obscura de la ley rabínica.

Podría ser que, de hecho, la ley rabínica no hubiera sido respaldada o practicada jamás por nadie, ni siquiera por el judío inquisidor. Tampoco pueden tales enunciados ser interpretados como condicionales: 'si tú aceptas este punto de vista, entonces debes. . ., etcétera'; más bien los enunciados establecen lo que es el caso desde el punto de vista relevante, como si fuera válido o sobre la hipótesis de que lo es —como Kelsen lo expresa—, pero sin respaldarlo efectivamente.

Mucho del discurso sobre el derecho cae, según Kelsen, en esta categoría, la cual denomino enunciados desde un punto de vista.[17] Esto es especialmente verdad de los enunciados de los juristas prácticos y teóricos actuando en su capacidad profesional. La principal diferencia entre tales contextos y el de nuestro imaginado ejemplo es que en aquéllos está ausente la presuposición obvia de que mientras el católico no comparte el punto de vista en base al cual se expresa, el judío efectivamente lo comparte. El jurista —académico o práctico— puede creer o no en la validez moral del derecho. Su lector o cliente puede compartir o no tales creencias. Tales cuestiones son irrelevantes para la interpretación de dichos enunciados, aun cuando las respuestas a ellas —como en nuestro ejemplo— puedan ser conocidas en algunos casos.

El análisis de los enunciados desde un punto de vista, ofrecido aquí, es incompleto. Kelsen no tiene una explicación completa de tales enunciados. De hecho, lo que he expuesto aquí es ya una adaptación de la postura de Kelsen. Estamos aún en espera

[17] Aquí presento esta tesis, más que defenderla. Para una más detallada defensa de esta interpretación de Kelsen y un más amplio examen de la forma en que esa doctrina se integra en su teoría general del derecho, véase el capítulo anterior. En cuanto a mis propios desarrollos sobre este tema véase mi libro *Practical Reason and Norms*, *cit.*, pp. 170-177.

de un análisis completo de tales enunciados. Sin embargo, Kelsen merece el crédito por haber llamado nuestra atención hacia esta clase de enunciados de los más importantes. La discusión sobre la naturaleza del discurso normativo se hubiera salvado de muchas confusiones y equívocos de no haber descuidado la relevancia de tales enunciados.

4. *Validez y positivismo*

Si los enunciados desde un punto de vista son verdaderamente un tipo distinto de enunciados, entonces nuestra visión de la controversia tradicional entre iusnaturalistas y positivistas se transforma radicalmente. La principal fuerza de la postura positivista reside en su insistencia en que el derecho es esencialmente una forma de organización social. La principal afirmación de los iusnaturalistas es que el derecho es esencialmente moral. Tales formulaciones sugieren que las dos posturas no son, necesariamente, recíprocamente excluyentes. El derecho puede tener más de una propiedad esencial. Eso no niega, sin embargo, que muchas de las teorías propuestas del derecho natural son incompatibles con el positivismo.[18] Esta impresión de incompatibilidad mutua es aumentada por dos tesis semánticas que son generalmente respaldadas por los iusnaturalistas: primera, que términos normativos tales como 'un derecho', 'un deber', 'deber ser', son usados en el mismo sentido en enunciados jurídicos, morales o en otro tipo de enunciados normativos. Segunda, que los enunciados jurídicos son enunciados morales. Por ejemplo, cuando uno afirma 'es deber jurídico de Juan pagar la deuda' uno está afirmando que Juan tiene un deber (moral) de pagar la deuda originada en el derecho.

Los positivistas rechazan la segunda tesis semántica. Aún si el derecho es esencialmente moral —diría un cauto positivista— es claro que establecer el mérito moral de una disposición jurídica es un proceso diferente, el cual reposa en diferentes consideraciones, de aquel que establece su existencia como un hecho social. Para el positivista la identificación del derecho y de los deberes y derechos (subjetivos) a que da lugar, es una cuestión de hecho

18 En mi libro *Practical Reason and Norms*, *cit.*, pp. 162 y ss., he tratado de distinguir entre dos tipos de teoría del derecho natural: aquellas que son compatibles con el positivismo y aquellas que no lo son.

social. La cuestión de su valor es una cuestión ulterior y separada. Puesto que uno puede saber lo que es el derecho sin saber si está justificado, tiene que haber la posibilidad de hacer enunciados jurídicos sin implicar compromiso con respecto a su justificación. El positivista no necesita negar que muchos enunciados jurídicos efectivamente contienen tal compromiso. Primeramente se admite que esté o no justificado realmente el derecho, si éste está vigente, es tenido como tal por algunos de sus súbditos y ellos están prestos a hacer enunciados completamente comprometidos. Segundo, el derecho —a diferencia de las amenazas del salteador de caminos— pretende legitimidad para sí. El derecho se presenta así mismo como justificado y demanda de sus súbditos no sólo obediencia sino lealtad. El positivista no necesita negar que el tipo primordial de enunciados jurídicos es el de enunciados comprometidos —los enunciados internos de Hart—, pero concedería, como hemos observado, la posibilidad de enunciados no comprometidos, enunciados imparciales, *i.e.* aquellos que, aunque no comprometidos son, sin embargo, normativos. De esta manera, el positivista está obligado a rechazar la segunda tesis semántica del iusnaturalista.

Se podría pensar que esto implica, también el rechazo de la primera tesis. Puesto que si los términos normativos son regularmente usados en su sentido ordinario en contextos jurídicos ¿no acaso los enunciados hechos son, por su uso, siempre enunciados comprometidos? Pero, de hecho, mis argumentos muestran, hasta aquí, que la primera tesis semántica no es esencialmente una tesis iusnaturalista. Es una tesis que los positivistas pueden y deben adoptar, puesto que únicamente a través de ella y de la doctrina de los enunciados desde un punto de vista podemos entender la posibilidad de enunciados imparciales los cuales son, de todos modos, normativos y no meramente enunciados sobre las acciones o creencias, etcétera, de otras personas. Cabe admitir, que los enuncaidos desde un punto de vista son parasitarios de los enunciados normativos genuinos. Esto es, normalmente no es el caso de hacer enunciados desde un punto de vista salvo en relación con una sociedad en la cual las personas se encuentran frecuentemente prestas a hacer enunciados genuinos. Si no hay nadie de cuyo punto de vista se trate ¿por qué debemos estar interesados en él? Esto muestra cómo la segunda tesis del iusnaturalista es modificada más que abiertamente rechazada. Si este es otro indicador de que el abismo entre iusnaturalistas y positivistas no necestia ser tan infranqueable, como algunas veces se imagina, entonces por esta razón es también, bienvenido.

TERCERA PARTE

VALORES JURÍDICOS INTERNOS

CAPÍTULO IX

LAS FUNCIONES DEL DERECHO*

El concepto de las funciones del derecho es obviamente de importancia capital para cualquier teoría del derecho que intente una explicación general de la naturaleza del derecho. Al igual que muchos otros conceptos teórico-jurídicos, el de las funciones del derecho es relevante, también, para muchas otras disciplinas relacionadas con el derecho. Es apropiado para las consideraciones de los abogados, jueces y funcionarios que se enfrentan a problemas sobre la interpretación y aplicación correcta del derecho. Es relevante para los sociólogos y politólogos que desean explicar la interacción del derecho con otras normas e instituciones sociales. Es indispensable para los teóricos de la moral y la política que elaboran principios generales a los cuales el derecho debe conformarse y por cuya desviación el derecho debe ser criticado. De forma más indirecta el concepto de las funciones del derecho es también de interés para la filosofía normativa puesto que ésta se ocupa de una explicación general de las funciones de las normas, la cual es parte de la elucidación de la naturaleza de los sistemas normativos, sean jurídicos, morales, sociales u otros.

Teniendo en mente la importancia del concepto, es poco sorprendente que enunciados relacionados con las funciones jurídicas sean siempre encontrados en muchas explicaciones que se ocupan del derecho. Sin embargo, es sorprendente que los teóricos del derecho hayan puesto tan poca atención a la dilucidación de tan importante noción. No es que los teóricos del derecho no se hayan pronunciado sobre las funciones del derecho. En realidad tales pronunciamientos han sido frecuentemente hechos. Sin embargo, éstos fueron hechos muchas veces en un intento por enfatizar una particular manera de considerar el derecho, la que el filósofo respectivo pensó, la más de las veces de forma correcta, que había

* Publicado anteriormente en Simpsom, A. W. B. (Ed.), *Oxford Essays in Jurisprudence*, 2nd series, Oxford, University Press, 1973, pp. 278-304.

sido descuidada. No fueron hechos para ser clasificaciones comprehensivas de las funciones del derecho.

Considérense, por ejemplo, los siguientes pasajes:

> Con el propósito de entender el derecho de ahora, me contento con la imagen de satisfacer, las más que podamos, de la masa total de necesidades humanas con el menor sacrificio.[1]
>
> El derecho es la empresa de someter la conducta humana al gobierno de normas.[2]
>
> Las normas de un orden jurídico regulan el comportamiento humano.[3]
>
> ¿De qué se trata, entonces, esta cuestión del derecho? Se trata de hecho de que nuestra sociedad está repleta de disputas. Disputas efectivas y potenciales, disputas que deben ser resueltas y disputas que deben de ser prevenidas.[4]

Todos estos enunciados son correctos e importantes, todos ellos llaman la atención a aspectos importantes del derecho o a formas esclarecedoras de considerarlo. Sin embargo, curiosamente es difícil evaluarlas, e incluso juzgar si son compatibles o no. Parecería que esta dificultad no se supera completando más el contexto en el cual tales enunciados fueron hechos, puesto que lo que todos estos filósofos no logran proporcionarnos es un esquema comprehensivo razonado de clasificación de las funciones del derecho. El propósito de este capítulo es contribuir a la elaboración de tal clasificación general.[5]

Antes de emprender esta tarea, dos ulteriores aclaraciones son oportunas.

Los filósofos tienen ocasión de referirse a las funciones del derecho al menos en tres diferentes contextos. Algunos se ocupan de las funciones que todos los sistemas jurídicos necesariamente realizan, considerando, así, ciertas funciones como parte de la defi-

1 Pound, Roscoe, *Introduction to the Philosophy of Law*, New Haven, Conn. The Yale University Press, 1961, p. 47. (Existe traducción al español de Fernando Barancos y Vedia, *Introducción a la filosofía del derecho*, Buenos Aires, tipográfica Editora Argentina, S. A., 1972, p. 67.)

2 Fuller, Lon L., *The Morality of Law*, New Haven, Conn., Yale University Press, 1976, p. 106.

3 Kelsen, H., *Reine Rechtslehre, Cit.*, p. 32 (en el original el autor transcribe de *The Pure Theory of Law, cit.*, p. 31. *Cfr. Teoría pura del Derecho, cit.*, p. 45).

4 Llewellyn, K. N., *The Bramble Bush*, Dubbs Ferry, New York, Oceana Publications, 1960, p. 12.

5 No es mi propósito explicar el concepto de función.

nición de un sistema jurídico o como implicada por tal definición y ciertos hechos universales de la naturaleza humana. (Como la definición de un sistema jurídico no debe ser arbitraria sino tiene que ser justificada, la afirmación de que todo sistema jurídico necesariamente realiza ciertas funciones es, si esto es verdad, extremadamente importante.) Similarmente, la realización de ciertas funciones podría ser una característica definitoria de ciertas ramas del derecho (*e.g.* el derecho de contratos o el derecho penal, etcétera). Por otro lado, los teóricos están frecuentemente interesados no en funciones realizadas por todos los sistemas jurídicos, sino en aquellas funciones realizadas por algunos o por la mayoría. Su empresa puede residir en comparar el grado en el cual tales funciones son llevadas a cabo y las técnicas por las cuales son promovidas en varios sistemas jurídicos. Finalmente, los teóricos están interesados en pretender que los sistemas jurídicos en general, o bajo ciertas circunstancias, deben realizar ciertas funciones de cierta manera. Más que llevar adelante cualquiera de tales pretensiones, el objetivo de este capítulo es ayudar a formular un esquema clasificatorio general en uso del cual tales afirmaciones pueden ser hechas y evaluadas.

Dicha tarea clasificatoria puede ser llevada a cabo en gran detalle. Únicamente las más generales clasificaciones serán propuestas aquí en tanto que solamente ellas son susceptibles de justificar interés general. Las clasificaciones más detalladas deben ser hechas dentro del marco de las categorías generales. La forma exacta en la que esto debe ser llevado a cabo depende, sin embargo, del propósito que se tenga, el cual varía de un contexto a otro.

1. *Las funciones sociales del derecho*

La cuestión de las funciones sociales del derecho debe ser claramente distinguida de la clasificación de las normas jurídicas en distintos tipos normativos. El carácter normativo de una norma jurídica es una cuestión de sus propiedades lógicas. Es una cuestión de las implicaciones lógicas de un enunciado que afirma a tal norma. Las funciones sociales, por el otro lado, son consecuencias sociales del derecho intentadas o efectivas.

Distinguir entre diferentes tipos lógicos de disposiciones jurídicas es relativamente fácil, la clasificación se relaciona a aquella de los enunciados normativos a la cual se agrega una doctrina de la individuación.[6] Es posible producir un esquema clasificatorio razonado y completo de los tipos de normas. El análisis de las funciones sociales del derecho reposa en una base más resbaladiza; no tenemos a nuestra disposición una guía firme para la clasificación, comparable al análisis de los tipos de normas. Es mucho más difícil proporcionar una clasificación con la pretensión de agotar todas las funciones sociales que los sistemas jurídicos hayan realizado. Es, inclusive, muy riesgoso sostener que todos los sistemas jurídicos necesariamente realicen alguna o todas aquellas funciones sociales en algún grado. Incluso es difícil proponer una clasificación muy general que sea más que un mero instrumento *ad hoc* útil para muy limitados propósitos, una clasificación que serviría como base firme para posteriores análisis del derecho realizados al igual por juristas, filósofos, sociólogos y politólogos.

Un especial peligro aguarda cualquier análisis de las funciones sociales del derecho y es que pueden estar muy íntimamente vinculados a principios políticos y morales particulares, de forma que puede ser de ninguna utilidad para cualquiera que no respalde exclusiva y totalmente tales principios. El plan de Bentham para la ordenación natural del derecho es una buena ilustración de este peligro. Bentham tuvo la brillante idea de arreglar y exponer el derecho de forma en que no sólo facilitaría la memoria y haría fácil la recuperación de cualquier material jurídico relevante para abogados como para legos; también, permitiría a cualquiera observar cuáles serían los efectos sociales del derecho, haciendo de la crítica y reforma del derecho una cuestión sencilla. Pensó que había descubierto un método único de arreglar el derecho el cual lograría todos estos diversos propósitos. Las disposiciones jurídicas deben ser arregladas en base a las acciones que ordenan o prohíben:

> En relación, pues, a tales acciones en particular, en tanto se encuentra entre los objetos del derecho, señalar a un hombre la *utilidad* o perjuicio de ellas, es el único camino para hacerle ver *claramente* aquella propiedad la cual es buscada por todo hombre... De la *utilidad* podemos, entonces, designar un *principio* que pueda servir para presidir y gobernar, por así decirlo, los arreglos que fueran

[6] Para una más extensa explicación, véase Raz, J., *The Concept of a Legal System*, *cit.*, pp. 73 y ss. (En la edición de 1980 en el apéndice [*Postcript*] citado, el autor reformula algunas de sus tesis al respecto.)

> hechos de las diferentes instituciones o combinación de instituciones que componen el objeto de esta ciencia... Gobernados en esta cuestión por un principio que es reconocido por todos los hombres, el mismo arreglo que sirviera para la jurisprudencia de cualquier país, serviría, con alguna variación, para la de cualquier otro. Aún más, la maldad de un derecho malo sería detectarlo, al menos, su utilidad se haría sospechosa, por la dificultad de encontrarle un lugar en tal arreglo.[7]

Al proponer su esquema para un arreglo natural Bentham no confunde los papeles del expositor y crítico del derecho. No confunde el derecho que es, con el derecho que debe ser. Sin embargo, su método de exposición del derecho que es, está hecho para servir también al crítico. Esto en sí es un propósito admirable que debería servir para todo análisis. El problema, sin embargo, es que la forma en que Bentham concibe la función del derecho está tan íntimamente vinculada a un particular modo de evaluarlo, en el caso, el suyo, que su esquema de un arreglo natural es probable que sea de poca utilidad para cualquiera que no sea un utilitarista de corte benthamita. El propósito del analista debe ser proponer una clasificación de las funciones sociales del derecho que sirva para el reformador, pero que no esté muy vinculado a algún punto de vista particular.

Espero que la clasificación propuesta más adelante evite todas estas fallas y exitosamente satisfaga todos los requerimientos mencionados. Me parece que todos los sistemas jurídicos necesariamente realizan, al menos en grado mínimo —que estoy imposibilitado de especificar—, funciones sociales de todos los tipos que habrán de mencionarse; y todas constituyen los principales tipos de funciones sociales que los sistemas jurídicos realizan. Estas afirmaciones no serán, sin embargo, desarrolladas aquí. Por el contrario, la clasificación será llevada adelante y explicada en lineamientos generales. Debe ser claro que el precio de hacer tales afirmaciones es que únicamente las categorías más generales y amplias de funciones pueden ser indicadas. Además de la necesidad de justificación, el análisis propuesto requiere una elaboración y refinamiento posterior.

Es posible adscribir toda norma jurídica a una categoría nor-

[7] Bentham, J., *A Fragment on Government*, Oxford, pp. 24 y 25. Véase, al respecto también: *Introduction to The Principles of Moral and Legislation*, p. 398-403; y *The Works of Jeremy Bentham*, editados por Bowring, J., 1863, p. 172.

mativa que explique su carácter normativo. No es posible adscribir una diferente función social a cada disposición o norma jurídica. Las funciones sociales son característicamente realizadas por instituciones jurídicas establecidas y reguladas por numerosas disposiciones jurídicas. Es más común investigar la función social del sistema bancario, de la propiedad, de la sociedad de responsabilidad limitada, del matrimonio, etcétera, más que investigar la función de cualquier disposición particular envuelta en la regulación de estas instituciones; aunque, ocasionalmente, es útil investigar también la función de las disposiciones jurídicas particulares. Aún más, una y la misma institución jurídica, en algunas ocasiones una misma disposición jurídica, realiza frecuentemente varias funciones sociales; no obstante el alto nivel de generalización en que el presente análisis es realizado es más fácil indicar un tipo de función realizado por cada institución.

Las funciones sociales del derecho pueden, provechosamente, ser divididas en funciones directas e indirectas. Las funciones directas son aquellas cuya realización se encuentra asegurada al obedecer y aplicar el derecho. Las funciones indirectas son aquellas cuya realización consiste en actitudes, sentimientos, opiniones y formas de comportamiento; no constituyen obediencia o aplicación de disposiciones jurídicas, sino que resultan del conocimiento de la existencia de las disposiciones jurídicas o de la conformidad a ellas o de su aplicación. Las funciones indirectas que las disposiciones jurídicas efectivamente realizan son resultado de su existencia o de seguirlas y aplicarlas. Sin embargo, tiene que recordarse que los actos de seguir o aplicar las disposiciones jurídicas son, en sí mismos, parte de las funciones directas del derecho más que de las indirectas. Las pretendidas funciones indirectas de las disposiciones jurídicas son aquellos resultados que las disposiciones jurídicas tienen la intención de alcanzar, sean o no efectivamente logrados. Las funciones indirectas son muy frecuentemente realizadas no sólo como resultado de la existencia y aplicación de las disposiciones jurídicas, sino, también, como resultado de su interacción con otros factores tales como las actitudes de las gentes hacia el derecho y la existencia, en la sociedad respectiva, de otras normas e instituciones sociales. Las funciones directas del derecho frecuentemente dependen para su realización de factores similares, pero éste no es siempre el caso. Una persona puede conformarse a las disposiciones jurídicas que imponen obligaciones sin conocer que existen. Puede ejercer facultades jurídicas sin darse cuenta que su acción tiene algún efecto jurídico. Aunque tales casos son efectivamente raros, es muy común que las personas cumplan sus deberes y ejerciten sus facultades por razones que nada tienen que ver con el derecho. Cuando así lo hacen contribuyen a la realización de las funciones sociales directas del derecho. Por ejemplo, restringir el uso de la violencia es una función directa del derecho, puesto que se logra cuando las disposiciones relevantes del derecho penal son obedecidas. Inculcar ciertos valores morales en la población es una función indirecta puesto que su logro consiste en algo más que mera conformidad al derecho.

Las funciones directas serán tratadas en primer lugar. Pueden ser útilmente divididas en funciones primarias y secundarias. Las. funciones primarias visibles afectan la población general y en ellas se encuentra la razón y justificación de la existencia del derecho. Las funciones secundarias son las funciones del mantenimiento del sistema jurídico; hacen posible su existencia y funcionamiento. Deben ser juzgadas por su éxito en facilitar la realización de las funciones primarias del derecho. Así, proporcionar un servicio de salud nacional es una función primaria. Regular la operación de los órganos creadores del derecho, es una función secundaria.

2. *Funciones primarias*

Hay cuatro funciones primarias:

i. Prevención de comportamiento indeseable y obtención (securing) *de comportamiento deseable.* Esta función es primordialmente llevada a cabo por parte del derecho penal y del derecho de responsabilidad civil extracontractual (*law of torts*) se sirve de las prohibiciones del homicidio, del asalto,[a] de la privación ilegal de la libertad, difamación,[b] ciertas formas de conducta sexual, divulgación de secretos oficiales, etcétera, así como de las obligaciones de cuidado y diligencia al emprender actividades peligrosas, deberes de los pa-

[a] *Assault* comprende básicamente nuestros delitos de lesiones y amenazas. Supone siempre violencia física. Y puede incluir violación y estupro. Puede ser simplemente la perpetración de amenazas o cualquier tipo de agresión. N.T.

[b] *Libel* corresponde básicamente al delito de injurias. N.T.

dres y tutores, etcétera. Puede pretenderse que esta función es la más fundamental y elemental que el derecho realiza. Ha captado mucha atención y no hay necesidad de explicarla en detalle aquí. Es obvio que al hablar sobre conducta indeseable no se implica que tal conducta sea realmente indeseable, o que la mayoría de la población la considera indeseable. Es considerada así por el derecho. Tales puntos de vista son atribuidos al derecho de forma similar a como se le atribuyen las intenciones en el inciso anterior. Puede ser considerada indeseable por cualquier razón. Pero, y esto es importante recordar, siempre que un modo de comportamiento sea prohibido porque se considere que probablemente afectará de forma adversa alguna otra función social directa del derecho, no cae en esta categoría. Aunque esta función es predominantemente realizada por disposiciones jurídicas que imponen deberes, algunas veces supone, también, disposiciones que confieren facultades. De esta forma, el derecho puede otorgar ciertas facultades y hacer obligatorio su uso u abstención bajo ciertas circunstancias en virtud de que su uso se ha considerado deseable o indeseable.

ii. Proveimiento de medios para la celebración de acuerdos privados entre individuos. El grueso del derecho privado, así como extensas partes del derecho penal y del derecho de la responsabilidad civil, se ocupan de esa función. La mayoría de las instituciones de derecho privado sirven primordialmente a este propósito. Contratos, instrumentos negociables, propiedad privada, matrimonio, sociedades cooperativas, bancos, sindicatos, y otras formas de asociación son creadas, todas ellas, para servir esta función, todas ellas forman patrones de relaciones jurídicas en las cuales los individuos participan de propia voluntad cuando consideran que sirven a sus fines o son para el bien de alguien de cuyo bienestar están interesados.

Para establecer y regular tales instituciones se requiere tanto de normas que imponen deberes, como de las que confieren facultades y que dan origen a derechos dentro del derecho privado. Es un error pensar que únicamente derechos y facultades tienen que ver con esta función. Los derechos y facultades para celebrar contratos, adquirir y disponer de la propiedad, establecer sociedades, celebrar matrimonios, etcétera serían sin sentido si no fuera por el deber de cumplir los contratos, de respetar los derechos de propiedad, etcétera. Los deberes impuestos por el derecho de la responsabilidad civil y el derecho penal con respecto a las instituciones hechas para la realización de esta función deben, por tanto, considerarse como contribuyendo a su realización. Tales deberes incluyen las disposiciones contra el allanamiento,[c] robo, etcétera; el deber de no causar daño por negligencia es un ejemplo de un deber que sirve tanto a la primera como a la segunda función. Sirve a la primera función protegiendo, *e.g.* a las personas contra daños físicos, y sirve a la segunda función protegiendo, *e.g.* la propiedad contra daños debidos a negligencia.

Al realizar esta segunda función, el derecho algunas veces proporciona medios para dar protección jurídica a los acuerdos que podrían ser logrados por medios no jurídicos. Frecuentemente, sin embargo, hace posible el logro de fines que no podrían haber sido alcanzados de otra forma en las sociedades humanas. Las personas pueden, y es frecuente, que celebren efectivamente acuerdos que no son jurídicamente obligatorios. Hombres y mujeres pueden, y algunas veces efectivamente establecen, relaciones permanentes fuera del matrimonio. La sociedad de responsabilidad limitada, sin embargo, hace posible la captación de capital de parte del público en general en un grado que no hubiera sido posible sin algunos acuerdos jurídicos.

Al prohibir, un comportamiento indeseable, el derecho dirige las actividades humanas en formas que encuentra apropiadas. El propio derecho decide los fines que son deseables o indeseables y limita la opción individual para garantizar el logro de los fines apropiados. Al proporcionar medios para la celebración de acuerdos privados entre individuos el derecho los ayuda a perseguir los fines que han elegido. No impone su voluntad a los individuos, sino les sirve en la realización de los suyos. La libertad de opción del individuo se encuentra restringida únicamente como consecuencia de sus libres decisiones y acciones previas.

Al hacer esto, el derecho hace que el uso de los medios proporcionados dependan de la observancia de varias condiciones. No permite a los individuos invocar la protección del derecho para cualquier acuerdo que ellos puedan desear. El derecho crea marcos dentro de los cuales los individuos tienen que realizar sus acuerdos y perseguir sus objetivos, si es que quieren disfrutar de

[c] *Trespass* corresponde básicamente al delito de allanamiento o cualquier intromisión ilegítima dentro a una propiedad. N.T.

protección jurídica. Tales restricciones son necesarias para proteger a una de las partes del convenio de ser explotada por la otra y para proteger a terceros de consecuencias injustas que los afecten y que sean resultado de acuerdos en los cuales no participaron. De ahí las diferentes restricciones a la libertad contractual, las limitaciones en las formas en las cuales las sociedades pueden constituirse y operar, etcétera. Mientras más amplia sea la protección jurídica proporcionada, más probablemente afectará a terceras personas y en consecuencia más serán las restricciones jurídicas a la libertad de los individuos a convenir sobre los términos de sus propios arreglos. De esta manera, en el derecho de los contratos los individuos tienen una amplia libertad de decidir los términos de sus convenios, toda vez que crean derechos *in personam* que afectan únicamente a las partes contratantes. Pero, los individuos tienen muy limitada opción para decidir el contenido de cualquier derecho *in rem* que puedan adquirir. Básicamente ésta es una operación de paquete. El derecho determina las consecuencias del derecho subjetivo y los individuos tienen que escoger si lo toman o lo dejan y decidir el precio. Similarmente, cuando menos iguales parecen ser las partes de un acuerdo, mayor será la tendencia del derecho a restringir su libertad. Estas últimas observaciones se refieren, por supuesto, a principios que deben guiar a los legisladores. No pretenden reflejar la forma en que el derecho siempre opera.

iii. Proveimiento de servicios y redistribución de bienes. Esta función ha alcanzado recientemente gran importancia, sin embargo, como lo muestran los siguientes ejemplos, siempre ha sido realizada por los sistemas jurídicos. El derecho realiza esta función haciendo arreglos de defensa contra enemigos externos (el mantenimiento del orden interno pertenece primordialmente a las funciones secundarias explicadas más adelante), proporcionando educación, servicios de salud pública, construcción y mantenimiento de caminos, alcantarillado y limpieza de basura, subsidio a industrias o actividades artísticas, pago de beneficio de seguridad social, etcétera.

En general, no es posible distinguir entre distribución de bienes y proveimiento de servicios. Cuando una disposición de reforma agraria es creada, o cuando se vuelve obligatorio el reparto de utilidades de las empresas entre los trabajadores, o cuando una disposición jurídica prescribe una forma obligatoria de distribuir la propiedad inmueble de las personas fallecidas, claramente provee a la redistribución de bienes. Similarmente, cuando un servicio regulado jurídicamente es proporcionado como contraprestación a un pago basado en el costo incurrido. Como podría ser, por ejemplo, el caso de un servicio ferroviario del Estado; éste es un caso claro de servicios prestados sin ningún elemento de redistribución de bienes. Pero muchos de los servicios estipulados por el derecho son pagados completa o parcialmente del presupuesto general. Esto significa que son pagados, en gran medida, con los impuestos y nada garantiza que el monto de los impuestos pagados por un hombre sea proporcional al beneficio que obtiene de los servicios suministrados por el derecho o a su costo. Por tanto, no es posible separar, en general, el proveimiento de servicios de la redistribución de bienes.

Las observaciones anteriores realzan, también, el hecho conocido de que las disposiciones jurídicas fiscales sirven a esta función social. También sirven, por supuesto, a las funciones secundarias explicadas más adelante. Únicamente la prestación de servicios y la redistribución de bienes por parte de los organismos públicos que ejercen poderes públicos pertenecen a esta categoría. No incluye, por ejemplo, donaciones privadas o contratos de trabajo voluntarios. De ahí que sea principalmente el derecho público el que se encuentre implicado en la realización de esa función social. Tanto las disposiciones jurídicas que confieren facultades a los funcionarios y las disposiciones jurídicas que prescriben cómo tienen que ser ejercidas tales facultades, se encuentran implicadas, así como otros deberes. Muy frecuentemente el derecho otorga a los individuos el derecho a tales servicios, permitiéndoles ejecutar los deberes correlativos de los funcionarios en la prestación de servicios.

iv. Resolución de disputas no reguladas. Aquí habremos de sostener que las disposiciones jurídicas que regulan el funcionamiento de cortes, tribunales, árbitros, etcétera, realizan tanto funciones sociales primarias como secundarias. Los tribunales, árbitros, etcétera, realizan una función primaria al estipular procedimientos para la resolución de disputas no reguladas (no previstas); realizan una función secundaria, toda vez que establecen procedimientos para la resolución de disputas reguladas (previstas), esto es, casos en que el derecho es claro y no puede ser modificado por el órgano judicial. Los tribunales, árbitros, etcétera, realizan ambas funciones cuando conocen de disputas parcialmente reguladas, esto es, disputas reguladas por el derecho existente que o bien no es claro o puede ser modificado por el órgano judicial (normalmente usaré 'no regulada' incluyendo la disputa parcialmente regulada).

Es probable que tanto la distinción entre disputas reguladas y no reguladas, así como la correspondiente distinción entre funciones sociales del derecho, origine muchas objeciones. Tales distinciones, por tanto, serán explicadas con cierta extensión con la ayuda de tres modelos simplificados de diferentes tipos de sistemas normativos.

Tipo A. Permítasenos imaginar un sistema normativo que realiza todas o algunas de las primeras tres funciones. Puede tener o puede no tener procedimientos normativamente regulados para cambiar sus normas. Pero no contiene ninguna norma que estipule procedimientos por medio de los cuales pueden ser resueltas *autoritativamente* las disputas. Tal sistema normativo guiará el comportamiento y al hacerlo prevendrá muchas disputas potenciales. Cuando una disputa efectivamente surge, la referencia a las normas frecuentemente es de ayuda para alcanzar una solución convenida. Dos importantes rasgos caracterizan tal sistema: (1) No hay ningún medio *autoritativo* para decidir cuál es la solución correcta para las disputas gobernadas por las normas del sistema, esto es, disputas reguladas (previstas). (2) Habrá siempre disputas que no podrán ser resueltas mediante la simple referencia a las normas, ya sea porque el caso no es tratado por las normas tal y como existen en el momento en que éstas se presentan o porque las normas que existen en el momento son vagas con respecto a la cuestión en disputa. Éstas son disputas que no se encuentran completamente reguladas y el sistema no ayuda a su resolución.

Tipo B. El segundo tipo de sistema normativo es similar al primero, excepto por el hecho de que sus normas incluyen algunas autoridades establecidas para la resolución de disputas y regulación de su funcionamiento. Tales autoridades, sin embargo, tienen únicamente poder para resolver cuestiones de hecho y pronunciarse sobre la aplicación correcta de las normas existentes. Al enfrentar casos no regulados por las normas existentes o con casos respecto a los cuales las normas existentes sean vagas, las autoridades simplemente declinarán el pronunciar cualquier decisión.[8] Un sistema de este tipo tiene tres rasgos distintivos: primero, tal sistema realiza, al menos, alguna de las tres primeras funciones sociales; segundo, provee a la resolución de disputas reguladas; tercero, no provee ningún medio para resolver disputas que no se encuentren completamente reguladas.

Tipo C.[9] Los sistemas normativos del tercer tipo son muy diferentes. Éstos no incluyen ninguna norma que guíe el comportamiento de los particulares ni realizan ninguna de las tres funciones sociales primeras. Todas las normas se ocupan únicamente de la institución de órganos para resolver disputas y regular su funcionamiento. Algunas veces, incluyen normas que imponen el deber de someter las disputas en conocimiento de los órganos relevantes. Al conocer de una disputa el órgano puede resolverla en cualquier forma que desee. No establece sus razones y no está obligado a alcanzar decisiones similares en casos similares.

Este tipo de sistema puede también ser caracterizado con referencia a tres rasgos: Primero, no realiza ninguna de las primeras tres funciones sociales, y no hace nada para guiar el comportamiento humano en la vida diaria. No ayuda a prevenir disputas potenciales. Segundo, no hay en tal sistema disputas reguladas.[10] En tercer lugar, provee procedimientos para la resolución de todas las disputas no reguladas.

Los sistemas del tipo *B* difieren de aquellos del tipo *A* por tener órganos especiales que mejoran la eficiencia del sistema. Sus normas pueden ser idénticas en contenido, afectando las mismas disputas potenciales o efectivas y realizando las mismas funciones primarias. Pero los sistemas del tipo *B*, reconocen, además, medios para la resolución oficial y *autoritativa* de disputás, lo que, en los sistemas del tipo *A*, sólo puede abordarse informalmente. Por otro

8 Puesto que no existe una clara línea divisoria entre las disputas reguladas y las no reguladas, los sistemas del *tipo B* no pueden existir. Es sin embargo útil considerarlos como un estadio intermedio entre los tipos *A* y *C*.

9 Este tipo es descrito por Hart, *The Concept of Law, cit.*, p. 139 (*Cfr. El concepto de derecho, cit.*, pp. 177-178). Véase, también, Dworkin, R. M., "Judicial Discreción", en *Journal of Philosophy*, vol. 60, 1963, p. 624.

10 Paso por alto aquellas disputas que se refieren al funcionamiento de los órganos de composición de disputas.

lado, realizan una función secundaria adicional: proveen órganos aplicadores de normas; de esta manera mejoran la eficiencia del funcionamiento del sistema. Los sistemas del tipo *C*, por otro lado, no son más eficientes que aquellos del tipo *A*. Difieren no en sus funciones secundarias sino en sus funciones primarias. Ellos no impiden el comportamiento indeseable, ni tampoco proporcionan medios para los acuerdos privados ni proporcionan servicios a los individuos. Sin embargo, proveen procedimientos para la solución de disputas siempre que se presenten. Ellos realizan únicamente la cuarta de las funciones primarias.

Los sistemas jurídicos son una combinación de los tipos *B* y *C*. Proveen por la resolución tanto de disputas reguladas como de disputas no reguladas. Aunque, usualmente, hay ciertos tipos de disputas no reguladas en que los sistemas jurídicos rehusarán interferir. Muchos sistemas jurídicos al establecer algún principio de *stare decesis*[d] transforman automáticamente cada disputa no regulada, una vez que es conocida por los tribunales, en una disputa regulada, al menos en una parcialmente regulada. Por tanto, los sistemas jurídicos realizan la función primaria de proveer medios para la resolución de disputas no reguladas, así como la función secundaria de instituir órganos aplicadores del derecho para la resolución de disputas reguladas.

La distinción entre ambas funciones es oscurecida por el hecho de que usualmente los mismos órganos realizan las dos funciones. Más aún, esta distinción es oscurecida por el hecho de que muchas disputas son parcialmente reguladas. Hasta cierto grado esto es inevitable y se debe a la vaguedad inherente de las disposiciones jurídicas (tanto de normas como principios). Sin embargo, en una amplia proporción es política oficial de los órganos creadores del derecho usar términos muy indeterminados (*e.g.* razonable cuidado), de forma a dejar amplia discreción a los tribunales. Cuando se conoce de una disputa parcialmente regulada, los tribunales y, por tanto, las disposiciones que regulan su operación, realizan tanto funciones primarias como secundarias.

[d] Con respecto al principio de *stare decesi*, véase la nota *d* del capítulo III. N.T.

3. *Funciones secundarias e indirectas*

i. Funciones secundarias. Las funciones sociales secundarias del derecho tienen que ver con el funcionamiento del propio sistema jurídico. Tales funciones proveen a su adaptabilidad, a su eficacia, y a su funcionamiento uniforme e ininterrumpido. Hay dos funciones secundarias: primera, la determinación de procedimientos para cambiar el derecho, y segunda, la regulación del funcionamiento de los órganos aplicadores del derecho. Adaptando la formulación de Kelsen: el derecho regula su propia creación y su propia aplicación.

El derecho regula su propia creación al instituir órganos y procedimientos para cambiar el derecho. Éstos incluyen órganos constituyentes, parlamentos, autoridades locales, reglamentos administrativos, costumbres, creación judicial del derecho, regulaciones hechas por organismos públicos autónomos, etcétera. El derecho regula su propia aplicación al crear y regular el funcionamiento de tribunales, policías y sistemas penitenciarios, varios cuerpos administrativos y ejecutivos, etcétera. En la realización de tales funciones se encuentran disposiciones jurídicas que aseguran los recursos financieros necesarios para el mantenimiento de tales órganos y disposiciones jurídicas que organizan el reclutamiento del personal apropiado. Esto es principalmente dominio del derecho público aunque un papel muy importante es jugado por el derecho penal en la realización de tales funciones. Tanto disposiciones que imponen deberes como que confieren facultades se encuentran implicadas en estas funciones.

La explicación revela la posición clave del sistema judicial en todos los sistemas jurídicos. Realiza la función primaria de resolver disputas no reguladas; realiza dos funciones secundarias: aplicación del derecho y creación del derecho. También realizan funciones indirectas importantes. En muchas sociedades los tribunales son las instituciones jurídicas más respetadas. Son frecuentemente, las instituciones más directamente conectadas con la idea del derecho y del Estado de derecho en la mente del público. Consecuentemente juegan un papel vital promoviendo el respeto por el derecho y por los valores respaldados por él.

A través de toda la explicación anterior se señaló repetidamente que las disposiciones jurídicas de todos los tipos normativos se encuentran involucradas en la realización de toda función social. Se enfatizó, además, que las disposiciones jurídicas que imponen deberes contribuyen a la realización de todas las funciones jurídicas. Las disposiciones jurídicas que imponen deberes aunque no son el único tipo de disposiciones jurídicas, son el último fundamento del derecho. Es sólo porque los otros tipos de disposiciones jurídicas tienen diferentes relaciones lógicas con las disposiciones jurídicas que imponen deberes, que aquellas que realizan todas las funciones que efectivamente realizan.

ii. Funciones sociales indirectas. Los efectos sociales del derecho que están tratados bajo este encabezamiento, casi siempre dependen, para su logro, de factores no jurídicos; especialmente de la actitud general hacia el derecho y de su interacción con normas sociales e instituciones. Algunas de estas funciones son realizadas por instituciones jurídicas específicas, otras por la existencia del propio sistema jurídico. Los efectos sociales indirectos del derecho son muchos y varían enormemente en naturaleza, extensión e importancia. Pueden incluir cosas que fortifiquen o debiliten el respeto dado a ciertos valores morales, por ejemplo: el respeto por la vida, reforzamiento o debilitamiento del respeto por la autoridad en general, afectación del sentimiento de unidad nacional, etcétera. El derecho ayuda a crear y mantener la estratificación social, algunas ocasiones ayuda a crear un sentimiento de participación en el gobierno del país; en ocasiones contribuye a crear un sentimiento de enajenación. Algunas disposiciones están creadas con la intención de tener efectos indirectos. Por ejemplo, el conferimiento de ciertos privilegios a ciertas clases de personas puede ser hecho con la intención de mejorar su *status*. Por tanto, la distinción entre funciones intentadas y funciones efectivas se aplica también a las funciones indirectas. El ejemplo anterior muestra, también, que, en ocasiones, asegurar las funciones indirectas es razón primordial para establecer una disposición jurídica. Considérese, por ejemplo, la excepción de conscripción para estudiantes universitarios como medida para incrementar la matriculación a las universidades o imagínese una disposición que establece un impuesto al empleo como medio para incrementar la eficiencia en la industria y el comercio. Tales ejemplos deben hacer claro que los efectos indirectos del derecho, tal y como han sido concebidos aquí, están lejos de ser subproductos relativamente sin importancia del derecho. Son parte de su función esencial en cualquier sociedad. Los abogados y los juristas han prestado poca atención a las funciones indirectas del derecho. Los sociólogos y politólogos les otorgan gran interés, pero las consideran un factor muy huidizo, difícil de precisar y cuantificar. No hay duda de que nuestro entendimiento del derecho se mantendrá parcial y deficiente hasta que las ciencias sociales logren abordar, de forma más completa, los problemas implicados en el tratamiento de las funciones indirectas del derecho.

4. *Sobre la clasificación de disposiciones jurídicas de H. L. A. Hart*

La clasificación de las funciones jurídicas delineadas aquí no ha revelado ninguna función desconocida del derecho. No fue hecha para eso. Las personas han pensado sobre el derecho bastante tiempo para descubrir todas sus funciones primordiales. Sin embargo, al explicarlas, frecuentemente han descuidado algunas y confundido otras. Mi objetivo en este capítulo ha sido intentar una clasificación comprehensiva de las principales funciones jurídicas, tratando de distinguir entre aquellas funciones que frecuentemente han sido confundidas y separar diferentes niveles de análisis. Hacer esto no resuelve los problemas de las funciones del derecho, meramente los presenta. Para evaluar los méritos y fallas de la clasificación propuesta, puede ser útil compararla con las ideas de otros autores. Voy a concluir este capítulo haciendo algunas observaciones (no se intenta un análisis completo) a la clasificación sugerida por H. L. A. Hart.

Los teóricos jurídicos de la escuela positivista, al concentrar su atención en el derecho penal, tienden a enfatizar la primera función primaria de prohibir comportamiento indeseable y descuidan las otras funciones. Bentham, por ejemplo, pensó que al arreglar el derecho:

> ...el código penal debe preceder al código civil y al constitucional. En el primero, el legislador se manifiesta a todos los individuos, permite, manda, prohíbe, les señala a todos las normas de sus conductas. En los otros códigos tienen menos que ver con mandatos que con regulaciones y explicaciones, las cuales no se dirigen tan claramente a todos y no son de interés general para todos los afectados...[11]

En el concepto del derecho, H. L. A. Hart ha prestado especial atención a la segunda de las funciones primarias, la de proveer medios para los arreglos privados, así como a las funciones jurídicas secundarias. El análisis propuesto aquí es en gran medida una elaboración de sus ideas. Hart, sin embargo, no distingue claramente entre tipos normativos y funciones sociales. Consecuentemente, su teoría sugiere una relación simple entre tipos de normas y funciones sociales, de acuerdo con la cual las normas que imponen deberes realizan la primera función primaria; mientras que las normas que confieren facultades realizan la segunda función primaria. De hecho, ambas normas tienen que ver con cada una de tales funciones. Más aún, esta simplificada imagen de correlación *uno a uno* entre tipos de normas y tipos de funciones, oscurece el hecho de que los sistemas jurídicos realizan otras dos funciones primarias, las de proveimiento de servicios y resolución de disputas no reguladas.

La confusión originada por mezclar tipos normativos y funciones sociales aumenta cuando Hart se vuelca al examen de las funciones secundarias del derecho. A este nivel, nuevamente identifica tipos de normas con tipos de funciones sociales. Pero ahora con la distinción entre funciones primarias y secundarias. Al hacerlo oscurece la distinción entre función primaria de proveimiento de medios para los arreglos privados y la función secundaria de la creación del derecho. También oscurece el papel importante de las disposiciones que imponen deberes en la realización de las funciones secundarias. Finalmente, el lector descuidado, que lle-

[11] Bowring, J., *The Works of Jeremy Bentham, cit.*, tomo 3, p. 161.

gue a identificar la distinción entre normas primarias y secundarias con aquélla entre normas que imponen deberes y normas que confieren facultades, puede ser erróneamente conducido a considerar la regla de reconocimiento como confiriendo facultades; siendo que, de hecho, es una regla que impone deberes. Todas estas confusiones son causadas por el hecho de que la clasificación de normas en primarias y secundarias está hecha para servir dos propósitos incompatibles. En algunas ocasiones es considerada como una distinción entre tipos normativos y, en otras, como distinción entre funciones sociales.

CAPÍTULO X

DERECHO Y VALOR EN LA DECISIÓN JUDICIAL*

1. *El problema*

Una fuente constante de objeciones a la tesis de que el derecho deriva exclusivamente de fuentes sociales[1] es el grado en el que se encuentran entretejidas en la decisión judicial las consideraciones que se basan en fuentes y las que no se basan en fuentes. Este capítulo presenta un bosquejo de un punto de vista positivista de la decisión judicial. El tema es inagotable y, quizás, uno de los aspectos de la teoría del derecho que ha afectado la práctica y la toma de conciencia judicial es más que cualquier otra. El propósito de las siguientes observaciones es más limitado. Se encuentran confinadas al examen de tres o cuatro problemas referentes a la interacción del derecho y el valor en la decisión judicial.

Las instituciones judiciales varían grandemente de un país a otro. Sus prácticas son usualmente el producto de tradiciones informales y de lenta evolución. Es más que probable que las instituciones judiciales en las sociedades industriales modernas tiendan a desarrollar prácticas similares, pero en ausencia de alguna evidencia a tal efecto, los siguientes comentarios tratarán de la doctrina inglesa del precedente; aunque pueda esperarse que parte del análisis pueda ser relevante, también, para otros sistemas jurídicos. De las circunstancias locales que contribuyen a dar forma a la doctrina inglesa del precedente, tres pueden ser mencionadas brevemente. Primera, existe la costumbre de los jueces de escribir bastante largas opiniones o consideraciones[a] justificando su pos-

* Agradezco a los profesores P. S. Atiyah, A. M. Honoré y a C. McCrudden sus útiles comentarios a un previo borrador de este capítulo.

1 *Cfr. supra:* La tesis de las fuentes en el capítulo III, donde se explican los motivos para la adopción de la tesis. En el capítulo IV se establecen ciertas consecuencias teóricas de la tesis referente a la estrecha interacción del derecho y la moral en la decisión judicial.

a Habremos de traducir *'judgments'* como 'consideraciones' o 'criterios', aunque, en ocasiones, en posible usar la palabra juicio en el sentido de criterio. N.T.

tura, con independencia de si están o no de acuerdo con otros jueces que conocen del mismo caso. No es extraño que una larga parte de las consideraciones sea usualmente dedicada al análisis de las intenciones y significado de consideraciones producidas en casos anteriores. Segunda, ésta se encuentra, quizás, vinculada al hecho de que los jueces ingleses tienden a prestar poca atención al trabajo de los juristas académicos. La mayoría de las discusiones son entre jueces y con jueces. Finalmente, la judicatura inglesa es pequeña y altamente centralizada. Es reclutada exclusivamente de la barra (pequeña en sí misma), proviene de un más o menos homogénico contexto social, y se encuentra unificada por fuertes vínculos profesionales y sociales en un grupo social relativamente coherente donde la autoridad personal contiene frecuentemente más peso que cualquier regla[b] formal de precedente.

Este último hecho es el que complica el problema y bien puede frustrar cualquier intento de proporcionar una descripción informativa de las reglas y prácticas del precedente. Mis observaciones pretenden ser fieles a la teoría aceptada de la práctica, más que a la práctica misma. Su objetivo es explicar la forma en que jueces y teóricos del derecho consideran el funcionamiento de la doctrina del precedente. Únicamente un estudio empírico que vaya más allá del examen de los reportes judiciales, puede revelar hasta qué grado la práctica actual se conforma a tales teorías. Mi primera meta es, por tanto, descriptiva: dar relevancia e incrementar nuestro entendimiento de ciertos aspectos de la doctrina del precedente en el derecho inglés.[2] Mi segundo objetivo es práctico,[c] a saber: comentar uno o dos aspectos de las consideraciones que deben guiar a los jueces en sus actividades creadoras de derecho.[3]

Una distinción es fundamental: aquélla entre casos o disputas reguladas y no reguladas. Los casos regulados son los que caen bajo una norma del *common law* o bajo una norma legislada, las cuales no requieren de la discreción judicial para la solución de

[b] Aunque normalmente hemos traducido '*rules*' por 'normas', hemos optado por conservar la expresión 'regla' en 'regla de precedente' en virtud de ser una expresión canónica fácilmente reconocida. N.T.

[2] Para una más amplia y perceptiva descripción de la doctrina véase: Cross, R., *Precedent in English Law*, 2a. ed., Oxford, Oxford University Press, 1968; y Hodgson, *Consequences of Utilitarianism*, Oxford, 1967, capítulos 5 y 6.

[c] Véase nota *b* del prefacio a la edición inglesa. N.T.

[3] Todos los argumentos morales presentados en este capítulo, toman como punto de partida la existencia de la doctrina del precedente en su actual forma general. No están hechos para justificar o criticar la propia doctrina existente.

la disputa (normas que hacen referencia a lo que es razonable o justo, efectivamente requieren tal discreción). Una disputa es regulada si preguntas de la forma: '¿Debe el tribunal decidir que *p*? tiene, en el caso, una solución[d] jurídica correcta. Una disputa no es regulada si alguna de estas preguntas no tiene una solución jurídica correcta, *i.e.,* si hay una laguna en el derecho aplicable al caso. Las disputas no reguladas, como las reguladas, se encuentran sometidas a disposiciones jurídicas que se les aplican y que guían a los tribunales como a sus soluciones. Pero, como el derecho aplicable a las disputas no reguladas tiene lagunas, ninguna específica solución a la controversia es requerida por el derecho; aunque el derecho puede excluir varias soluciones como inapropiadas y dar una pauta general con respecto a la opción entre algunas o entre todas las restantes soluciones posibles.[4]

Una disputa regulada puede ser regulada por más de una norma. Es regulada sólo si en cualquier caso en el que normas en conflicto se apliquen a una disputa, una norma jurídicamente válida determina cómo debe ser resuelto el conflicto. En breve, una disputa regulada es aquella a la que el derecho proporciona una solución: El juez puede ser visto aquí en su imagen clásica: identifica el derecho, determina los hechos y aplica el derecho a los hechos.[5] No existe nada mecánico en esto. Los casos regulados pueden ser complejos y más difícil de decidir que los casos no regulados. La dificultad para resolver, conforme al derecho, un complicado problema fiscal puede ser mucho más grande que para resolver un problema de justicia (*natural justice*)[e] de conformidad a principios

[d] Véase *supra*, nota *e* del capítulo IV. N.T.

[4] Sobre el aspecto de la creación judicial del derecho en las disputas, reguladas. Véase mi artículo "Legal Principles and the Limits of Law", *Yale Law Journal*, vol. 81, pp. 838-842 y 845. Véase, además, *supra*, el capítulo IV sobre la distinción estre disputas reguladas y no reguladas. Las disputas parcialmente reguladas son, aquí, consideradas como no reguladas.

[5] Este capítulo no se ocupa de la investigación judicial de los hechos.

[e] Hasta el siglo XVIII, en derecho inglés, la 'expresión' *'natural justice'* era frecuentemente usada como sinónimo de *'natural law'*, *'equity'*, *'summum jus'* y otras expresiones similares. En la práctica moderna el término usualmente denota los principios generales y los estándares mínimos de justicia para decidir una disputa, *e.g. nemo judex in parte sua, audi alteram partem*, etcétera. Las más de las veces estos principios son invocados cuando su inobservancia es fundamento para impugnar la validez de ciertas decisiones. En base a ellos se puede impugnar la validez de ciertas decisiones: laudos arbitrales, decisiones de tribunales locales, decisiones de comités de clubes o sociedades, etcétera. En la Gran Bretaña, la justicia natural es también invocada cuando surge la cuestión de la ejecución de sentencias pronuncia-

morales. La diferencia entre una disputa regulada y una no regulada no estriba en que únicamente la segunda requiera del ejercicio del criterio del tribunal. Tampoco reside en que en las disputas reguladas los tribunales usan su criterio jurídico para aplicar el derecho, mientras que en las disputas no reguladas usan criterios morales para crear derecho.[6] La imagen clásica mencionada anteriormente es equívoca. Los tribunales usan tanto su función de aplicar derecho preexistente como la de crear derecho nuevo en casi todos los casos. (No pretendo decir que casi siempre crean nuevas disposiciones jurídicas, sólo que casi siempre tienen que considerar si lo hacen.) La diferencia entre disputas reguladas y no reguladas reside en que, como por definición, en las disputas reguladas el derecho proporciona una solución al caso, el tribunal no puede crear nuevas disposiciones jurídicas salvo que cambie las existentes. Las disputas no reguladas son, como veremos, parcialmente reguladas, de ahí que el tribunal tenga que aplicar derecho existente, así como también crear nuevo derecho. Sin embargo, puesto que, por definición, en una disputa no regulada el derecho contiene una laguna, dado que no proporciona una solución al caso, el tribunal puede crear derecho sin cambiar el derecho existente. Crea derecho integrando las lagunas.[7]

Aquí se encuentra, en consecuencia, el problema del que este capítulo se ocupa: explicar cómo realizan los tribunales los papeles de aplicadores y creadores del derecho al conocer tanto de disputas reguladas como de no reguladas y qué tanto difieren estas funciones en los diferentes tipos de disputas. Finalmente, mostraré cómo esta diferencia, aunque conceptualmente precisa, es meramente gradual en su aplicación.

das por tribunales extranjeros. Una sentencia extranjera no es ejecutable si fue obtenida en circunstancias contrarias a la justicia natural. (*Cfr.* Walker, David M., *The Oxford Companion to Law, cit.*, pp. 867-868.) N.T.

6 Mis observaciones presuponen la doctrina del precedente tal como existe en derecho inglés. De conformidad a ella, casi todas las decisiones de la Suprema Corte o de la Cámara de los *Lords* en disputas no reguladas crean precedentes obligatorios. Es innecesario decir que las disputas no reguladas existen y que consideraciones morales son usadas aun en sistemas jurídicos donde las decisiones judiciales no son fuentes del derecho.

7 Al hacerlo cambiará los valores de verdad de algunos enunciados tales como: 'El derecho en esta cuestión es incierto' —si se interpreta como un enunciado intemporal—. (*Cfr. supra*, capítulo IV.)

2. *Disputas reguladas* (*previstas*) —*distinción de precedente*—

Podríamos comenzar con el bosquejo de un caso simple en el que se sigue una norma obligatoria. Una decisión *P* reportada (en los volúmenes de información judicial), registra que en tal caso, donde los hechos fueron *a, b, c, d, e, g,* la decisión se basó en la norma de que siempre que *A, B, C,* entonces *X* debe ser resuelto. (Las letras minúsculas representan las particulares circunstancias del caso tal y como se encuentran asentadas en las consideraciones —lo que está y no está asentado resultará ser importante—. Las letras mayúsculas representan las propiedades generales de los hechos de forma que *a* es una instancia de *A,* etcétera.) El fallo en *P* puede ser sintetizado así:

$$P: a, b, c, d, e, g \mid A, B, C \rightarrow X$$

El caso nuevo, *N*, es un caso a_1, b_1, c_1, $\bar{e}_1$, (*i.e. no-*e_1), f_1, y es, por tanto, regulado por *P*, que se supone, obliga al tribunal. Si el tribunal decide seguir *P*, su fallo será:

$$N: a_1, b_1, c_1, d_1, \bar{e}_1, f_1, \mid A, B, C \rightarrow X$$

La interpretación normal de la doctrina del precedente es que, por supuesto, no depende del tribunal decidir si sigue un precedente; está obligado a hacerlo (después de todo estamos considerando disputas reguladas, es decir, aquellas reguladas por precedentes obligatorios). Cabe admitir que esta interpretación ha sido siempre difícil de reconciliar con la considerable libertad de acción experimentada y ejercitada por los tribunales (especialmente por los tribunales de apelación [*courts of appeal*]) aun en presencia de precedentes obligatorios. En consecuencia, la mayoría de los comentaristas sobre la doctrina del precedente tratan de resolver la dificultad suponiendo que es muy difícil descubrir la *ratio decidendi*[g] de un caso. Hasta muy recientemente la mayoría de los autores sobre precedente en derecho inglés (y sistemas relacionados) estaban preocupados en idear criterios aún más sofisticados para identificar la *ratio* del caso, hechos para reconciliar la fuerza obligatoria de los precedentes con la amplia discreción que los

[f] *Cfr., supra,* nota *d,* capítulo III (distinguir). N.T.
[g] *Cfr., supra* nota *m,* capítulo III, (*ratio decidendi*). N.T.

jueces tienen cuando se enfrentan con ellos.[8] Sin embargo, hay algo extraño en la suposición de que la identificación de la *ratio* pueda ser muy difícil y misteriosa. Esencialmente la *ratio* es la razón (o razones) por la cual el tribunal justifica su decisión. Determinar la *ratio* es, en cierto modo, una cuestión de interpretación de un documento: ¿Cuál es la razón en la que un juez se basa al alcanzar su decisión, tal y como está expresada en su considerando?[9] (Puede no haber sido su única razón. Puede no haber sido su razón en absoluto. Sin embargo, la doctrina de precedente incluye la convención de que uno no debe ir más allá de las consideraciones escritas de los tribunales.) Dado que los tribunales frecuentemente se componen de varios jueces, los cuales pueden disentir en sus razonamientos aun cuando estén de acuerdo en el resultado, la determinación de la *ratio* tiene, también, que reposar en algunas normas relativamente formales referentes a la forma en que la *ratio* de los tribunales debe ser extraída de las razones en las que los distintos jueces se basan. Esto incluye la posibilidad de que, en algunas ocasiones, una decisión no logrará producir una *ratio*

8 En la identificación de la *ratio* sigo en general la descripción del profesor R. Cross en su libro *Precedent in English Law, cit.*, donde proporciona, también, un excelente análisis crítico de los anteriores intentos por definir el concepto. En su artículo "The House of Lords and the Doctrine of Precedent" en Hacker, P. M. S. y Raz, J. (editores), *Law, Society and Morality, cit.*, demuestra que la propia doctrina del precedente no se basa en precedentes. En el derecho inglés la regla del precedente es, de hecho, parte de la regla de reconocimiento.

9 Algunas veces se supone que únicamente las razones directas y menos generales de las consideraciones del tribunal constituyen la *ratio*; las razones más generales que se usan para defender y justificar las razones directas son meramente *obiter dicta* (*En la terminología* de los principios de la doctrina del precedente obligatorio o *stare decisis* reconocidas por el *common law, obiter dictum* es, o se aplica a cualquier enunciado o argumento jurídico del juez que no constituye o no es parte de la *ratio decidendi* o de los principios de la sentencia. La categoría incluye proposiciones señaladas como ilustraciones, casos conversos o casos basados en hechos hipotéticos, etcétera. Como es función del tribunal que decide un caso posterior, determinar cuál es la *ratio* de un precedente, tiene que decidir lícitamente qué argumentos son meramente *obiter dicta*. Cabe señalar que un tribunal superior puede decidir, en última instancia, que ciertas consideraciones que durante tiempo se había pensado constituían parte de la *ratio* de un precedente son, en realidad, *obitr dicta*, igualmente ciertas consideraciones que hasta entonces fueron entendidas como *obiter dicta* son, en realidad, parte de la *ratio*. Cabe señalar que aunque nunca es obligatorio para un tribunal, consideraciones *obiter dicta* pueden ser de peso y tener un valor persuasivo. [*Cfr.* Walker, David, M., P. H. E., *Oxford Companion to Law, cit.*, p. 897.] N.T.) Véase Twining y Miers, *How to do things with Rules*, Londres, 1976, pp. 176-181. Esta concepción es resultado necesario de la adopción de la doctrina moderada de *distinguir*, la cual es criticada más adelante. Asumo que todas las razones del tribunal de cualquier generalidad que sean son parte de la *ratio*.

obligatoria.[10] Algunas ocasiones las normas para determinar la *ratio* pueden producir resultados indeterminados: puede ser imposible decir cuál es la *ratio* o decir que no hay ninguna. Problemas considerables pueden surgir, también, en la interpretación de leyes, Por lo general, sin embargo, la identificación de la *ratio* de un caso es razonablemente directa.

Esto, sin embargo, meramente nos reconduce a la cuestión de la compatibilidad de la amplia y bien conocida flexibilidad judicial con la doctrina del precedente.[11]

La solución al problema yace en el papel de '*distinguir*' en el funcionamiento de la doctrina del precedente. Al igual que muchas otras normas modeladas y remodeladas en las manos de los jueces en todas las épocas y durante muchos años, sus límites están lejos de ser fijos; experimentan un cambio continuo. Sin embargo, es valiosa una sistematización teórica. Existe lo que voy a llamar 'la tesis moderada' de *distinguir*, de acuerdo con la cual *distinguir* un precedente obligatorio es simplemente determinar que su *ratio* no se aplica al caso en cuestión. La norma establecida en el precedente es que una cierta decisión debe pronunciarse si los hechos operativos *A, B, C,* ocurren; sin embargo, el caso en cuestión es un caso de a_2, b_2, no-c_2 y, por tanto, el precedente no se aplica. *Según* esta interpretación no existe una especial regla de *distinguir* en el *common law,* Una norma que no se aplica al caso, no se aplica. *Distinguir* es simplemente descubrir que la norma no se aplica. En contra de ésta, existe otra concepción de *distinguir*, conforme a la cual uno *distingue* una norma cambiándola, de forma que una norma que de hecho se aplica al presente caso, ya no se aplicará en su forma modificada.[12] La norma estable-

[10] O, al menos, ninguna se refiere a la principal controversia jurídica del caso. *Haim v. D.P.P.* [1974] 2 All E.R. 41 y v. A.-G. [1970] A. C. 347 son ejemplos de esto (aunque discutible). Una ilustración de la aplicación de reglas formales de precedente para decidir qué opiniones representa la *ratio* es proporcionada por *Harper v. N.C.B.* [1974] 2 All E. R. 441, *cfr.*, 446. Ahí la conclusión es alcanzada desde que no se encuentra ninguna *ratio* obligatoria en *Central Asbestos Co. Ltd. v. Dodd* [1972] 2 All E. R. 1135.

[11] Los intentos por reconciliar los dos criterios mediante complicados *tests* para identificar la *ratio* están destinados a fracasar. Conducen a la concepción de que la doctrina del precedente es un mero pretexto para cubrir la creación judicial. El trabajo del profesor J. Stone: *Legal Systems and Lawyers Reasoning* (Londres, 1964) es de este tipo.

[12] Mi análisis de *distinguir* recibió la influencia de A. W. B. Simpson en "The

cida en *P* fue: Cuando *A, B, C,* entonces *X*. En virtud de que *N* es un caso, a_1, b_1, c_1 la norma se le aplica. Pero el tribunal tiene facultad de distinguir; puede cambiar la norma en *A, B, C, E,* entonces *X*. Esta norma modificada no se aplica a *N* el cual es un caso en que *no-*e_1. La norma *P* es, así, distinguida.

La doctrina inglesa del precedente es que un precedente tiene que ser o bien seguido o *distinguido* (aunque algunos tribunales, tienen también la facultad de anular [*overrule*][h] sus propias decisiones o la de otro tribunal). La doctrina combina la obediencia (*following*) al precedente con una flexibilidad (discrecionalidad) considerable, toda vez que permite a los tribunales, aun aquellos vinculados por el precedente, a *distinguir* una decisión anterior.

Ahora bien, puesto que '*distinguir*' significa cambiar la norma que está siendo *distinguida*, la facultad de *distinguir* es una facultad de desarrollar el derecho aun cuando se deciden casos regulados, incluso por tribunales que no tienen el poder de anular (*overrule*) decisiones.

Si *distinguir* implica cambiar la norma *distinguida* ¿cómo podemos diferenciar entre *distinguir* y anular (*overrule*) decisiones judiciales? Tal diferencia tiene que existir puesto que todo tribunal tiene el poder de *distinguir,* mientras que sólo algunos tienen el poder de anular decisiones. A menos que *distinguir* se diferencie del poder general de modificar normas y de crear nuevas (como al anular [*overruling*] decisiones o al resolver disputas no reguladas), mi interpretación de *distinguir* significa que, dado el poder general de *distinguir,* los precedentes nunca son obligatorios puesto que los tribunales se encuentran en libertad de cambiarlos. *Distinguir,* sin embargo, es una muy limitada forma de creación del derecho: Está sometida a dos condiciones fundamentales:

(1) La norma modificada tiene que ser la norma establecida en el precedente, limitada por la adición de una ulterior condición para su aplicación.

ratio decidendi of a case and the Doctrine of Binding Precedent", *Essays of Jurisprudence,* 1st Series, Guest (editor), Oxford University Press, 1963. De cualquier manera *distinguir* difiere de sostener que una *ratio* no es obligatoria en virtud de que la decisión es *per incuriam.* (*Se dice de una decisión pronunciada en ignorancia de una ley o precedente relevante, la cual no constituye precedente obligatorio.* N.T.) Únicamente decisiones obligatorias pueden ser distinguidas.

[h] Hemos traducido '*overrule*' por 'anular decisiones judiciales'. Sin embargo, usaremos simplemente anular cuando no exista posibilidad de error. N.T.

(2) La norma modificada tiene que ser de forma tal que justifique el orden establecido en el precedente.

La primera condición significa, primero que nada, que los tribunales al *distinguir* únicamente pueden limitar normas establecidas. No pueden extenderlas. (Su poder para extender normas será explicado más adelante.)[13] Ésta es una consecuencia directa de la función de *distinguir, i.e.* modificar una norma para evitar su aplicación a un caso al cual ésta efectivamente se aplicaría tal y como se encuentra. Esto en un sistema basado en precedente, sólo puede ser hecho restringiendo la aplicación de la norma adicionando sus condiciones de aplicación de manera que la norma modificada no se aplique más al caso en cuestión. Más aún, al *distinguir* el tribunal no puede sustituir la norma anterior por cualquier otra que pueda gustarle, ni aun si ésta es más limitada en su aplicación. La nueva norma tiene que ser basada en la anterior y contener todas las condiciones que la anterior contiene conjuntamente con la nueva condición restrictiva. *A, B, C* entonces *X* se tranforma en *A, B, C, E* entonces *X*. Las condiciones previas son mantenidas y devienen fundamento de la nueva norma.

La segunda condición limita el poder del tribunal aún más. Limita su opción de nuevas condiciones restrictivas. Tiene que ser de tal forma que la norma modificada sea una base alternativa posible de la decisión original. En nuestro ejemplo la decisión original fue *P: a, b, c, d, e, g / A, B, C* $\rightarrow$ *X*. Dado que el caso nuevo es uno de a_1, b_1, c_1, d_1, $\bar{e}_1$, *f*, el tribunal se conformará a la primera condición de *distinguir* adoptando igualmente *A, B, C, no-D,* entonces *X* como *A, B, C, E* entonces *X*. Ambas son modificaciones restrictivas de la norma en *P*. Sin embargo, únicamente la segunda de éstas satisface la segunda condición. *A, B, C, no-D* entonces *X* no justificaría por sí misma el orden establecido en *P*, [salvo *X*]. Obsérvese que la segunda condición es fuerte en el sentido de que no meramente requiere que la norma modificada sea compatible con el orden anterior. *A, B, C, no-D,* entonces *X* es compatible con el orden de *X* en *P*, puesto que no requiere una decisión contraria, simplemente no logra justificar el orden en *P*.[14] Sin embargo, lo tiene que hacer para satisfacer la segunda condición.

[13] El poder de extender las normas será explicado en el inciso 9, más adelante.

[14] Todas las *rationes* pueden ser formuladas como estableciendo condiciones sufi-

En otro aspecto la segunda condición es débil, o al menos, ambigua. Al igual que otros aspectos de la doctrina del precedente ésta se ocupa no de los hechos efectivos del caso sino de su asentamiento público (*public record*). Me parece que la mayoría de las veces la doctrina es interpretada como permitiendo al tribunal *distinguir P,* adicionando la condición de que *no~F.* La norma modificada *A, B, C no~F,* entonces *X* podría justificar el orden en *P.* No existe un asentamiento de si es el caso de que *F* o *no~F* y en tales casos al último tribunal le es concedido el beneficio de la duda.

Para cada norma existe un número indefinido de distintas modificaciones de acuerdo a las dos condiciones arriba descritas. La obligación del tribunal, sin embargo, es adoptar únicamente aquella modificación que mejore más la norma. De ahí que su verdadero problema se limita normalmente a juzgar sobre los méritos relativos de pocas modificaciones. Con frecuencia, ninguna es aceptada y el tribunal tiene que seguir la norma. Éste es el caso no sólo cuando el tribunal se encuentra perfectamente satisfecho con la norma, sino, también, cuando hubiera preferido una norma completamente diferente, pero no encuentra ningún avance en la modificación que le está permitida hacer dentro de los estrechos límites de la regla para *distinguir* precedentes.

Un entendimiento adecuado de las limitaciones sustanciales que la regla impone a la actividad creadora del tribunal, explica cómo es posible y razonable permitir a un tribunal tal cantidad de flexibilidad (discreción) aun cuando está obligado por un precedente. Una norma modificada puede usualmente ser justificada únicamente con un razonamiento muy similar a aquel que justifica la norma original. Su justificación mostrará no sólo las razones para aplicar el fallo a una subclase de casos a los cuales fue originalmente aplicable; también mostrará la relevancia de todas las condiciones operativas establecidas por la norma original. La segunda condición señalada arriba, hace tentador decir que la norma modificada era realmente la norma que el primer tribunal tenía en mente, pero que no pudo articular claramente. Con bastante frecuencia esto puede ser verdaderamente el caso. Puede ser que el tribunal en *P* estaba influido por el hecho de que el caso era

cientes. Toda decisión de que la ausencia de *A* es suficiente para mostrar que la acción debe ser rechazada establece que *A* es una condición necesaria para que tal acción tenga éxito.

uno de *E*, pero quizás, de alguna manera, considerarían este dato por supuesto, sin especificar su existencia entre las condiciones operativas de su *ratio*. Sin embargo, esto no es siempre así y, frecuentemente, no existe evidencia en ningún sentido. Sin embargo, en esta característica puede encontrarse la llave de nuestro entendimiento en las razones (*rationale*)[1] de otorgar al tribunal la facultad de *distinguir*: los tribunales pueden ser, y frecuentemente lo son, poco cuidadosos en la formulación de las normas. Abordan la cuestión a través del ejemplo de un caso (o de varios casos asentados en los informes judiciales) y no gozan de las facilidades de investigación y para proyectar, generalmente disponibles para los legisladores. Resulta que es irracional atribuir gran peso a la formulación real de la norma en manos del tribunal. La interpretación de las leyes en ocasiones estriba en el empleo de una palabra en vez de otra. No así en la interpretación de precedentes. Otro resultado consiste en que es razonable interpretar la norma más bien en su contexto (*i.e.* considerando los hechos del caso tal y como se encuentran asentados) más que de forma abstracta como lo hace uno con una ley o reglamento.[15] La facultad de *distinguir* refleja esta dependencia al contexto. La *ratio* es obligatoria en sus razones (*rationale*) fundamentales tal y como se aplica a su contexto original. Los tribunales pueden, sin embargo, modificar su aplicación a diferentes contextos siempre que preserven sus razones (*rationale*) fundamentales.

Es el momento de resumir el argumento. La simple y, en principio, atractiva opinión de que las normas legisladas y las normas del *common law* obligan a los tribunales de la misma forma, sujeta a la facultad de anular [*overrule*], es difícil de reconciliar con la amplia discrecionalidad ejercida por los tribunales. Este problema conduce a la concepción mística de que la identificación de la *ratio* es como un gran arte oculto de tremenda dificultad o a la concepción de que no existe *ratio* que obligue a los futuros tribunales. Ellos son libres de inventar una *ratio* y atribuirla al tribunal original (siempre que observen ciertas limitaciones). Estas concepciones místicas hacen posible la tesis moderada de *distin-*

1 '*Rationale*' es el conjunto de razonamientos o razones fundamentales en que se funda el precedente. Usaremos indistintamente razonamiento o razones fundamentales según sea más apropiado para la frase en español. N.T.

15 Al menos generalmente. Interpretar una ley desde la norma complicada algunas ocasiones se asemeja bastante a distinguir.

guir: distinguir es mostrar que la *ratio* no se aplica al presente caso, argumento hecho posible por el arte mágico de interpretar la *ratio.*

Por el contrario, he sostenido que las normas del *common law* 'son menos obligatorias' que las normas legisladas puesto que los tribunales tienen la facultad de modificarlas a través de la regla de *distinguir.* Son obligatorias en sus razones (*rationale*) esenciales tal y como se aplican a su contexto. Sin embargo, los tribunales tienen la facultad de imponer ulteriores restricciones a su aplicación de forma a evitar el tener que seguirlas, siempre que observen las dos condiciones analizadas con anterioridad. Esta diferencia en fuerza obligatoria entre las normas legisladas y las del *common law* es razonable, dadas las diferentes circunstancias en las cuales los dos tipos de normas han sido creadas. Esta concepción de la doctrina del precedente permite adoptar una concepción simple y directa de la identificación de la *ratio,* pero presupone una interpretación 'fuerte' de *distinguir,* considerándola como forma limitada de creación del derecho.

3. *Disputas reguladas —anulación de precedentes* (overruling)—

Al igual que *distinguir,* anular (precedentes) es cambiar una norma del *common law* establecida por precedente. A diferencia de la facultad de *distinguir,* con la cual están investidos todos los tribunales y la que es frecuentemente usada, la facultad de anular es más selectivamente distribuida y es usada, con menor frecuencia. Por otro lado, su uso es libre de las restricciones que se vinculan a *distinguir.* Un tribunal, investido con la facultad apropiada, puede anular una decisión previa, desde la raíz hasta las ramas, y sustituirla por una norma completamente diferente, incluso con una diametralmente contraria.

Existen dos casos de anular (*overruling*): primero, cuando un tribunal superior anula una norma establecida por un tribunal inferior; segundo, cuando un tribunal anula su propia decisión previa (o una pronunciada por otro tribunal de igual jerarquía). Es común a ambos tipos el hecho de que la decisión anulada era jurídicamente obligatoria hasta su anulación. En virtud de que las decisiones de los tribunales de apelación (*courts of appeal*) son jurídicamente obligatorias (y de hecho gran parte del *common law* descansa en que no existe una autoridad superior), una decisión de la *House of Lords* anulando una decisión del tribunal de apelación es un ejemplo del primer tipo; mientras que una decisión de la *House of Lords* anulando su propia decisión, es una instancia del segundo.

En un sistema basado en precedentes el poder de anular es necesariamente limitado. Si todo tribunal está facultado para anular cualquier decisión de cualquier otro tribunal, la cual se aplica al caso de su conocimiento, siempre que considere que es lo mejor que puede hacerse, entonces el sistema jurídico no reconoce la fuerza obligatoria de los precedentes. Los precedentes son obligatorios únicamente cuando los tribunales no tienen la facultad de anularlos siempre que lo deseen.[16] Las restricciones al poder de los tribunales de desviarse de las decisiones anteriores son de tres tipos: (1) restricciones sobre el tipo de norma con la que pueden sustituir la norma existente; (2) condiciones que tienen que satisfacerse para que ellos tengan la facultad de introducir una nueva norma; (3) condiciones que tienen que satisfacerse antes de que ellos puedan usar su facultad para crear una nueva norma. En el inciso anterior sostuve que las restricciones del primer tipo (y del primer tipo solamente) caracterizan la regla de *distinguir*. Tales restricciones no se aplican a la facultad de introducir nuevas normas cuando el tribunal tiene el poder de anular (*overrule*). Cualquier norma nueva que reconstituya la *ratio* del caso se convertirá en jurídicamente obligatoria. De esta manera anular (*overruling*) es como una decisión pronunciada en una disputa no regulada y es diferente a *distinguir*. Sin embargo, el derecho de los tribunales

[16] Véase el análisis en mi libro *Practical Reason and Norms*, *cit.*, pp. 132-148. Las siguientes observaciones modifican y extienden el argumento hecho en las páginas 140-141. La actitud de los tribunales para anular son expresadas en forma extrema por Lord Reid en *Knuller v. D.P.P.* [1972] 2 All E. R. 893 en la página 903:

> Disentí en el caso Shaw. En reconsideración, aún siento que la decisión fue errónea y no veo razón par alterar nada que haya dicho en mi alocución. Pero no se sigue que deba ahora respaldar una moción para reconsiderar la decisión. He dicho más de una vez en casos recientes que nuestro cambio de práctica en el sentido de no considerar las decisiones anteriores de esta cámara como absolutamente obligatorios, no significa que siempre que pensamos que anteriores decisiones hayan sido erróneas debamos anularlas. En interés general de la certeza del derecho tenemos que estar seguros de que hay una muy buena razón antes de actuar así. Pienso que, no obstante lo erróneo o lo anómalo que pueda ser una decisión, ésa tiene que mantenerse y aplicarse a casos razonablemente análogos salvo o hasta que ésta sea modificada por el Parlamento.

a anular (*overrule*) está limitado por condiciones de los dos tipos restantes.

La naturaleza precisa de muchas restricciones es difícil de determinar. En ocasiones es indeterminada en el derecho de nuestros días. Por ejemplo, pareciera que una decisión del tribunal de apelación que pretendiera establecer una norma anulando una norma establecida por la *House of Lords* no es jurídicamente obligatoria. El tribunal de apelación no tiene poder de anular. Pero ¿es esto igualmente verdadero de una decisión del tribunal de apelación que anule una decisión propia? O bien ¿qué acaso la última decisión obliga, no obstante el hecho de que el tribunal de apelación no debía haberla pronunciado? (*Davis vs. Johnson* [1978] 1 All E.R. 11322 es ambigua sobre el particular). Una restricción que definitivamente pertenece al tercer tipo es que un tribunal no debe anular salvo que esté seguro de que la nueva norma representa un avance en comparación con la anterior. Aquí es claro que si un tribunal anula una decisión porque considera que es probable (aunque no seguro) que la nueva norma constituye un avance, su decisión es obligatoria no obstante el hecho de que actúe irregularmente (*improperly*).[17] Como veremos más adelante en el inciso 7, existe una razón general para que los tribunales observen tales restricciones de prudencia en casi todas sus actividades creadoras de derecho. Ésta se aplica con particular fuerza a la anulación (*overruling*) puesto que, a diferencia de las decisiones en disputas no reguladas, afecta normas jurídicas establecidas y, a diferencia de *distinguir*, substituye la norma con una que difiere sustancialmente de la anterior. En tales casos el argumento expuesto en el inciso 7 se aplica con mayor fuerza. Ellas también han adquirido fuerza jurídica (mientras que en otras actividades creadoras de derecho no tienen más que su fuerza moral inherente). Esto, al menos, me parece que es la mejor interpretación de las repetidas autoexhortaciones judiciales para ejercitar el poder de anular con la mayor precaución (particularmente cuando la *House of Lords* pretende anular sus propias decisiones). No es razonable considerar esto como implicando que una norma no debe ser sustituida por una nueva salvo que la sustitución constituya un gran avance. ¿Por qué no producir pequeñas mejoras? Las exhortaciones obviamente significan que el tribunal debe ser muy

[17] Sobre la diferencia entre falta de poder y deber de no ejercitarlo, *cfr.*, mi libro *Practical Reason and Norms, cit.*, p. 111.

cuidadoso para tener en cuenta los posibles efectos perjudiciales del verdadero proceso de cambio del derecho sobre las actividades sociales y económicas que de él dependen.

Sin embargo, más allá de esto último, las exhortaciones parecen reflejar la concientización de las desventajas bajo las cuales los tribunales operan al tratar de evaluar las diferentes consecuencias sociales y económicas de los diferentes arreglos jurídicos. De ahí la necesidad de evitar actuar, salvo que se esté seguro de que el cambio constituye una ventaja, por pequeña que ésta sea.

Hay, sin duda, otras convenciones judiciales que imponen otras restricciones a la facultad y derecho de anular. Muchas de ellas serán específicas de áreas jurídicas particulares (*e.g.* en el derecho penal). Su exploración implicaría, sin embargo, un examen más profundo de los detalles de la doctrina inglesa del precedente del que es apropiado aquí.

El propósito de este capítulo es examinar los tipos de casos en los cuales los tribunales ingleses ejercitan facultades de creación jurídica y comparar tales funciones con su actividad aplicadora del derecho. *Distinguir* y anular son dos tipos de facultades que tienen los tribunales para cambiar normas del *common law* existentes. También tienen una facultad más limitada para cambiar derecho legislado. Esta facultad tampoco será examinada aquí. Hacerlo nos llevaría a las profundidades de las doctrinas de interpretación de las leyes. Es suficiente decir que dicha facultad se ejercita para 'actualizar' antiguas leyes y ajustar su aplicación a condiciones contemporáneas y, también, para limitar la aplicación de una norma legislada ahí donde es deseable y el caso es de textura abierta. En ambas situaciones la facultad de los tribunales es muy limitada, aún más limitada que para *distinguir*, aunque las limitaciones son diferentes.

4. *Disputas reguladas —reglas de clausura—*

Un caso especial de creación jurídica en disputas reguladas debe ser previamente mencionado. En el capítulo cuatro se señaló que una disputa puede estar regulada no en virtud de una disposición jurídica que regule su solución, sino porque en ausencia de cualquier disposición aplicable, una regla de clausura entra en operación. Por ejemplo, en virtud de que uno de los litigantes pretende un derecho a una prestación por parte del otro; pero como ninguna disposición jurídica le otorga tal derecho, no lo tiene y la disputa debe ser resuelta en favor de la parte contraria. En un sistema basado en precedente la decisión judicial de que en ciertos casos los individuos no tienen un derecho contra otra, es en sí misma una permisión explícita y, por tanto, por las razones señaladas en el capítulo cuatro el caso es usualmente tratado, para efectos prácticos, como regulado por una permisión explícita y, de esta manera, es sometida a las reglas usuales de precedente. Sin embargo, en tanto el caso sea regulado únicamente por la regla de clausura, la doctrina de precedente no se aplica —no se basa en precedente—. De ahí que aunque el tribunal pueda en tal caso cambiar el derecho (*e.g.* otorgar un derecho subjetivo al litigante respectivo), al hacerlo no distingue o anula ninguna decisión, puesto que, por definición, no existe ninguna.

En ocasiones se supone que todos los tribunales tienen completa libertad de cambiar el derecho cuando éste no se basa sino en el silencio, *i.e.* ausencia de fuentes. Sin embargo, esto es un error. Después de todo, el silencio puede hablar más fuerte que las palabras, y un cambio en el derecho es un cambio en el derecho, con independencia de la forma en que la situación jurídica surja. La gente confía en el derecho cuanto éste se basa en el silencio tanto como cuando éste se basa en el *common law*. Las limitaciones de la aptitud de los tribunales para mejorar el derecho no son muy afectadas por la base del derecho que ellos tratan de mejorar. De esta forma, en la actualidad, es generalmente aceptado que los tribunales no tienen facultades o, sólo de forma muy limitada, para crear nuevos delitos penales (hacerlo es, frecuentemente, cambiar el derecho en casos que se encuentran ahora regulados por la regla de clausura de lo que no está prohibido está permitido). Es verdad que en otras áreas las limitaciones sobre facultades y derechos judiciales para crear derechos son menos restrictivas y, en algunas, su facultad se extiende más allá que bajo los casos de *distinción* o anulación. Los límites de las actividades de creación jurídica de los tribunales en los casos de reglas de clausura son indeterminados (como muchos aspectos de la doctrina del precedente). Pero es probable que un estudio detallado revele mucho más de lo que permite una mirada superficial.

5. *Disputas no reguladas*

Todas las disputas no reguladas se deben a la indeterminación, intencional o no intencional, del lenguaje y a la intención del legislador. El tipo más simple comprende todos los casos que caen dentro de los vagos límites de varios conceptos descriptivos. Estos son casos donde no es claro si el instrumento en cuestión es un utensilio eléctrico para efectos del IVA, si una persona se encuentra domiciliada en Inglaterra o si un edificio es usado para habitación. En estos casos la indeterminación surge en virtud de la vaguedad en el criterio para la aplicación del concepto o en virtud de que varios criterios para su aplicación originan, en el caso considerado, indicaciones en conflicto. No todos los casos que caen dentro del área límite de un concepto jurídico relevante son no reguladas. Ellos pueden caer, también, bajo una norma diferente y ésta puede resolver la indeterminación. Sin embargo, muchos casos son indeterminados por las razones señaladas y recurrir a la intención legislativa es muchas veces de ningún provecho, puesto que la intención, aun cuando es descubierta, es frecuentemente, ella misma, indeterminada.

Un poco diferente es la indeterminación de los casos que caen bajo dos normas en conflicto, la cual se debe a la ausencia de una apropiada norma que resuelva el conflicto en el sistema. Aquí la posición de cada norma sobre el caso es clara, sin embargo, el sistema no determina cuál norma es la que debe seguirse. Puede faltar en absoluto una norma apropiada que resuelva el conflicto o puede contener una que es indeterminada en su aplicación al caso presente.

Es cierto que la existencia de disputas no reguladas es resultado inevitable de la indeterminación del lenguaje y de la intención del legislador. Sin embargo, no todas las disputas no reguladas existentes son inevitables. Muy frecuentemente los legisladores y los tribunales, cuando crean disposiciones jurídicas, prefieren, más bien, hacer uso de expresiones poco determinadas en su formulación. Ellos prefieren dejar casos no regulados cuyo destino sea determinado por los tribunales en debido curso, usando su discreción dentro de los límites permitidos por el derecho. En tales casos el derecho determina el marco jurídico general, dejando a los tribunales integrar las lagunas que existen en todos, salvo en el más claro de los casos. Normas que se refieren a 'razonable cuidado', 'buena conducta', 'causa justa', 'cambios materiales en el uso del predio', 'comportamiento ofensivo o abusivo', 'lenguaje obsceno', 'comportamiento que pueda violar la paz pública', 'o que pueda ofender los sentimientos religiosos', son todos normas deliberadamente indeterminadas.

El *common law* divide tales casos en dos categorías: aquellos en los cuales la laguna en cada caso es integrada por el juez cuya opinión deviene un precedente (de forma que en un sentido la laguna, en un caso no regulado, se reduce con cada decisión), y aquellos en los cuales la decisión es dejada al jurado, cuya decisión no es explicada y por tanto no es precedente obligatorio. La distinción se vincula con la distinción jurídico-técnica entre derecho y hecho y entre términos usados en una significación jurídica especial para ser explicados por el tribunal y términos usados en su claro significado ordinario que el tribunal no puede explicar pero tiene que dejar al jurado aplicarlo. Sin embargo, en sustancia, la decisión en cada caso es una combinación de dos cuestiones de principios jurídicos. Primeramente, si se considera la disposición jurídica indeterminada como un marco para que posteriores desarrollados jurídicos integren la laguna y señalen más y más detalladas guías jurídicas, o bien se sostenga que el derecho debe mantenerse indeterminado, dejando que la decisión la tomen los tribunales de nuevo en cada caso. Segundo, si se confía la decisión a un juez o bien a un jurado. *El common law* sostiene que, generalmente, cuando es mejor desarrollar el derecho en forma progresiva el trabajo es hecho mejor por los jueces, mientras que si es mejor que reine completa discreción en cada caso nuevo, la cuestión es confiada al jurado para informar su decisión con las cambiantes opiniones de actitud prevalecientes en la sociedad.

6. *Creación judicial del derecho y legislación*

En los anteriores incisos fueron descritas las facultades de los tribunales para crear derecho, tanto en disputas reguladas (mediante la *distinción*, anulación y el cambio del derecho que es regido por reglas de clausura) como en disputas no reguladas (indeterminadas por derecho, donde la decisión es asignada a un juez cuyo fallo crea un precedente). La descripción revela qué tan extensas son estas facultades. Es difícil que haya un caso de importancia en el cual estas facultades no puedan ser usadas y frecuentemente son usadas. Al mismo tiempo la descripción indica el grado en que el uso de estas facultades es limitado y regulado por el derecho. No existe ningún caso puro de creación del derecho. En todos los casos en los que el tribunal crea derecho, aplica, también, disposiciones jurídicas que restringen y guían su actividad creadora del derecho. Los casos no regulados son parcialmente, no totalmente, no regulados; igualmente *distinguir* y anular se encuentran circunscritos y cercados por limitaciones jurídicas.

Tales limitaciones han recorrido un largo camino en la explicación de la diferencia entre creación judicial del derecho y legislación. Sin embargo, la diferencia conceptual primordial se encuentra en la posibilidad constante de un derecho creado por el juez por vía de *distinción*. Esto significa que el derecho creado por el juez tiene un *status* diferente al derecho legislado. Estrictamente hablando el derecho creado por el juez es obligatorio y válido tanto como el derecho legislado. Pero el derecho creado por el juez es característico en cuanto a la amplitud de facultades que los tribunales tienen para cambiarlo, anulándolo y *distinguiéndolo*. La importancia del argumento no es meramente la existencia de un mayor número de facultades derogatorias sino, más bien, en la ocasión para su ejercicio. El derecho creado por el juez está sometido constantemente a una revisión potencial (aunque modesta) en todas las ocasiones en que su aplicación es litigiosa (y puede ser litigiosa en todos los casos en que el derecho se aplica). A este respecto puede decirse, metafóricamente, que el derecho creado por el juez es menos 'obligatorio' que el derecho legislado.

Esta especial posibilidad de revisión del derecho creado por el juez es de importancia capital para el entendimiento de la diferencia entre derecho legislado y *common law,* así como para el entendimiento de la diferencia entre la función creadora de tribunales y legisladores. Explica el sentido de desarrollo orgánico, tan característico del *common law*. Es típico de las normas del *common law* ser moldeadas y remoldeadas en manos de tribunales sucesivos que usan explícita o inconscientemente sus facultades de reformular y modificar las normas respectivas.

De ahí la razón del hábito judicial de citar las más recientes autoridades importantes que tratan con tal norma, además de, o incluso, en vez de aquellos casos donde la norma fue establecida primeramente.

Varios rasgos adicionales de la doctrina del precedente ayudan a explicar por qué es apropiado aplicar metáforas de desarrollo orgánico del *common law*. La creación judicial del derecho tiende a hacerse por medio de una reforma gradual. La capacidad de los tribunales para reformular un área sustancial del derecho por una decisión individual es muy limitada. Esto es debido parcialmente a la propia facultad de *distinguir*. Trae como resultado que mientras más amplio es el principio enunciado por un tribunal, más fácil es *distinguirlo*, recortarlo. En consecuencia, los jueces, frecuentemente, evitan pronunciar nuevos principios generales y prefieren arreglar sus fallos para que ajuste cuidadosamente al caso entre manos. Resulta innecesario señalar que el hecho de que el grueso de la creación judicial del derecho sea realizado mediante la integración de lagunas en disputas no reguladas y *distinguiendo* en caso de disputas reguladas, limita, efectivamente, las oportunidades de establecer principios generales radicalmente nuevos. Finalmente existe la regla fundamental de que únicamente la *ratio* del caso es obligatoria. Los tribunales nunca pueden promulgar un código que regule un área completa del derecho. Básicamente están limitados a establecer normas o principios individuales. Si pronuncian una opinión en favor de un conjunto completo de principios esta opinión es *obiter dictum*[j] salvo en lo que se refiere al principio en el que la presente decisión del caso reposa.

Las explicaciones del progreso gradual del *common law* no están hechas para negar que, a través de los años, el *common law* puede sufrir una transformación radical. Tampoco disminuyen las importantes contribuciones a tal desarrollo producidas por las opiniones particulares de grandes jueces. El real conocimiento de que el pronunciarse en el tribunal puede, posteriormente, ser revisado y moderado, en vez de frenar a muchos jueces para no alejarse mucho de la doctrina existente, en ocasiones estimula los espíritus dotados al experimento. Un juez puede proclamar ideas innovadoras de gran alcance esperando que produzcan frutos, gozando de la seguridad de que si tales principios caen en terreno no propicio o prueban ser estériles, el camino de retirada está siempre abierto. Éste es, también, un rasgo importante del *com-*

[j] *Cfr., supra* nota núm. 9. (El comentario del traductor.) N.T.

mon law, pero esto existe en contra de la usual concepción de sucesión de cambios acumulados de pequeña escala.

Es fácil observar que esta gran diferencia entre la creación judicial del derecho y la legislación no se encuentra sin justificación. Es precisamente la que uno esperaría dada la falta de calificación especial del tribunal para llevar a cabo una reforma amplia del derecho. La formación y práctica de los jueces los familiariza con los problemas concretos que surgen de la aplicación de las doctrinas jurídicas existentes. Les muestra las ocasiones y la necesidad de extender o atenuar el funcionamiento de tales doctrinas o de resolver conflictos o anomalías en su aplicación. Sin embargo, nada los prepara para volver a pensar, radicalmente, los presupuestos fundamentales en los cuales se basa el derecho. Observaciones similares se aplican a las actuaciones de los abogados de las partes en el tribunal.

7. *Restricciones conservadoras*

En la sección anterior explicamos la diferencia entre la creación judicial del derecho y la legislación en términos del mayor número de límites a las facultades (en los casos en que el tribunal *distingue* y en los casos en que integra lagunas) y efectos de la primera. Tal explicación supone que es posible diferenciar entre el papel de aplicar y el papel de crear derecho por parte de los tribunales. El complemento de esta opinión es la conclusión de que dentro de los límites admitidos de sus facultades de creación jurídica los tribunales actúan y deben actuar precisamente como lo hacen los legisladores, es decir, deben adoptar aquellas normas que juzguen mejores. Éste es el único deber jurídico que les queda. Que es un deber jurídico se sigue directamente del hecho de que, por derecho, a los tribunales no les es permitido actuar arbitrariamente; ni aun cuando estén creando nuevo derecho; tienen que ejercer su discrecionalidad de forma a encontrar la mejor solución. La diferencia entre aplicación judicial del derecho y creación judicial del derecho no es entre consideraciones razonadas y consideraciones arbitrarias. Es la diferencia entre normas impuestas por autoridad, las que los tribunales están obligados a aplicar (sujeta a las cualificaciones mencionadas en los incisos 2 y 3) les guste o no y reglas que los tribunales siguen en virtud de que las consideran adecuadas.

El último punto tiene que ser cualificado de alguna manera. Las limitaciones al poder de creación jurídica de los tribunales y la existencia de deberes jurídicos que los tribunales están obligados a observar al ejercitar tales poderes puede impedir que los tribunales adopten la mejor norma y pueden forzarlos, en ocasiones, a que se decidan por la segunda mejor. (Debe recordarse que aquí no intentamos examinar tales límites y deberes —mi propósito es meramente delinear el marco de la doctrina del precedente dentro del *common law*—. Sin embargo, en esencia es verdad que al ejercitar su facultad de creación jurídica los tribunales deben —dentro de las restricciones jurídicas impuestas— actuar como uno espera que el parlamento actúe, *i.e.* adoptando las mejores normas que puedan encontrar.)

La última afirmación ha sido frecuentemente criticada. Gran parte de la crítica es confusa. En ocasiones se dice que los tribunales no tienen poder de creación jurídica puesto que no han sido democráticamente elegidos. Muy aparte del hecho de que, dada la supremacía del parlamento, el derecho creado por el juez no es más antidemocrático que mucha legislación delegada,[18] la objeción constituye, cuando mucho, una crítica a la existencia de las facultades de creación judicial del derecho. No proporciona pruebas de que no exista. Lo mismo es verdad de la objeción de que tales poderes significan que el derecho creado por el juez es retroactivamente aplicado (al caso considerado y a todos los casos sustanciados después de que el precedente fue establecido pero en que la causa de la interposición de la acción ocurrió antes de eso).

Puede ser valioso observar que la objeción de creación retroactiva del derecho se basa en la frustración de expectativas justificadas. Tal objeción a la creación judicial del derecho no tiene en absoluto fuerza cuando se refiere a disputas no reguladas o a cualquier caso difícil o controvertido puesto que ninguna *expectativa* justificable puede surgir en tales casos. La fuerza de la objeción de la retroactividad se limita a los claros ejemplos de *distinción* y es particularmente apropiada en los casos de anulación, en que

[18] La situación es diferente en países como Estados Unidos en donde las decisiones judiciales en ciertos casos constitucionales no pueden ser echadas atrás por el cuerpo legislativo democrático. La justificación de tales poderes está ligada a la justificación de tener una constitución que limite el poder de la mayoría.

explica la gran reticencia de los tribunales a anular, salvo sobre la base de los más claros fundamentos.[19]

La concepción de que, precisamente, los tribunales al crear derecho deben actuar sometidos, ocasionalmente, a restricciones jurídicas específicas impuestas a sus facultades,[20] como lo hacen los legisladores, puede ser respaldada por muchas citas de los tribunales. Dos referencias cabe hacer aquí. Esta concepción es sostenida por lord Wilberforce en *Milliangos v. George Frank (Textile) Limited* [1975] 3 All E.R. 812 (opuesto a la letra g) y por lord Raid en *British Railways B.D. v. Herrington* [1972] 1 All E.R. 757 donde se dice:

> La cuestión, entonces, es en qué grado esta Cámara (*House*), actuando en su competencia judicial, puede hacer lo que el Parlamento no hizo en 1967. Me desagrada usurpar las funciones del Parlamento. Pero me parece que enfrentamos la opción de seguir [el caso] Addie y retrasar el reloj o bien modificar drásticamente las normas [establecidas en el caso] Addie. Se ha sugerido que tal modificación puede ser lograda desarrollando el derecho tal y como está establecido en el caso Addie sin anular, de hecho, ninguna parte de la decisión. No pienso que esto sea posible. Puede propiamente decirse que uno desarrolla el derecho establecido en un caso modelo en tanto, pero, únicamente, en tanto el 'desarrollo' no nos requiere que declaremos que el caso original fue erróneamente decidido. Me parece que cualquier aceptable 'desarrollo' del caso Addie tiene que significar que si el caso Addie surgiera en la actualidad éste sería resuelto de la otra forma. En el caso Addie la situación del actor era, en cuanto a los hechos más favorable de lo que es para el actual demandado y no pienso que pudiéramos sobreseer esta apelación sin sostener o, al menos, sin necesariamente implicar que el caso Addie fue erróneamente resuelto.

De esta manera claramente el tribunal afirma su derecho de *hacer lo que el Parlamento no hizo en 1957*.

El gran número de citas judiciales similares no resuelve, sin

19 Véase el inciso 3 de este capítulo. Los jueces frecuentemente anticipan grandes anulaciones con varios *obiter dicta* o varios pronunciamientos fuera del tribunal, indicando, de esta manera, la vulnerabilidad de la rama del derecho en revisión. El derecho es aún formalmente cierto, sin embargo, se pone en conocimiento de la gente no confiar en él. El 'vicio' de retroactividad es así evitado. Por el contrario, tenemos las desventajas de la incertidumbre la cual se aplica a todas las disputas no reguladas.

20 *Cfr.*, *supra* nota 4 de este capítulo.

embargo, las dudas restantes de si, dentro de los límites jurídicos impuestos, los tribunales están, de hecho, completamente libres de actuar bajo su propio criterio sobre cuál es la mejor norma que debe ser adoptada. En ocasiones se considera que los jueces nunca están libres de seguir su propio criterio, de que el conjunto de la doctrina jurídica existente debe siempre determinar su decisión. Así, aun disputas no reguladas son determinadas, se dice, mediante argumentos de analogía por los que se extiende la fuerza de normas existentes más allá de su directo campo de aplicación. Voy a sostener que, cualquiera que sea la verdad que exista en tales concepciones, es consistente —una vez depurada de las exageraciones implicadas en sus formulaciones tradicionales— con la tesis de que en su función creadora del derecho los jueces se basan y deben basarse en su propio criterio moral.

La verdad simple, pero fundamental, que es la clave de nuestro problema, es que el mero hecho de que dos personas actúen en base a su criterio moral no es ninguna garantía —aun si comparte las mismas concepciones morales y la misma información— de que decidirán la misma acción. En virtud de diferencias en las circunstancias y en sus aptitudes pueden correctamente concluir que diferentes cursos de acción son apropiados para cada uno de ellos. En otras palabras, aunque tanto tribunales como legisladores actúen, al crear derecho, sobre sus mejores juicios, hay una diferencia perceptible en sus acciones creadoras del derecho (no en cada caso individual sino en su curso general) el cual es totalmente explicable con la diferencia de sus circunstancias y facultades.

Las circunstancias bajo las cuales los tribunales funcionan les imponen ciertos requerimientos morales los cuales no se aplican, al menos, en el mismo grado, a los legisladores. Las circunstancias referidas no son otras que aquellas analizadas anteriormente, esto es la naturaleza gradual de la creación del derecho que resulta del hecho de que en gran parte se ocupa de la integración de lagunas dentro de marcos jurídicos existentes en disputas no reguladas y de la modificación de normas, preservando la parte principal de su fundamento racional, al *distinguir*. La mayoría de las decisiones creadoras de derecho se ocupan de extender doctrinas existentes, ajustándolas sucesivamente a graduales condiciones cambiantes en el orden tecnológico, económico o social, e introduciendo pequeñas alteraciones para evitar las indeseables, y no intencionales, consecuencias de aplicar normas a circunstancias para las que no fueron previstas, cuando tales normas fueron establecidas. Tal mantenimiento, reparación y conservación son, también, función de cantidad de derecho legislado. En este respecto no existe diferencia substancial entre precedentes y legislación. Pero he aquí una diferencia en la imagen pública de las instituciones. Al pensar en la legislación uno tiende a pensar en su innovador papel reformador más que en su papel conservador, el cual es más prominente en nuestra imagen del papel jurídico-creador de los tribunales.

La verdadera diferencia moralmente relevante yace en las condiciones para introducir reformas de largo alcance. El derecho afecta condiciones sociales y económicas a través de complejas interacciones de muchas disposiciones jurídicas con varias condiciones sociales y económicas que son usualmente desconocidas, al menos parcialmente, e invariablemente complejas. Es bien conocido el altruismo de que los cambios en el derecho no siempre logran sus efectos 'obvios': el deber jurídicamente impuesto de igualar el salario de las mujeres puede conducir al desempleo de las mujeres, etcétera. Una reforma amplia en el derecho de la propiedad puede necesitar cambios en el derecho de la responsabilidad civil, en derecho penal, en el derecho familiar, en el derecho de la planeación, para asegurar que sus objetivos sean logrados.

Por todas las razones explicadas anteriormente es usualmente imposible para los tribunales introducir en una decisión todos los cambios necesarios para la ejecución efectiva de una reforma radical en cualquier aspecto del derecho. La opción que el tribunal enfrenta es el de dar un primer paso hacia la reforma, esperando que, con el tiempo, el trabajo sea complementado por otras decisiones (o por legislación), o bien mantenerse fiel a las doctrinas existentes. Tal opción es, frecuentemente, muy difícil en virtud de que las medidas parciales no sólo se quedan cortas en cuanto el beneficio que una completa reforma podría traer, sino que, frecuentemente, tienen malas consecuencias. Las reformas parciales introducen un nuevo elemento discordante dentro de la doctrina existente. Esto significa que el derecho, ahora, contiene disposiciones que reflejan y persiguen diferentes e inconsistentes fines sociales. Incorpora disposiciones pragmáticamente en conflicto. Los conflictos normativos existen cuando dos requerimientos válidos no pueden ser obedecidos al mismo tiempo. El conflicto pragmático es un concepto más amplio. Las disposiciones jurídicas entran en conflicto pragmático si una está hecha para promover o matener un estado de cosas que no puede coexistir con aquél, el cual la otra disposición promueve o mantiene. Una disposición jurídica sostiene o promueve un estado de cosas no únicamente a través de las acciones que hacen uso de derechos subjetivos facultades o permisiones que otorga y a través de las consecuencias sociales y económicas de tal comportamiento. Las reformas parciales no implican conflictos normativos, sin embargo, invariablemente introducen conflictos pragmáticos en el derecho.

El parlamento normalmente no tiene que escoger entre reforma parcial y conservatismo. Puede optar por reforma radical (aunque por variedad de razones ésta no es siempre una opción práctica). A los tribunales invariablemente se les presenta esta opción. Las consecuencias adversas de la reforma parcial con su esperada discordancia pragmática conduce a los tribunales, muy frecuentemente, a optar por una política conservadora. Tal preferencia es justificada en muchos casos. Pero no siempre los tribunales efectivamente escogen el camino conservador ni tampoco es siempre justificado. La discordancia puede rápidamente ser resuelta si las restantes medidas de reforma se siguen dentro de un corto período de tiempo. Los males de la doctrina existente pueden ser suficientemente graves para justificar, incluso, una reforma parcial con sus indeseables resultados. Éstas y similares consideraciones pueden frecuentemente justificar que los tribunales den pasos audaces, no obstante lo incompleto que estos puedan ser.

8. *Razonamiento analógico*

En la sección anterior he tratado de explicar por qué es que aun cuando a los tribunales, al igual que a los legisladores, se les requiere, dentro de ciertos límites, que actúen en base a su propio criterio éstos llegan frecuentemente, si actúan racionalmente, a conclusiones diferentes de aquellas a las cuales llegarían racionalmente los legisladores. La diferencia deriva de la diferencia sistemática en las circunstancias en las cuales ellos operan. Sin justificar ninguna decisión particular y sin aprobar un total equilibrio entre el conservatismo y la inclinación a la reforma por los jueces ingleses en tiempo reciente, es evidente que ellos están conscientes de los problemas inherentes a las reformas parciales tal y como fueron delineados en la sección anterior. Esto se manifiesta en el amplio uso de argumentos por analogía.

Un tribunal se basa en la analogía siempre que señale similitudes o diferencias entre el presente caso y casos previos que no constituyen precedentes obligatorios aplicables al caso presente. Tomemos nuestro ejemplo del fallo en *P*:

$$P: a, b, c, d, e, g/A, B, C \rightarrow X$$

Si los hechos en el nuevo caso N_1 incluyen a_1 b_1 y c_1, no hay lugar para el argumento en analogía con *P*. N_1 cae directamente bajo la norma establecida en *P* la cual es, se supone, obligatoria para el tribunal en N_1. Supóngase, sin embargo, que el nuevo caso es N_2 que es un caso a_2, b_2, $\bar{c}_2$, d_2, $\bar{e}_2$. El fallo en *P* no se aplica a los hechos de N_2. Sin embargo los dos casos son similares en algunos aspectos. Ambos son casos de *A, B, D*. Esta analogía *no* es obligatoria para el tribunal. No existe, por hipótesis, ninguna norma jurídica obligatoria para el efecto de que $A, B \rightarrow X$, o de que $A, B, D \rightarrow X$.

En otras palabras el argumento por analogía no es un método para descubrir qué normas son jurídicamente obligatorias en virtud de la doctrina del precedente. Tal descubrimiento requiere no más que una interpretación del precedente para establecer su *ratio*. El argumento analógico es una forma de justificación de nuevas normas establecidas por los tribunales en el ejercicio de su creación jurídica discrecional. Como tal, esta justificación tiene éxito cuando ayuda a establecer que la norma adoptada por el tribunal es la mejor que puede adoptar.

¿Cuáles son las condiciones que un exitoso argumento por analogía tiene que satisfacer? Uno habla de argumentos por analogía siempre que los tribunales se basan en la existencia de similitudes en anteriores decisiones, pero, naturalmente, no todas éstas son justificadas. ¿Cómo debe uno juzgar? Dos grandes dificultades obstaculizan un análisis claro del argumento analógico. El primero consiste en la dificultad de proporcionar un criterio general sobre la relevancia de las similitudes. La segunda dificultad, la cual compone la primera, es el problema de explicar cómo los argumentos analógicos pueden ser de fuerza y ser al mismo tiempo no obligatorios.

Compárese *P* y N_2: ellos se parecen entre sí respecto a *A* y *B* los cuales fueron considerados relevantes en *P* y también con respecto a *D* la cual no se consideró relevante. Son distintas con respecto a *C* (considerada relevante) y *E* (no relevante en la norma establecida en *P*).

Obviamente, no es la cantidad de las diferencias sino su importancia la que cuenta. Pero ¿cuál es el criterio de esta importancia? La respuesta se encuentra en el *"rationale"* de la norma establecida en *P* —la razón para tenerla, los propósitos que ésta sirve—. Esto es lo que explica el papel y la importancia de las condiciones establecidas en ella. Por su específica naturaleza la justificación de una norma es más abstracta y más general que la norma que justifica. Por tanto, así como justifica esta norma bien podría justificar otra. Si esta norma es justificada como un medio para lograr cierto propósito o para proteger cierto valor, así lo podrían ser otras normas si promueven el mismo propósito o protegen el mismo valor en diferentes formas o bajo diferentes circunstancias. Un ejemplo tiene lugar aquí: En *D v. NSPCC* 1977 1 All E. R. 589, la Cámara de los *Lords* tenía que decidir si la *NSPCC* estaba facultada para rehusarse a revelar la identidad de uno de sus informantes, no obstante el hecho de que su identidad era relevante para una acción por negligencia contra la *NSPCC*. Las normas existentes imponen a la *NSPCC* suministrar la información. Existe, sin embargo, una norma que permite a los departamentos del gobierno conservar pruebas relevantes cuando su entrega pueda dañar el interés público en cuanto al funcionamiento apropiado y eficiente del gobierno. Esta norma no cubre a la *NSPCC*, que no es un departamento gubernamental. Los *Lords*, sin embargo, encontraron similitud suficiente entre los casos regulados por esta norma y el presente caso, para justificar cambiar el derecho y extender la norma, de forma a proteger el anonimato de los informadores de la *NSPCC*. La similitud se encuentra en las *funciones* legales que la *NSPCC* realiza y las de varias agencias gubernamentales (policía, servicios sociales, etcétera). Esta similitud es suficiente porque el propósito de la norma original es asegurar el ejercicio eficiente en las facultades de un cierto tipo. La forma de hacerlo es proporcionando protección a los departamentos gubernamentales. Pero el mismo propósito justifica, igualmente, extender la protección a otros cuerpos que realizan funciones similares.

Éste es un breve y crudo sumario de un largo y sutil juicio. El caso en sí mismo es simple en virtud de que la analogía encontrada es precisamente entre una norma y un caso nuevo. Con frecuencia son invocadas analogías con varias normas. Sin embargo, el caso ilustra la técnica general de los argumentos analógicos —descansar en similitudes parciales para extender una norma— (*A B C* → *X* en *P* puede simplemente extenderse en N_2 eliminando una condición de forma a quedar *A, B* → *X*) o crear otra norma que conduzca al mismo resultado (N_2 puede establecer una nueva norma *A, B, D* → *X* la cual coexistirá con la anterior establecida en *P*) cuando tal cambio en el derecho es justificado por el mismo propósito o valor que justifica la norma original en el que la analogía se basa (es decir *A, B, C* → *X*).

Ésta es, pues, la respuesta a la primera dificultad: el criterio de la relevancia de las similitudes es la justificación subyacente de la norma que constituye la base de la analogía. El argumento por analogía es esencialmente un argumento para el efecto de que si una cierta razón es suficientemente buena para justificar una norma, entonces es igualmente buena para justificar otra cuya similitud se sigue de ella.

Estas observaciones contienen, implícitamente, la solución a la segunda dificultad de la explicación del argumento analógico: si el argumento analógico tiene, en realidad, alguna fuerza ¿cómo puede ser que no sea obligatorio en absoluto? ¿Por qué constituye únicamente una guía para que los tribunales ejerciten su discreción al crear derecho? La primera cuestión que hay que observar es que el argumento por analogía no justifica, por sí mismo, la nueva norma que supuestamente se basa en él. Todo lo que muestra es que si la norma vieja está justificada, de la misma manera lo está la nueva. Pero, entonces, podría sostenerse que los argumentos analógicos en sí mismos no contienen fuerza alguna: si la vieja norma es una norma mala y su supuesta justificación es defectuosa entonces no debemos basarnos en ella para generar una nueva norma. Si, por el otro lado, la justificación es válida y buena, ésta puede ser la base para generar una nueva norma con independencia de si ésta es también la justificación de una norma existente. De cualquier forma no existe fuerza en la analogía en tanto tal. Hay algo de verdad en este argumento, pero en última instancia, falla al inadvertir el predicamento de la reforma parcial tal y como fue descrita en la sección anterior. Tal predicamento surge de la objeción a la reforma parcial basada en los malos productos alegados que resultan de la introducción de conflictos pragmáticos en el derecho. El argumento por analogía muestra que la nueva norma es una norma conservadora; no introduce nuevos principios o valores discordantes y conflictos en el derecho, los propósitos y valores que promueve ya se encuentran servidos por normas existentes.

Ésta es la fuerza del argumento analógico, pero, también, su limitación. Como observamos en la sección anterior, aunque hay razón para evitar conflictos pragmáticos, esta razón puede ser superada si es probable que el conflicto sea de corta vida o si, por cualquier otra razón, sus consecuencias indeseables son menos indeseables que las consecuencias de perpetuar y extender el ámbito de normas y doctrinas jurídicas malas. Es por ello que los argumentos analógicos tienen alguna fuerza pero no son concluyentes. Establecen coherencia de propósitos con ciertas partes del derecho. Ésta es una consideración relevante pero también existen otras.

Con frecuencia se considera que los argumentos analógicos no son concluyentes porque hay muchas analogías incompatibles que pueden ser establecidas y los tribunales escogen cuáles establecer en base a otros fundamentos independientes. Éste es un argumento válido, pero su significado es malentendido si se supone que muestra que el argumento analógico es meramente un escaparate. El argumento es válido en tanto que el derecho ya contiene conflictos pragmáticos. Cuando las normas P_1 y P_2 promueven fines sociales en conflicto, el tribunal tendrá que escoger si introduce una nueva norma N_1 promoviendo el mismo fin que P_1 o una norma N_2 que promueve el fin de P_2. Tal opción no será basada en analogía (salvo cuando se funde en una de las normas existentes que se desvía y está en desacuerdo con los fines del grueso del derecho). Pero el hecho de que cualquier norma que el tribunal adopte sea analógica a alguna norma existente es aun relevante para mostrar que el tribunal no introduce ningún nuevo conflicto pragmático sino que respalda, por así decirlo, un lado de una disputa existente.

Una controversia entre estudiosos del razonamiento judicial en Inglaterra, como en otros lados (en mucho los mismos problemas surgen sobre el uso de la analogía por los tribunales en varios países), se ocupa del *status* del argumento analógico. Algunos, observando la posibilidad de señalar en muchos casos diferentes analogías que llevan a diferentes conclusiones y el hecho de que otras consideraciones puedan justificar el rechazo de esta conclusión, han afirmado que el argumento analógico es meramente un escaparate, una forma de argumento sin fuerza jurídica o de cualquier otra que recurre a razones artificiosas. Otros consideran el argumento analógico como una poderosa herramienta, jurídicamente obligatoria y único camino para la solución correcta de todos los casos difíciles.[21] El análisis anteriormente ofrecido es, sin embargo, otro intento que conduce a una ruta intermedia. Explica por qué los argumentos analógicos son siempre moralmente relevantes como respuesta a la pregunta de si y cómo deben los tribunales usar sus facultades creadoras de derecho. También explica por qué los argumentos analógicos pueden indicar diferentes direcciones y por qué son ellos, únicamente, una de las innumerables consideraciones que los tribunales deben tener (moralmente) en cuenta.

La relevancia del argumento analógico es apreciada por la judicatura aun cuando las razones para ello puedan, algunas veces, ser mal entendidas. No obstante esto, no hay argumento para decir que los jueces se encuentren *jurídicamente* obligados a usar argumentos analógicos. No existen estándares jurídicamente convenidos sobre cómo tales argumentos deben ser usados más allá del consejo general de que deben ser usados para establecer armonía en los propósitos entre las normas propuestas y establecidas y que se les debe asignar el peso que es moralmente correcto darles. Los argumentos analógicos son y deben ser usados de acuerdo con su relevancia moral inherente. No existe ningún requerimiento jurídico especial sobre su uso.

21 La teoría de la decisión judicial (*adjudication*) del profesor Dworkin es el caso más extremo de una fe total en los argumentos analógicos. En "Hard Cases" (en *Harvard Law Review*, 1975, p. 1057, reimpreso en Taking Rights Seriously, Londres, Duckworth, 1978, pp. 81-130; existe traducción española de Javier Esquivel *Casos Difíciles*, México, UNAM, Instituto de Investigaciones Filosóficas, 1982 [Cuadernos de Crítica] Dworkin propone una concepción según la cual los jueces están obligados a resolver todos los casos jurídicos en base a una total analogía —a todas las normas existentes , legisladas como del *common law*, e implica una solución correcta jurídicamente obligatoria para todos los casos difíciles. El profesor Dworkin, de esta manera, ha optado por la interpretación más conservadora del papel judicial: los jueces no tienen ni facultad jurídica ni moral para asumir un papel reformador. Ellos tienen que fundamentarse únicamente en argumentos analógicos, los cuales perpetúan y extienden la ideología jurídica existente. Para una crítica de la concepción del profesor Dworkin véase mi artículo "Professor Dworkin's Theory of Rights", en *Political Studies*, 1978, p. 123.

9. *La continuidad de aplicar y crear derecho*

El análisis del razonamiento judicial en este capítulo es inevitablemente simplificado y parcial. Es simplificado porque intenta aislar los pasos elementales del razonamiento judicial. Las decisiones en casos importantes suponen referencia a muchas normas jurídicas, algunas de las cuales son seguidas, algunas otras *distinguidas*, mientras que otras proporcionan la base para diferentes analogías. Esta complejidad no se encuentra representada en el análisis que aquí hemos presentado. Este análisis, sin embargo, proporciona los medios para entender los complejos argumentos judiciales. La explicación anterior es también parcial. Se concentra en las relaciones entre derecho y valor en el razonamiento judicial y descuida otras cuestiones. El método judicial de restringir normas previas al *distinguirlas* fue ampliamente analizado, sin embargo, poco fue dicho, por ejemplo, sobre los medios para extender el ámbito de las normas. La razón es simple: no existen normas jurídicas formales sobre cómo pueden los tribunales extender las normas. Tampoco todos los casos de normas restringidas están regulados por la regla de *distinguir*. Siempre que un tribunal anula, puede limitar el ámbito de la norma transformada. Algunas ocasiones uno extiende una norma al *distinguir* y, de esta manera, limita el ámbito de otra que establece una excepción a la primera. Algunas veces varias normas separadas son unidas en una más amplia y nueva doctrina que, de hecho, extiende el ámbito de las viejas normas. Argumentos analógicos son frecuentemente usados para respaldar el caso de normas nuevas e independientes, mostrando que sirven a los mismos objetivos generales a que sirven las existentes. De forma igualmente frecuente son usados para sostener el caso para reemplazar una norma limitada por una más comprensiva que, al estipular que el resultado jurídico que la norma original proporciona debe ser aplicado a la original y a otras circunstancias, extiende el ámbito de la vieja norma. Éstas y otras facetas del razonamiento judicial faltan de ser exploradas. Su exploración se basaría en los fundamentos establecidos en este análisis.

Un problema restante debe ser abordado ahora. La opinión defendida anteriormente es que los tribunales crean derecho al conocer de disputas no reguladas. Ellos lo hacen con independencia de si están conscientes de que lo hacen. Esto produce una importante diferencia conceptual entre la creación jurídica legislativa y la judicial. Una acción legislativa es una acción que intencionalmente cambia el derecho. La creación judicial del derecho no necesita ser intencional. Un juez puede crear una nueva norma en una decisión que piensa es puramente una decisión aplicadora del derecho. En la actualidad los jueces están, en su mayoría, absolutamente conscientes de su facultad jurídico-creadora. Sin embargo, esta distinción conceptual no ha perdido su importancia. Aun cuando los jueces conozcan que ellos frecuentemente crean derecho, ellos no siempre juzgan correctamente si un punto particular hecho en un juicio es innovador o aplicativo. Naturalmente es de importancia crucial para el apropiado funcionamiento de la administración de justicia que las decisiones judiciales sean válidas con independencia de si el tribunal correctamente identifica su carácter innovador o aplicativo.

No obstante todos estos hechos, puede ser sorprendente que los tribunales no se preocupen por identificar la línea divisoria exacta entre las partes de sus consideraciones que se ocupan de la aplicación del derecho y aquellas que se ocupan de su creación. En virtud de que las dos son radicalmente diferentes uno hubiera podido esperar —frecuentemente se dice— que los tribunales dividieran sus consideraciones en partes claramente definidas, empleando razones radicalmente diferentes para justificar sus conclusiones aplicadoras de derecho y las creadoras de derecho. Esto, por supuesto, no ocurre. Aunque los tribunales, frecuentemente, hacen ver que están conscientes de que diferentes tipos de argumentos son apropiados cuando consideran hacer uso de sus facultades creadoras del derecho, frecuentemente, también, se mueven imperceptiblemente de una función a otra. Ninguno que acepte el análisis ofrecido en este capítulo se sorprenderá de la existencia de la fuerte continuidad entre la aplicación y creación del derecho.

La continuidad no es uniforme en todos los tipos de casos. La anulación (*overruling*), normalmente, es claramente identificada y los argumentos morales, económicos, etcétera, son, por lo general, libremente usados. De manera general esto es verdad, también, de la función de *distinguir*, aunque, aquí, la confusión sobre lo que vale como *ratio* y el limitado campo para la reforma, frecuentemente tiende a obscurecer el límite entre seguir y distinguir un precedente.[22] En casos de indeterminación frecuentemente no exis-

22 Frecuentemente los tribunales minimizan el grado en que una decisión es inno-

te una clara división entre aplicación e innovación. Si un caso cae o no dentro de la vaga e indeterminada área límite de un concepto descriptivo constituye, frecuentemente, en sí mismo, una cuestión indeterminada. En tales decisiones la continuidad es completa.

Sin embargo, el argumento realmente importante que debe tenerse en mente, es que, en la mayoría de las ocasiones, el razonamiento que justifica las decisiones creadoras de derecho es similar y entra en continuo con las decisiones que interpretan y aplican el derecho. Esto es así en todos los casos de creación judicial del derecho de pequeña escala o creación conservadora. El argumento por analogía usado en la creación del derecho implica la interpretación del propósito y las razones fundamentales (*rationale*) de las normas jurídicas existentes; esto es igualmente esencial para una correcta interpretación y aplicación del derecho. La analogía es usada en la creación del derecho para mostrar armonía de propósitos entre las disposiciones jurídicas existentes y las nuevas. Es también usada en la interpretación, bajo la suposición de que el legislador desea preservar la armonía de objetivos y sus leyes deben ser interpretadas como hechas para perseguir fines compatibles con las normas relacionadas. El uso de la analogía tanto para la creación jurídica como para la interpretación es meramente un ejemplo del hecho de que, en general, el mismo, o muy similar, tipo de argumento es relevante para ambos propósitos. En la mayoría de los casos de interpretación de derecho relativamente moderno puede suponerse, siendo las demás cosas iguales, que la intención y propósito del legislador era promover fines razonables. De esta forma, indirectamente, la interpretación, no menos que la creación del derecho, supone la evaluación de diferentes fines.

El hecho de que el mismo tipo de argumentos sean usados al aplicar y crear derecho no muestra que no haya ninguna diferencia entre las dos actividades. Los argumentos son usados bajo diferentes suposiciones y se les otorga diferente papel y peso. Sin embargo, la ocurrencia del mismo tipo de argumentos en ambos tipos de razonamiento judicial explica por qué los tribunales, frecuentemente, no se preocupan por definir explícitamente qué función están realizando en un momento dado de su razonamiento. Como hemos visto, en su mayor parte, tal continuidad de

vadora con objeto de evitar la necesidad de cargar con una completa responsabilidad por ello o para evitar tener que justificarla mediante largos y explícitos argumentos.

argumentos existe donde es inevitable, esto es, en las disputas no reguladas donde la indeterminación no permite una clara distinción entre aplicar y crear derecho. No es por casualidad que en tales casos en particular, argumentos muy similares sean normalmente apropiados para ambas actividades. Es quizás apropiado terminar con el tema de la continuidad de argumentos entre la aplicación jurídica y la creación jurídica, puesto que ha sido el objetivo primordial de este capítulo demostrar la intrincada interconexión entre estas dos actividades judiciales sosteniendo que, no obstante lo intrincado las dos actividades, son conceptualmente distintas y ambas presentes en el funcionamiento de los tribunales ingleses.

CAPÍTULO XI

EL ESTADO DE DERECHO[a] Y SU VIRTUD[1]

L. A. Hayek ha proporcionado una de las formulaciones más claras y más llenas de fuerza de la idea del estado de derecho:

> Despojado de todo tecnicismo significa que el gobierno está vinculado por normas fijadas y publicadas de antemano —normas que hacen posible prever, con bastante certeza, cómo usará la autoridad sus poderes coercitivos en determinadas circunstancias y planear los asuntos de los individuos en base a este conocimiento.[2]

Al mismo tiempo que obtiene ciertas conclusiones de este ideal, ilustra una de las principales falacias del tratamiento contemporáneo del estado de derecho: la presuposición de su importancia concluyente (*overriding*). Mi intención es analizar la idea del estado de derecho dentro del espíritu de la cita de Hayek y mostrar por qué algunas de las conclusiones que Hayek deriva de ella no pueden sostenerse. Sin embargo, primeramente tenemos que ponernos en guardia contra la otra falacia común del estado de derecho.

No es poco común que cuando una idea política captura la imaginación de un amplio número de personas, su nombre se convierta en un *slogan* usado por partidarios de ideales que tienen poca o ninguna relación con el ideal que originalmente designaba. El destino de 'democracia', no hace mucho, y de 'privacidad', ahora, son justamente dos ejemplos de este conocido proceso. En 1959 el Congreso Internacional de Juristas celebrado en Nueva

[a] Hemos optado por traducir '*rule of law*' por 'Estado de derecho'. No en el sentido de gobierno constitucional sino, en el sentido más amplio, de 'imperio del derecho'. N.T.

[1] Este capítulo fue anteriormente publicado como artículo en *The Law Quarterly Review*, vol. 93, núm. 2, abril, 1977, pp. 195-211. Una versión de ese trabajo fue presentada a una conferencia organizada por The Liberty Fund y la University of San Francisco. Agradezco a Rolf Sartorius, Douglas Hutchinson y a David Libling las útiles sugerencias que permitieron mejorar una previa versión de este capítulo.

[2] Hayek, F. A. *The Road to Serfdom*, Londres, 1944, p. 54.

Delhi dio su bendición oficial a una similar perversión de la doctrina del estado de derecho.

> La función del legislador en una sociedad libre, sometida al estado de derecho, es crear y mantener las condiciones que defiendan la dignidad del hombre como individuo. Esta dignidad requiere no sólo conocimiento de sus derechos civiles y políticos, sino, también, el establecimiento de las condiciones sociales, económicas, educativas y culturales que son esenciales para el completo desarrollo de su personalidad.[3]

El reporte continúa justamente mencionando o refiriéndose a todos los ideales políticos que han encontrado respaldo en cualquier parte del globo durante los años de posguerra.

Si el estado de derecho es el imperio del derecho bueno, entonces explicar su naturaleza es proponer una completa filosofía social. Pero, si esto es así, el término carece de cualquier función útil. No necesitamos ser convertidos al estado de derecho sólo para descubrir que creer en él es creer que el bien debe triunfar. El estado de derecho es un ideal político del que un sistema jurídico puede carecer o puede poseer en un mayor o menor grado. Esto, en gran medida, es un lugar común. Hay que insistir, también, en que el estado de derecho es únicamente una de las virtudes que un orden jurídico puede poseer y por la que puede ser juzgado. No se debe confundir con democracia, justicia, igualdad (ante el derecho o de otra manera), ni con derechos humanos de cualqueir tipo ni con el respeto por las personas o por la dignidad del hombre. Un sistema jurídico no democrático, basado en la negación de derechos humanos, en una gran pobreza, en segregación racial, en desigualdad sexual y en la persecución religiosa puede, en principio, conformarse a los requerimientos del estado de derecho mejor que cualesquiera de los sistemas jurídicos de las más ilustradas democracias occidentales. Esto no significa que este sistema sea mejor que aquellas democracias occidentales. Sería un sistema jurídico inconmesurablemente peor, pero sobresaldría en un aspecto: en su conformidad al estado de derecho.

Dado el uso promiscuo que en los últimos años se ha hecho de la expresión 'estado de derecho' sería sorprendente que mi afirma-

[3] Artículo primero del reporte del *I Comité del Congreso Internacional de Juristas*, celebrado en Nueva Delhi, en 1959.

ción no alarmara a muchos. Hemos alcanzado un nivel en el cual ningún purista puede pretender que la verdad está de su lado y censurar a los otros por distorsionar la noción de estado de derecho. Todo lo que puedo pretender para mi explicación es, primeramente, que ésta presenta una concepción coherente de una virtud importante que los sistemas jurídicos deben poseer y, en segundo lugar, que no es original, que sigue los pasos de Hayek y de otros muchos que entienden 'estado de derecho' de forma similar.

1. *La idea fundamental*

'Estado de derecho' significa literalmente lo que dice: el estado de derecho[b] tomado en su sentido más amplio significa que la gente debe obedecer el derecho y regirse por él.[4] Sin embargo en la teoría política y jurídica ha llegado a ser interpretado en un sentido restringido, de que el gobierno debe ser regido por el derecho y sometido a él. La idea del estado de derecho en este sentido es frecuentemente expresada por la frase 'gobierno del derecho, no de los hombres'. Tan pronto se empiezan a usar estas fórmulas, su obscuridad se hace evidente. Con toda seguridad el gobierno tiene que ser tanto de derecho como de hombres. Se dice que el estado de derecho significa que toda acción gubernamental tiene que tener una fundamentación en el derecho, tiene que estar autorizada por el derecho. Pero ¿no es esto una tautología? Las actividades no autorizadas por el derecho no pueden ser acciones de un gobierno como gobierno. No tendrían efecto jurídico y frecuentemente serían ilícitas.

Es verdad que podemos elaborar una noción política de gobierno que sea diferente de la jurídica: gobierno como localización del poder real en la sociedad. Es en este sentido que uno puede decir que la Gran Bretaña está gobernada por la ciudad o por los sindicatos. En este sntido de 'gobierno' no es una tautología decir que el gobierno debe fundamentarse en el derecho. Si el sindicato que gobierna un país viola el derecho de las relaciones industriales para imponer su voluntad al Parlamento o si el pre-

[b] En el original se refiere a *the rule of law*, en el sentido de el imperio del derecho, véase *supra* nota *a*. N.T.

[4] En el sentido de esta frase véase Jennings, *The Law and the Constitution*, Londres, 1933, pp. 42-45.

sidente o el FBI autoriza robos y conspira para pervertir la justicia, se puede decir de ellos que violan el estado de derecho. Pero, aquí, 'estado de derecho' es usado en su sentido original de obediencia al derecho. Personas poderosas, así como personas en el gobierno, al igual que cualquier otra deben obedecer el derecho. Esto, sin duda, es correcto, pero ¿agota el significado de estado de derecho? Hay mucho más en estado de derecho que lo que permite su interpretación de derecho y orden. Significa aún más que derecho y orden aplicado al gobierno. Voy a proceder asumiendo que nos ocupamos de gobierno en sentido jurídico y de la concepción de estado de derecho que se aplica al gobierno y al derecho y que no es una mera aplicación de la concepción de derecho y orden.

El problema es que ahora regresamos a nuestro enigma inicial. Si el gobierno es, por definición, gobierno autorizado por el derecho, el estado de derecho parece equivaler a una vacua tautología, no a un ideal político.

La solución a este misterio se encuentra en la diferencia entre el sentido profesional y el sentido lego de 'derecho'. Para el jurista cualquier cosa es derecho si satisface las condiciones de validez establecidas en el sistema de reglas de reconocimiento o en otras normas del sistema.[5] Esto incluye la constitución, la legislación parlamentaria, los reglamentos administrativos, las órdenes de los agentes de policía, los estatutos de las sociedades de responsabilidad limitada, las condiciones impuestas a las licencias de comercio, etcétera. Para el lego, el derecho consiste únicamente en una subclase de esto. Para él, el derecho es esencialmente un conjunto de disposiciones jurídicas abiertas, generales, y relativamente estables. Gobierno del derecho y no de los hombres no es una tautología si 'derecho' significa derecho general, abierto, y relativamente estable. De hecho, el peligro de esta interpretación es que el estado de derecho puede establecer muy estrictos requerimientos, los cuales ningún sistema jurídico pueda satisfacer y que contengan muy poca virtud. Humanamente es inconcebible que el derecho pueda consistir solamente en reglas generales y es completamente indeseable que así fuera. De la misma manera en que necesitamos gobierno tanto de disposiciones jurídicas como de hombres, de la misma manera necesitamos tanto de disposiciones

[5] Esto siguiendo a Hart, H. L. A., *The Concept of Law, cit.*, pp. 97-107; *El concepto del derecho, cit.*, pp. 125-137.

jurídicas generales como particulares para llevar a cabo las tareas para las cuales necesitamos el derecho.

La doctrina del estado de derecho no niega que todo sistema jurídico deba consistir tanto de disposiciones jurídicas generales, abiertas y estables (la concepción popular del derecho) y de disposiciones jurídicas particulares (órdenes jurídicas), herramienta esencial en las manos tanto del ejecutivo como del poder judicial. Como veremos, lo que la doctrina requiere es la sumisión de las disposiciones particulares a las disposiciones jurídicas generales abiertas y estables. Es uno de los principios importantes de la doctrina que *la creación de disposiciones jurídicas particulares deba ser guiada por normas generales abiertas y relativamente estables.*

Este principio muestra cómo el *slogan* de estado de derecho y no de hombres puede ser interpretado como un ideal político lleno de sentido. El principio, sin embargo, no agota el significado de 'estado de derecho' y no aclara, por sí mismo, las razones de su pretendida importancia. Permítasenos, por tanto, retornar al sentido literal de 'estado de derecho'. Éste tiene dos aspectos: (1) que las personas deben ser regidas por el derecho y deben obedecerlo, y (2) que el derecho debe ser de tal manera que la gente pueda ser guiada por él. Como fue anteriormente indicado, es del segundo aspecto del cual nos ocupamos: el derecho debe ser susceptible de ser obedecido. Una persona se conforma al derecho en tanto no lo viola. Pero obedece el derecho únicamente si parte de su razón, para su conformidad es su conocimiento del derecho. Por tanto, si el derecho debe ser obedecido *tiene que ser capaz de guiar el comportamiento de sus súbditos.* Debe ser de tal manera que los súbditos puedan encontrar lo que es y actuar en base a él.

Ésta es la intuición básica de la que deriva la doctrina del estado del derecho: El derecho tiene que ser capaz de guiar el comportamiento de sus súbditos. Es evidente que esta concepción del estado de derecho es una concepción formal. No dice nada sobre cómo debe ser creado el derecho: por tiranos, mayorías democráticas, o de cualquier otra forma. No dice nada sobre los derechos fundamentales, igualdad o justicia. Puede, inclusive, pensarse que esta versión de la doctrina es formal al grado de que se encuentra casi desprovista de contenido. Esto está lejos de ser verdad. La mayor parte de los requerimientos que estaban asociados al estado de derecho antes de que llegara a significar todas las virtudes del estado pueden ser derivadas de esta sola idea básica.

2. *Algunos principios*

La validez o importancia de muchos de los principios que pueden ser derivados de la idea fundamental del estado de derecho depende de las circunstancias particulares de diferentes sociedades. Tiene poca utilidad tratar de enumerarlos a todos; sin embargo, algunos de los principios más importantes pueden ser mencionados:

i. Todas las disposiciones jurídicas deben ser prospectivas, abiertas y claras. Uno no puede ser guiado por una disposición retroactiva. No existe al tiempo de la acción. Algunas veces, en consecuencia, es tenido por sabido que puede legislarse una disposición retroactiva. Cuando esto ocurre la retroactividad no entra en conflicto con el estado de derecho (aunque puede ser objetada en base a otros fundamentos). El derecho tiene que ser abierto y adecuadamente publicitado. Si está hecho para guiar a los individuos éstos tienen que estar en posibilidad de encontrar lo que el derecho es. Por esta misma razón su significado debe ser claro. Una disposición jurídica ambigua, vaga, obscura o imprecisa es probable que equivoque o confunda, al menos, a algunos de aquellos que desean ser guiados por ella.

ii. Las disposiciones jurídicas deben ser relativamente estables. Las disposiciones jurídicas no deben ser cambiadas con mucha frecuencia, si cambian frecuentemente la gente encontrará dificultad en saber lo que el derecho es en determinado momento y estará siempre temeroso de que el derecho haya cambiado desde que él supo lo que el derecho era. Pero, aún más importante es el hecho de que la gente necesita conocer el derecho no únicamente para tomar decisiones de corto plazo (dónde estacionar el coche, cuánto alcohol es permitido libre de impuesto, etcétera) sino para planes de largo alcance. El conocimiento de, cuando menos, las líneas generales y, algunas veces, de detalles del derecho fiscal y del derecho de sociedades mercantiles es frecuentemente importante para planear negocios los cuales únicamente obtendrán frutos años después. La estabilidad es esencial si la gente tiene que ser guiada por el derecho en sus decisiones a largo plazo.[6]

Tres puntos importantes se encuentran ilustrados en este principio. Primero, la conformidad al estado de derecho es frecuentemente una cuestión de grado, no únicamente cuando la conformidad del sistema jurídico como un todo se encuentra considerada, sino, también, con respecto a disposiciones jurídicas individuales. Una disposición jurídica es retroactiva o no; sin embargo puede ser más o menos clara, más o menos estable, etcétera. Debe recordarse, sin embargo, que afirmar que la conformidad a los principios es una cuestión de grado no significa que el grado de conformidad pueda ser cuantitativamente medido, contabilizado el número de infracciones, o algún método similar. Algunas infracciones son peores que otras. Algunas violan el principio únicamente, de manera formal, lo que no ofende el espíritu de la doctrina. Segundo, los principios del estado de derecho afectan primordialmente el contenido y la forma del derecho (debe ser prospectivo, claro, etcétera), pero no sólo eso. También afecta la acción del gobierno más allá de lo que es o puede, útilmente, ser prescrito por el derecho. Los requerimientos de estabilidad no pueden ser sometidos provechosamente a una regulación jurídica completa. Es en gran medida una cuestión de adecuada política gubernamental. Tercero, aunque el estado de derecho se refiere primordialmente a los particulares como sujetos de obligaciones y a las instancias gubernamentales en el ejercicio de sus poderes (tema sobre el que volveremos más adelante), también se refiere al ejercicio de facultades de los particulares. Las disposiciones jurídicas que confieren facultades están destinadas a guiar el comportamiento y deben conformarse a la doctrina del estado de derecho si son efectivamente capaces de guiarlo.

iii. El establecimiento de disposiciones jurídicas particulares (órdenes jurídicas particulares) debe ser guiado por disposiciones jurídicas abiertas, estables, claras y generales. Algunas ocasiones se supone que los requerimientos de generalidad constituyen la esencia del estado de derecho. Esta noción deriva, como observamos

6 Por supuesto, la incertidumbre generada por la inestabilidad del derecho también afecta la planeación y la acción de las personas. Si no, la estabilidad no tendría, tampoco, impacto ninguno. El argumento es que únicamente si el derecho es estable las personas son guiadas por *su conocimiento del contenido del derecho.*

anteriormente, de la interpretación literal de 'estado de derecho' donde 'derecho' es interpretado en sus connotaciones ordinarias al restringirse al derecho general, estable y abierto. Esto es reforzado, también, por la creencia de que el estado de derecho es particularmente relevante para la protección de la igualdad y que la igualdad está relacionada con la generalidad del derecho. Esta última creencia, como hemos frecuentemente observado antes, es errónea. La discriminación racial, religiosa o de cualquier otra manera, no sólo es compatible sino, frecuentemente, institucionalizada por normas generales.

La concepción formal del estado de derecho que defiendo no se opone a las órdenes jurídicas particulares siempre que sean estables, claras, etcétera. Pero, por supuesto, las órdenes jurídicas particulares son, las más de las veces, usadas por las instancias gubernamentales para introducir flexibilidad en el derecho. Un oficial de policía regulando el tránsito, una autoridad administrativa otorgando una licencia bajo ciertas condiciones, todo esto y situaciones similares se encuentran dentro de las partes más efímeras del derecho, como tales van en contra de la idea fundamental del estado de derecho. Hacen difícil a las personas planear en base a su conocimiento del derecho. Esta dificultad es superada, en gran medida, si las disposiciones jurídicas particulares de *status* efímero son producidas únicamente dentro del marco establecido por disposiciones jurídicas generales, las cuales son más duraderas y las que imponen límites a la impredicibilidad introducida por las órdenes particulares.

Dos tipos de normas generales crean el marco para el establecimiento de disposiciones jurídicas particulares: aquellas que confieren los poderes necesarios para crear órdenes válidas y aquellas que imponen deberes a los titulares del poder sobre cómo ejercer sus poderes. Ambas tienen igual importancia en la creación de un marco estable para la producción de órdenes jurídicas particulares.

Obviamente, consideraciones similares se aplican a las regulaciones generales que no satisfacen los requerimientos de estabilidad. Ellas, también, deben ser limitadas de forma a conformarse a un marco estable. De ahí el requerimiento de que la mayor parte de la creación jurídica administrativa subordinada debe conformarse a las detalladas reglas fundamentales establecidas en disposiciones jurídicas cuadro.[c] Es esencial, sin embargo, no confundir este argumento con los argumentos democráticos por una estrecha supervisión de parte de los cuerpos elegidos popularmente sobre la creación jurídica realizada por los órganos no elegidos. Estos argumentos pueden ser válidos, pero no tienen nada que ver con el estado de derecho y, aunque algunas veces refuercen los argumentos del tipo de estado de derecho, en otras ocasiones, respaldan conclusiones diferentes e, incluso, contradictorias.

iv. La independencia del poder judicial tiene que ser garantizada. Es de la esencia de los sistemas jurídicos nacionales instituir órganos judiciales encargados, entre otras cosas, del deber de aplicar el derecho a los casos sometidos a su conocimiento y cuyas sentencias y resoluciones sobre los méritos de tales casos son finales. Como poco más o menos cualquier cuestión que surja bajo cualquier derecho puede ser objeto de una sentencia concluyente, es obvio que sería vano guiar la acción de uno en base al derecho si los tribunales, cuando la cuestión llega a juicio, no aplican el derecho y actúan en base a otras razones. El argumento puede ser establecido aun de forma más fuerte. Como la sentencia del tribunal establece concluyentemente lo que el derecho es en el caso sometido a su conocimiento, los litigantes pueden ser guiados por el derecho sólo si los jueces aplican correctamente el derecho.[7] De otra manera la gente únicamente sería susceptible de ser guiada por sus conjeturas sobre lo que es posible que los tribunales hagan —pero tales conjeturas no estarán basadas en el derecho sino en otras consideraciones.

Las normas que se refieren a la independencia del poder judicial —métodos de designación de jueces, garantía de inamovilidad, procedimientos de fijación de salarios y otras condiciones de su función— están hechas para garantizar que los jueces estén libres de presiones extrañas y sean independientes de toda autoridad

[c] Por normas cuadro se entienden aquellas disposiciones legales generales que establecen límites a la reglamentación gubernamental. Tal es el caso de las *loi-cadre* en Francia: leyes que indican a la autoridad reglamentaria (en caso de estar habilitada a legislar *e.g.* decretos-ley) los principios generales que deberá observar. (*Cfr.* Burdeau, G., *Droit Constitutionnel et Institutions Politiques*, París, Librairie Générale de Droit et Jurisprudence, 1974. N.T.)

[7] No estoy negando que los tribunales también creen derecho. El principio del estado de derecho se aplica a ellos, primordialmente, en cuanto a su deber de aplicar el derecho. En cuanto creadores de derecho los tribunales están sometidos a los mismos principios que todos los creadores de derecho.

salvo de la autoridad del derecho. Dichas normas son, por tanto, esenciales para preservar el estado de derecho.

v. Los principios de la justicia natural[d] *tienen que ser observados.* Juicios públicos y justos, ausencia de prejuicios y cuestiones de este tipo son, obviamente, esenciales para la correcta aplicación del derecho, e igualmente, a través de las mismas consideraciones anteriormente mencionadas, para su aptitud de guiar la acción.

vi. Los tribunales deben tener poderes de revisión sobre la implementación de los otros principios. Esto incluye la posibilidad de revisar tanto la legislación ordinaria y parlamentaria, así como la acción administrativa; pero, en sí misma, constituye una muy limitada revisión —meramente para asegurar la conformidad al estado de derecho.

vii. Los tribunales deben ser fácilmente accesibles. Dada la posición central de los tribunales en el aseguramiento del estado de derecho (véanse los principios *iv* y *vi*), es obvio que su accesibilidad es de la mayor importancia. Largos términos, excesivas costas, etcétera, pueden efectivamente convertir el más ilustre derecho en letra muerta y frustrar la posibilidad de que alguien sea efectivamente guiado por el derecho.

viii. A los órganos de prevención criminal dotados de discrecionalidad no se les debe permitir pervertir el derecho. No únicamente los tribunales, sino, también, las acciones de la policía y de las autoridades encargadas de la persecución pueden subvertir el derecho. A las autoridades encargadas de la persecución[e] no se les debe permitir, por ejemplo, decidir si persiguen ciertos delitos, o si persiguen los delitos cometidos por cierta clase de delincuentes. A la policía no se le debe permitir asignar sus recursos de forma a impedir todo esfuerzo para prevenir y detectar ciertos delitos o perseguir ciertas clases de criminales.

Esta lista es muy incompleta. Otros principios pueden ser mencionados y aquellos que ya lo han sido necesitan una mayor elaboración y una mayor justificación (¿por qué —tal y como se requiere

[d] Véase *supra* nota *e* del capítulo anterior. N.T.
[e] Como podría ser el Ministerio Público. N.T.

en el principio *vi*— deben los tribunales y no otro órgano estar encargados de revisar la conformidad al estado de derecho? etcétera).[8]

Mi propósito al enlistarlos fue meramente ilustrar la fuerza y la utilidad de la concepción formal del estado de derecho. Debe recordarse, sin embargo, que, en última instancia, la doctrina descansa en su idea fundamental de que el derecho debe ser capaz de proveer una guía efectiva. Los principios no se mantienen por sí mismos; deben ser constantemente interpretados a la luz de la idea fundamental.

Los ocho principios enlistados se dividen en dos grupos de principios. *i* a *iii* requieren que el derecho se conforme a estándares hechos para permitirle guiar efectivamente la acción. Principios *iv* a *viii* están hechos para garantizar que la maquinaria jurídica de ejecución del derecho no le prive, a través de aplicaciones distorsionadas, de su capacidad de guiar y que sea capaz de supervisar la conformidad del estado de derecho, así como de proveer remedios efectivos en caso de desviación del derecho. Todos los principios se refieren directamente al sistema y método de gobierno en cuestiones directamente relevantes al estado de derecho. No hay necesidad de decir que muchos otros aspectos en la vida de una comunidad pueden, en formas más indirectas, sea reforzar o debilitar el estado de derecho. Una prensa libre conducida por personas ansiosas de defender el estado de derecho es de gran ayuda en su preservación; así como una prensa amordazada o guiada por personas deseosas de socavar el estado de derecho es una amenaza para éste. Sin embargo, no necesitamos referirnos a estas influencias más indirectas.

3. *El valor del estado de derecho*

Uno de los méritos de la doctrina del estado de derecho que defiendo es que existen muchos valores a los cuales no sirve. La

[8] Listas similares de principios han sido discutidas por varios autores. Los autores ingleses han sido, desafortunadamente, hipnotizados por la doctrina de A. V. Dicey por mucho tiempo. (*Cfr. Introduction to the Study of the Law of the Constitution*, Londres, Macmillan and Co. Ltd., 1961. N.T.) Una lista similar a la mía es la de Lon Fuller (véase *The Morality of Law*, New Haven, Yale University, Press, 1976, pp. 33-94). Su análisis de muchos de estos principios está lleno de buen sentido. La principal razón que tengo para abandonar alguno de sus principios es una diferente concepción de los conflictos entre disposiciones jurídicas de un sistema.

conformidad al estado de derecho es una virtud; sin embargo, sólo una de las muchas virtudes que un sistema jurídico debe poseer. Esto es de lo más importante para determinar a qué valores sirve el estado de derecho.

El estado de derecho, con mucha frecuencia, es correctamente contrastado con poder arbitrario. Poder arbitrario es más amplio que estado de derecho. Muchas formas del poder arbitrario son compatibles con el estado de derecho. Un gobernante puede promover normas generales basadas en su antojo o interés personal. Pero, ciertamente, muchas de las manifestaciones más comunes del poder arbitrario chocan con el estado de derecho. Un gobierno sometido al estado de derecho se encuentra impedido de cambiar el derecho retroactivamente, abruptamente o de forma secreta cuando así convenga a sus intereses. La única área, en que el estado de derecho excluye todas las formas de poder arbitrario es en la función aplicadora de derecho por parte de la judicatura, donde se requiere que los tribunales estén sometidos únicamente al derecho y que se conformen a procedimientos bastante estrictos.[9] No menos importante es la limitación impuesta por el estado de derecho a la creación de disposiciones jurídicas particulares y, consecuentemente, a las facultades del ejecutivo. El uso arbitrario del poder para provecho personal, fuera de la venganza o el favoritismo, se manifiesta muy comúnmente, en la creación de órdenes jurídicas particulares. Dichas posibilidades se encuentran drásticamente limitadas por una estrecha adhesión al estado de derecho.

'Poder arbitrario' es una noción difícil. No tenemos por qué analizarla aquí. Parece, sin embargo, que un acto es ejercicio de poder arbitrario sólo si fue hecho, sea con indiferencia en cuanto a si sirven los propósitos los cuales son los únicos que pueden justificar el uso de tal poder o con la creencia de que no los sirve. La naturaleza de los propósitos aludidos varía con la naturaleza del poder. Esta condición representa al 'poder arbitrario' como un concepto subjetivo. Todo depende de la forma de pensar de los hombres sobre el poder. Como tal, el estado de derecho no se ocupa directamente de la extensión del poder arbitrario. Alrededor de su núcleo subjetivo la noción de poder arbitrario ha producido un fuerte contorno objetivo. En virtud de que universalmente se cree que está mal usar los poderes públicos para fines privados, cualquier

9 El Estado de derecho, por sí mismo, excluye todas las posibilidades de una creación jurídica arbitraria de los tribunales.

uso de este tipo, en sí mismo, es una instancia de poder arbitrario. Como hemos visto el estado de derecho efectivamente ayuda a frenar tales formas de poder arbitrario.

Pero, existen más razones para evaluar el estado de derecho. Nosotros evaluamos la habilidad de escoger estilos y formas de vida, fijar objetivos a largo plazo y dirigir efectivamente la vida de uno hacia ellos. La habilidad para hacerlo depende de la existencia de marcos estables y seguros para la vida y la acción. El derecho puede ayudar a asegurar tales puntos fijos de referencia de dos maneras: (1) estabilizando las relaciones sociales, las cuales, si no fuera por el derecho, podrían desintegrarse o desarrollarse de forma errática y de manera impredecible; (2) mediante una política de autolimitación, hecha con el propósito de que el derecho sea en sí mismo una base estable y segura para la planeación individual. De este último aspecto se ocupa el estado de derecho.

Esta segunda virtud del estado de derecho es, con frecuencia, identificada, como lo ha observado Hayek, con la protección de la libertad individual. Esto es correcto en el sentido en que libertad se identifique con la efectiva posibilidad de escoger entre el mayor número de opciones posibles. La predecibilidad de nuestro entorno incrementa efectivamente el poder de acción.[10] Si esto es libertad, qué bueno. Lo importante es recordar que este sentido de libertad difiere de lo que comúnmente se significa por libertad política. Libertad política consiste en: (1) Prohibición de ciertas formas de conducta que interfieren con la libertad personal y (2) los límites impuestos a las facultades de las autoridades públicas de forma a minimizar la interferencia a la libertad personal. Los delitos penales contra las personas son un ejemplo del primer modo de protección de la libertad personal; la incompetencia del gobierno para restringir la libertad de movimiento, es un ejemplo del segundo. Se encuentra en relación con la libertad política en el sentido de que los derechos constitucionalmente garantizados son de gran importancia. El estado de derecho puede ser, sin embargo, otro modo de protección de la libertad personal. Pero no

[10] Pero entonces, el derecho del bienestar y la manipulación gubernamental de la economía incrementan, también, la libertad, al incrementar —si tiene éxito— el bienestar de la gente. Si el Estado de derecho es defendido como el bastión de la libertad en el sentido aquí entendido, entonces difícilmente puede ser usado para oponerse, en principio, al manejo gubernamental de la economía.

tiene nada que ver con la existencia de esferas de actividades libres de la interferencia gubernamental y es compatible con amplias violaciones a los derechos humanos.

Más importante que ambas consideraciones mencionadas es el hecho de que la observancia del estado de derecho es necesario si el derecho debe respetar la dignidad humana. Respetar la dignidad humana implica tratar a los humanos como personas capaces de planificar y diseñar su futuro. Así, respetar la dignidad humana supone respetar su autonomía, su derecho de controlar su futuro. El control de una persona sobre su vida nunca es completa. Puede ser incompleto en cualesquiera de varios aspectos. La persona puede desconocer sus posibilidades, puede ser incapaz de decidir lo que hay que hacer, incapaz de realizar sus opciones o frustrarse en sus intentos por hacerlo o puede no tener opción en absoluto (o ninguna que sea valiosa tener). Todos estos fracasos pueden ocurrir por causas naturales o por limitaciones del carácter o capacidades propias de la persona.

Naturalmente, hay muchas maneras por las cuales la acción de una persona puede afectar la vida de otro. Únicamente algunas de tales interferencias pueden considerarse un delito a la dignidad o una violación a la autonomía de la persona afectada. Tales delitos pueden ser divididos en tres clases: insultos, esclavitud y manipulación (estoy usando los dos últimos términos en un sentido de alguna manera especial).

Un insulto ofende la dignidad de una persona si consiste o implica la negación de que sea una persona autónoma o que merezca ser tratada como tal. Una acción esclaviza a otra persona si prácticamente le niega toda opción a través de manipulación de los elementos de su alrededor. (Aunque bien pudiera ser por largo tiempo —como es la esclavitud real, quiero incluir aquí, también, constreñir a otro a actuar de cierta forma en una ocasión particular.) Se manipula a una persona cuando intencionalmente se cambian sus gustos, sus creencias o sus posibilidades de actuar o decidir. Manipulación —en otras palabras— es manipulación de la persona, de aquellos factores relevantes a su autonomía los cuales son internos a él. La esclavitud es la eliminación del control cambiando los factores externos de la persona.

El derecho puede violar la dignidad de las personas de muchas formas. Observar el estado de derecho no garantiza de ninguna manera, que tales violaciones no ocurran. Sin embargo, es claro que el deliberado desprecio del estado de derecho viola la dignidad humana. Es asunto del derecho guiar la acción humana afectando las opciones de los individuos. El derecho puede, por ejemplo, instituir la esclavitud sin violar el estado de derecho. Sin embargo, la deliberada violación del estado de derecho, viola la dignidad humana. La violación del estado de derecho puede tomar dos formas. Puede llevar a incertidumbres o puede conducir a expectativas frustradas y malogradas. Conduce a incertidumbre cuando el derecho no permite a la gente prever los desarrollos futuros o formarse expectativas definidas (como en casos de vaguedad y la mayoría de los casos de muy amplia discrecionalidad). Conduce a expectativas frustradas cuando la apariencia de estabilidad y certidumbre que estimula a la gente a confiar y planear en base al derecho existente se encuentra destruida por la creación retroactiva del derecho o al impedir una adecuada aplicación del derecho, etcétera. Los males de la incertidumbre residen en proveer oportunidades para el poder arbitrario y limitar la posibilidad de las personas para planear su futuro. Los males de las expectativas frustradas son más grandes. Muy aparte del mal concreto que causan, ofenden también la dignidad al no expresar respeto alguno por la autonomía de las personas. El derecho en tales situaciones estimula la acción autónoma únicamente para frustrar sus objetivos. Cuando tal frustración es resultado de acción humana o resultado de la actividad de instituciones sociales, entonces esto expresa desprecio. Con frecuencia es análogo al fraude: uno es alentado inocentemente a confiar en el derecho y, después, tal seguridad es retirada y aquella confianza es convertida en la causa del daño. Un sistema jurídico que, en general, observa efectivamente el estado de derecho trata a la gente como personas al menos en el sentido de que intenta guiar su comportamiento afectando las circunstancias de su acción. Así, presupone que son criaturas racionales autónomas e intenta afectar sus acciones y hábitos afectando sus deliberaciones.

La conformidad al estado de derecho es una cuestión de grado. Una completa conformidad es imposible (cierta vaguedad es ineludible) y la máxima conformidad posible es, por lo general, indeseable (cierta controlada discreción administrativa es mejor que ninguna).

Habitualmente se acepta que la conformidad general al estado de derecho es altamente apreciada. Sin embargo, uno no debe tomar el valor del estado de derecho como artículo de fe ni afirmarlo ciegamente. Separar los diferentes valores que sirve el estado de derecho ayuda a determinar inteligentemente qué es lo que está en juego en las diferentes violaciones posibles o afectivas. Algunos casos ofenden la dignidad humana, dan rienda suelta al poder arbitrario, frustran las expectativas y minan o reducen las posibilidades de planear el futuro. Otros involucran únicamente alguno de estos males. El mal de diferentes violaciones del estado de derecho no siempre es el mismo, no obstante el hecho de que la doctrina descansa en el núcleo sólido de su idea fundamental.

4. *El estado de derecho y su esencia*

El profesor Lon Fuller[11] ha sostenido que los principios del estado de derecho que él enumera son esenciales a la existencia del derecho. Esta afirmación, si es verdadera, es crucial no sólo para el entendimiento del estado de derecho sino, también, para la relación entre derecho y moral. Hemos estado tratando el estado de derecho como un ideal, como un estándar al cual el derecho debe conformarse, pero que puede, en algunas ocasiones, violar de la forma más radical y sistemática. Fuller, aunque aceptando que pueden ocurrir desvíos del ideal del estado de derecho, niega que puedan ser radicales o totales. Un sistema jurídico, afirma, tiene, por necesidad, que conformarse al estado de derecho hasta cierto grado. De su afirmación concluye que existe un vínculo esencial entre derecho y moral. El derecho es necesariamente moral, al menos, en algunos aspectos.

Por supuesto es verdad que la mayoría de los principios enumerados en el inciso 2 no pueden ser completamente violados por algún sistema jurídico.[12] Los sistemas jurídicos se basan en instituciones judiciales. No habría instituciones de ningún tipo a menos

[11] En su libro *The Morality of Law* (*op. cit.*). el argumento de Lon Fuller es complejo y sus afirmaciones son numerosas y difícilmente separables; muchas son débiles e insostenibles; otras, son sugestivas y útiles. No es mi propósito analizarlas o evaluarlas. Un análisis favorable que simpatiza con las tesis de Fuller es el de R. F. Sartorius: *Individual Conduct and Social Norms*, Encino, California, 1975, véase especialmente el capítulo IX.

[12] Aquí no adopto la concepción del derecho de Lon Fuller, más bien, sigo mi propia adaptación de la concepción de H.L.A. Hart. Véase *The Concept of Law* de Hart y mi *Practical Reason and Norms*, *op. cit.*, pp. 132-154. Consecuentemente, la discusión que sigue no es una apreciación de las afirmaciones de Lon Fuller.

que haya reglas generales que las establezcan. Una norma particular puede autorizar que se juzgue en una disputa particular, pero ningún número de normas particulares puede establecer una institución. Similarmente, disposiciones jurídicas retroactivas pueden existir únicamente porque existen instituciones que las aplican. Esto implica que tiene que haber disposiciones jurídicas prospectivas ordenando a tales instituciones aplicar las disposiciones jurídicas retroactivas si las disposiciones jurídicas retroactivas han de ser válidas. En la terminología de la teoría de H.L.A. Hart uno puede decir que, al menos, algunas de las reglas de reconocimiento y de decisión de cada sistema tienen que ser generales y prospectivas. Naturalmente, tienen que ser, también, relativamente claras si quieren tener algún sentido.

Obviamente, el grado en que la generalidad, claridad, prospectividad, etcétera, son esenciales al derecho, es mínimo y es consistente con grandes violaciones al estado de derecho. Pero ¿no son suficientes las consideraciones del tipo mencionado para establecer que existe necesariamente, al menos, algún valor moral en todo sistema jurídico? Pienso que no. El estado de derecho es esencialmente un valor negativo. El derecho inevitablemente crea un gran peligro de poder arbitrario —el estado de derecho está hecho para minimizar el peligro creado por el propio derecho—. De forma similar, el derecho puede ser inestable, oscuro, retroactivo, etcétera, y, así, infringir la libertad y la dignidad de las personas. El estado de derecho está destinado, también, a impedir este peligro. Así, el estado de derecho es una virtud negativa en dos sentidos: la conformidad a él no causa bien, salvo impidiendo el mal y el mal que se evita es el mal que únicamente pudo haberse producido por el propio derecho. De esta manera es análogo, en algún sentido, a la honestidad cuando dicha virtud es interpretada como la forma de evitar el dolo. (No niego que la honestidad sea normalmente concebida más ampliamente de forma a incorporar otros actos e inclinaciones virtuosos.) El bien de la honestidad no incluye el bien de comunicación entre personas, puesto que la honestidad es consistente con un rechazo a la comunicación. Su bondad radica exclusivamente en evitar el daño del dolo —y no el dolo de otros sino de la misma persona honesta—. Por tanto, sólo una persona que pueda defraudar puede ser honesto. Una persona que no pueda comunicarse no puede pretender ningún mérito moral por ser honesto. Una persona que por ignorancia o imposibilidad no pueda matar a otra con veneno no merece crédito por eso. Igualmente, que el derecho no pueda sancionar la fuerza arbitraria o las violaciones a la libertad y dignidad mediante la ausencia total de generalidad, prospectividad o claridad, no constituye mérito moral para el derecho, únicamente significa que existen cierto tipo de males que no pueden ser provocados por el derecho. Pero esto no es virtud del derecho al igual que no es virtud del derecho que no se pueda violar o matar (todo lo que el derecho puede hacer es sancionar tales acciones).

El intento de Fuller por establecer una conexión necesaria entre el derecho y la moral falla. Toda vez que la conformidad al estado de derecho es una virtud moral, el estado de derecho es un ideal que debe, pero que puede no llegar a ser realidad. Existe otro argumento que establece, sin embargo, una conexión esencial entre el derecho y el estado de derecho aunque éste no garantice ninguna virtud al derecho. La conformidad al estado del derecho es esencial para asegurar cualquier propósito que el derecho está destinado a alcanzar. Esta afirmación debe ser cualificada. Podríamos dividir los propósitos a que el derecho intenta servir en dos tipos: aquellos que se aseguran por la propia conformidad con el derecho y aquellas ulteriores consecuencias de la conformidad del derecho o del conocimiento de su existencia que el derecho intenta asegurar.[13] De esta manera, una disposición que prohíba la discriminación racial en el empleo gubernamental tiene como propósito directo el establecimiento de igualdad racial en la prestación, promoción y condiciones de la prestación de servicios por parte de los empleados gubernamentales (puesto que la acción discriminatoria es una violación del derecho). Sus propósitos indirectos bien pueden ser incrementar las relaciones raciales en el país en general, impedir la amenaza de huelga de ciertos sindicatos o impedir el declinamiento de la popularidad del gobierno.

La conformidad al estado de derecho no siempre facilita la realización de los propósitos indirectos del derecho, pero es esencial para la realización de sus propósitos directos. Éstos se alcanzan por la conformidad al derecho que es asegurada (salvo accidentes) por gente que toma conocimiento del derecho y guían su conducta en consecuencia. Por tanto, si los propósitos directos del derecho no han de frustrarse, el derecho tiene que ser capaz de

[13] Para más explicaciones sobre esta distinción, véase el capítulo IX.

guiar el comportamiento humano y mientras más se conforme a los principios del estado de derecho mejor lo podrá hacer.

En el inciso 2 observamos que la conformidad al estado de derecho es una virtud moral entre muchas que el derecho debe poseer. El presente argumento muestra que el estado de derecho no es meramente una virtud moral —es una condición necesaria para que el derecho sirva directamente cualquier buen propósito—. Por supuesto, la conformidad al estado de derecho también permite al derecho servir malos propósitos. Esto no muestra que no sea una virtud, al igual que un cuchillo filoso pueda ser usado para dañar no muestra que ser filoso no sea una característica que haga buenos los cuchillos. Cuando mucho muestra que desde el punto de vista de este argumento, no es un bien moral. Ser filoso es una característica inherente que hace buenos a los cuchillos. Un buen cuchillo es, entre otras cosas, un cuchillo filoso. Igualmente, la conformidad al estado de derecho es un valor inherente de las disposiciones jurídicas, en verdad su más importante valor inherente. Es de la esencia del derecho guiar comportamiento a través de normas y tribunales encargados de su aplicación. Por tanto, el estado de derecho es la específica excelencia del derecho. Puesto que la conformidad al estado de derecho es la virtud del derecho en sí misma, del derecho como derecho, independientemente de los propósitos que sirve, es entendible y correcto que el estado de derecho sea considerado como entre las pocas virtudes del derecho que son de la especial responsabilidad de los tribunales y de la profesión jurídica.

Considerar el estado de derecho como la inherente o específica virtud del derecho es resultado de una concepción instrumental del derecho. El derecho no es únicamente un hecho de la vida. Es una forma de organización social que debe ser propiamente usada y para los fines apropiados. Es un instrumento en las manos de los hombres que difiere de muchos otros en ser versátil y capaz de ser usado para una gran variedad de propósitos adecuados. Al igual que otras herramientas, máquinas e instrumentos, una cosa no es del tipo, salvo que tenga, al menos, alguna posibilidad de realizar su función. Un cuchillo no es un cuchillo salvo que tenga alguna posibilidad de cortar. El derecho para ser derecho debe ser capaz de guiar el comportamiento, aunque sea ineficientemente. Como otros instrumentos, el derecho tiene la específica virtud, moralmente neutral, de ser neutral en cuanto al fin para el cual el instrumento es empleado, es la virtud de eficiencia; la virtud del instrumento como instrumento. Para el derecho esta virtud es el estado de derecho. Así, el estado de derecho es una virtud inherente al derecho, pero no una virtud moral en tanto tal.

El especial *status* del estado de derecho no significa que la conformidad a él no sea de ninguna importancia moral. Muy aparte del hecho de que la conformidad al estado de derecho es también una virtud moral, es un requerimiento moral, cuando necesario, para permitir al derecho realizar funciones sociales útiles; así como sería de importancia moral producir un cuchillo filoso cuando sea requerido para un propósito moral. En el caso del estado de derecho esto significa que es siempre virtualmente de gran valor moral.

5. *Algunas trampas*

El indudable valor de la conformidad al estado de derecho no debe llevarnos a exagerar su importancia. Vimos cómo Hayek observa correctamente su relevancia para la protección de la libertad. También vimos que el estado de derecho, por sí mismo no proporciona suficiente protección de la libertad. Consideremos, sin embargo, la posición de Hayek. Comienza con una gran afirmación que inevitablemente lleva a expectativas exageradas:

> La concepción de la libertad bajo el derecho, que constituye el principal interés de este libro, se basa en la afirmación de que cuando obedecemos disposiciones jurídicas, en el sentido de reglas generales y abstractas establecidas sin tomar en cuenta su aplicación a nosotros, no estamos sometidos a la voluntad de ningún hombre, y por tanto, somos libres. Esto es porque el legislador no conoce los casos particulares a los cuales sus normas se aplicarán, y es porque el juez que las aplica no tiene opción al obtener las conclusiones que se siguen del cuerpo de normas existentes y de los hechos particulares del caso, que se puede decir que son las disposiciones jurídicas y no los hombres los que gobiernan... Como una verdadera disposición jurídica no debe nombrar a ningún particular, entonces no debe especialmente singularizar a ninguna específica persona o grupo de personas.[14]

[14] Hayek, F. A., *The Constitution of Liberty*, Chicago, 1960, pp. 153-154.

De esta forma, consciente del absurdo al que este pasaje conduce, modifica sus líneas, aun tratando de presentar el estado de derecho como el supremo garante de la libertad:

> El requerimiento de que las normas del verdadero derecho sean generales, no significa que algunas veces normas especiales no puedan aplicarse a diferentes clases de personas si se refieren a propiedades que únicamente algunas personas poseen. Puede haber normas que pueden aplicarse únicamente a mujeres o a ciegos o a personas mayores de cierta edad. (En muchas ocasiones, incluso, no sería necesario nombrar a la clase de personas a las cuales la norma se aplica únicamente una mujer, por ejemplo, puede ser violada o embarazada.) Tales distinciones no serán arbitrarias, no someterán a un grupo a la voluntad de otros, si son igualmente reconocidas y justificadas por los de adentro así como por los de afuera del grupo. Esto no quiere decir que tenga que haber unanimidad en cuanto al deseo de la distinción, sino, meramente, que las opiniones individuales no dependen de si el individuo se encuentra en el grupo o no.[15]

Pero, aquí, el estado de derecho es transformado para encuadrar una forma de gobierno por consentimiento y es esto lo que, se alega, garantiza la libertad. Éste es el resbaladizo lodazal que lleva a identificar el estado de derecho con el estado del buen derecho.

La principal objeción de Hayek es la interferencia del gobierno en la economía:

> Tenemos ahora que voltear a tipos de medidas gubernamentales las cuales el estado de derecho excluye en principio, porque no pueden ser alcanzadas meramente aplicando reglas generales sino, por necesidad, implican arbitraria discriminación entre personas. Las más importantes entre ellas son las decisiones en cuanto a quién habrá de permitírsele proporcionar diferentes servicios o productos, a qué precios o en qué cantidad —en otras palabras, medidas hechas para controlar el acceso a diferentes transacciones y ocupaciones, los términos de venta y las cantidades que deben ser producidas o vendidas. Hay varias razones sobre por qué todo control directo de precios por parte del gobierno es irreconciliable con el funcionamiento de un sistema libre, ya sea que el gobierno efectivamente fije precios o meramente establezca normas por las cuales serán determinados los precios permitidos.
>
> En el primer caso, es imposible fijar precios de conformidad a

[15] Hayek F. A., *The Constitution of Liberty, cit.*, p. 154.

> reglas a largo plazo las cuales efectivamente guíen la producción. Precios adecuados dependen de circunstancias que están constantemente cambiando y tienen que ser continuamente ajustadas a ellas. Por otro lado, los precios que no son directamente fijados, pero determinados por cierta norma (que tengan que estar en cierta relación con el costo) no serán la misma para todos los vendedores y, por esta razón, impedirán el funcionamiento del mercado. Una más importante consideración es que, con precios diferentes de los que se hubieran formado en el libre cambio, la demanda y la oferta no será igual, y si el control de precios ha de ser efectivo, ciertos métodos tienen que ser encontrados para decidir quién es al que se le permite comprar o vender. Esto necesariamente sería discrecional y tendría que consistir en decisiones *ad hoc* que discriminan personas en base a fundamentos esencialmente arbitrarios.[16]

Aquí, nuevamente es claro que estos argumentos los cuales, cuando mucho, muestran que ciertas políticas son erróneas por razones económicas, se sostienen para mostrar que éstas infringen el estado de derecho y la creación de una supuestamente equivocada, pero perfectamente fundamentada orden particular, es condenada como ejercicio arbitrario del poder.

En virtud de que el estado de derecho es justamente una de las virtudes que el derecho debe poseer, es de esperar que no posea más que una fuerza *prima facie*. Tiene siempre que ser balanceado frente a afirmaciones opuestas de otros valores. De esta manera, los argumentos de Hayek, en tanto que únicamente muestran que algunos otros fines inevitablemente entran en conflicto con el estado de derecho, no son el tipo de argumentos que podrían, en principio, mostrar que la consecución de tales objetivos mediante el derecho es inapropiada. Conflictos entre el estado de derecho y otros valores es precisamente lo que hay que esperar. Conformidad al estado de derecho es una cuestión de grado, y aunque, manteniéndose las cosas igual, mientras mayor sea la conformidad es mejor —las otras cuestiones raramente serían iguales—. Un menor grado de conformidad es frecuentemente preferido precisamente porque ayuda a la realización de otros objetivos.

Al considerar la relación entre el estado de derecho y otros valores que el derecho debe servir, es de particular importancia recordar que el estado de derecho es esencialmente un valor negativo. Está hecho meramente para minimizar el daño a la libertad

[16] Hayek, F. A., *The Constitution of Liberty, cit.*, pp. 227-228.

y dignidad que el derecho puede causar en su persecución de sus metas tan laudables como puedan ser. Finalmente, considerar el estado de derecho como la excelencia inherente del derecho significa que éste realiza esencialmente un papel subsidiario. La conformidad a él hace al derecho un buen instrumento para alcanzar ciertas metas, pero conformidad al estado de derecho no es, en sí mismo, un fin último. Este papel subsidiario de la doctrina muestra tanto su fuerza como sus limitaciones.

Por un lado, si la persecución de ciertas metas es enteramente incompatible con el estado de derecho, entonces tales metas no deben ser perseguidas por medios jurídicos. Pero, por otro lado, uno debe ser cauto al descalificar la persecución jurídica de grandes metas sociales en nombre del estado de derecho. Después de todo, el estado de derecho está hecho para permitir al derecho promover el bien social, y no debe ser usado ligeramente para mostrar que no debe ser así. Sacrificar muchos fines sociales en aras del estado de derecho puede hacer al derecho estéril y vacío.

CUARTA PARTE

ACTITUDES MORALES HACIA EL DERECHO

CAPÍTULO XII

LA OBLIGACIÓN DE OBEDECER EL DERECHO

Voy a sostener que no existe obligación de obedecer el derecho Se acepta generalmente que no existe obligación absoluta o concluyente de obedecer el derecho. Voy a sugerir que, incluso, no existe obligación *prima facie* de obedecerlo.[1] Tal concepción puede ser resultado de una apreciación muy pesimista sobre el valor del derecho y de sus posibilidades de reforma. Mi argumentación no se fundamentará en estas presunciones pesimistas. Voy a argumentar que no hay obligación de obedecer el derecho aun en una sociedad buena, en la cual el sistema jurídico es justo. En otras palabras, como quiera que uno vea la naturaleza de una sociedad buena o la forma deseable del derecho, de esto no se sigue ni, de hecho, de cualquier otro razonable principio moral, que exista una obligación de obedecer el derecho.

No se ofrecerá ningún argumento para mostrar que no existe tal obligación. En su lugar, se espera que un enfoque indirecto pueda sugerir que tal deber no existe. En la primera parte de este capítulo se analizará la naturaleza de la afirmación de que uno tiene obligación de obedecer el derecho. En las dos partes subsecuentes se explicará el caso de la existencia de tal obligación surgida, primero, de consideraciones morales y, en segundo término, de consideraciones de prudencia. Finalmente, la última parte aclara el papel del derecho en la sociedad de una forma que explica por qué uno no debe esperar un derecho bueno para generar una obligación de obedecerlo.

1 Un caso muy persuasivo y dotado de mucha fuerza que muestra que no existe obligación de obedecer el derecho es presentado por M.B.E.. Smith en "Is there a *Prima Facie* Obligation to Obey the Law?", *Yale Law Journal*, vol. 82, núm. 5, abril, 1973, p. 950. Véase también, Wasserstrom, "The Obligation to obey the Law" en R. S. Summers (Ed.) *Essays in Legal Philosophy*, Oxford, 1968.

1. *El carácter de la obligación*

Una obligación de obedecer el derecho implica una razón para hacer aquello que el derecho requiere. Pero, la afirmación conversa no puede sostenerse. Muchas razones para hacer lo que el derecho requiere no tienen nada que ver con la obligación de obedecer el derecho. Uno tiene razones para no matar, no lesionar, no violar o no privar de la libertad a otras personas; razones que no tienen relación alguna con el derecho y dependen, completamente, del hecho de que tales actos son contrarios a la voluntad, intereses o derechos (morales) de otros. Sin embargo, tales razones son razones para hacer lo que el derecho requiere, puesto que el derecho requiere que nos abstengamos de matar, lesionar, violar, y de privar de la libertad a los demás. La obligación de obedecer el derecho implica que la razón de hacer lo que es requerido por el derecho es, precisamente, el hecho de que así es requerido. Al menos, esto debe ser parte de la razón de obedecer.

Es fácil encontrar muchos ejemplos donde el hecho de que el derecho requiera un acto es una razón para realizarlo. Una persona puede ser expulsada de la escuela o perder su trabajo si los rumores de que violó el derecho llegan a ser conocidos del director de la escuela o de su patrón. Sus actos criminales pueden apesadumbrar grandemente a sus muy queridos padres o a su esposa, etcétera. Tales consideraciones ni siquiera tienden a mostrar que existe una obligación de obedecer el derecho. Puesto que, aunque en estos casos el derecho (*i.e.* el hecho de que el derecho requiera una acción) es una razón para conformar el comportamiento al derecho, ésta es una razón incidental que existe para una persona en particular, y que se aplica bajo ciertas especiales circunstancias. La obligación de obedecer el derecho es una obligación general que se aplica a todos los súbditos del derecho y se refiere a todas las disposiciones jurídicas en todas las ocasiones a las que se aplican. Buscar una obligación de obedecer el derecho en un país determinado es buscar fundamentos que hagan deseable, manteniéndose las demás cosas igual, que uno deba siempre hacer lo que el derecho requiere. Estos fundamentos no necesitan ser los mismos para todos ni para toda ocasión; sin embargo, deben ser de generalidad suficiente, de forma a que pocos conjuntos de consideraciones generales se apliquen a todos en toda ocasión. La búsqueda por una obligación de obedecer el derecho en un cierto país es investigar si existe un conjunto de premisas verdaderas que impliquen que todos (¿todo ciudadano?, ¿todo habitante?) deban siempre hacer lo que estas disposiciones jurídicas requieren, las cuales incluyen el hecho de que tales acciones son requeridas por el derecho como una premisa no redundante.

La teoría política liberal usualmente supone que una obligación de obedecer el derecho implica no más que una razón *prima facie* de obedecer. El concepto de una obligación, sin embargo, significa una necesidad práctica más estricta que la de una razón *prima facie*. He argumentado en todo lugar[2] que una acción es obligatoria únicamente si ésta es requerida por una razón protegida,[3] la cual no deriva meramente del hecho de que la conformidad a ella facilita la realización de los fines del agente. Sin duda, uno puede estar satisfecho investigando si hay una razón *prima facie* de obedecer el derecho que se aplique a todos los súbditos en todas las ocasiones en las cuales el derecho se aplica. Se sugerirá más abajo que aun en este 'modesto' sentido, no existe obligación de obedecer el derecho. Sin embargo, es de interés observar que para la mayoría de la gente una obligación de obedecer el derecho (y la mayoría de la gente cree encontrarse bajo una obligación tal) significa algo más exigente que una razón *prima facie*. Significa una razón perentoria que se explica mejor manteniendo mi análisis general de obligación como razón protegida categórica. La prevalencia de esta noción 'fuerte' de una obligación de obedecer, lejos de descansar en actitudes políticas ingenuas o irreflexivas, reflejan un coherente y sobrio entendimiento de los rasgos esenciales de la situación política que ha sido cómodamente inadvertida por la mayoría de los teóricos políticos.

La cuestión de la apropiada actitud hacia el derecho es una preocupación central de la filosofía política. Uno de sus aspectos es buscar si hay una obligación de cumplir con el requerimiento del derecho por obediencia, si uno tiene el deber de obedecer el derecho como éste es, *i.e.* como éste demanda ser obedecido. Ésta es la obligación que el público en general considera como la obligación de obedecer el derecho. Muy aparte de este punto terminológico, no puede dudarse de la importancia de una investigación

2 Sobre el análisis de 'Obligación' véase mi artículo "Promises and Obligations" en *Law Society and Morality, Essays in Honour of H.L.A. Hart*, editado por P.M.S. Hacker y J. Raz, Oxford, Oxford University Press, 1979, pp. 210-228.

3 Para una explicación de 'razón protegida' véase el capítulo I.

sobre si es justificado cumplir con la exigencia del derecho por obediencia.

La exigencia del derecho por obediencia es muy diferente de la concepción filosófica común de la obligación de obedecer el derecho como una razón *prima facie* para obedecer. La mayoría de los conocidos escritos filosóficos suponen que la obligación de obedecer el derecho no se viola cuando un delito es cometido en circunstancias donde existen fuertes razones morales para cometerlo, aun si su comisión conduce a una sentencia condenatoria en un tribunal. Uno puede imaginar, por ejemplo, la apropiación ilícita o el robo de la medicina necesaria para curar un paciente que, por varias razones, no puede ser legítimamente obtenida (supóngase que el hombre es un turista con muy poco dinero en un país en el cual no habla su lengua, etcétera). Obviamente tal acto es una violación a la obligación de obedecer el derecho si ésta es entendida como una obligación de obedecer lo que el derecho requiere que sea obedecido. Dentro de esta interpretación cualquier acto que sea una violación del derecho es, también, una violación a la obligación de obedecer el derecho.

Dos cuestiones se encuentran implicadas aquí, la primera es que el derecho, a través de sus normas y de su maquinaria procesal, asume el derecho de determinar en qué condiciones los requerimientos jurídicos son vencidos por otras consideraciones. Los tribunales aplican varias doctrinas tales como la objeción de conciencia, la legítima defensa, estado de necesidad, etcétera, para absolver a las personas de una condena por violar el derecho. En cierta medida, la discreción en la persecución criminal está hecha, en ciertos países, para servir el mismo propósito. De esta manera, aunque es verdad que los requerimientos jurídicos no son, en derecho, absolutos, el propio derecho reclama determinar su alcance adecuado, y fija las condiciones en las que son superadas. Por tanto, una obligación de obedecer el derecho interpretada como una obligación 'fuerte', *i.e.* obedecer como requiere ser obedecido, implica conceder más que una razón *prima facie* para obedecer el derecho. Supone admitir que las razones para obedecer tienen peso y consecuencias que el derecho les ha determinado. En otras palabras, implica una razón para obedecer en todas las circunstancias, sólo vencidas por consideraciones que son jurídicamente reconocidas como excusas de la persecución o de la condena.

Esto puede sonar como afirmando que la obligación de obedecer el derecho es absoluta. Pero, y aquí aparece la segunda cuestión, esto es un error. El capítulo segundo proporciona argumentos para sostener que el derecho reclama no un *status* absoluto, sino excluyente. Los tribunales no necesitan negar el peso de las razones morales que algunas veces se argumentan para violar el derecho, pero las cuales no han sido establecidas por el derecho y no se permite que funcionen como excusas o justificaciones. Sin embargo, los tribunales, de hecho, mantienen que ni ellos ni los individuos están autorizados a violar el derecho en tales circunstancias. Los tribunales sostienen que uno debe no tomar en cuenta tales consideraciones en contra, no obstante el peso que puedan tener.[4] El legislador o el ejecutivo pueden tomar una iniciativa. Pero, en tanto ellos no lo hagan, el individuo debe dejar de tomar en cuenta tales consideraciones en contra. En otras palabras, el derecho pretende que sus normas y sus decisiones son *autoritativas*. Establecer una obligación (en el sentido fuerte) de obedecer el derecho, como comúnmente se entiende, es establecer que su pretensión es justificada, que el derecho, en efecto, tiene la autoridad legítima que pretende tener.

2. *Razones morales para obedecer*

No se niega que algunas personas tengan razones morales para obedecer el derecho. Algunas personas (*e.g.* el arzobispo de Canterbury) tienen tal posición de preeminencia en la comunidad que sus acciones tienen profunda influencia en las actitudes y comportamientos de muchas personas. Como resultado de ello cualquier violación del derecho de parte de ellos puede tener graves consecuencias y, de esta manera, tienen una razón moral general de obedecer el derecho. Un criminal reformado puede prometer a su novia nunca volver a violar el derecho si ella se casa con él. Si ella lo hace, aquél se encontrará bajo una obligación de obedecer basada en razones morales. Similar, en algunos aspectos, es el *quasi-estoppel*[a] en ocasiones una persona puede presentarse como obe-

[4] Que el delincuente haya sido motivado por ellas permite, muy apropiadamente, que puedan ser tomadas en cuenta como atenuantes o agravantes al sentenciar; pero sentenciar es regido por sus propios principios que no afectan la presente cuestión.

[a] En el derecho inglés el *estoppel* es un conjunto de reglas probatorias por las cuales se impide a alguna de las partes negar la existencia de cierto estado de cosas

diente del derecho, de forma a inducir a otras personas a obedecerlo. Si logra hacer que otras personas obedezcan el derecho ante la expectativa de ciertos beneficios (paz, prosperidad, etcétera) que se les incrementarán si, tanto ellos como él, se conforman al derecho, él bien puede tener una razón moral para obedecer el derecho de forma a no privarlos de aquellos beneficios, especialmente, si al inducirlos a obedecer el derecho, hizo que ellos renunciaran a algunos otros beneficios o se comprometieran a ciertas obligaciones adicionales.

Algunos filósofos han intentado encontrar una obligación general de obedecer el derecho extendiendo estas consideraciones. Tratan de mostrar que *toda* persona que se encuentre o viva en un país está obligado, por consideraciones de uno o de otro de estos tipos, a obedecer su derecho. Algunas veces se argumenta que la desobediencia, incluso del derecho malo, crea ejemplo e incita a otras personas a desobedecer. Los afectados pueden no discriminar o pueden no tener un apropiado juicio y, por tanto, pueden inclinarse a violar tanto las buenas disposiciones jurídicas como las malas. De ahí que uno tenga una obligación de obedecer. Éste es un argumento importante y no deseo aparecer como disminuyendo su peso. Es del todo fácil rechazar el argumento en base a que la acción de un individuo en particular tiene muy poco impacto para ser considerada valicsa. Una atmósfera pública de

que había previamente afirmado. Contrariamente a otras pruebas, el *estoppel* tiene que ser alegado aunque se puede renunciar a él. Los *estoppels* se dividen, generalmente, en tres clases: *estoppel by record, estoppel by deed* y *estoppel in pais*. El *stoppel by record* se basa en el principio de que un *record* (reporte o digesto) judicial, tiene tal fuerza probatoria que ninguna persona, contra la cual es producido le es permitido declarar en su contra. El *estoppel by record* surge cuando un hecho ha sido judicialmente determinado y aparece de nuevo, en otra controversia entre las mismas partes. El *estoppel by deed* se basa en la regla de que ningún hombre puede discutir sus propios actos (*e.g.*: declaraciones o escritos solemnes). Es el *estoppel in pais* o *by conduct*) la regla general es que cuando un hombre, por sus palabras o actos, voluntariamente o por negligencia, haga que otro crea en la existencia de cierto estado de cosas y lo induzca a actuar en base a esta creencia, el primero está impedido de negar la existencia de tal estado de cosas (*cfr.* Jowitt, E., *The Dictionary of English Law*, Londres, Swett and Maxwell, Limited, 1959, I, p. 738; Walker David, M., *The Oxford Companion to Law*, pp. 432-433). El *quasi-estoppel* es una creencia o inducción a creer basada en este mecanismo. Una institución parecida al funcionamiento de *estoppel* puede encontrarse en el artículo 11 de la *Ley de Títulos y Operaciones de Crédito* que dice:

> Artículo 11. Quien haya dado lugar, con actos positivos o con omisiones graves, a que se crea, conforme a los usos del comercio, que un tercero está facultado para suscribir en su nombre títulos de crédito, no podrá invocar la excepción a que se refiere la fracción II del artículo 8º contra el tenedor de buena fe...

respeto por el derecho descansa en el efecto acumulativo de la conducta de los individuos. Aunque la mayoría de nosotros no podamos influir las actitudes del público en la manera que lo hace el arzobispo de Canterbury, efectivamente afectamos la actitud de las otras personas aun si es en pequeña medida. Aunque, indudablemente, esto es un argumento importante, difícilmente puede ser suficiente para establecer una obligación general de obedecer el derecho. Primero, cuando mucho proporciona una razón ordinaria *prima facie* de obedecer, no una razón preeminente que equivalga a una obligación, que equivalga a un reconocimiento de la autoridad del derecho. Segundo, aunque el argumento se aplica en muchos casos, no logra aplicarse a muchos otros. Existen delitos que cuando son cometidos por ciertas personas o en ciertas circunstancias efectivamente sublevan a las personas y fortalecen las inclinaciones de obediencia al derecho entre la población. En otros casos el ejemplo establecido es un buen ejemplo porque, en general, estimula la desobediencia únicamente cuando es justificada. Sin embargo, de todos estos casos puede decirse que, en tanto que el delito tiende, también, a actuar como un mal ejemplo para algunos, el argumento se aplica aun si es superado por otras consideraciones. Hay, no obstante, innumerables delitos cuya comisión nunca es conocida. Innumerables infracciones de tránsito y muchos delitos menores de carácter fiscal, por ejemplo, nunca son detectados. Más aún, en muchos casos es prácticamente cierto de antemano que el delito, si es que se comete, será indetectable. Tales delitos obviamente no establecen ningún ejemplo de ninguna forma. De ahí que el argumento de establecer un mal ejemplo no pueda aplicarse a muchas instancias de posibles delitos. Aunque es una consideración importante, no establece ni siquiera una obligación general de obedecer en sentido 'débil'.

No es objeción a estas consideraciones que la mayoría de los delitos que no funcionan como malos ejemplos sean delitos menores o delitos que no producen víctimas o aquellos que (como los delitos fiscales) no tienen una víctima directa o identificable. La obligación de obedecer el derecho se supone que es general. Más aún, sus implicaciones prácticas muy probablemente habrán de ser decisivas en tales casos. En los delitos graves o aquellos que causan daño directo a individuos identificables, existen usualmente cantidad de razones poderosas directas para la conformidad del derecho (o en su contra), las cuales no dependen del hecho de que el acto sea jurídicamente requerido.

Los repetidos intentos por fundamentar en promesas o en otros compromisos una obligación de obedecer el derecho son, incluso, menos persuasivos. Es cierto que algunas personas se les hace prestar juramento de fidelidad, que, en ocasiones, incluye el compromiso de cumplir el derecho. Frecuentemente tales promesas son dadas en condiciones que equivalen a coacción o fuerza y les priva de cualquier validez moral (*e.g.* cuando se les hace a los conscriptos, bajo la pena de severas sanciones, prestar un juramento de lealtad en un país que no reconoce un apropiado derecho de objeción de conciencia). Sin embargo, en otras circunstancias tal juramento puede imponer una obligación moral de obedecer (*e.g.* cuando es prestado voluntariamente antes de asumir una función del Estado y no se encuentra bajo coacción o gran presión). La mayoría de las personas, sin embargo, no se comprometen de esta manera. ¿Puede interpretarse la sumisión ordinaria al derecho por parte del ciudadano normal como equivaliendo a tal promesa? Ciertamente no. Promesas y otros compromisos voluntarios son creados por una expresa intención de obligarse.[5] Es claro que la vida normal ordinaria de los ciudadanos normales no incluye nada que equivalga a una promesa o a un compromiso voluntario.

Tampoco al tercer tipo de consideraciones mencionadas anteriormente tienen más probabilidad de proporcionar una base para una obligación general de obedecer el derecho. El *estoppel* y varias formas de *quasi-estoppel* son, verdaderamente, fundamentos independientes de la acción. Si mediante su comportamiento una persona, a sabiendas, induce a otro a confiar en él, entonces no debe, manteniéndose las cosas iguales, frustrar las expectativas de esta otra persona si al hacerlo le afecta en sentido adverso. Así, por ejemplo, a sabiendas, induzco a otro a obedecer el derecho mediante palabras o acciones que lo conducen a creer que yo mismo lo obedeceré, entonces yo debo, manteniéndose las demás cosas igual, no dejarlo caer violando el derecho. Sin embargo, este argumento se aplica únicamente si al violar el derecho yo afecto, en sentido adverso, al hombre que confiaba en mí. Esto puede ser dañándolo, a él o a sus intereses o, inclusive, causándole pena o decepción. El grado de daño es un factor clave para evaluar el

[5] Sobre la naturaleza de las promesas véase mi artículo *Promises and Obligation*, *cit.*, pp. 210-228.

peso de esta consideración como una razón para una acción particular. Aquí yace la dificultad de basar una obligación general de obedecer en tal consideración: una violación del derecho no siempre afecta a alguien, por mínima o indirectamente como pudiera ser. Sin embargo, la principal objeción a este argumento en favor de una obligación de obedecer es que mayormente no inducimos este tipo de confianza en otros y ciertamente no lo hacemos a sabiendas. Este último punto es un punto de hecho el cual no puedo sino afirmar: aun si es verdad que el comportamiento de uno induce a otros a obedecer el derecho, ciertamente esto no es algo de lo que la gente esté consciente. La mayoría de las personas no creen que otros obedezcan el derecho porque esperen de ellos hacerlo así.[6]

Las razones de las personas para no creer que ellos inducen a otros a obedecer es que ellos no lo hacen, al menos, no en un sentido moralmente relevante. Es verdad que hasta este punto, y especialmente en ciertas áreas del derecho, las personas son alentadas a obedecer por las expectativas de que otros generalmente lo harán del mismo modo. Pero esto no es más razón para mí que la que constituiría, contra aquel que estuviera dejando Londres, el hecho de que muchos londinenses se encuentran alentados a vivir en Londres por la expectativa de que muchas personas continuarán viviendo ahí.

Los argumentos de promesa y *quasi-estoppel* de los tipos considerados anteriormente no sólo son intelectualmente equívocos; sino, también, moralmente perniciosos. Sugieren que todo individuo inevitablemente está obligado a obedecer el derecho de su sociedad con independencia de qué tan bueno o malo pueda ser. Los argumentos de sentar un mal ejemplo, por otro lado, presuponen —pero no establecen por sí mismos— que el derecho tiene normas cuya violación sería moralmente mala. Varios tipos de argumentos intentan establecer una obligación de obedecer el derecho porque todo sistema jurídico es moralmente bueno (argumentos de derecho natural) u obedecer las disposiciones jurídicas de

[6] Es verdad que uno tiene razones para librar a otros del mal aun cuando este mal no sea causado por alguien que a sabiendas los induzca a comportarse en cierta forma. Sin embargo, aquí ya no se basa uno en el argumento del *semi-estoppel*, sino en una obligación general de librar a los demás del mal. Tales argumentos frecuentemente conducirán a que uno se conforme al derecho, sin embargo, sólo ocasionalmente a obedecer el derecho porque es el derecho.

un sistema jurídico si éste es esencialmente justo o moralmente bueno.

Hemos señalado anteriormente[7] que muchos tipos de teorías del derecho natural han sido juzgadas mal. Sin embargo, los argumentos presentados no afectan la tesis de que cada sistema jurídico tiene algún mérito moral. Aun si el derecho es necesariamente bueno en cierto respecto y hasta cierto grado, no se sigue ninguna obligación de obedecer. Si los aspectos del derecho que lo hacen moralmente valioso son penetrantes, rasgos sistémicos, *e.g.* esto es, que el derecho es un medio para asegurar el orden público a través del sometimiento de la actividad social al marco de normas públicamente determinables, entonces afecta las razones del individuo únicamente en la medida en que su acción tienda a minar el derecho. Tales razones se derivan, las más de las veces, del argumento del mal ejemplo y ya se ha argumentado que tales razones no son capaces de generar una razón de obedecer.

Alternativamente, los aspectos necesariamente presentes y universalmente valiosos del derecho pueden estar manifestados en alguna de sus disposiciones jurídicas o instituciones, *e.g.* si todos los sistemas jurídicos contienen disposiciones jurídicas protegiendo la vida valiosa. Si es así, entonces uno tiene razones para obedecer aquellas disposiciones (que no dependen del hecho de ser jurídicamente válidas, sino que derivan su validez de su contenido moral) ; sin embargo, no existe razón para obedecer otras disposiciones jurídicas, salvo que, al no hacerlo así, se establezca un mal ejemplo que conduzca a violaciones contra las buenas disposiciones jurídicas. Y nos encontramos así, nuevamente, con el inadecuado argumento del establecimiento del mal ejemplo.

Por razones similares el deber de apoyar y defender las buenas instituciones, cuya existencia no necesita ser negada, es insuficiente para establecer una obligación de obedecer. Cubre directamente aquellas disposiciones jurídicas que establecen y mantienen las instituciones justas (*e.g.* aquellas que garantizan el funcionamiento de un gobierno democrático en la sociedad) . Este argumento proporciona razones para obedecer otras disposiciones únicamente en tanto que, al hacerlo así, se establezca un buen ejemplo o que al dejarlo de hacer se establezca uno malo: esto es, únicamente en el sentido de que la obediencia a estas otras disposiciones

7 Véase el capítulo III y, también, mi libro *Practical Reason and Norms*, *cit.*, pp. 162-170.

jurídicas refuerce o impida el debilitamiento de las disposiciones jurídicas en las cuales las características democráticas del gobierno se encuentran fundamentadas.

Peter Singer en su libro *Democracy and Disobedience*[8] proporciona uno de los más interesantes análisis de la diferencia que el carácter democrático del gobierno hace de la existencia de razones para obedecer el derecho. Singer ve dos fundamentos para una obligación *prima facie* de obedecer el derecho en una democracia perfecta. El primero surge de la participación.[9] El argumento de Singer es un argumento de *estoppel*:

> La doctrina jurídica del *estoppel*, por tanto, sirve como útil ilustración de lo que digo sobre el voto. Al votar, la conducta voluntaria de uno conduce a otros a la creencia razonable de que uno consiente el procedimiento de la decisión mayoritaria. Después del acontecimiento uno no puede decir que nunca consintió.[10]

Aquí su presunción fáctica es sencillamente falsa. Las personas generalmente saben que no demócratas efectivamente participan en elecciones democráticas.

El segundo argumento de Singer considera el procedimiento democrático como un procedimiento justo para alcanzar un compromiso entre pretensiones legítimas opuestas.[11] Por tanto, uno tiene razón para apoyarlo y aceptar sus resultados como justos. Hay, sin embargo, dos razones por las cuales los razonamientos democráticos pueden ser considerados justos. Uno es válido pero insuficiente para crear una obligación de obedecer; el otro es errado. La razón válida es que en algunos países es más probable que las decisiones democráticas produzcan resultados justos y que sean aceptadas por el público más que cualquier otra alternativa. Tales consideraciones establecen que el gobierno democrático es un gobierno justo en aquellos países y debe ser apoyado. Sin embargo, como se ha observado con anterioridad, el deber de apoyar instituciones justas es insuficiente para establecer una obligación de obedecer el dere-

8 Oxford, 1973.

9 *Cfr., Democracy and Disobedience, cit.*, p. 45.

10 *Idem*, p. 52.

11 *Idem, cit.*, pp. 30 y ss.

cho. Singer expresamente señala que él se basa en la obligación de apoyar instituciones justas.[12]

La otra interpretación del argumento de Singer lo lleva a implicar que, precisamente, el hecho de que una solución sea alcanzada mediante un procedimiento democrático la hace una solución justa (aun concediendo que otros rasgos de ella la pueden hacer injusta). Esto, me parece, es absolutamente falso. El rechazo de esta concepción no depende solamente de una visión instrumental de la democracia. Uno puede aprobarlo expresando confianza en el maduro juicio de la población, o como siendo necesario para la propia expresión o para el desarrollo de una persona libre, etcétera, y, sin embargo, no reconocer que cada una de sus decisiones deba ser obedecida sólo porque fue democráticamente alcanzada (compárese lo siguiente: el hecho de que una decisión sea tomada por un funcionario que sigue todas las reglas de la justicia natural[b] no la hace justa, aun si la justicia natural es valiosa tanto instrumentalmente como en sí misma).

Estas refutaciones esquemáticas de los argumentos populares, tal y como han sido aquí presentados, están lejos de ser suficientes para mostrar que no hay manera de argumentar persuasivamente en favor de una obligación moral de obedecer. Pero, probablemente ningún argumento maestro pueda probar la no existencia de tal obligación moral. Todo lo que puede ser hecho es ilustrar el tipo de dificultades que tal argumento tiene que superar y examinar algunos argumentos conocidos. Habiendo hecho lo anterior, la discusión en lo que sigue del libro se basará en el supuesto de que no existe ninguna obligación general de obedecer.[13]

3. *Razones de prudencia para obedecer*

La mayor parte de las personas tienen buenas razones de prudencia para obedecer el derecho, las más de las veces. Existe el riesgo de incurrir en sanciones jurídicas, penales o de otro tipo, las cuales no son bienvenidas por la mayor parte de las personas las

[12] *Idem*, p. 38.

[b] Sobre la expresión 'justicia natural' véase nota *e* del capítulo décimo. N.T.

[13] Algunas otras razones morales para obedecer el derecho se encuentran explicadas en el próximo capítulo. Como veremos, tales razones no afectan la conclusión negativa de esta sección.

más de las veces. Existen muchas otras 'sanciones sociales' las cuales, aunque afectando a diferentes personas en diferentes formas y en diferente grado, afectan a la mayor parte de las personas de forma considerable. Aún más, todas estas razones son del tipo correcto: son razones para hacer lo que el derecho requiere en virtud de que él lo requiere; por tanto, son diferentes a muchas razones morales las cuales son razones para hacer lo que el derecho requiere por fundamentos que no dependen del hecho de que el derecho los requiera.

Es obvio que estas consideraciones primordiales de prudencia no son suficientemente extensas Si ellas son las únicas consideraciones de prudencia, entonces es claro que todos nosotros tenemos oportunidades de violar el derecho ahí donde no se apliquen razones de prudencia contra tal acción. Hay, sin embargo, consideraciones de prudencia secundaria las cuales se aplican de forma más amplia. Tales consideraciones son parásitas de las consideraciones primarias en la forma siguiente: supóngase que es sabido que consideraciones primarias se aplican a algunos o a todos los casos dentro de cierta clase de casos, *e.g.* que en alguna o en todas las ocasiones en las cuales uno viola el derecho uno tiene una razón de prudencia para no hacerlo. Supóngase, también, que los intentos para establecer si la consideración se aplica en cada caso individual, y si así es, ver si vence a todas las consideraciones contrarias las cuales pueden también aplicarse al caso, implica costo (tiempo, esfuerzo, el riesgo de alcanzar la conclusión errónea, etcétera). En tal circunstancia, es algunas veces mejor adoptar la política o la regla de que todos los casos que pertenezcan a esta clase habrán de determinarse como si la razón que pudiera estar presente, está presente y como si venciera a todas las consideraciones en contra.[14] En nuestro caso esto significa que uno puede tener una razón de prudencia para actuar en base a una política, consistente en obedecer siempre el derecho en vez de examinar en cada caso si éste se encuentra regido por una razón de prudencia (primaria). Que uno tenga o no razones suficientes para adoptar tales políticas, depende de varias consideraciones tales como el tipo y costo en que se incurre si uno rechaza tal política y confía en examinar cada caso individualmente, así como la naturaleza de las conside-

14 Tal política constituye una regla preceptiva (*mandatory rule*) en el sentido analizado en mi libro *Practical Reason and Norms, cit.*, pp. 49-84.

raciones en conflicto que probablemente se aplican a casos de esta clase, etcétera.

Estas políticas de prudencia amplían el campo de las consideraciones de prudencia para obedecer el derecho. Son probablemente más importantes de lo que generalmente se considera. Es entendible que uno claramente está más consciente del carácter de sus razones si actúa en base a los méritos del caso que cuando se basa en una política general. Entonces la razón para actuar es frecuentemente expresada en términos generales, vagos, tales como 'simplemente yo no hago tales cosas'. Tales respuestas no revelan el tipo de consideraciones en las cuales la política descansa. La gente frecuentemente es vaga acerca de las razones por las cuales mantiene ciertas normas sin que esto signifique que no tengan ninguna. Muchas personas, precisamente, no violan el derecho en situaciones normales y tales políticas son frecuentemente basadas en razones de prudencia secundaria del tipo mencionado anteriormente y, sin embargo, este hecho no emerge muy frecuentemente y las personas son muy vagas acerca de sus propias razones.

Sin embargo, aun las políticas de prudencia no proporcionan un fundamento adecuado para una obligación de obedecer el derecho, y esto por varias razones. La obligación de obedecer el derecho es generalmente considerada una obligación moral. Los fundamentos de prudencia no originan, por sí mismos, obligaciones morales. Aun aquellos que consideran a la prudencia como una virtud moral aceptarán que, las más de las veces, ésta es, cuando mucho, laudable, pero no es obligatorio mostrarla en el comportamiento de uno. Aún más, el grado en el que uno tiene razones secundarias de prudencia para adoptar políticas de prudencia para obedecer el derecho, varían de persona a persona: algunos, más probablemente que otros, habrán de calcular mal los riesgos en casos individuales; otros son más fácilmente contrariados por tener que contemplar tales riesgos, por las verdaderas tensiones generadas por la deliberación. Aquéllos tienen razones más fuertes de prudencia para adoptar políticas de conformidad al derecho. Otros tienen menos razón para hacerlo. Más importante es aun el hecho de que casi nadie tiene razón para adoptar una omnicomprensiva política de este tipo. En lo que a la prudencia se refiere, casi todos, aunque tengan razón para seguir una política conformista en muchas áreas, se encuentran libres de exceptuar de ellas ciertas áreas de muy bajo riesgo: delitos menores contra la propiedad de nuestro patrón, pequeñas violaciones de derecho fiscal, etcétera. Cada uno tiene ciertas áreas del derecho donde los riesgos que corre por violar el derecho son mínimos y donde las consideraciones de prudencia apoyarían adoptar una política de pasarlo por alto del todo, y actuar como si no existieran razones de prudencia contra la violación del derecho.

4. *Derecho bueno sin obligación de obedecer*

La idea de que no exista una obligación de obedecer el derecho en un país con un sistema jurídico bueno y justo, tiene el aire de paradoja. Su apariencia paradójica es responsable, en gran medida, de nuestra renuncia a abandonar la creencia de la existencia de tal obligación. La apariencia de paradoja es ilusoria. Esto resulta de dos fuentes íntimamente relacionadas: pensamos de un ciudadano moral o decente como aquel que, entre otras cosas, obedece las disposiciones jurídicas de un sistema jurídico justo y pensamos de un sistema jurídico bueno como aquel cuyas disposiciones jurídicas deben ser obedecidas (disposiciones que son obedecidas por los buenos ciudadanos). La apropiada actitud moral de un buen ciudadano hacia el derecho constituye el tema del siguiente capítulo. Aquí es útil contemplar la posibilidad de considerar un sistema jurídico bueno sin reconocer una obligación de obedecer sus disposiciones jurídicas.

Primeramente un par de puntos preliminares. Resulta obvio que uno tiene más frecuentemente razones morales independientes para conformarse a las disposiciones jurídicas de un sistema jurídico bueno que a aquellas de un sistema jurídico malo. Si un sistema jurídico es moralmente bueno, entonces contiene disposiciones jurídicas moralmente buenas las cuales son, frecuentemente, disposiciones jurídicas que prescriben comportamientos que son moralmente obligatorios con independencia del derecho (*e.g.* las que prohíben el homicidio, la violación, la difamación, la invasión de la privacidad, el rompimiento de las promesas bajo ciertas condiciones, cierto tipo de fraude, etcétera). Uno tiene razones morales para actuar en conformidad con las disposiciones jurídicas de un sistema jurídico bueno más frecuentemente que para conformarse a aquellas de un sistema malo, aun si no existe una obligación moral especial de obedecer las disposiciones jurídicas de un sistema jurídico bueno.

También es verdad que el hecho de que un sistema jurídico sea, en general, bueno y justo es una razón para confiar en sus instituciones creadoras de derecho y en sus instituciones judiciales. Si uno sabe que en general las disposiciones jurídicas son tales que uno tiene razones morales independientes para hacer lo que ellas requieren, entonces con respecto a cualquier disposición jurídica individual uno tiene, siendo las demás cosas igual, razones para creer que existe, también, una razón moral independiente para conformarse a ella. De esta forma, la cualidad moral general del sistema alienta la conformidad al ser una razón para creer y confiar en el valor moral de cada disposición jurídica individual. Nuevamente, ninguna obligación especial de obedecer el derecho es implicada. Estos dos puntos, sin embargo, no tocan la esencia de la paradoja aparente: ¿Cómo es que el hecho de que un sistema jurídico sea justo no sea una razón para obedecerlo? Para disipar la apariencia de paradoja uno tiene que considerar el papel esencial del derecho en la sociedad. En el capítulo IX, *Las funciones del derecho,* se sugiere un esquema de clasificación de las funciones sustantivas del derecho. Pero ¿cómo son realizadas tales funciones? ¿Cuál es la técnica del derecho para asegurar su propio funcionamiento?

Kelsen dice que la técnica jurídica es la de proporcionar motivación para conformarse a sus propios estándares a través de la estipulación de sanciones en caso de violaciones al derecho. Esto es, ciertamente, una muy importante técnica jurídica aunque no sea exclusiva del derecho como Kelsen afirma. Sin embargo, la sección anterior de este capítulo sugiere que, de hecho, las consideraciones de prudencia (las cuales incluyen todas aquellas derivadas del miedo a las sanciones, además de otras) no son suficientes para proporcionar, siquiera, una razón *prima facie* para la obediencia en todos los casos. ¿Debemos concluir, acaso, que no debe haber derecho ahí donde es remoto que las sanciones jurídicas proporcionen una razón para la acción? Es verdad que, algunas veces, es muy propio decir que una disposición jurídica que es generalmente pasada por alto debe ser derogada. Y si es sabido de antemano que una disposición jurídica, si es creada, será generalmente pasada por alto, entonces no debe ser creada.

Pero, tales argumentos dependen de que, de hecho, no se tome en cuenta el derecho o de que sea previsible que no se tome en cuenta, como resultado de la falta de cualquier tipo de argumento para asegurar la conformidad. No se puede citar como evidencia que es generalmente creído que ahí donde las sanciones jurídicas son ineficaces o que remotamente lo serán, entonces no debe de haber derecho. Sin embargo, si no es una creencia común, sin duda, una técnica jurídica importante, normalmente no es considerada la única.

Existen, de hecho, dos técnicas jurídicas básicas, dos formas por las cuales el derecho sirve sus funciones (puede haber también más técnicas menores). Una es suministrar razones para la conformidad, a través de la estipulación de sanciones. La otra consiste en señalar, de forma públicamente determinable, los estándares requeridos por la sociedad organizada (*i.e.* los cuales, se afirma, son requeridos por la sociedad, por las instituciones jurídicamente calificadas y por los órganos de la sociedad). En la primera técnica el derecho crea razones para la conformidad; en la segunda, se basa en razones independientes, las invoca y se dirige a ellas al declarar abiertamente ciertos estándares como los apropiados, los que deben seguirse por todo aquel que se encuentra motivado por tales razones invocadas. La independencia de la segunda técnica es frecuentemente inadvertida. Parece que el hecho de que los estándares jurídicos sean públicamente determinables,[15] es inmediatamente explicado por la necesidad de proporcionar un estándar públicamente determinable para que la técnica de la sanción sea eficiente y apropiada. Tampoco deseo negar la importancia de regular el uso de los poderes públicos por estándares públicamente determinables.[16] Sin embargo, tiene que ser señalado que éste no es el papel de los estándares públicamente determinables. Considérese el derecho que regula la actividad de los tribunales y de otros altos funcionarios del Estado. Cabe reconocer que tales funcionarios están normalmente relacionados, directa o indirectamente, con la aplicación de sanciones jurídicas. Sin embargo, los estándares jurídicos dirigidos a tales funcionarios no están ahí sólo para permitir a otros predecir cómo habrán de actuar los funcio-

[15] Sobre las razones para sostener que todos los estándares jurídicos son públicamente determinables y sobre una explicación de sus condiciones véase *supra* el capítulo III *Positivismo y fuentes del derecho.*

[16] Para una más amplia explicación véase *supra* el capítulo XI, *El estado de derecho y su virtud.*

narios, sino primordialmente, para guiar la conducta de los mismos funcionarios (únicamente porque lo hacen así, es que pueden servir, también, como base para predecir lo que los funcionarios habrán de hacer). Pero, aunque la intención es que los funcionarios se conformen al derecho, no se espera que ellos deban hacerlo a través del deseo de evitar las sanciones, sino en virtud de que están predispuestos por consideraciones independientes para obedecer el derecho. El papel del derecho aquí meramente consiste en señalar, con claridad, los estándares a los cuales tal motivación independiente se vincula.

Esta distinción entre las dos técnicas jurídicas puede ser considerada como una reinterpretación de la tradicional distinción entre *mala per se* y *mala prohibita.* Un papel que el derecho desempeña es el de prohibir y castigar la comisión de actos los cuales no deben ser realizados por razones independientes las cuales no dependen de la existencia del derecho ni se ocupan de preservar otras prácticas sociales (todas las cuales son *mala per se*). En virtud de que ciertas personas no logran ser motivadas por estas razones independientes tal y como debieran serlo, el derecho les proporciona, a través de sus sanciones, razones alternativas. Un segundo papel que pertenece al derecho se refiere a la participación en esquemas de cooperación social (tales deberes son *mala prohibita*). Aquí tengo en mente casos en que uno tiene razones para actuar de cierta forma porque contribuye a un esquema de cooperación social en marcha. Estos son de una variedad de tipos de los cuales los siguientes dos son típicos y penetrantes: hay actos que son útiles si un número suficientemente grande de personas se comporta en las formas apropiadas, pero son sin ningún valor si nadie o si sólo pocas personas lo hacen. Contaminar los ríos es un ejemplo. Si un número suficientemente amplio de personas se abstiene de contaminar los ríos, estarán limpios y toda persona tendría una razón moral para contribuir a mantenerlos limpios.[17] Sin embargo, si la mayoría de las personas los contamina y están gravemente contaminados, normalmente, no hay razón por la que yo deba abste-

[17] En muchos casos la acción de un individuo contribuye a los resultados aun si se es únicamente en pequeña medida. Algunas veces en tanto existe un número suficiente otros contribuyentes, la acción de un individuo no puede por sí misma contribuir causalmente al resultado. Estoy presuponiendo que aun en tales casos uno, frecuentemente, tiene razones morales, cuya base o fuerza no requiere detenernos aquí, para participar en el esquema cooperativo.

nerme de contaminarlos.[18] Otro tipo de acción que uno tiene razón de hacer en virtud de la existencia de esquemas de cooperación social de hacer son casos en que la forma particular del esquema cooperativo existente concreta una obligación general, le da una forma particular. Se puede aceptar, por ejemplo, que todo individuo tiene el deber moral de contribuir al bienestar de los demás. Se puede argumentar que si existe un sistema de bienestar social socialmente aceptado y generalmente practicado, financiado por las contribuciones de todos aquellos que pueden hacerlo, entonces cada uno tiene un deber de contribuir al esquema como forma de cumplir (parcial o totalmente) con su obligación de ayudar a los demás. Él pierde la opción de hacerlo de cualquier forma que quiera. Tiene una razón moral de hacerlo en la forma socialmente aceptada.[19]

El análisis de diferentes tipos de esquema de cooperación es un tema fascinante y muy importante que origina problemas tanto en filosofía moral como en la teoría de la acción racional. Éstos, sin embargo, no son relevantes para esta cuestión. Uno ni siquiera necesita aceptar las pocas observaciones aventuradas anteriormente sobre los dos tipos de esquemas cooperativos aquí ejemplificados. Únicamente dos puntos son pertinentes para el presente análisis. Primero, que el derecho es instrumental al establecer y mantener esquemas de cooperación social y no sólo mediante el establecimiento de sanciones para motivar a aquellos que, de otra manera, no contribuirían con su parte (primera técnica jurídica) ; sino, también, señalando, de forma abierta y pública, cuál es el esquema y qué es lo que cada uno tiene que hacer para contribuir a él (segunda técnica jurídica), permitiendo, así, a aquellos que se encuentran motivados por las razones apropiadas, a tomar parte en el esquema cooperativo. El segundo punto es de que las razones morales que afectan tales casos se derivan completamente de la existencia fáctica de la práctica social de cooperación y no, en abso-

18 Salvo cuando exista una campaña iniciada para cambiar las actitudes del público la cual tiene ciertas oportunidades de éxito.

19 Una forma de cumplir la obligación puede ser la mejor forma, precisamente porque es la forma común. La acción de uno puede, en tales circunstancias, producir más beneficios directos a aquellos por cuyo bienestar o beneficio la obligación existe. Uno puede, sin embargo, tener, también, otras razones para unirse a la práctica: esto puede fortalecer la práctica y por ella estimular a otras personas a cumplir sus obligaciones. (Es más fácil hacerlo con la mayoría que por nosotros mismos.) Unirse a la práctica puede ser deseable en sí mismo. Ésta es una forma de manifestar un sentimiento de pertenencia a la comunidad.

luto, del hecho de que el derecho sea instrumental en cuanto a su institución o mantenimiento. Considérese el ejemplo de la contaminación fluvial mencionado anteriormente. No interesa, en absoluto, al razonamiento moral de uno, si la práctica de mantener limpios los ríos se encuentra sancionada por el derecho, si se mantiene por exhortaciones y propaganda llevadas a cabo por individuos entusiastas o si ésta se desarrolló completamente de forma espontánea. Es la existencia de la práctica la que importa, no (salvo en casos especiales) sus orígenes o sus circunstancias contextuales. Por otro lado, supóngase que el derecho requiere que los ríos se mantengan limpios, pero que nadie obedece y que los ríos se convierten en drenajes públicos. La razón moral de no arrojar desperdicios en ellos que hemos estado considerando no existe en tales circunstancias, no obstante el requerimiento jurídico de no hacerlo.

La conclusión del análisis de este inciso es de que el derecho es bueno si proporciona razones de prudencia para actuar cuando y donde es aconsejable y si indica ciertos estándares como socialmente requeridos cuando es apropiado hacerlo. Si el derecho lo hace propiamente, entonces refuerza la protección de posibilidades e intereses moralmente valiosos y estimula y apoya formas valiosas de cooperación social, pero ninguna de estas técnicas jurídicas, aun cuando sean admirablemente usadas, origina una obligación de obedecer el derecho. Tiene sentido juzgar el derecho como una útil e importante institución social y juzgar un sistema jurídico bueno o, incluso, perfecto, aunque se niegue la existencia de una obligación de obedecer sus disposiciones jurídicas.

CAPÍTULO XIII

EL RESPETO POR EL DERECHO

Voy a presuponer que no existe ninguna obligación general de obedecer el derecho, ni siquiera las disposiciones jurídicas de un sistema jurídico bueno y justo. La cuestión que surge es ¿cuál debe ser la actitud de un ciudadano escrupuloso hacia las disposiciones jurídicas de una sociedad cuyo sistema jurídico es, por lo general, bueno y justo? Puede ser que, puesto que no existe obligación para obedecer, únicamente le está abierto un camino. No debe tener ninguna actitud moral general hacia el derecho. Cada caso de acción requerida o prohibida por el derecho debe ser evaluada individualmente en sus méritos morales.[1] Algunas veces el hecho de que la acción sea guiada por el derecho producirá una diferencia moral, algunas veces no. En virtud de que no existe un deber general de obedecer, ni tampoco un deber general de desobedecer, la única actitud moral general apropiada que puede haber es la de no tener una actitud moral general.

El propósito de este capítulo es sugerir que uno no está forzado a esta conclusión. El resultado de la ausencia de una obligación de obedecer el derecho es de que uno puede no tener ninguna actitud moral general hacia el derecho, incluso hacia el buen derecho.[2] No tener una actitud moral general es moralmente permitido. Pero existe otra opción igualmente permitida: tener respeto por el derecho. Se argumentará que existe una actitud hacia el derecho, generalmente conocida como el respeto por el derecho, que aquellos que la tienen poseen una razón general de obedecer el derecho, que su razón es su actitud, el hecho de que ellos efectivamente respetan el derecho y que es moralmente permitido respetar el derecho en esta forma (salvo que sea un sistema jurídico generalmente perverso).

[1] Esto no implica necesariamente dedicar, de forma consciente, tiempo para deliberar qué hacer en cada ocasión.

[2] Posiblemente debo cualificar esto. Bien puede ser que haya una razón general para desobedecer las disposiciones jurídicas de ciertos gobiernos perversos.

1. *Una pretensión paradójica*

La sugerencia de que aquellos que respetan el derecho están sometidos a una obligación de la cual los otros se encuentran exentos, puede parecer paradójica y, de hecho, es paradójica, dadas algunas de las presuposiciones comunes de la filosofía moral analítica en boga. En esta sección se explica la naturaleza de la paradoja. Los siguientes dos incisos disipan la paradoja y el último examina el valor moral de la actitud de respeto por el derecho.

La actitud que llamamos respeto por el derecho es compleja. Para estos propósitos es mejor dividirla en dos componentes, siendo cada uno, por sí mismo, una actitud compleja. Permítasenos llamar a los dos, los cuales se encuentran, frecuentemente, inseparablemente vinculados en la realidad, respeto (primordialmente) cognoscitivo y respeto (primordialmente) práctico. La actitud primordialmente cognoscitiva consiste en el apropiado conocimiento sobre el valor moral del derecho y de las inclinaciones y disposiciones tanto afectivas como prácticas apropiadas para ello. Tanto el conocimiento como las disposiciones afectivas y prácticas varían según el caso y según la persona de cuya actitud se trate. Pueden consistir, por ejemplo, en la creencia de que el derecho es democrático y justo, de que contribuye al progreso social o que protege los derechos de los individuos. Pueden incluir el orgullo de que el derecho de su propio país es, en gran medida, culto y progresista, se puede incluir, también, la satisfacción de que uno vive bajo la protección de un sistema jurídico adecuado, puede comprender el respeto o, incluso, la admiración por instituciones o personas involucradas en la creación o administración del derecho o comprender el respeto por símbolos del derecho (los tribunales, etcétera). Entre las disposiciones prácticas secundarias que el respeto primordialmente cognoscitivo puede incluir podría ser una reticencia para apoyar propuestas para cambiar la estructura de las instituciones jurídicas, salvo en base a evidencia muy convincente de que el cambio constituirá una mejora, el deseo de recomendar y estimular actitudes similares en otras personas y promover disposiciones jurídicas parecidas en otros países, etcétera.

Estas observaciones son meramente ilustrativas del tipo de creencias y disposiciones que constituyen la actitud cognoscitiva del respeto. La actitud primordialmente práctica de respeto consiste, en gran medida, en la inclinación de obedecer el derecho (*i.e.*

hacer aquello que el derecho requiere porque así lo requiere, porque es correcto obedecerlo como una cuestión de principio moral)[3] y, también, en una variedad de disposiciones afectivas y cognoscitivas, así como otras disposiciones prácticas apropiadas para ello. Igualmente, estas disposiciones variarán de persona a persona, pueden incluir hostilidad hacia los infractores del derecho, satisfacción cuando éstos son procesados, aprobación del comportamiento jurídicamente obediente y de las personas que obedecen el derecho, vergüenza y culpa si uno viola el derecho, etcétera.

Se ha mencionado que el respeto de un individuo por el derecho incluirá normalmente elementos de la actitud primordialmente cognoscitiva, así como de la actitud primordialmente práctica y que éstas pueden estar inseperablemente entrelazadas. También es verdad que éstas se encuentran, en principio, separadas, tanto en teoría como en la realidad. Un hombre puede exhibir una sin la otra. Un ejemplo extremo de una persona que tiene respeto práctico por el derecho, pero no cognoscitivo, es aquel que cree y que no obstante lo malo que el derecho pueda ser uno debe siempre obedecerlo. Uno debe esforzarse por reformarlo, pero nunca está autorizado a violarlo, mientras se encuentre en vigor. Si ocurre que tal hombre cree que el derecho de su país es muy malo, él no tendrá respeto cognoscitivo por el derecho, sin embargo, muy probablemente exhibe un respeto práctico extremo. Ejemplos de separación en dirección opuesta pueden ser más comunes.

Un habitante de un país puede tener un moderado respeto cognoscitivo por el derecho de un país vecino, sin tener una actitud práctica. Puede creer que un ciudadano o un residente tiene la obligación de obedecer las disposiciones jurídicas de su propio país, pero que los turistas no se encuentran bajo tal obligación. Si al violar el derecho no dañan a nadie, son moralmente libres de pasarlo por alto cuando éste impone, quizás, restricciones de las cuales están exentos en su propio país.

Pudiera parecer que si no existe obligación general de obedecer el derecho, entonces es moralmente erróneo tener una actitud práctica de respeto. Sin duda las personas pueden y continuarán teniéndola, aunque ellos no deban. Si existe una obligación general de obedecer el derecho, entonces inculcar una actitud práctica de res-

[3] Esta condición es necesaria para distinguir el respeto práctico de la inclinación a obedecer en base a fundamentos de prudencia.

peto es frecuentemente justificada como forma de facilitar la conformidad a la obligación.

La obediencia llega naturalmente a aquel que prácticamente respeta el derecho y dicha obediencia es generalmente justificada por la obligación (puede asumirse que en sistemas jurídicos razonables es raramente vencida). Sin embargo, si no existe obligación general de obedecer, entonces dicha actitud es injustificada. Entonces resulta moralmente intolerable cultivar una disposición de sumisión a los mandatos jurídicos. Uno debe, en su lugar, estimular la actitud de estar atento, siempre deseoso y presto a considerar los méritos de la conformidad o desviación del caso, en base al caso, sin disposiciones previas que puedan prejuiciar el juicio de uno.

Naturalmente, la ausencia de una obligación de obedecer el derecho no afecta la justificabilidad de tener una actitud cognoscitiva de respeto. El derecho puede ser moralmente bueno y este hecho justifica una actitud cognoscitiva de respeto moral. Parece, sin embargo, que no existe un hecho moralmente comparable que pudiera justificar una actitud práctica de respeto. Esto muestra el carácter aparentemente paradójico de la afirmación defendida anteriormente. De acuerdo con ella, el respeto práctico que algunas personas tienen por el derecho es, en sí mismo, una razón para obedecer el derecho. El hecho de que este respeto no tenga una fundamentación externa ordinaria es reconocido por la aceptación de que no existe obligación de respetar el derecho, aun en un sistema jurídico bueno. Respetar el derecho en tales sociedades es permisible. Sin embargo, aquellos que respetan el derecho tienen una razón para obedecer, se encuentran, de hecho, bajo una obligación de obedecer. Su actitud de respeto es su razón —la fuente de su obligación—. La afirmación no es meramente que ellos reconozcan tal obligación, no es meramente que ellos piensen que se encuentran vinculados por una obligación, es que ellos realmente se encuentran bajo una obligación; están realmente obligados a obedecer.

El respeto por el derecho (la actitud práctica) ha sido identificada como aquel tipo de actitud que supone reconocimiento de razones morales para obedecer el derecho. Habiendo concluido en el capítulo anterior que no existe tal razón moral general, parece seguirse que dicho respeto práctico por el derecho es una actitud injustificable. Esta conclusión es ineludible si el respeto práctico se deriva de una obligación de obedecer independientemente fundamentada y en sí misma justificada como la actitud que facilita la conformidad a la obligación. El respeto práctico es moralmente defendible únicamente si uno puede voltear el orden de justificación y derivar una obligación de obedecer de una actitud de respeto práctico independientemente defendible. Esto puede ser hecho si, por ejemplo, es permisible respetar el derecho y el propio respeto es una razón para obedecer el derecho. Pero ¿puede ser que este respeto por el derecho no descanse en una obligación de obedecer sino que sea un sustituto de ella? ¿Puede uno decir el respeto que uno tiene por el derecho obliga a uno a obedecerlo? Voy a defender esta posibilidad haciendo una analogía con la amistad.

2. *Amistad: una analogía*

Imaginemos que uno dice 'voy a ayudar a María porque es mi amiga'. Que alguien sea amigo de uno, depende, en parte, de la actitud que uno tiene hacia tal persona; pero no existe sorpresa al invocar la amistad como una razón para la acción. Es precisamente lo que los amigos esperan hacer en ocasiones apropiadas. Hay ciertas formas obvias en que la amistad puede ser o es citada como una razón. Existen dos que son de las más comunes. Primeramente, la amistad implica un cierto grado de buena voluntad. La gente puede querer (tiene un deseo espontáneo no basado en razón) ayudar a su amigo. Este deseo de hacerlo es su razón. Decir 'porque es mi amiga' explica el contexto de su deseo. Segundo, la amistad crea patrones de interacción y, así, genera expectativas. El agente puede creer que su amigo espera que él lo ayude o, incluso, confía en que lo hará (de esta manera abandona otros medios de obtención de la ayuda que necesita). El hecho de que sería malo defraudar tales expectativas (o su espontáneo deseo de no hacerlo) es lo que constituye su razón. Referirse a la amistad indica que tales expectativas existen y cómo surgen (y posiblemente indica, también, por qué sería malo defraudarlas).

La idea de amistad en la cual la analogía se basa, presupone que éstos no son los únicos medios por los cuales la amistad puede constituir o puede generar razones para la acción. En particular presupone que existen acciones que uno debe realizar porque, de no hacerlo, sería malo dada la amistad, pero no en virtud de la reacción (emotiva o en acción) del amigo al saber de la omisión. El amigo puede nunca descubrir el hecho, para toda apariencia externa la amistad puede mantenerse intacta, y, sin embargo, el agente sabe que ha fallado en esta ocasión.

No es posible proporcionar aquí un análisis o una defensa de esta idea de la amistad; sin embargo, es necesario delinearla con un poco más de detalle. Dos amistades no son iguales; varían con las intenciones, personalidades y circunstancias de los amigos. Sin embargo, la amistad es, en grado considerable, una forma culturalmente determinada de relación humana. (Existen, por supuesto, no sólo uno, sino varios patrones básicos de amistad culturalmente reconocidos. El argumento no depende de que haya sólo uno.) Cuando una relación que conduce a la amistad empieza a desarrrollarse entre dos o más personas, su forma futura se verá afectada por el hecho de que cada uno de ellos tiene una concepción de lo que es la amistad y de lo que ella implica (en su cultura). Esta actitud proporciona, consciente o inconscientemente, una dirección a la amistad en desarrollo. Para decirlo simplemente: deviene una variación reconocible de la forma básica, o falla. Pocas personas pueden trascender las formas impuestas por su cultura. No lograrlo es una fuente importante de creación literaria (véase *Anna Karenina*).

Los patrones culturales de amistad a los cuales ellos se conforman incluyen nociones de cómo deben comportarse los amigos el uno con respecto al otro. Señalan ciertos patrones de comportamiento adecuados entre amigos y otros inadecuados. Es parte de nuestra cultura que una persona que responde ante la necesidad de su amigo es un verdadero amigo o que los amigos no pueden libremente criticar a sus amigos enfrente de extraños, no obstante la justicia de tal crítica, etcétera. Lo que sea precisamente adecuado entre amigos y lo que no lo sea puede diferir de una cultura a otra. Común a todas ellas y parte del verdadero concepto de amistad es el hecho de que la acción adecuada es requerida de un amigo, con independencia de si éste desea realizarla o no (yo, más bien pasaría la tarde solo y no desearía ver nuevamente a Tom, sin embargo, realmente debo invitarlo porque se encuentra solitario y deprimido estos días). De igual manera, la acción adecuada es algunas veces requerida con independencia de si el amigo lo sepa o sea afectado por ella (no debo confirmar las insinuaciones de Dick aun si Dick conoce la verdad y mi confirmación no produzca diferencia alguna a nadie, aun si Tom nunca llega a oír nada de esto).

Si esto es correcto, entonces es de la esencia de la amistad que los amigos consideren su relación como requiriendo acciones, con independencia del deseo del agente o de los intereses de su amigo. Que una persona sea un amigo es una razón, simplemente porque cualesquier otra acción es inadecuada entre amigos, es inconsistente con la amistad. Naturalmente, si el agente está consciente del carácter de su acción, entonces le afectarán sus acciones inadecuadas (al menos si desea la continuación de la amistad). Pero, sus razones para no realizarlas no es su deseo de evitar remordimientos o culpa, sino su creencia de que esto es lo que es requerido por la amistad. Voy a llamar a las razones de este tipo: *razones expresivas*.

La amistad es una razón expresiva para aquellas acciones las cuales (en la cultura del agente) son adecuadas a la relación y en contra de las inadecuadas. Algunas veces hay una razón expresiva para acciones que uno no tiene deseos de realizar y que aun las expectativas y confianza creada por la amistad no proporciona razón para realizarlas. Las razones expresivas son llamadas así porque las acciones que requieren expresan la relación o actitud implicada. El hecho de que el agente se considere a sí mismo vinculado por tales razones es el criterio de que él sea un amigo. Las razones expresivas pueden requerir una acción porque ésta beneficiará al amigo (la invitación hecha a Tom de pasar la tarde conmigo). Son, por tanto, razones de bienestar. Pero pueden ser independientes de cualquier beneficio a alguien (no confirmar las insinuaciones sobre Tom), en cuyo caso, son razones simbólicas.

Afirmar que ser amigo implica creer en razones expresivas es afirmar que el concepto de razón expresiva es útil para explicar relaciones humanas tal como las conocemos. No es afirmar que existen razones expresivas válidas, *i.e.* que es siempre justificado tener amigos. Recuérdese que la opción no es necesariamente entre ser amigo y ser extraño; hay otras relaciones conocidas a nuestra cultura y otras que aun pueden ser creadas. No voy a intentar justificar la amistad. En su lugar, permítasenos asumir que la amistad, como forma general de relación humana, es moralmente defendible. En base a este presupuesto es posible resumir los puntos principales de la discusión anterior y algunos puntos adicionales, relativamente incontrovertibles, sobre la amistad.

i. Los amigos tienen razones que los otros no tienen. Estas razones o algunas de ellas, surgen con independencia de la relación dando origen a, o siendo acompañadas de, nuevos intereses o deseos. Los amigos tienen razones para hacer aquello que es adecuado y evitar aquello que no conviene a su amistad. Su cultura determina qué acciones encajan en tal relación. La amistad genera razones expresivas (tanto de bienestar, como de variedades simbólicas).

ii. Es moralmente permisible no tener amigos en absoluto y moralmente permisible no ser amigo de alguna persona en particular. Salvo circunstancias excepcionales, no es moralmente malo para una persona no querer tener o no tratar de establecer amistad generalmente o no respetar a alguna persona en particular.[4]

iii. Escoger amigos es revelador del carácter de uno y puede ser, también, la manifestación del carácter moral. Aunque la mayor parte de relaciones de amistad no son moralmente significativas, algunas lo son. Revelan ciertas sensibilidades morales o su ausencia. Hablan de fuerza moral o debilidad, etcétera. Por tanto, aunque uno no obra mal al devenir o al no devenir amigo de *X*, puede ser moralmente loable hacerlo o ser moralmente denigrante rechazar sus iniciativas.

iv. Las obligaciones de los amigos son autoimpuestas. Dependen de una relación la cual uno pudo haber evitado y la cual uno puede terminar. Más aún, uno puede crear y terminar la relación sin hacer nada malo. (Éste es al menos generalmente el caso. Parece que en ciertas circunstancias extremas, no es moralmente permitido terminar una relación de amistad.) Sin embargo, las obligaciones de los amigos difieren de las promesas y de otras obligaciones voluntarias en dos aspectos cruciales.

En primer lugar, forman una parte constitutiva de la relación y afectan, en casos característicos, la dimensión total de la vida de uno. Aún más, la relación tiene un aspecto cognoscitivo y emotivo. En virtud de que las obligaciones son parte esencial de la relación, no pueden ser asumidas o renunciadas en un acto (nuevamente, excepción hecha de ciertas raras y típicas circunstancias). La obligación deriva de la amistad y no de un acto de compromiso. La propia amistad, implicando una intrincada urdimbre de

[4] La permisión implicada en una permisión excluyente. Por tanto, la afirmación en el texto no implica que no existan razones morales para tener amigos. Véase mi libro *Practical Reason and Norms, cit.*, pp. 89-90.

disposiciones y actitudes recíprocas, prácticas, emotivas, como cognoscitivas, no pueden ser creadas por un acto de compromiso. Tienen que nacer, desarrollarse y cimentarse a través del tiempo. Lo mismo es verdad de la terminación de amistad. Normalmente, ningún acto individual puede poner fin a una miriada de elementos que hacen a una persona amigo de otra. Tales observaciones no deben ser tomadas como implicando que siempre son necesarios largos períodos para la creación o ruptura de tales vínculos. Tales observaciones sugieren únicamente que los períodos, más que los actos individuales, son implicados. Es una romántica y adolescente fantasía que la amistad llegue y se vaya como relámpago o por un acto de compromiso. Tales eventos pueden conducir al establecimiento de la amistad o a su muerte, toda vez que el apasionamiento o el compromiso para devenir o dejar de ser amigos puede conducir a la amistad o a su terminación. Sin embargo tales eventos, por sí mismos, no crean una amistad ni ponen fin a otra.[5]

En segundo lugar, mientras las promesas y otras obligaciones voluntarias son comprometidas por actos realizados de forma a aceptar una obligación, la amistad no. Sus consecuencias prácticas, las obligaciones a las que dan lugar, son productos de la relación más que su objetivo y propósito. Las personas pueden crear una amistad con objeto de tener a alguien a quien cuidar, pero no, normalmente, con objeto de tener la obligación de cuidar a alguien.

3. *Respeto por el derecho: la analogía*

Volviendo al respeto por el derecho, un punto tiene que ser aclarado desde el principio: no es mi intención sugerir que el respeto por el derecho sea un caso de amistad. Obviamente no. Por una razón, la amistad es una relación recíproca mientras que el respeto por el derecho no. Además, siendo la amistad una relación entre personas, tiene aspectos emotivos diferentes al respeto por una institución como es el derecho. Sin embargo, es instructivo hacer una analogía entre la amistad y el respeto por el derecho. La analogía cubre los cuatro puntos mencionados anteriormente. Éstos serán considerados en orden inverso.

El respeto por el derecho es, como la amistad, un fenómeno com-

[5] De esta forma, si el evento inicial no tiene continuación no tenemos una amistad efímera. Cuando mucho, tenemos un malogrado intento de crear alguna.

plejo y multifacético. Naturalmente, esta compleja actitud no se adquiere o se pierde de la noche a la mañana. Crece o decrece en el tiempo. Al mismo tiempo, si uno respeta o no el derecho depende del individuo. Una persona puede decidir que el derecho merece ser respetado y que lo respetará o que es mejor ya no respetarlo. Tales decisiones no crean ni terminan la actitud de la noche a la mañana, pero, bien pueden señalar el comienzo de un proceso que conduzca a su adquisición o pérdida y demuestran el control de uno sobre su existencia.

Si uno respeta o no el derecho, dada la información sobre el derecho en la sociedad, es resultado del carácter de uno. Testimonia la actitud de uno hacia la autoridad, hacia instituciones respetables; testimonia, también, el grado de socialización de uno, etcétera. Puede, en ocasiones, hablar, también, del carácter moral de uno. Pero, la existencia o ausencia de la actitud no es en todo caso moralmente significativa.

Sea como fuera, es claro —de acuerdo a la conclusión del capítulo anterior— que no existe obligación general de respetar el derecho. Nadie hace mal al no respetar el derecho aun en un Estado bueno. Uno puede siempre evitar tener alguna actitud moral general hacia el derecho. Esto puede ser más o menos sorprendente que respetar el derecho, pero es igualmente permisible. Aquí, parece haber una falta de simetría entre el respeto y su ausencia. Mientras que, por un lado, nunca es malo no respetar el derecho, es moralmente malo respetarlo en Sudáfrica o en otras regiones fundamentalmente perversas.[6]

Finalmente, el respeto es, por sí mismo, una razón para la acción. Aquellos que respetan el derecho tienen razones que otros no tienen. Estas son razones expresivas. Ellos expresan su respeto por el derecho al obedecerlo, al respetar las instituciones y los símbolos relacionados con él y al evitar cuestionarlo en toda ocasión.

Una vez más, como en el caso de la amistad, las convenciones sociales y los preceptos culturales determinan las formas apropiadas o convenientes de expresar respeto. Aquí es importante

[6] La simetría yace en otro lugar. Así como uno puede no respetar el derecho de un sistema injusto, así uno puede no tener actitud de desprecio por uno justo, aunque uno puede no tener ninguna actitud moral práctica general hacia él en absoluto. Las razones convencionales están siempre vinculadas por razones no convencionales.

recordar que, así como hay amistad cualificada o parcial (amigos del golf, amigos de negocios, etcétera), igualmente hay posibilidades de cualificar el respeto (respeto por el derecho en todos los aspectos salvo en cuanto a los derechos de las mujeres, etcétera).

Puede ser objetado que existe una grave falta de analogía entre amistad y respeto práctico, a saber: que la obligación de los amigos no es sino un aspecto de una relación humana compleja, mientras que el respeto es, primero y ante todo, el reconocimiento de una razón para obedecer el derecho. Por tanto, mientras es posible cencebir ciertas acciones como apropiadas para expresar amistad (*i.e.* el otro aspecto de la relación), no hay nada que la obediencia por el derecho pueda expresar. Consecuentemente puede alegarse que no tiene ningún sentido considerar al propio respeto como una razón expresiva. La objeción es válida siempre que el análisis del respeto que ha sido ofrecido hasta ahora funcione. Ésta es aún reforzada por la separación del respeto práctico del respeto cognoscitivo. Sin embargo, en verdad, el respeto práctico no es una actitud independiente. No es sino un aspecto de una actitud compleja y de un estilo de vida, relacionado no únicamente con el derecho, sino con la comunidad de cuyo derecho se trata. El respeto por el derecho es un aspecto de la identificación con la sociedad (el reverso de la alienación). Aquí llegamos a la raíz de nuestra analogía. Una persona que se identifica a sí misma con su sociedad, sintiendo que es suya y que pertenece a ella, es leal a su sociedad. Su lealtad puede manifestarse, entre otras formas, en respeto por el derecho de la comunidad. La amistad, igualmente, presupone lealtad mutua y, por tanto, es poco sorprendente que tanto la amistad como el respeto por el derecho den origen a razones expresivas.

Sería erróneo sugerir, sin embargo, que el respeto por el derecho es inseparable de la lealtad a la comunidad y de la identificación con ella. La identificación y la lealtad, de hecho, se manifiestan en varias formas. Éstas pueden, pero no necesitan, manifestarse a través del respeto por el derecho. Una persona puede expresar su lealtad sólo de otras formas. Ésta no necesariamente sería incompleta al no incluir, entre sus manifestaciones, el respeto por el derecho. Por tanto, aun si la lealtad a su comunidad es obligatoria, el respeto por el derecho no lo es.

4. *El valor del respeto*

Ahora es posible resumir las conclusiones referentes a la adecuada actitud hacia el derecho. No existe obligación moral general de obedecerlo, ni aun en una sociedad buena. Es permisible no tener una actitud moral general hacia el derecho, mantener el propio juicio y examinar cada situación cuando ésta surja. Sin embargo, en todas, salvo en las sociedades perversas, es igualmente permisible tener un respeto 'práctico' por el derecho. Para aquel que, de esta manera, respete el derecho, su propio respeto, es una razón para obedecer el derecho. Cabe admitir que no es muy común citarla como una razón. La gente normalmente diría 'porque es el derecho' o 'porque es *mi* derecho', 'de *mi* país'. Tales explicaciones son, por sí mismas, incompletas. Frecuentemente aluden al respeto de la persona por el derecho como un factor subyacente.

Nunca es malo no respetar el derecho en este sentido práctico. Pero de ello no se sigue que ahí donde sea permisible respetar y no respetar, sea, también, moralmente indiferente si uno lo hace o no. Con frecuencia, es de hecho, moralmente indiferente. En otras circunstancias no lo es. Una persona que respeta el derecho expresa en esta forma su actitud hacia la sociedad, su identificación con ella y su lealtad hacia ella. Tal persona puede encontrar apropiado expresar tales actitudes a la sociedad, entre otras formas, mediante su actitud hacia el derecho. Puede sentir que es una expresión adecuada de su lealtad reconocer la autoridad del derecho. Él, por tanto, obedecerá el derecho como éste reclama ser obedecido. Pero, como hemos mencionado anteriormente, el respeto puede aparecer en medidas y en grados y una persona puede considerar el respeto cualificado como la expresión apropiada de su actitud hacia la sociedad. En todo caso, para la persona que respeta el derecho existe una obligación de obedecer. Su respeto es la fuente de esta obligación.

No es difícil ver por qué el respeto práctico puede ser considerado como una expresión apropiada de lealtad hacia la sociedad. Ésta es una manifestación de confianza. Una persona que confía en que el derecho es justo y bueno cree tener razón para hacer lo que el derecho requiere. Si el derecho realmente es moralmente perfecto no reclamará mayor peso que el que es debido a sus disposiciones jurídicas, y permitirá como excusas aquellas condiciones en las cuales las razones en favor del acto jurídicamente requerido son vencidas por otras consideraciones. Si una persona otorga confianza absoluta al derecho, entonces reconocerá la autoridad del derecho. Es natural, por tanto, que la lealtad a la sociedad pueda ser expresada comportándose como uno lo haría si confiara en el derecho implícitamente. De ahí que, la actitud de respeto es una manifestación de lealtad puesto que origina una obligación de obedecer, un reconocimiento de la autoridad.

¿Qué derecho merece respeto? ¿Qué circunstancias lo hacen así? Las cuestiones sobre las condiciones bajo las cuales el respeto habla bien del agente son cuestiones importantes que no pueden ser exploradas aquí. Es suficiente decir que no es meramente una cuestión de cuándo uno debe ser leal hacia su comunidad. Aun cuando la lealtad a su comunidad es moralmente adecuada o incluso obligatoria, expresarla a través del respeto por el derecho puede no ser apropiado. Respeto por el derecho expresa lealtad mediante una actitud hacia ciertos aspectos institucionalizados de la comunidad. Su carácter o comportamiento moral puede hacerlos inadecuados para la confianza moral que el respeto por el derecho expresa. Después de todo, el respeto por el derecho es, de alguna manera, una actitud de autosatisfacción y complacencia hacia el derecho. Expresa confianza en que el derecho es moralmente justo. Tal confianza puede estar o no fuera de sitio. La lealtad hacia sus agentes de uno puede en ciertos países requerir activa oposición al derecho, en tanto que, en otros, puede encontrar expresión apropiada en el respeto por el derecho. La cuestión sobre si una u otra actitud es la apropiada, ya no es una cuestión sobre la apropiada actitud hacia el derecho; es una cuestión sobre la naturaleza de la buena sociedad y del buen derecho.

CAPÍTULO XIV

¿DERECHO A DISENTIR?

DESOBEDIENCIA CIVIL

La cuestión a considerar en este capítulo y en el siguiente es si existe moralmente, y bajo qué circunstancias, un derecho a violar el derecho por razones morales o políticas. Voy a asumir que si tal derecho (moral) existe, entonces existe una presunción para otorgarle reconocimiento jurídico. La explicación contendrá algunas de las consideraciones que afectan la forma, si hay, que el reconocimiento jurídico debe tener.

Puede considerarse que la idea de que no existe obligación de obedecer el derecho (la cual fue defendida en el capítulo XII) abre el camino a una fácil justificación de la desobediencia en base a fundamentos morales y políticos y que esto constituirá el aspecto principal en que mis conclusiones habrán de diferir de las de la mayoría de los autores sobre desobediencia civil y objeción de conciencia que asumen una obligación *prima facie* de obedecer. Pero esto está lejos de ser el caso. El argumento para negar una obligación de obedecer se basaba, en parte, en el hecho de que en innumerables ocasiones un acto en violación del derecho no tiene consecuencias adversas. Esto, sin embargo, nunca (o casi nunca) es verdad en la desobediencia civil (la objeción de conciencia es, frecuentemente, más parecida a las violaciones ordinarias del derecho). Tales actos son normalmente hechos para captar el ojo del público e inevitablemente ponen a pensar a las personas en recurrir a la desobediencia para alcanzar cualquier tipo de cambio en el derecho o de política que consideren justificado. De esta manera estos actos tienen, casi invariablemente, algunas consecuencias adversas. Sin duda, la desobediencia civil es algunas veces, justificada y, ocasionalmente, incluso, es obligatoria. Sin embargo, el razonamiento seguido en el capítulo anterior apoya la presunción común de que en un Estado razonablemente justo cualquier consideración en favor de la desobediencia tiene que superar una presunción en contra de ella, basada en los resultados indeseables que la acompañan. Habiendo dicho lo anterior, es necesario agregar que el tema de este capítulo no es una justificación de la desobediencia basada en razones apolíticas o morales. La cuestión es saber si moralmente, bajo ciertas circunstancias, existe un derecho a tal desobediencia. La diferencia entre esas cuestiones será explicada más adelante, sin embargo, las principales clases de desobediencia por razones morales y políticas tienen que ser primeramente distinguidas.

1. *Formas de disentimiento*

Muchos casos de violación del derecho no están respaldados por la afirmación de que se encuentran justificados. El agente pudo haber actuado mal a sabiendas o por ignorancia. Consideraciones sobre tales casos y la cuestión de la actitud jurídica adecuada hacia ellos, no pertenece a este capítulo. De lo que se ocupa el capítulo es únicamente de los casos de violación de derecho con respecto a los cuales el agente niega que haya actuado mal. Muchos de estos casos, probablemente la gran mayoría, pueden ser denominados 'casos de desobediencia ocasional'. Éstas son violaciones de derecho sobre las cuales el agente piensa, dado el carácter del derecho implicado y de las circunstancias particulares por las que actúa, que eran moralmente permitidas (por lo que, considera, tiene algunas buenas razones). Tal desobediencia ocasional, aunque es considerada como moralmente justificada, no es emprendida por razones morales o políticas. Las consideraciones morales únicamente la hacen permitida. Su motivación proviene de otras consideraciones. El presente capítulo únicamente trata de desobediencia moralmente motivada.

Es conveniente seguir la clasificación tradicional de desobediencia moral y políticamente motivada en tres categorías: desobediencia revolucionaria, desobediencia civil y objeción de conciencia.

Desobediencia revolucionaria es una violación del derecho políticamente motivada, hecha para cambiar o para contribuir directamente al cambio del gobierno o de las disposiciones constitucionales (el sistema de gobierno).

Desobediencia civil es una violación del derecho políticamente motivada, hecha ya sea para contribuir directamente al cambio del derecho o de una política o, bien, para expresar la protesta de uno, en contra o para disasociarse de una disposición jurídica o de una política.

Objeción de conciencia es una violación del derecho en virtud de que al agente le está moralmente prohibido obedecerlo, ya sea en razón de su carácter general (*e.g.* como con los pacifistas absolutos y la conscripción) o porque se extiende a ciertos casos los cuales no debieran ser cubiertos por él (*e.g.* conscripción y objetantes selectivos y homicidio y eutanasia).

No tiene mucho caso defender y explicar extensamente estas definiciones. No se afirma aquí que representen el significado ordinario de los términos definidos. Se presentan como una clasificación útil de ciertos casos de desobediencia. La clasificación no agota todos los casos de desobediencia moral y políticamente motivada; no incluye, por ejemplo, violaciones del derecho en protesta contra acciones o políticas moralmente inaceptables de parte de agentes privados (sindicatos, bancos, universidades privadas, etcétera). Tampoco la clasificación es excluyente. Las categorías parcialmente se entrecruzan. Una persona puede violar el derecho en una única ocasión por una combinación de razones que hacen su acción simultáneamente una acción revolucionaria y un caso de desobediencia civil (*e.g.* él quiere protestar contra una disposición jurídica particular y, a través de ella, directamente contribuye a un cambio de gobierno). La objeción de conciencia selectiva hacia la guerra de Vietnam en los Estados Unidos, durante los años sesentas, proporciona muchos ejemplos de personas que combinan la desobediencia civil con la objeción de conciencia en un solo acto.

Tales categorías son, las más de las veces, fácilmente aplicadas al análisis de la acción de los individuos. Pero pueden aplicarse al análisis de la acción de grupos; el carácter de una demostración o de una sesión que implique una violación al derecho es determinada por las razones de sus organizadores o por el grueso de sus participantes. Es importante, sin embargo, recordar que el carácter de las razones y, por tanto, de las acciones de los individuos que participan puede diferir.

Los actos revolucionarios y de desobediencia civil son casos de acción política; esencialmente son acciones públicas hechas para que tengan efectos políticos. La objeción de conciencia no. Ésta consiste esencialmente en una acción privada de parte de una persona que quiere evitar cometer una acción moralmente mala al obedecer un derecho moralmente (total o parcialmente) malo. Obsérvese que no toda violación del derecho moralmente obligatoria constituye un caso de objeción de conciencia. Algunas veces es malo no participar en desobediencia civil que supone la violación de un derecho razonable. Únicamente cuando una afirmación de que el derecho siendo en sí mismo malo (o, al menos, ciertos de sus aspectos), motiva violaciones a él, uno tiene una instancia de objeción de conciencia.

La obediencia civil puede ser intentada para ser efectiva o expresiva (o tanto efectiva como expresiva). Está hecha para ser efectiva si está justificada como parte de un plan de acción, el cual probablemente conduzca a un cambio del derecho o de una política. Sin embargo, la desobediencia civil incluye, también, violaciones del derecho, de la cual sus perpetradores saben que será ineficaz, toda vez que estén justificadas como expresiones de protesta o desaprobación pública de una disposición jurídica o de una política. En virtud de que los actos revolucionarios y la desobediencia civil son acciones políticas, ellas normalmente suponen acción pública y abierta. Esto es normalmente necesario para que ellas alcancen su propósito (sea éste expresivo o efectivo). Pero, apenas un acto de desobediencia ocurre que la naturaleza de su motivación (al menos en la mayoría de los casos de desobediencia civil) tiene que ser públicamente conocida. No hay razón general de por qué los individuos implicados en tales actividades deban hacer su identidad conocida o someterse voluntariamente al castigo. Aunque tales razones en ocasiones bien pueden existir, tal acción prueba la pureza de los motivos de uno; un proceso o un período en prisión puede servir como punto importante para la movilización de más oposición al derecho o a la política contra la cual se protesta, etcétera.

Algunos autores han incluido sumisión al castigo en su definición de desobediencia civil. Éste es precisamente uno de los aspectos en los que la definición sostenida aquí es más amplia que la mayoría de las definiciones examinadas en años recientes. Esta definición se refiere a las razones por la desobediencia y nada más. La justificación de tan amplia definición es que está hecha para caracterizar la desobediencia civil como cierto tipo de acción política. como toda acción política está dirigida hacia el derecho o hacia una política y se distingue de otros actos políticos al usar las violaciones al derecho como un medio (se distingue de la acción revolucionaria en que aquélla no es hecha para conducir a un cambio de gobierno o del sistema de gobierno). La principal motivación de una más restrictiva definición es identificar las condiciones bajo las cuales la violación del derecho es justificada (únicamente si es abierta, no violenta, etcétera). Sin embargo esta definición no está hecha para señalar una clase de acción política *legítima*. Adopto una definición que es valorativamente neutra, de forma a separar la clasificación de tipos de actos políticos del problema de su justificación. Aún más, a nuestro punto, quiero argumentar en el próximo inciso que los análisis de desobediencia civil que favorecen un limitado entendimiento de la expresión tienen sentido únicamente en el supuesto de que exista un derecho a la desobediencia civil. Voy, por tanto, a proceder a argumentar que no existe tal derecho general.

2. *Actitudes filosóficas comunes ante la desobediencia civil*

Es un lugar común en la mayoría de las explicaciones sobre el tema, el cual comparto, de que la desobediencia civil es, algunas veces, justificada o, incluso, obligatoria. Muchos autores, de hecho, tienden a favorecer una más fuerte opinión que no logran separar claramente de ésta, a saber: que uno tiene, bajo ciertas condiciones, un derecho a la desobediencia civil. Es necesario, por tanto, aclarar la diferencia entre estas dos afirmaciones.

Consideremos un caso análogo. Permítasenos asumir que las personas tienen moralmente un derecho de libertad de expresión. Este derecho cubre casos en los cuales uno no debiera ejercitarlo. Uno no debe repetir historias de personas que no cree sean verdad. Sin embargo, uno tiene el derecho de hacerlo. El derecho de libertad de expresión no se encuentra reconocido en el derecho de la Unión Soviética, no obstante el hecho de que esté permitido expresar opiniones conformes al Partido Comunista Soviético. La razón por la que uno dice que el derecho se encuentra ahí negado no es porque las opiniones del Partido Comunista estén mal y no deban ser expresadas. Incluso aquel que acepta su verdad, tendrá que admitir que no existe libertad de expresión en la Unión Soviética, aunque pueda no encontrar ningún defecto en ello. La libertad de expresión se encuentra ahí negada no porque uno no puede expresar creencias verdaderas, sino porque no puede expresar las falsas, las cuales uno no debe tener ni expresar. Esto, nada menos, está implicado por la observación común de que la libertad consiste en expresar cualquier opinión que uno quiera (sujeta a un pequeño número de restricciones, *e.g.* aquellas en contra de la difamación).

A primera vista puede considerarse sorprendente que uno deba tener un derecho para hacer aquello que uno no debe. ¿No sería mejor limitar los derechos a lo que es correcto o, al menos, permitido hacer? Pero, decir esto es malentender la naturaleza de los derechos. Uno no necesita derecho alguno para estar facultado para hacer lo que es correcto. Que sea correcto proporciona a uno todo el título que necesita. Sin embargo, uno necesita un derecho para estar facultado para hacer aquello que no debe. Es un elemento esencial de los derechos de actuar que ellos faculten a uno para hacer lo que uno no debiera. Al decir esto, obviamente, no se quiere decir que el propósito o justificación de los derechos para actuar sea incrementar malas acciones. Su propósito es desarrollar y proteger la autonomía de la gente. Lo facultan a que escoja, correcta o incorrectamente, por sí mismo. Pero no pueden hacerlo a menos que lo faculten a escoger incorrectamente.[1]

Aquí radica la diferencia entre afirmar, por un lado, que la desobediencia civil es, algunas veces, correcta, y, por otro, sostener que uno tiene, bajo ciertas condiciones, un derecho a la desobediencia civil. La última afirmación implica, la primera no, que uno se encuentra facultado bajo ciertas condiciones, a desobedecer civilmente aun cuando uno no deba hacerlo.

He dicho que más autores de los que abiertamente apoyan tal derecho se inclinan a sostener su existencia. Esta tendencia se manifiesta en su interés en establecer límites formales a las formas permitidas de la desobediencia civil. Considérese una limitación muy frecuentemente discutida: la desobediencia civil, habitualmente se dice, no debe ser violencia.

Es claro que, manteniéndose las demás cosas igual, la desobediencia no violenta ha de ser preferida a la desobediencia violenta.

1 Estos comentarios sobre los derechos para actuar están en armonía con el análisis general de derecho desarrollado en varios artículos por H.L.A. Hart, aunque no me comprometo a todos los detalles de sus puntos de vista. Véase, por ejemplo, el artículo de Hart, "Bentham on Legal Rights", en A. W. B. Simpson (editor), *Oxford Essays in Jurisprudence, 2nd Series*, Oxford, Oxford University Press, 1973, pp. 171-201.

Primeramente, el daño directo causado por la violencia es evitado. En segundo lugar, la posible incitación a recurrir a la violencia en los casos en que estaría mal, que, incluso, otro uso justificado que la violencia proporciona, se evita. En tercer lugar, el uso de la violencia es una cuestión altamente emotiva y explosiva en muchos países, y al recurrir a la violencia es probable que uno antagonice con aliados potenciales y confirmen su oposición muchos de los oponentes de uno. Todas estas consideraciones, y otras, sugieren gran reticencia a recurrir al uso de la violencia muy particularmente al uso de la violencia contra la persona. Pero ¿justifican la proscripción total de violencia como medio para alcanzar un fin político? No. El mal que la desobediencia pretende rectificar puede ser tan grande, puede, de hecho, ser en sí mismo, violencia contra personas inocentes (como la reclusión de disidentes en campos de trabajo en la Unión Soviética), que puede ser correcto usar la violencia para terminar con él. En este momento puede ser importante llamar la atención sobre el hecho de que ciertos actos no violentos, de hecho, ciertos actos lícitos, bien pueden tener muchas más severas consecuencias que muchos actos de violencia: considérense los posibles efectos de una huelga por parte de los conductores de ambulancias.

Ciertamente, algunas personas efectivamente rechazan el uso de la violencia en forma absoluta, independientemente de cualesquiera otras consideraciones. Los pacificistas adoptan esta postura. Sin embargo, sobre otras bases, la violencia en favor de logros políticos no puede ser rechazada de forma absoluta.[2] Muchos autores han argumentado en favor de conclusiones similares. Mi propósito no es reivindicar el uso de la violencia, la cual, espero ver usada sólo muy raramente y con gran precaución. Mi propósito es señalar los presupuestos (frecuentemente tácitos) de los argumentos que condenan toda desobediencia civil violenta por personas que no son pacifistas y que no rechazan, de forma absoluta, toda violencia como mala. Sin duda, este rechazo a la violencia se debe, en cierto grado, a la captación, en algún sentido confusa, de varias consideraciones atenuantes en contra de la violencia, mencionados anteriormente. Sin embargo, hasta cierto grado, se encuentran ins-

2 Algunos dirán que la acción violenta no puede ser considerada desobediencia civil porque su significado, desobediencia civil, no se aplica a tal acción. Sin embargo, aunque esto fuera correcto, es irrelevante. Este punto de vista lingüístico no puede probar lo incorrecto de mi acción.

piradas por el sentimiento de que si la desobediencia civil está justificada, entonces hay un derecho a la desobediencia civil.

Decir que existe un derecho a la desobediencia civil es reconocer legitimidad para recurrir a esta forma de acción política a los oponentes políticos de uno. Es conceder que la legitimidad de la desobediencia civil no depende de lo correcto de la causa de uno. Los anteriores comentarios aclaran que, al decir *de todos*, lo correcto de la desobediencia civil no depende únicamente de lo correcto de la causa que pretende apoyar. Existe siempre la cuestión de lo apropiado de los medios. ¿No contribuirán a un mayor mal? ¿No existen formas menos dañinas o menos riesgosas de apoyar la misma causa?, etcétera. Aquellos que sostienen que existe un derecho a la desobediencia civil se encuentran comprometidos a la idea de que, en general,[3] lo correcto de la causa no contribuye, en absoluto, a la justificación de la debobediencia civil. Tal idea conduce muy naturalmente a la consideración de los límites formales sobre las formas que tal desobediencia puede adoptar.

La lógica de este razonamiento se vuelve transparente una vez que considera la línea similar de razonamiento con respecto a la acción política lícita. Los estados liberales no hacen que la legitimidad de la acción política dependa de la causa que pretende servir. Las personas pueden apoyar fines políticos de toda índole.[4] Sin embargo, el derecho a la acción política en tales estados está limitada en cuanto a la forma de las acciones permitidas. Puesto que estamos acostumbrados a pensar en esta forma de la acción política lícita, es muy natural extender el mismo enfoque a la actividad política ilícita. Tal postura considera la persecución de objetivos políticos de todo tipo —buenos como malos— a través de la desobediencia civil, justificados siempre que uno observe la forma de acción permitida.

Considerada dentro de este orden de ideas es entendible que mucho esfuerzo intelectual haya sido invertido en el intento de articular y justificar una doctrina de las formas permitidas de la desobediencia civil. Debe de ser usada como medida de último recurso; después de que los otros medios no hayan logrado obtener el objetivo deseado; tiene que ser no violenta; debe ser emprendida abiertamente; sus perpetradores tienen que someterse al pro-

[3] Muchas, si no todas las teorías políticas, excluyen ciertos fines políticos como totalmente ilegítimos y no les conceden ninguna tolerancia.

[4] Tomando en consideración la condición anterior.

ceso y al castigo; tales actos tienen que limitarse a hacer públicos ciertos errores y convencer al público y a las autoridades de la justicia de las exigencias; no debe ser hecho para intimidar o coaccionar. Éstas y otras condiciones similares han sido discutidas y frecuentemente favorecidas. Todas ellas se encuentran abiertas a objeciones parecidas a aquellas expresadas anteriormente contra los requerimientos de no violencia. Por ejemplo ¿por qué la desobediencia civil debe ser siempre considerada como una medida de último recurso? Ciertamente, manteniéndose las demás cosas igual, la desobediencia civil tiene resultados que la acción política lícita no tiene (dar mal ejemplo aun si el acto es justificado en el caso considerado). Sin embargo, las demás cosas raramente serán iguales y, algunas veces, la desobediencia civil debe ser preferida a la acción lícita, aun cuando esta acción fuera efectiva. ¿Qué es peor, una marcha de mineros en Londres, por la cual se cometen varios delitos tales como la obstrucción de carreteras o una muy prolongada huelga lícita de mineros?

Tales objeciones son correctas. Sin embargo, para ser completamente exitosas tienen que atacar directamente el razonamiento que conduce a estas restricciones, aparentemente arbitrarias, a la legítima desobediencia civil. Es necesario examinar la cuestión del derecho a la desobediencia civil.

3. *El derecho a la participación política*

Existen algunos malos argumentos en favor de un derecho a la desobediencia civil.

i. Podría argumentarse que, puesto que los propios actos de desobediencia civil bien pueden incitar a otros a violar el derecho en persecución de sus objetivos políticos malos, uno no está facultado a emprender tales actividades, a menos que se encuentre así facultado. Éste es un *non sequitur*. Si la desobediencia de uno, de otra manera justificada, puede conducir a otros a desobedecer en circunstancias en que es malo hacerlo, entonces la propia desobediencia está permitida únicamente si está justificado correr el riesgo de este evento, esto es, únicamente si las ventajas de la propia desobediencia son suficientes para superar este riesgo, así como, también, las otras dsventajas resultantes. De ahí no se sigue que los otros tengan el derecho a desobedecer en persecusión de objetivos malos, únicamente que uno debe ser muy cauto al considerar la desobediencia puesto que puede llevar a otros a hacerlo.

ii. Se podría argumentar que existe un derecho a la desobediencia civil porque lo contrario es concebiblemente sólo si existiera una autoridad moral para juzgar qué causas son buenas y cuáles malas. Como no existen tales autoridades morales, como cada quien tiene igual derecho de juzgar, por sí mismo, qué es bueno y qué es malo, entonces se sigue que cada quien tiene un derecho a la desobediencia civil en apoyo a una causa que encuentra correcta, aun si, de hecho, es incorrecta. Sin embargo, este argumento es válido únicamente si se sigue del hecho admitido de que no existen autoridades morales generales, de que cada persona es la última e indiscutible autoridad sobre la moralidad de sus propias acciones. Pero, en realidad, todo lo que se sigue es que nadie lo es. Por tanto, desacuerdos morales no pueden ser resueltos apelando a la autoridad —ni siquiera la del propio individuo sobre sus mismas acciones— sino, cuando mucho, únicamente recurriendo a argumentos sustantivamente racionales. Por tanto, no se sigue que exista un derecho a la desobediencia, aunque sea verdad que no exista ninguna autoridad moral que pueda juzgar si la desobediencia se encuentra justificada o no.

iii. Podría argumentarse que puesto que es injusto negar a otros lo que se permite a uno mismo, de ahí se sigue que si uno se permite a sí mismo recurrir a la desobediencia civil para apoyar fines políticos, uno debe conceder a otros el derecho de usar la desobediencia civil para apoyar los suyos. Pero esto, cuando mucho, es un argumento *ad hominem.* Las personas que defienden su propia desobediencia en referencia a su derecho a perseguir sus fines políticos a través de tales medios, no pueden, en justicia, negar un derecho similar a sus oponentes políticos. Pero, una persona que sostiene su acción mediante argumentos que muestran que ésta defiende una causa justa puede, sin injusticia, negar un derecho a la desobediencia civil. Él concede a otros, realizar acciones similares en persecución de objetivos igualmente justos. Pero niega tanto para él, como para otros, el derecho a desobedecer en apoyo a objetivos moralmente malos.

iv. Algunos pueden argumentar desde el relativismo. En virtud de que no existe una prueba racionalmente concluyente de lo moralmente bueno y malo, uno no puede defender la desobediencia civil basado en la bondad de la causa. No puede ser probado y por tanto, si uno está justificado a actuar en base a su propia creencia, tiene que conceder a los otros, siendo consistente, el derecho de actuar en apoyo a sus propias creencias. Este argumento se encuentra agrietado. Si es interpretado en el espíritu de un escepticismo radical, conduce al resultado de que ninguna conclusión moral puede ser racionalmente sostenida o defendida, por tanto, es racionalmente imposible sostener o defender la idea de que existe un derecho a la desobediencia civil. Interpretado como un argumento en favor del relativismo, más que del escepticismo, significa que aunque uno puede racionalmente sostener puntos de vista morales, uno no puede probar de forma concluyente su validez al grado de que las personas, ante la evidencia, sean irracionales si no apoyan la conclusión. Pero, entonces, si uno racionalmente cree que cierto ideal político no es válido, el hecho de que otros no son irracionales al rechazar esta idea, no implica que uno no pueda sostener que son inmorales por actuar en base a ella. Por el contrario, por la verdadera entrega (racional) a la concepción de que el ideal es malo, uno está comprometido a la concepción de que así lo es la acción que en ella se basa. Ningún derecho a la desobediencia civil puede establecerse en esta forma.[5]

Necesitamos comenzar de nuevo, necesitamos encontrar una forma de relacionar los principios generales que gobiernan el derecho a la actividad política lícita y la cuestión de la desobediencia civil. Sin embargo, no es posible regresar aquí a los primeros principios. En su lugar voy a dar por hecho que cada persona tiene un derecho a la participación política en su sociedad. Permítaseme llamar a éste el principio liberal. No lo llamo el principio democrático porque, en sí mismo, no compromete a uno a un gobierno democrático, únicamente a un derecho a cierto grado de participación política. Nada en el argumento que sigue depende de la propia determinación de los límites precisos del derecho y no voy a intentar especificarlos. Es obvio, sin embargo, que el derecho a la participación política es limitado. Es limitado en virtud de la necesidad de respetar el mismo derecho en otros y en virtud de

5 Este argumento muestra que nada en este capítulo presupone la verdad o falsedad del relativismo.

que el derecho a la participación política no es ni el único ni de valor absoluto y tiene que ser limitado de manera a garantizar otros valores. Es también claro que, sometido a ciertas objeciones posibles, las limitaciones en el alcance del derecho son independientes del objetivo político considerado. El derecho no significa nada si éste no significa el derecho de cada miembro de una sociedad de tratar de hacer que su sociedad apoye, al menos hasta cierto grado, objetivos políticos que él apoya, sean éstos los que fueran. Dado que, de forma general, las limitaciones al derecho son independientes de los objetivos políticos que el ejercicio del derecho sostiene, éstas tienen inevitablemente que basarse en los medios usados para soportar tales objetivos. Tiene que haber un derecho limitado a ciertas formas de acción y no a otras.

La implicación más directa de un derecho limitado a la participación política es que obliga a los creadores del derecho. Debe ser reconocida y defendida por el derecho. En otras palabras, el orden jurídico debe establecer límites al derecho de uno a la actividad política y estos límites deben coincidir con aquellos que son correctos en fundamentos morales y políticos. Decir esto no implica que la amplitud del derecho (moral) deba afectar normas jurídicas sino que no debe ser, el mismo, afectado por normas jurídicas. Muchas determinaciones alternativas de los límites precisos del derecho pueden ser, en gran medida equivalentes en valor y muchas determinaciones posibles son mejores o peores que lo óptimo sólo por pequeño margen. Más aún, es muy deseable tener límites establecidos de forma abierta y pública por una autoridad generalmente aceptada. Por tanto, si los límites jurídicamente establecidos del derecho a la acción política caen dentro del área de determinaciones potenciales razonables, el hecho de que sean jurídicamente establecidos los hace moralmente obligatorios. Un argumento en favor de una solución potencial de otra manera ligeramente superior no logra determinar la fuerza moral obligatoria de una, de alguna manera, ligeramente inferior, pero jurídicamente apoyada, delimitación. De esta forma el derecho objetivo afecta el derecho moral a la acción política. Pero, principalmente, debe ser moldeado por él.

Todos los estados pueden, en consecuencia, ser divididos en aquellos en los cuales el principio liberal es adecuadamente reconocido y protegido en derecho y aquellos en los que no. Permítasenos que los estados del primer tipo sean llamados 'estados liberales' y los otros 'estados no liberales'. El principal presupuesto de este capítulo es de que todos los estados deben ser estados liberales. Las dos principales conclusiones implicadas por esta idea son que (1) no existe derecho (moral) a la desobediencia civil en los estados liberales; (2) normalmente existe tal derecho en los estados no liberales.

4. *Desobediencia civil en un Estado liberal*

Dado que el Estado no liberal viola el derecho de participación política de sus miembros, los individuos cuyos derechos son violados están facultados, manteniéndose las demás cosas igual, a pasar por alto las disposiciones jurídicas que transgreden ese derecho y ejercitar su derecho (moral) como si éste fuera reconocido por el derecho. Por supuesto, las otras cosas difícilmente serán iguales. En los estados no liberales el ejercicio del derecho puede involucrar violación del derecho y tal acción traerá, algunas veces, consecuencias indeseables, las cuales se hubieran evitado si la acción hubiera sido lícita. Por tanto, el carácter no liberal del Estado no liberal puede tener el efecto de restringir el derecho (moral) a la acción política por parte de sus miembros. Sin embargo, con esta reserva, los miembros del Estado no liberal efectivamente tienen un derecho a la desobediencia civil el cual es, de manera general, aquella parte de su derecho moral a la participación política que no se encuentra reconocido por el derecho.

El caso es invertido en el Estado liberal. Aquí puede no haber derecho a la desobediencia civil que derive de un derecho general a la participación política. El derecho de uno a la actividad política se encuentra, por hipótesis, adecuadamente protegido por el derecho. Éste no puede jamás justificar violarlo. Dicho de otra manera: toda afirmación de que el derecho a la participación política, faculta a tomar cierta acción en apoyo a los objetivos políticos de uno, aun sea contra el derecho, es, *ipso facto,* una censura al derecho por proscribir esta acción. Puesto que si uno tiene derecho a realizarla, su realización no debe ser desobediencia civil sino un acto político lícito. Cómo, por hipótesis, ninguna censura de este tipo puede ser dirigida contra el Estado liberal. No puede haber en él ningún derecho a la desobediencia civil.

Esta conclusión no significa que la desobediencia civil en un

Estado liberal nunca se justifica. El Estado liberal ha sido definido en términos más bien técnicos y estrictos. El Estado liberal es simplemente aquel que respeta el derecho a la participación política. Puede contener cualquier número de disposiciones jurídicas malas y perversas. Algunas veces será correcto emprender actos de desobediencia civil para protestar contra ellas o contra malas políticas. Las consecuencias prácticas del argumento anteriormente explicado en referencia a la desobediencia en el Estado liberal son las siguientes:

Generalmente dos tipos de argumentos son relevantes para juzgar la acción de otra persona, dos tipos de argumentos que un hombre puede usar para convencer a otro racionalmente de que se encuentra facultado a realizar cierto acto. Puede mostrar que el acto es correcto (o que existe una razón que lo hace pensar que lo es) o puede mostrar que tiene (o que existe una razón que lo hace pensar que lo tiene) un derecho para realizarlo. Mostrar que el acto es correcto es hacer que la otra persona apruebe su realización. Mostrar que uno tiene un derecho a su realización es mostrar que aun si es incorrecto, uno se encuentra facultado a realizarlo. En un Estado liberal el segundo argumento no está disponible en defensa de la desobediencia civil. Puede ser racionalmente apoyado por las personas que aprueban sus objetivos, pero no puede reclamar la tolerancia de aquellos que no los aprueban. No se podría pretender, por ejemplo, que el público en general o las autoridades no emprendieran acciones para impedir la desobediencia o para castigar su comisión (siempre que tal acción sea proporcional al delito, etcétera), reclamo que se basaría en un derecho a la tolerancia.[6] El único reclamo moral en favor del apoyo o de la no interferencia tiene que basarse en la justicia del fin político de la desobediencia.[7]

6 Si las autoridades estatales llegan a compartir (en grado suficiente) las opiniones de los que civilmente desobedecen, ellos, manteniéndose las demás cosas igual, no deben perseguirlos, puesto que las personas no deben ser castigadas al hacer la cosa correcta, si un juez o un procurador general llega a tomar partido con los protestantes en contra de las autoridades, puede encontrar necesario renunciar, desobedecer civilmente o ambas cosas.

7 Dos posibles objeciones pueden ser mencionadas y descartadas. Puede decirse que el derecho no pueda establecer los límites correctos a la acción política en virtud de que no puede establecer límites a acciones específicamente políticas. Si un camino se cierra tiene que cerrarse a todos. Si se abre, se abre a todos. No puede cerrarse a algunos y abrirse a los manifestantes. La respuesta a esta objeción es precisamente negar sus premisas. Es frecuentemente posible y práctico permitir actuar

He dicho que las implicaciones prácticas de la ausencia de un derecho a la desobediencia civil en un Estado liberal afectan el juicio de uno sobre la acción de otro y la forma en que el agente defiende su acción ante los otros. ¿No afecta las deliberaciones prácticas del propio agente? Tener derecho a realizar una acción no es razón para hacerlo. Uno tiene que estar convencido de que la acción es correcta. De otra forma la acción de uno sería un abuso de los derechos de uno. Sin embargo, algunas veces se considera que tener un derecho para actuar es, en general, una precondición del hecho de que sea correcto hacerlo. Sin duda, este es algunas veces el caso. Por ejemplo, puesto que uno no tiene derecho a interferir en los asuntos privados de un extraño, nunca (o casi nunca) es correcto hacerlo; aun cuando se tenga un derecho a interferir en los asuntos privados de la esposa, no significa que sea generalmente correcto hacerlo. Si tener un derecho a actuar es o no una precondición del hecho de que sea correcto el acto, depende de las razones subyacentes que soporten la afirmación de un derecho y su limitación. La razón en favor de límites al derecho de participación política es establecer un límite a la tolerancia de uno de acciones políticas injustificadas. Por tanto, no afecta el propio razonamiento del agente siempre que confíe en que su acción se encuentra justificada.

Sin embargo, de forma más indirecta la ausencia de un derecho a la desobediencia civil en un Estado liberal efectivamente afecta aun el propio razonamiento del agente. Primero, puede no estar muy seguro de que su acción sea justificada y, por tanto, la prudencia puede aconsejar desistirse de una acción de la que uno puede no estar facultado. Segundo, la desobediencia civil es una acción muy divisiva. Es más que nada así, en virtud de la ausencia de un derecho a la desobediencia civil (en los estados libera-

por razones políticas cuando una acción similar es proscrita por otras razones. Cabe reconocer que algunas veces esto es impráctico, sin embargo, no existe razón para pensar que, dadas las muchas formas alternativas que la acción política puede tomar, el derecho no puede establecer límites razonables a la acción política.

Algunos pueden pensar que el argumento en este capítulo pasa por alto el deseo de alentar el pluralismo en la sociedad. El pluralismo conduciría al disentimiento y a la desobediencia civil y si éste es deseable, sus consecuencias inevitables deben ser toleradas. La falacia del argumento es suponer que el pluralismo tiene que conducir al disentimiento y a la desobediencia. Esto sería así si el derecho no permitiera que florecieran formas pluralistas de vida. Si el derecho estimula y respeta el pluralismo, no necesita conducir al disentimiento del derecho. Puede encontrar una expresión adecuada dentro de él.

les). Llevar un acto de desobediencia civil un paso fuera de los límites legítimos de tolerancia, habrá de agregarse a sus desventajas y debe hacer a uno muy reticente a emprenderlo.

El argumento anterior explica el sentido en el cual la desobediencia civil es una acción política excepcional. Es excepcional, en los estados liberales al estar más allá de los límites de tolerancia, más allá del derecho general a la participación política. No es necesario, como algunas veces se dice, que se justifique únicamente como una acción de último recurso. En apoyo a una causa justa puede ser menos dañina que cierto tipo de acciones lícitas (*e.g.* una huelga nacional o una prolongada huelga en una industria o servicio clave). Puede ser malo no recurrir a la desobediencia civil y recurrir a estas acciones lícitas primeramente, o abandonar cualquier acción en favor de una causa justa. La afirmación de que la desobediencia civil se justifique únicamente cuando todo lo demás ha fallado o es seguro que falle, así como las afirmaciones de que debe ser abierta y no violenta, etcétera, reflejan una mala concepción de su verdadera naturaleza. Es un intento por volverla rutina y hacer de ella una forma regular de acción política a la cual todos tengan derecho. Su carácter excepcional yace, precisamente, en lo opuesto de esta afirmación, en el hecho de que es (en los estados liberales) un tipo de acción política a la cual uno no tiene derecho.

CAPÍTULO XV

¿DERECHO A DISENTIR?

OBJECIÓN DE CONCIENCIA

La principal conclusión de la discusión anterior sobre la desobediencia civil es de que no debe de haber un derecho (moral) a tal desobediencia. Si en las circunstancias de un cierto Estado, hay un derecho (moral a la desobediencia civil), es un reflejo de lo inadecuado de su derecho al no establecer los límites correctos a la actividad política lícita. Nada en los argumentos que conducen a esta conclusión sugiere que puedan ser extendidos al problema de la objeción de conciencia. La desobediencia civil es un acto político, un intento, por parte del agente para cambiar políticas. La objeción de conciencia es un acto privado hecho para proteger al agente de interferencia de parte de la autoridad pública. Las dos clases de acciones se entrecruzan. Sin embargo su justificación está obligada a tomar diferentes rutas: por un lado, un individuo que penetra en la arena pública en nombre de su derecho para participar en la toma de decisiones colectivas; en el otro caso, un individuo afirmando su inmunidad ante la interferencia pública en cuestiones que considera son privadas, propias de él. El caso en favor de un derecho a la objeción de conciencia parece mucho más fuerte. Reflexiones sobre la naturaleza del liberalismo pudieran sugerir, parece, que la muy restrictiva definición de Estado liberal dada anteriormente debiera ser ampliada de forma a incluir las instituciones de un derecho jurídico general a la objeción de conciencia, esto es, un Estado es liberal únicamente si incluye disposiciones jurídicas al efecto de que ningún hombre sea responsable de una violación de su deber si la violación es cometida en virtud de que piensa que es moralmente malo para él obedecer el derecho en base a que éste es moralmente malo, totalmente o en parte. Aun cuando el caso en favor de esta idea es muy fuerte, así lo son, también, las consideraciones que pesan en su contra, y me encuentro incapacitado para defender un punto de vista general basado en principios políticos generales. La discusión que sigue será más bien no concluyente. Explora, de manera general, varias consideraciones en favor y en contra de tal derecho y muestra varias soluciones alternativas. Éstas, cuando son acompañadas con información detallada con respecto a las circunstancias políticas y sociales de un cierto país, pueden llevar a conclusiones definitivas en cuanto a las apropiadas instituciones jurídicas para tal país. Ningún intento en cuanto a tal aplicación será hecho aquí.

1. *Conciencia y respeto por las personas*

Las más de las veces, la objeción de conciencia es discutida, en la actualidad, en conexión con el servicio militar. Puede haber razones prácticas de por qué es difícil extender el derecho de objeción de conciencia a otros campos del derecho, sin embargo, cualquier principio o razón moral que exista para reconocerlo en relación a la conscripción se aplica, también, a otras áreas del derecho.[1] Aun si es verdad de que el deber del servicio militar es el único que requiere que los individuos maten o participen en matanzas y aun si este deber requiere un mayor sacrificio de fines y deseos personales que cualquier otro deber jurídico, estos hechos no hacen a la objeción de conciencia únicamente apropiada a la conscripción. La objeción de conciencia parece no estar basada en un deseo de proteger a los individuos contra consecuencias trascendentes a su vida debidas al derecho. Es una objeción moral, no objeción en nombre del interés propio en preservar el estilo de vida básico y los planes fundamentales para el futuro. Tampoco interesa el hecho de que matar sea un asunto de grave interés moral. Éste, en sí mismo, no levanta ninguna duda en la justificación de requerir a un hombre matar (o, de hecho, arriesgar su propia vida). El punto no es que el servicio militar sea moralmente justificado, puede no serlo, pero este debate es irrelevante para este propósito. El punto es de que si uno sostiene que el servicio militar puede, en principio, ser justificado (por considera-

[1] Existen razones históricas que explican la forma en que el pensamiento occidental sobre la objeción de conciencia se ha desarrollado, sin embargo, este capítulo deliberadamente ignora la historia del tema. Su propósito es presentar algunas consideraciones sobre un tratamiento sistemático del tema.

ciones tales como la necesidad de evitar la muerte o la indignidad a otras personas), entonces una vez que se convence uno de que es requerido, en ciertas circunstancias, la gravedad del requerimiento, en sí mismo, no da origen a ningún derecho a la objeción de conciencia. La única manera de basar tal derecho en principios morales es conceder que en virtud de que alguien *erróneamente* cree que el servicio militar le es moralmente prohibido, debe ser autorizado a escoger.

Aquí yace la principal dificultad para justificar la objeción de conciencia. Ésta implica mostrar que una persona está autorizada a no hacer lo que, de otra manera, sería su deber moral hacer, simplemente porque él erróneamente cree que es malo hacerlo. Existen, por supuesto, otro tipo de argumentos que podrían ser usados para justificar la objeción de conciencia en algunos casos. Se podría argumentar por ejemplo, que forzar a los pacifistas a servir en el ejército es contraproducente en virtud de que serían malos soldados y se extendería la disensión entre los rangos (o, alternativamente, vivirían del gasto público en galeras). En estados totalitarios y en estados similares, el derecho a la objeción de conciencia es, algunas veces, demandado como un compromiso. La verdadera solución a las iniquidades morales de tales estados puede únicamente llegar con el derrocamiento del gobierno y la derogación de muchas disposiciones jurídicas. Siendo esto imposible, dejamos a aquellos que sienten la opresión más fuertemente tener el alivio parcial que un derecho a la objeción de conciencia puede traer. Éstos y similares argumentos son frecuentemente válidos y valederos. Sin embargo, el propósito de este capítulo es examinar los principales argumentos morales en favor de un derecho general de objeción de conciencia, un derecho que sea reconocido aun en un buen Estado. Por tanto, el argumento tiene que proceder en base al presupuesto de que el derecho es moralmente válido y que uno debe (moralmente) conformarse a él. El objetante de conciencia, asumimos, se propone actuar incorrectamente. ¿Debe tener un derecho de hacer lo malo porque sostiene sinceramente morales equivocadas o incorrectas?[2] Si hay razón para conceder a las perso-

2 Por las razones explicadas en el capítulo anterior, ninguna posición relativista coherente sobre cuestiones morales afecta esta presentación del problema. El relativismo coherente concede al agente sostener concepciones morales. Por lo tanto, tiene que permitirle rechazar creencias incompatibles como equivocadas y erróneas. De ahí el problema de por qué uno debe conceder a otro actuar inmoralmente precisamente porque sostiene concepciones equivocadas.

nas tal derecho es probable que éste se aplique, también a cuestiones distintas al servicio militar. Hace algún tiempo un padre muy religioso objetaba que su hija asistiera a la escuela vistiendo falda. Eventualmente prefería emigrar que someterse. Esto muestra la profundidad de su convicción. Pero él no era un pacifista y, como tal, no hubiera objetado el servicio militar. Seguramente si existiera un derecho a hacer lo incorrecto en virtud de las convicciones de uno, éste debería aplicarse, también, a este padre. El hecho de que él aprecie altamente lo que nosotros no, no debilita su caso. Éste es precisamente el hecho que yace en el centro del principio de la objeción de conciencia.

Es suficiente en cuanto aclarar la naturaleza del problema. Planteado de esta manera, es fácil observar el esquema de una solución utilitarista. Aun si realizar una acción fuera, haciendo a un lado la propia actitud del agente hacia ella, moralmente obligatoria, ésta pudiera no serlo una vez que su actitud hacia ella es tomada en cuenta. Si la persona prefiere no realizarla, su preferencia afecta la evaluación moral y puede inclinar la balanza. Éste es muy probablemente el caso cuando la preferencia para no realizar el acto es intensa y la utilidad de la renuente realización es pequeña.[3] En alguna de estas formas un utilitarista puede defender el derecho de objetar el servicio militar sin desear justificar su extensión a otras áreas. En sociedades occidentales contemporáneas la conscripción es probablemente, el único requerimiento jurídico que despierta una profunda oposición entre los pacifistas de tal forma que el sufrimiento que se les causa al insistir en su servicio supera su contribución a la seguridad (especialmente dada la disponibilidad de formas aceptables y útiles de servicio alternativo).

Éste es difícilmente el lugar para considerar la verdad del utilitarismo. Permítaseme mencionar cuatro rasgos de argumentos utilitaristas en favor de la objeción de conciencia; dos de los cuales los encuentro atractivos; los otros, no. Los dos rasgos atractivos son: primeramente, aunque todo deseo de un individuo a actuar de conformidad a sus convicciones morales erróneas se encuentra reconocido, no se le concede fuerza absoluta. Tiene que ser con-

[3] Un utilitarista puede desear defender la objeción de conciencia en base a que estimula la propensión a resistirse a gobiernos intolerantes. Pero, me parece que es más bien difícil formular un caso razonable de cómo el respeto por la objeción de conciencia de parte de un gobierno liberal estimula a las personas a mantener sus principios, en general, o frente a un gobierno no liberal, en particular.

siderada frente a otros intereses y valores (para los utilitaristas éstas son todas las preferencias de las personas —incluyendo, posiblemente, otras preferencias del mismo pretendido objetante—). En segundo lugar, para el utilitarista existe un caso similar cuando se concede a una persona libertad para perseguir otras preferencias y fines. El primer inconveniente de la concepción utilitarista es, de hecho, la raíz de su segunda ventaja. El utilitarista exenta al objetante no en virtud de su creencia moral sino en virtud de su deseo a actuar de conformidad a él. Cualquier deseo, por un abrigo de mink, por un matrimonio poligámico, etcétera, origina las mismas consideraciones de principio. Únicamente los distingue la forma relativamente fácil e inofensiva en la que la pretensión del objetante puede ser satisfecha y la dificultad o imposibilidad de satisfacer otros deseos sin dañar a otros. Muchas personas que reflexionan sobre la objeción de conciencia tienden a la idea de que el derecho del objetante, si existe, descansa en el respeto a sus creencias morales. Sin embargo, ocurre que tales deseos reflejan una creencia moral que los distingue de sus otros deseos y los dota de un especial exigencia de respeto por parte nuestra. Finalmente, éste, como cualquier otro argumento utilitarista, presupone que todo deseo que cada persona pueda concebir es una razón para actuar para cualquier otra persona (siempre que pueda hacer algo al respecto). Éste es un presupuesto altamente cuestionable que es extremadamente difícil justificar.

El utilitarismo es únicamente una forma de humanismo, *i.e.* de la concepción que tiene en muy alta estima el bienestar de las personas. Filósofos contemporáneos prefieren hablar de 'respeto por las personas'. Respeto por las personas puede y, pienso, debe ser interpretado en formas compatibles con el utilitarismo.[4] Una vez más tiene que admitirse que éste no es el lugar para plantear o defender cualquier concepción de los requerimientos implicados por el respeto por las personas. Es necesario, nuevamente, comenzar haciendo una audaz e indefensa presunción. Ésta consiste en que el humanismo proclama respeto por la autonomía de las personas, esto es, por su derecho y aptitud a desarrollar sus capaci-

[4] Es difícil saber a qué grado la idea de fundamentación de un derecho de objeción de conciencia, establecida anteriormente, conduce a conclusiones prácticas diferentes al argumento utilitarista en favor del derecho a objetar. Existe un considerable entrecruzamiento entre ambas tesis, sin embargo, pueden diverger en mayor o menor grado dependiendo de las condiciones de la sociedad en consideración.

dades y gustos y ser capaces de llevar el tipo de vida que ellos quieren. Las áreas de la vida y planes de una persona que deben ser respetadas por otros son aquellas que son centrales a su propia imagen sobre el tipo de personas que es y que constituyen el fundamento de respeto propio.

Estas consideraciones han sido delineadas aquí breve y toscamente. Sin embargo, aun así señala la conocida conclusión de que aunque el respeto por las personas lleva a valorar la autonomía personal, lleva también, a valorar el pluralismo. Esto toma dos formas fundamentales: primero, la creación y protección de condiciones para desarrollar las capacidades y gustos de las personas de conformidad con su naturaleza, de forma que les abra posibilidades de satisfacer sus vidas, sometidos a los límites impuestos por las necesidades de la cooperación social y garantizando oportunidades similares a todos. Segundo, con respecto a las personas con inclinaciones y gustos formados, crear un contorno que les permita desarrollarlos en la forma que deseen, sometidos a las mismas limitaciones.

Es de este segundo aspecto del pluralismo que el argumento en favor de la objeción de conciencia obtiene su fuerza. Se refiere a las personas con concepciones morales formadas y reclaman su derecho a ser leales a ellas aun si son equivocadas. Establecer la exigencia no es suficiente para señalar el hecho, como lo hacen los utilitaristas, de que las personas generalmente prefieren conformarse a sus concepciones morales. Es necesario explicar por qué y cómo la aptitud de una persona de evitar obrar mal es central a su respeto propio. Es necesario contrastar la incapacidad de uno para satisfacer muchos fines y deseos personales lo cual es considerado como mala suerte y mala fortuna y es sentido como decepcionante y frustrante, con la incapacidad para llevar una vida normal (*i.e.* fuera de la cárcel) evitando obrar moralmente mal, lo cual es resentido como humillante y degradante.

Como indicamos anteriormente, no es parte de mi argumento que las convicciones morales, erróneas como pudieran ser, reclamen un respeto superior a todos los demás fines personales. Por el contrario, la visión de sí mismo de la mayoría de los adultos es construida alrededor de ciertos aspectos de su vida o de su personalidad y alrededor de ciertos fines de tal forma que el mantenimiento de éstos es crucial para su sentido de identidad y respeto propio. Tales fines personales tienen una igual pretensión de respeto por parte del Estado. Una disposición jurídica que impida a novelistas dedicados seguir su vocación con la libertad esencial para ello, es tan malo, y por las mismas razones, que una disposición jurídica que enrole pacifistas al ejército. Lo mismo es verdad de las disposiciones jurídicas que hacen depender la estabilidad de los cargos del Estado o la búsqueda de ciertas ocupaciones profesionales, de declaraciones de lealtad las cuales las personas pueden encontrar incompatibles con sus principios morales. Aquí las personas enfrentan la opción de ser falsos ante sus convicciones morales o sacrificar lo que bien puede ser esencial para sus fines personales; ambas alternativas son igualmente dañinas.

El humanismo conduce al ideal de la autonomía individual y éste al pluralismo. Éstos, a su vez, proporcionan mucha guía a los propósitos y rasgos generales del derecho y, entre otras consecuencias, proporcionan un sólido fundamento a la exigencia de que el derecho no debe coaccionar a una persona para que haga lo que, sostiene, es moralmente malo (tan equívoco como pudiera ser). Sin embargo —y aquí nuevamente el argumento delineado se conforma, en principio, al enfoque utilitarista—, el derecho a no ser coaccionado en conciencia, que es así establecido, es meramente un derecho *prima facie*. Puede ser superado para proteger otros valores e ideales. Esto es inevitable, dado que en un derecho para hacer aquello que, de hecho, es moralmente malo; derecho que es otorgado a las personas las cuales harán uso de él para este específico propósito. Otorgarle importancia absoluta es preferir lo moralmente malo a lo moralmente bueno, siempre que el agente mantenga equivocadas ideas morales, no obstante lo perversa que pueda ser. Un número suficiente de personas, suficientemente perversas podrían crear, aunque constituyeran una mera minoría, un muy perverso Estado, precisamente mediante el uso del derecho, a la objeción de conciencia. Ciertamente uno no desea permitir a Hitler perpetrar sus atrocidades simplemente porque él piensa que es su deber moral hacerlo.

2. *Conciencia y el propósito del derecho*

El carácter *prima facie* de las consideraciones analizadas anteriormente, parece suficiente para justificar (al menos parcialmente) una limitación al derecho a no ser coaccionado en conciencia por el derecho. Observamos en el capítulo anterior que no todo caso de violación del derecho que el agente sostiene es moralmente obligatorio para él es un caso de objeción de conciencia. Únicamente es el caso cuando el fundamento es que el derecho es en sí mismo, malo (al menos en parte) ; sin embargo, no lo es si la obligación de violar el derecho se considera debida a una rara combinación de circunstancias o a cualesquiera otras condiciones que no se espera sean satisfechas al reformar el derecho. Esto puede ser no más que una distinción arbitraria o una distinción que, cuando mucho, se justifica en términos de la dificultad administrativa de extender un derecho a objetar en tales circunstancias. Sin embargo, es quizás posible justificar la exclusión en base a que tales casos son, las más de las veces, evitables por el agente. Las circunstancias que conducen al conflicto entre el derecho y el percibido deber moral están normalmente bajo el control de uno y si uno desea mantenerse fiel a sus principios morales, podría impedir aun a costa de uno mismo, que surgieran. De ahí que, dada, especialmente, la naturaleza *prima facie* de la afirmación de que el derecho no debe coaccionar la conciencia de uno, la sociedad está facultada a requerir del individuo llevar la carga de sus convicciones más bien que requerir a la misma sociedad, la cual las considera malas convicciones, a hacerlo.

Una importante categoría de estos conflictos ocasionales entre el derecho y la conciencia en los cuales el agente no tiene control sobre las circunstancias que dan origen al conflicto es aquel en que los principios morales de uno requieren una acción política ya sea revolucionaria o mediante desobediencia civil, en desafío al derecho. Aquí, dadas las potencialmente graves consecuencias de tales acciones; éstos deben ser regidos por los principios explicados en el capítulo anterior los cuales, en un Estado liberal, no permiten la afirmación de que una conciencia errónea sea tolerada. Normalmente mucho se encuentra en juego en tales casos.[5]

Una sociedad humanitaria permitirá, en general, la imposición de deberes a las personas únicamente si éstos se encuentran justificados en base a uno o más de los siguientes fundamentos: tiene

[5] Esto no debe ser interpretado como clamando sentencias severas para tales casos. Éstos deben simplemente, ser gobernados por consideraciones penales normales. En efecto, tales consideraciones sugieren que crímenes de principios a menudo requieren sentencias más severas para efectivamente disuadir a potenciales delincuentes; pero esto no es siempre así.

que ser en interés de la persona sometida al deber, en interés de otros individuos determinados o en interés del público. Un deber es de interés público si su observancia beneficia, o es probable que beneficie, a individuos indeterminados. Un deber beneficia a determinados individuos si, y sólo si, una descripción del acto que constituye la violación de la obligación, descripción explícita y no normativamente dependiente,[6] implica la ocurrencia de un daño al individuo. No se necesita identificar al individuo en otra forma distinta, más que como víctima de la violación. El homicidio, la violación, el robo, las lesiones, la difamación, el incumplimiento de contratos, son ejemplos de este tipo. Abstenerse de exceder la velocidad permitida, de espiar, de circular moneda falsa, de contaminar los ríos, son ejemplos de deberes que protegen al público. Un delito en particular bien puede dañar individuos; sin embargo, si lo ha hecho o no, no puede ser deducido de una descripción de la ocurrencia de la propia violación. Si hubiera otros conductores alrededor, entonces el exceso de velocidad de uno puede haberlos alarmado o haberles hecho correr cierto riesgo, si no, no.

El fundamento para tener un deber jurídico particular es de gran importancia para evaluar la fuerza de la exigencia de reconocer un derecho de objeción de conciencia. La exigencia es más fuerte, con respecto a las disposiciones jurídicas paternalistas, *i.e.* aquellas cuya justificación reside predominantemente en términos de los intereses de las personas obligadas por ellas (siendo el deber de cada persona en su propio interés). Es difícil imaginar una situación en la cual coaccionar en su propio interés, la conciencia de un adulto normal por medio del derecho podría ser justificado. Si los ideales de autonomía y pluralismo no son suficientes para permitir a una persona perseguir sus convicciones morales a su propio costo, entonces éstas cuentan verdaderamente muy poco.[7]

6 Esta condición está hecha para excluir descripciones de leyes tales como 'un delito contra la ley penal...', etcétera.

7 En años recientes algunos miembros de la comunidad sikh dirigieron una valiente campaña para que se les concediera usar turbantes en vez de cascos al conducir motocicletas. Podría decirse que éste es un deber evitable y que no es meramente paternalista, siendo parcialmente de interés público (evitar el costo de cuidar conductores de motocicletas heridos). Sin embargo parece un ejemplo patético de insensibilidad burocrática. Su caso anuncia un creciente problema en las sociedades occidentales contemporáneas. Cada vez más se considera que el Estado

El reclamo de respeto por parte del objetante es menos convincente en relación a las disposiciones jurídicas que protegen los intereses de individuos determinados. Con muy poca probabilidad toleraríamos el homicidio, la violación, la difamación o, inclusive, las violaciones a la propiedad o a los derechos contractuales en virtud de una creencia moral equivocada de parte del delincuente. La razón es suficientemente simple.

Las consecuencias jurídicas de tales incumplimientos de deberes pueden originar responsabilidades por daños, pueden implicar la ejecución del deber a través de mandamientos judiciales o mediante *ejecución específica*,[a] y pueden implicar medidas penales. Como observamos anteriormente, es habitualmente correcto esperar que el objetante de conciencia cargue el costo de la adhesión a sus principios a otros y, por tanto, no habría razón, en un Estado humanista, para exceptuar, en casos normales, la responsabilidad por daños. Sin embargo, aun las medidas penales y de ejecución frecuentemente pueden ser justificablemente dirigidas contra él. En una sociedad humanista se presume que el derecho respetaría el pluralismo y limitaría la libertad de acción del individuo, sólo de forma extraordinaria, únicamente cuando los intereses vitales de otras personas se encuentran implicados. Cuando éste es el caso, a los otros no se les debe hacer pagar por los objetantes de conciencia. De ahí su responsabilidad por daños. Aún más, en una sociedad humanista, las medidas de ejecución directa y las medidas penales serán prescritas únicamente: 1) cuando la reparación del daño no es una compensación adecuada, 2) cuando el asunto afecte bastantes intereses vitales de la víctima como para justificar una mayor intrusión en la libertad de los transgresores, lo que tales medidas implican. Cuando estas condiciones son satisfechas el derecho a objetar es normalmente superado.

Este argumento anticipa algunos de los puntos que surgirán en

tiene la obligación de cuidar a las víctimas de varias desgracias y, consecuentemente, también tiene el deber de prevenir tales desgracias. Las medidas necesarias son defendidas en términos de interés como de protección paternalista. Desafortunadamente tales medidas, con frecuencia, implican restricciones a la libertad individual. Tales restricciones, aunque algunas veces justificadas, son a menudo excesivas porque, entre otras razones, crean problemas de objeción de conciencia.

[a] La *specific performance* en derecho inglés es un recurso otorgado por un tribunal para que el demandado ejecute la obligación de hacer a la cual se comprometió por contrato. Este recurso se desarrolló para casos en que la reparación del daño que procedería según el *common law* no es un medio adecuado de compensación (*Cfr.* Walker D. M., *The Oxford Companion to Law, cit.*, p. 1169). N.T.

el inciso siguiente. Es un argumento basado en la naturaleza *prima facie* del caso en favor de un derecho a objetar. No niega la fuerza de la exigencia, pero insiste en que en la mayoría de los casos las medidas penales y de ejecución deben, en cualquier caso, ser invocadas únicamente para proteger intereses vitales y en tal circunstancia la autonomía del transgresor normalmente debe ser superada. Cuando menos intereses vitales están en juego, la responsabilidad debe ser, de todos modos, por compensación únicamente y, en la mayoría de los casos, estos intereses no se encuentran excluidos por la exigencia de autonomía. Constituyen un precio razonable por ella. Pueden considerarse como el equivalente del servicio alternativo normalmente aceptado como justificado precio para excepciones de la conscripción. El razonamiento es similar: el deber alternativo (un servicio alternativo, el pago de daños) es benéfico (para el público, para el individuo dañado) ; no es más pesado de llevar que el deber original evitado por el objetante pero llevado por los otros; sirve, mas o menos indirectamente, los mismos fines o fines relacionados y evita coaccionar la conciencia del objetante. Naturalmente, tales condiciones algunas veces no pueden ser satisfechas y, consecuentemente, el servicio alternativo puede no ser justificable.

Cuando la persona, cuyos intereses protege el derecho, voluntariamente acepta el incumplimiento de la obligación, el caso aunque formalmente de segunda categoría (protege el interés de individuos determinados), se convierte, en esencia, en el mismo que el de los deberes paternalistas. Ésta es la razón de por qué una persona que reclama, aunque sea erróneamente, que era su deber moral ayudar a un amigo a cometer suicidio o a cometer voluntaria eutanasia tiene un poderoso argumento de que su delito no lo hace responsable de las consecuencias jurídicas normales. Su argumento tiene que ser reconocido como excepcionalmente fuerte aun por aquellos que apoyan la existencia de tales disposiciones jurídicas.

Diferentes consideraciones surgen en conexión con los deberes para proteger el interés público. Aquí la exigencia de no ser coaccionado en conciencia, enfrenta oposición menos fuerte que las otras consideraciones. La razón no es que el interés de individuos indeterminados cuente menos que aquellos que son determinables. Obviamente estos son los mismos individuos y sus intereses cuentan igualmente, con independencia de la técnica jurídica que los proteja. La razón es que las disposiciones jurídicas que protegen el interés público normalmente conceden cierta flexibilidad en virtud de la insignificante contribución de cada uno de los individuos. Considérese la imposición fiscal, las disposiciones contra la contraminación, etcétera. Las más de las veces exceptuar a un individuo particular del deber, producirá poca o ninguna diferencia discernible con respecto al bien protegido. Éste es generalmente el caso en todas las disposiciones jurídicas de interés público que se refieren a la provisión de bienes comunes, en que su disponibilidad no depende de contribución personal del individuo en que el valor de las contribuciones personales a los beneficios generales disponibles es pequeña. Consideraciones similares afectan otras disposiciones jurídicas de interés público que se refieren a la provisión de bienes comunes, en que su disponibilidad no depende de contribución personal del individuo en que el valor de las contribuciones personales a los beneficios generales disponibles es pequeña. Consideraciones similares afectan otras disposiciones jurídicas de interés público tales como las relativas a la perpetración de los delitos y otras. Éstas, muy frecuentemente, facilitan el trabajo de las agencias aplicadoras del derecho (permitiendo a la policía perseguir por conspiración o por posesión ilícita de armas de fuego a personas que probablemente cometerán o han cometido serios delitos pero que no pueden ser probados). Aquí donde la objeción afecta el delito en preparación, no el delito consumado y completo, existe un caso obvio para proteger al objetante de responsabilidad penal. (Si objeta el delito principal y la conexión entre preparación de delito y el delito principal es íntima, entonces el argumento no se aplica.) Las disposiciones jurídicas de interés público, con frecuencia se ocupan por reducir el riesgo de daño y, a menudo, tienen (como las disposiciones para conducir con seguridad) las características de las disposiciones jurídicas que proveen por bienes comunes.

Estos comentarios son muy generales. No he escogido ejemplos que sea particularmente probable que sean objetados en fundamentos de conciencia. Mi intención fue simplemente señalar la flexibilidad que tales disposiciones jurídicas permiten, lo cual las hace particularmente adecuadas para una excepción basada en un derecho de objeción de conciencia. Es poco sorprendente, por tanto, que las disposiciones jurídicas que protegen el interés público hayan sido, tradicionalmente, el principal foco de atención de aquellos que reclamen un derecho de objeción de conciencia. Recuérdese, sin embargo, que aquí, como en otros casos, uno se ocupa de sopesar el derecho a la autonomía en contra de otros intereses. De esta forma, si muchas personas, en una sociedad particular y en un tiempo determinado, exigen el derecho a objetar, pueden vencer el interés que el derecho sirve y éste puede ser indefendible.

3. *Libertad de conciencia y derecho a objetar*

En la primera sección de este capítulo vimos que un derecho *prima facie* a no ser coaccionado en conciencia por el derecho es implicado por una interpretación adecuada del humanismo. La sección incluía varias consideraciones generales con respecto al tipo de disposiciones jurídicas las cuales es razonable suponer debieran ser subsumidas bajo este derecho. Esto es, disposiciones jurídicas las cuales, aun cuando correctas en muchos otros aspectos, no deben ser ejecutadas en contra de objetantes de conciencia. Conclusiones precisas no son posibles respecto a estos problemas de evaluación. Todo lo que puede decirse es que, generalmente, las disposiciones de una categoría deben ser sometidas a este derecho a objetar, mientras que, generalmente, disposiciones jurídicas de otra categoría, no. Sin embargo, hay otro problema el cual habra de ser discutido aunque sea en la misma forma general y tentativa: ¿Qué forma debe tomar el reconocimiento de un derecho a no actuar contra la conciencia de uno?

Una solución simple y radical sería introducir una doctrina especial y unitaria otorgando un derecho de objeción de conciencia el cual pudiera ser invocado para excepcionarse de responsabilidad por violación de cualesquiera de varias disposiciones jurídicas, la carga de solicitar una declaración de excepción de una autoridad judicial apropiada corresponde al objetante, mientras que con respecto a otras disposiciones jurídicas, existe la opción de solicitar una excepción por adelantado o de interponer una defensa de objeción de conciencia cuando uno es demandado por violaciones del derecho. En lo sucesivo cuando hablemos de un derecho de objeción de conciencia tendré en mente una doctrina jurídica de este tipo. Tal doctrina es una forma de reconocer el derecho de uno a no ser coaccionado en conciencia por el derecho o *derecho de libertad de conciencia,* como llamaré ahora a este aspecto del ideal del respeto por la autonomía personal. Pero ¿es ésta la única manera? ¿Es buena? Tres obstáculos principales parecen ser inevitablemente concomitantes del derecho de objeción de conciencia.

Primero, tal derecho es ampliamente expuesto al abuso. Ser titular de este derecho depende de las convicciones morales de la persona. Tales cuestiones son difícilmente establecidas por evidencia independiente. La palabra de la persona que invoca el derecho es, casi invariablemente, la única evidencia directa. Las oportunidades de abuso son innumerables.

Segundo, la existencia del derecho estimula la duda propia, el desengaño y, en general, formas indeseables de introspección. La naturaleza exacta de los motivos de uno es una cuestión sobre la cual el propio agente no puede estar muy seguro. Esto es así, especialmente en numerosos casos en los cuales uno actúa en base a motivos combinados. Casi todas las decisiones importantes de uno son de ese tipo. Al hacer que la aplicación de la disposición jurídica a un caso dependa de los motivos que tiene uno para actuar en cuestiones en que normalmente son de alguna consecuencia para la vida de uno, el derecho de objetar estimula la duda personal, el desempeño y la introspección mórbida.

Tercero, salvo que el derecho sea aplicado en base a una simple declaración por parte del objetante (un método que hace el abuso aún más fácil) la institución de un derecho a objetar implica sancionar, en cierto grado, la intromisión pública en los asuntos privados de los individuos. La policía u otras agencias investigadoras tendrían facultades apropiadas para fiscalizar y el propio individuo tendría que dar cuenta de su vida moral ante funcionarios públicos (y, posiblemente, en público). No es respuesta a esta objeción que la exhibición de uno sea impuesta por uno mismo, puesto que nadie está constreñido a solicitar excepción. La existencia del derecho constituye un estímulo para los individuos a solicitarlo y, en todo caso, la libertad de conciencia se encuentra comprometida si es que ésta se encuentra garantizada únicamente comprometiendo otros aspectos de la autonomía de uno, del respeto propio, *i.e.* de la privacidad y dignidad de uno.

Por tales razones es preferible proteger la libertad de conciencia de otras formas, libres de tales objeciones. Un derecho de objeción de conciencia debe ser introducido únicamente de forma limitada y sólo en ausencia de mejores formas para proteger la libertad de conciencia.

El mejor instrumento para proteger la libertad de conciencia es, y tiene que ser, en cualquier caso, evitar disposiciones jurídicas contra las cuales las personas probablemente tengan objeciones de conciencia. Un Estado que no impone una obligación de culto público de acuerdo con la religión del Estado no tendrá que enfrentar la objeción a tal deber. La libertad de conciencia y el carácter pluralista de un Estado se encuentran garantizados, primero, por su propia autolimitación: no requerir acciones en áreas conocidas como susceptibles a convicciones morales y, en segundo lugar, mediante el otorgamiento de facilidades y servicios requeridos por personas de diferentes convicciones morales y religiosas (adecuadas posibilidades para optar en materia educativa, libertad de matrimonio para los miembros de diferentes religiones, etcétera). Todo esto es, por supuesto, un saber común.

El punto que estoy reclamando es que un derecho a objetar debe, en tanto sea posible, evitarse en favor de excepciones jurídicas generales para categorías de personas determinables con independencia de sus concepciones morales. Mejor que permitir a los empleados, deben tener libertad de escoger su día de descanso (o su segundo día de descanso). Todos los médicos deben tener derecho a rechazar un aborto (sin necesidad de establecer razones), etcétera. Naturalmente, no siempre es posible evitar, de esta forma, la necesidad de disponer de un derecho a objetar. Es mejor, manteniéndose las demás cosas igual, no tener conscripción y, de esta forma, evitar el problema de objeción de conciencia. Sin embargo, algunas veces las demás cosas no son iguales y la conscripción está justificada. Entonces, es imperativo reconocer el derecho de objetar en base a fundamentos morales.[8]

8 Los estados modernos tienden, en lo general, a evitar imponer a los ciudadanos deberes específicos de prestación de servicios. Esto ha sido en gran medida reemplazado con el establecimiento de impuestos que permiten al Estado pagar por los servicios que requiere, los cuales son proporcionados, así, voluntariamente. Esta tendencia ayuda a evitar el problema, puesto que los individuos no son directamente responsables por servicios potencialmente controvertidos. Es verdad que uno puede objetar el establecimiento de impuestos en virtud del uso que se hace del dinero, pero esto puede ser hecho únicamente por una persona que encuentra que lo malo

En resumen, existe un fuerte argumento para evitar coacción sobre la conciencia, incluso sobre una conciencia errónea. El caso, sin embargo, es meramente un caso *prima facie*. Puede ser correcto comprometerlo a superarlo, en favor de otros fines. Sin embargo, es particularmente fuerte con respecto a disposiciones jurídicas paternalistas y de interés público (cuando menos, salvo que el número de objetantes sea suficientemente grande para hacer peligrar el fin del derecho). Al proyectar formas para reconocer tal derecho, la institución de un derecho de objeción de conciencia tiene, inevitablemente, resultados indeseables. Es mejor formular la disposición controvertida de forma tal que evite su aplicación a casos controvertidos o, si esto no es posible, excepcionando objetantes potenciales de manera a que no dependa de sus creencias morales declaradas. Dentro de fronteras limitadas existe, sin embargo, lugar para un derecho de objeción de conciencia como medio de proteger la autonomía y el pluralismo.

de contribuir con dinero para causas malas supera el mal de mantener la imposición fiscal y, por tanto, niega su contribución a muchos servicios valiosos.

Índice

CUARTA PARTE: ACTITUDES MORALES HACIA EL DERECHO

ds
derecho y sociedad
Ediciones Coyoacán

1.
EL OTRO KELSEN
Oscar Correas (comp.)
2.
ACERCA DE LOS DERECHOS HUMANOS
Apuntes para un ensayo
Oscar Correas
3.
TEORÍA GENERAL DEL ESTADO
Hans Kelsen
4.
LA PRESCRIPCIÓN DE LOS DELITOS
DE LOS GOBERNANTES
Clemente Valdés S.
5.
ALCANCES SOCIOLÓGICOS
DEL DERECHO DEL TRABAJO
EN MÉXICO
Florencia Correas Vázquez
6.
VISIONES TRANSDISCIPLINARIAS
Y OBSERVACIONES EMPÍRICAS
DEL DERECHO
Angélica Cuéllar Vázquez
Arturo Chávez López (coords.)
7.
IDEOLOGÍA, ESTADO Y DERECHO
Adolfo Sánchez Pereyra
Ever Valencia Araujo
8.
DIRECCIONES
CONTEMPORÁNEAS
DEL PENSAMIENTO JURÍDICO
La filosofía del derecho
en el siglo XX
Luis Recaséns Siches
9.
KELSEN Y LOS MARXISTAS
Oscar Correas (coord.)
10.
AUTONOMÍA Y DERECHOS
INDÍGENAS EN MÉXICO
Francisco López Bárcenas
11.
ESENCIA Y VALOR DE LA DEMOCRACIA/
FORMA DEL ESTADO Y FILOSOFÍA
Hans Kelsen
12.
CRÍTICA DE LA
IDEOLOGÍA JURÍDICA
Ensayo sociosemiológico
Oscar Correas
13.
EL CONTRATO Y TRATADO
Analizados desde el punto
de vista de la teoría pura del derecho
Hans Kelsen
14.
INSTITUCIONES DE DERECHO
PRIVADO ROMANO
Historia y sistema
Rodolfo Sohm
15.
LAS TRANSFORMACIONES GENERALES
DEL DERECHO PRIVADO DESDE
EL CÓDIGO DE NAPOLEÓN
León Duguit
16.
INTRODUCCIÓN AL RAZONAMIENTO JURÍDICO
Edward H. Levi
17.
DERECHO INDÍGENA MEXICANO I
Oscar Correas (coord.)
18.
TEORÍA PURA DEL DERECHO
Y MATERIALISMO HISTÓRICO
Arturo Berumen
19.
PLURALISMO JURÍDICO
Otros horizontes
Oscar Correas (coord.)
20.
TEORÍA DEL DERECHO MUNICIPAL
Julio Cabrera Dircio
21.
EL ESTADO DEL DERECHO
Introducción al derecho constitucional
Michel Miaille
22.
TRATADO DE FILOSOFÍA DEL DERECHO
Rudolf Stammler
23.
ECONOMÍA Y DERECHO
Adolfo Sánchez Pereyra
24.
TEORÍA PURA DEL DERECHO
Introducción a la ciencia del derecho
Hans Kelsen
25.
ANÁLISIS, TÉCNICAS
Y HERRAMIENTAS EN EL COMBATE A LA
DELINCUENCIA ORGANIZADA Y CORRUPCIÓN
Con fundamento en la Convención
de Palermo *Mariano Herrán, José L. Santiago*
Samuel González, Ernesto Mendieta
26.
LAS MEDIDAS CAUTELARES EN EL PROCESO PENAL
Héctor González Chévez
27.
LA CRÍTICA JURÍDICA EN FRANCIA
Michel Miaille et al.
28.
EL PRAGMATISMO JURÍDICO
León Duguit
29.
INTRODUCCIÓN A LA TEORÍA PURA DEL DERECHO
Hans Kelsen
30.
DERECHO INDÍGENA MEXICANO II
Oscar Correas (coord.)

ds

derecho y sociedad

31.
EL ESTADO Y LOS JURISTAS
Pietro Barcellona
Giuseppe Cotturri

32.
CRÍTICA Y DOGMÁTICA JURÍDICAS
Jacqueline Ortiz

33.
TEORÍA DEL DERECHO
Y ANTROPOLOGÍA JURÍDICA
Oscar Correas

34.
LOS PRINCIPIOS DE LA ONTOLOGÍA FORMAL
DEL DERECHO Y SU EXPRESIÓN SIMBÓLICA
Eduardo García Máynez
(P. A.)

35.
LA INVENCIÓN DEL ESTADO
Un estudio sobre su utilidad para controlar
a los pueblos
Clemente Valdés S.

36.
LÓGICA PARLAMENTARIA
William Gerard Hamilton

37.
HANS KELSEN
Vida y obra
Rudolf Aladár Métall

38.
INTRODUCCIÓN A LA FILOSOFIA
DEL DERECHO
Alfonso Madrid Espinoza

39.
PRINCIPIOS SUPREMOS DE LA ONTOLOGÍA
FORMAL DEL DERECHO Y DE LA LÓGICA
JURÍDICA
Eduardo García Máynez

40.
LOS JUICIOS SINTÉTICOS *A PRIORI* DESDE
EL PUNTO DE VISTA LÓGICO
Julián Besteiro

41.
LA TEORÍA PURA DEL DERECHO
Josef L. Kunz
(P. A.)

42.
LA IDEA DEL DERECHO NATURAL
y otros ensayos
Hans Kelsen
(P. A.)

43.
TEORÍA JURÍDICA DEL ESTADO FEDERAL
M. Mouskheli
(P. A.)

44.
LA GRADACIÓN SISTEMÁTICA
EN EL DERECHO MEXICANO A
PARTIR DE LA NORMA
CONSTITUCIONAL
Yolanda Higareda Loyden
(P. A.)

45.
COMO DEBE HACERSE LA MEMORIA
DEL LICENCIADO
Henri Capitant
(P. A.)

46.
LA FORMA EN QUE SE PLASMÓ LA *TEORÍA PURA
DEL DERECHO* DE HANS KELSEN EN LA
JURISDICCIÓN CONSTITUCIONAL AUSTRIACA
Walter Frisch Philipp
(P.A.)

47.
NUEVA FILOSOFÍA DE LA TÉCNICA JURÍDICA
Luis Recaséns Siches
(P. A.)

48.
EL JUEZ
Rudolf Stammler
(P. A.)

49.
EL PROBLEMA DE LA VALIDEZ DEL DERECHO
Una cuestión límite del derecho
Hans Welzel
(P. A.)

50.
SOBRE LA UTILIDAD DEL ESTUDIO DE LA
JURISPRUDENCIA
John Austin
(P. A.)

51.
LA TEORÍA CRÍTICA DEL DERECHO
Rudolf Stammler
(P. A.)

52.
LA AUTORIDAD DEL DERECHO
Ensayos sobre derecho y moral
Joseph Raz
(P. A.)

53.
LÓGICA DEL CONCEPTO JURÍDICO
Eduardo García Máynez
(P. A.)

54.
KELSEN Y ROSS. FORMALISMO Y REALISMO
EN LA TEORÍA DEL DERECHO
Javier Esquivel Pérez
(P. A.)

55.
EL CONCEPTO DE SISTEMA JURÍDICO
Joseph Raz
(P. A.)

56.
CONSIDERACIONES SOBRE
LA DOGMÁTICA JURÍDICA
Carlos Santiago Nino
(P. A.)

57.
INSTITUCIONES DEL EMPERADOR JUSTINIANO
(Edición bilingüe)
Ismael Calvo y Madroño
(P.A.)

58.
HERMENÉUTICA JURÍDICA ANALÓGICA
Una hermenéutica para el uso alternativo del derecho
Jesús Antonio de la Torre Rangel
(P. A.)

59.
ESTADO Y DEMOCRACIA
Un acercamiento a la revocación de mandato
Julio Cabrera Dircio

60.
CONCEPTOS Y FORMAS FUNDAMENTALES DEL DERECHO
Fritz Schreier

BIBLIOTECA de ÉTICA, FILOSOFÍA del DERECHO y POLÍTICA

Fontamara

Dirigida por

Ernesto Garzón Valdés y Rodolfo Vázquez

1.
PROBLEMAS DE LA FILOSOFÍA
Y DE LA PRAGMÁTICA DEL DERECHO
Ulrich Klug

2.
CONCEPTOS JURÍDICOS FUNDAMENTALES
W. N. Hohfeld

3.
LENGUAJE JURÍDICO Y REALIDAD
Karl Olivecrona

4.
DERECHO E INCERTIDUMBRE
Jerome Frank

5.
EL DERECHO Y LAS TEORÍAS ÉTICAS
CONTEMPORÁNEAS
George Nakhnikian

6.
DERECHO, LÓGICA, MATEMÁTICA
Herbert Fiedler

7.
EL CONCEPTO DE VALIDEZ
Y OTROS ENSAYOS
Alf Ross

8.
CONTRIBUCIONES A
LA TEORÍA PURA DEL DERECHO
Hans Kelsen

9.
¿DERECHO SIN REGLAS?
Los principios filosóficos
de la teoría del Estado
y del derecho de Carl Schmitt
Matthias Kaufmann

10.
¿QUÉ ES LA JUSTICIA?
Hans Kelsen

11.
¿QUÉ ES LA TEORÍA PURA DEL DERECHO?
Hans Kelsen

12.
EL PROBLEMA DEL POSITIVISMO JURÍDICO
Norberto Bobbio

13.
LAS INSTITUCIONES MORALES
Hartmut Kliemt

14.
SOCIOLOGÍA Y JURISPRUDENCIA
Rüdiger Lautmann

15.
LÓGICA DEL DERECHO
Rupert Schreiber

16.
PROBLEMAS DE ÉTICA NORMATIVA
Norbert Hoerster

17.
MORAL Y DERECHO
Polémica con Uppsala
Theodor Geiger

18.
DERECHO Y FILOSOFÍA
Ernesto Garzón Valdés (comp.)

19.
ESTUDIOS SOBRE TEORÍA
DEL DERECHO Y LA JUSTICIA
Otfried Höffe

20.
EL CONCEPTO SOCIOLÓGICO DEL DERECHO
Y otros ensayos
Werner Krawietz

21.
EL CONCEPTO DE ESTABILIDAD
DE LOS SISTEMAS POLÍTICOS
Ernesto Garzón Valdés

22.
LÓGICA DE LAS NORMAS Y LÓGICA DEÓNTICA
Georges Kalinowski

23.
MARXISMO Y FILOSOFÍA DEL DERECHO
Manuel Atienza, Juan Ruiz Manero

24.
RACIONALIDAD Y EFICIENCIA
DEL DERECHO
Albert Calsamiglia

25.
ALGUNOS MODELOS METODOLÓGICOS
DE "CIENCIA" JURÍDICA
Carlos S. Nino

26.
ENTRE EL DERECHO Y LA MORAL
Francisco Laporta

27.
ESTUDIOS SOBRE KELSEN
Letizia Gianformaggio

28.
LÓGICA Y DERECHO
Ulises Schmill

29.
EL CONCEPTO DE SOLIDARIDAD
Javier de Lucas

BIBLIOTECA de ÉTICA, FILOSOFÍA del DERECHO y POLÍTICA

63.
DERECHO Y ORDEN
Ensayos para el análisis realista de los fenómenos jurídicos
Martín Díaz y Díaz

64.
RAZÓN Y ELECCIÓN
Hugo Zuleta

65.
CUESTIONES FUNDAMENTALES DE LA TEORÍA PURA DEL DERECHO
Dante Cracogna

66.
DERECHO, PODER Y DOMINIO
Massimo La Torre

67.
ÉTICA ANALÍTICA Y DERECHO
Fernando Salmerón

68.
RAZONAMIENTO JURÍDICO
Elementos para un modelo
Paolo Comanducci

69.
ESTADO DE DERECHO
Problemas actuales
Liborio Hierro

70.
DERECHOS HUMANOS
Historia y Filosofía
Mauricio Beuchot

71.
DOGMÁTICA CONSTITUCIONAL Y RÉGIMEN AUTORITARIO
José Ramón Cossío

72.
EL CONCEPTO DE RESPONSABILIDAD
En la teoría contemporánea del derecho
Pablo Larrañaga

73.
RAZONAMIENTO JUDICIAL Y REGLAS
Ángeles Ródenas

74.
DERECHO Y RAZÓN
Aleksander Peczenik

75.
ENSAYOS DE BIOÉTICA
Reflexiones desde el Sur
Florencia Luna

76.
HOHFELD Y EL ANÁLISIS DE LOS DERECHOS
Matti Niemi

77.
ESTUDIOS ÉTICOS
Karl Otto Apel

78.
DOS ESTUDIOS SOBRE LA COSTUMBRE
Bruno Celano

79.
CUESTIONES LÓGICAS EN LA DEROGACIÓN DE LAS NORMAS
José María Sauca

80.
IGUALDAD, DIFERENCIAS Y DESIGUALDADES
María José Añón

81.
ENSAYOS SOBRE JURISPRUDENCIA Y TEOLOGÍA
Hans Kelsen

82.
LA NATURALEZA FORMAL DEL DERECHO
Robert S. Summers

83.
ÉTICA, PODER Y DERECHO
Reflexiones ante el fin de siglo
Gregorio Peces-Barba

84.
CONOCIMIENTO JURÍDICO Y DETERMINACIÓN NORMATIVA
José Juan Moreso, Pablo Navarro
Cristina Redondo

85.
DERECHO, JUSTICIA Y LIBERTAD
Ensayos de derecho chileno y comparado
Pablo Ruiz-Tagle

86.
DERECHOS Y PAZ
Destinos individuales y colectivos
Ermanno Vitale

87.
G. H. VON WRIGHT Y LOS CONCEPTOS BÁSICOS DEL DERECHO
Daniel González Lagier

88.
EPISTEMOLOGÍA JURÍDICA Y GARANTISMO
Luigi Ferrajoli

89.
LA DERROTABILIDAD DEL DERECHO
Agustín Pérez Carrillo

90.
DERECHO DE LOS NIÑOS
Una contribución teórica
Isabel Fanlo (comp.)

91.
CUESTIONES JUDICIALES
Manuel Atienza

92.
ENSAYOS DE TEORÍA CONSTITUCIONAL
Michel Troper

93.
VIRTUD Y JUSTICIA EN KANT
Faviola Rivera

94.
FICCIONES JURÍDICAS
Kelsen, Fuller, Ross
Daniel Mendonça, Ulises Schmill (comps.)

95.
EL IUSNATURALISMO ACTUAL
De M. Villey a J. Finnis
Rodolfo L. Vigo

96.
DEMOCRACIA Y PLURALISMO
Ángel R. Oquendo

97.
PALABRAS Y REGLAS
Ensayos en filosofía del derecho
Timothy Endicott

98.
LA HETEROGENEIDAD DEL BIEN
Tres ensayos sobre el pluralismo ético
Mauro Barberis

99.
LOS "HECHOS" EN LA SENTENCIA PENAL
Perfecto Andrés Ibáñez

100.
ESTUDIOS SOBRE LA INTERPRETACIÓN
Y DINÁMICA DE LOS SISTEMAS
CONSTITUCIONALES
Claudina Orunesu, Pablo M. Perot
Jorge L. Rodríguez

101.
LA CIENCIA DEL DERECHO
COMO UNA CIENCIA REAL
Hans Albert

102.
ÉTICA JURÍDICA SIN VERDAD
Uberto Scarpelli

103.
NORMATIVIDAD, DERECHO, LENGUAJE,
ACCIÓN
Paolo Di Lucia

104.
DE LA DIGNIDAD HUMANA
Y OTRAS CUESTIONES JURÍDICO-MORALES
José Luis Pérez Triviño

105.
UNA COMUNIDAD DE IGUALES
La protección constitucional
de los nuevos ciudadanos
Owen Fiss

106.
LA AUTORREFERENCIA
NORMATIVA Y LA VALIDEZ JURÍDICA
Ricardo Guarinoni

107.
EL JUEZ Y LAS LAGUNAS DEL DERECHO
Juan Ruiz Manero, Ulises Schmill

108.
HOMBRE Y SOCIEDAD
EN LA ILUSTRACIÓN ESCOCESA
Isabel Wences

109.
EL LEVIATÁN EN LA DOCTRINA
DEL ESTADO DE THOMAS HOBBES
Carl Schmitt

110.
RAWLS: EL PROBLEMA DE LA REALIDAD
Y LA JUSTIFICACIÓN EN LA FILOSOFÍA POLÍTICA
Carlos Peña

111.
EL PENSAMIENTO INTERNACIONALISTA
DE NORBERTO BOBBIO
Luigi Bonanate

112.
LAS FRONTERAS MORALES DEL DERECHO
Rodolfo Vázquez

113.
PARA PENSAR LA DEMOCRACIA
Luis Salazar Carrión

114.
IGUALDAD, DERECHO Y POLÍTICA
Marcelo Alegre

Esta obra se imprimió bajo el cuidado de Ediciones Coyoacán, S. A. de C. V., Av. Hidalgo No. 47-2, Colonia Del Carmen, Deleg. Coyoacán, 04100, México D. F., en marzo de 2011.
El tiraje fue de 1000 ejemplares más sobrantes para reposición.